한 달 합격

해커스독학사
경영학과
최신기출 이론+문제

2단계 | 마케팅원론

저자 **허정**

약력
현 | 해커스독학사 경영학과 마케팅원론 교수
전 | 서강대학교 지식서비스R&D센터 연구원
　　　대전대학교 경영컨설팅연구소 책임연구원

독학사 경영학과 2단계 **초단기합격,**
해커스독학사와 함께라면
불가능은 없습니다.

〈한달합격 해커스독학사 경영학과 2단계 마케팅원론 최신기출 이론+문제〉는 독학사 경영학과 2단계 시험을 준비하는 수험생들을 대상으로 마케팅 핵심이론과 기출문제를 중심으로 집필하였습니다.

01. 최신 출제경향 및 국가평생교육진흥원의 평가영역을 완벽히 반영하여 이론을 정리하고, 그 중에서도 중요한 개념만 엄선하여 '핵심 키워드 Top 10'으로 정리하였습니다.

02. '기출개념', '핵심 Check', '개념 Plus' 등의 풍부한 학습장치를 제공하여 효율적인 이론 학습이 가능합니다.

03. '기출개념확인', '실전연습문제', '기출동형모의고사'로 구성된 다양한 문제를 수록하였으며 문제를 풀면서 이론을 습득할 수 있으므로 단기합격이 가능합니다.

04. 모든 문제에 '정답·해설'을 제공하며, '오답분석', '참고' 등의 풍부한 해설 요소를 통해 스스로 부족한 부분을 보완할 수 있습니다.

최근 독학사 시험의 마케팅원론 과목에서는 마케팅의 주요 개념에 대한 명확한 이해와 실무적인 활용 여부를 중심으로 문제가 출제되고 있습니다. 본 교재는 평소 마케팅 이론에 대해 체계적인 지식이 부족한 수험생, 독학사 시험을 준비하고 있지만 개념 간 차이에 대해 정리가 잘 되지 않는 수험생, 혼자 힘으로 독학사 시험을 준비하기 어려운 수험생들의 학습방향을 올바르게 이끌어주는 역할을 할 것이라고 확신합니다.

기출문제와 핵심이론을 분석하여 각 장마다 기출개념을 표시하고 향후 새로 출제될 가능성이 있는 문제들을 추가 수록한 본 교재를 통해 부디 독학사 시험을 준비하는 모든 수험생들에게 좋은 결과가 있기를 기원합니다.

저자 **허정**

목차

빠른 합격의 문을 여는 해커스독학사만의 핵심 비법! 8
초단기합격의 열쇠! 4주/2주 학습 플랜 12
시험 전 꼭 알고 가자! 독학사 시험 안내 14
이제 실전이다! 2단계 시험 미리보기 18
무엇이든 물어보세요! 독학사 10문 10답 20

■ 본 교재의 목차는 '국가평생교육진흥원'에서 제공하는 '과목별 평가영역'을 충실히 반영하여 구성하였습니다.

제1장 | 마케팅 개념

제1절 마케팅의 정의	24
제2절 시장과 고객욕구의 이해	27
제3절 마케팅 관리철학	32
제4절 고객관계구축	37
제5절 마케팅 기능과 마케팅 관리	40
◆ 제1장 실전연습문제	43
◆ 제1장 정답·해설	46

제2장 | 마케팅 전략

제1절 전략적 마케팅 계획	50
제2절 기업 수준의 전략계획 수립	56
제3절 마케팅 계획 수립	59
제4절 마케팅 전략과 마케팅 믹스	66
제5절 마케팅 투자 효과 측정	68
◆ 제2장 실전연습문제	72
◆ 제2장 정답·해설	75

제3장 | 소비자와 산업재 구매자 행동

제1절 소비자 행동모델	80
제2절 구매자 의사결정과정	83
제3절 소비자 정보처리과정	89
제4절 소비자 구매의사결정에 영향을 미치는 요인들	93
제5절 산업재 시장	98
제6절 산업재 구매자 행동	100
◆ 제3장 실전연습문제	103
◆ 제3장 정답·해설	106

제4장 | 마케팅 정보의 관리

제1절 시장 정보와 고객 통찰력	112
제2절 마케팅 정보의 개발	116
제3절 마케팅 조사	121
제4절 마케팅 정보의 분석과 사용	130
◆ 제4장 실전연습문제	132
◆ 제4장 정답·해설	135

제5장 | 시장세분화, 표적시장 선택 및 포지셔닝

제1절	시장세분화	140
제2절	표적시장의 선정	144
제3절	차별화와 포지셔닝	147
	◆ 제5장 실전연습문제	151
	◆ 제5장 정답·해설	155

제6장 | 제품관리

제1절	제품의 개념과 분류	160
제2절	서비스 제품의 의미와 특성	164
제3절	제품 계열 및 믹스 관리	166
제4절	상표의 의의 및 전략	169
제5절	브랜드 자산의 의의 및 관리	174
	◆ 제6장 실전연습문제	181
	◆ 제6장 정답·해설	184

제7장 | 신제품 개발과 제품수명주기 전략

제1절	신제품 개발 전략	190
제2절	신제품 개발 과정	193
제3절	신제품 수용과 확산	196
제4절	제품수명주기 전략	200
	◆ 제7장 실전연습문제	204
	◆ 제7장 정답·해설	207

제8장 | 가격 결정

제1절	가격의 의미와 역할	212
제2절	가격 결정 시 고려요인	214
제3절	가격의 결정과 조정	217
제4절	제품믹스 가격 전략	220
제5절	신제품 가격 전략	222
제6절	가격 변화의 주도 및 대응	224
	◆ 제8장 실전연습문제	226
	◆ 제8장 정답·해설	229

목차

제9장 | 촉진관리 (1)

제1절	촉진믹스	234
제2절	통합적 마케팅 커뮤니케이션	237
제3절	커뮤니케이션 과정	239
제4절	촉진믹스 구성	246
제5절	판매촉진	249
제6절	PR	255
제7절	인적판매	258
	◆ 제9장 실전연습문제	264
	◆ 제9장 정답·해설	267

제10장 | 촉진관리 (2)

제1절	광고의 전략적 역할	272
제2절	광고목표와 광고예산	276
제3절	광고 콘셉트의 개발	280
제4절	메시지의 결정	283
제5절	매체의 결정	285
제6절	광고 효과 측정	290
	◆ 제10장 실전연습문제	292
	◆ 제10장 정답·해설	295

한달합격 해커스독학사
경영학과 2단계 마케팅원론 최신기출 이론+문제

제11장 | 유통관리

제1절 유통경로의 개념과 의의	300
제2절 유통경로의 유형	304
제3절 도매상	307
제4절 소매상	310
제5절 유통경로의 설계 및 경로 갈등 관리	316
제6절 물적 유통	323
◆ 제11장 실전연습문제	328
◆ 제11장 정답 · 해설	331

기출동형모의고사

기출동형모의고사 1회	336
기출동형모의고사 2회	342
기출동형모의고사 3회	348
◆ 기출동형모의고사 정답 · 해설	354

단기합격을 위한 독학사 전문 교수님들의
명품 동영상강의
해커스독학사 **haksa2080.com**

빠른 합격의 문을 여는 해커스독학사만의 핵심 비법!

학습준비 | 이론 학습 전, 전략적으로 학습 계획 세우기!

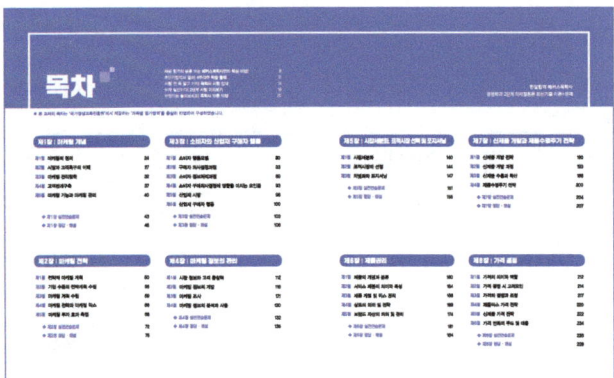

목차
독학사 시험 주관처인 국가평생교육진흥원에서 제공하는 과목별 평가영역을 완벽하게 반영하여 구성한 목차를 통하여 전반적인 흐름을 빠르게 파악할 수 있습니다.

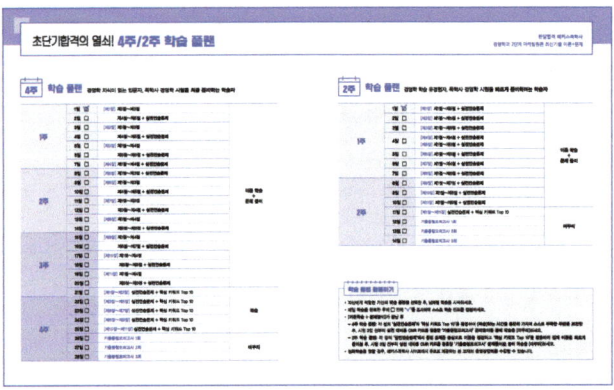

학습 플랜
두 가지로 제공되는 학습 플랜 중 자신의 학습 방법에 맞는 유형을 선택하여 매일 정해진 학습량을 학습하고 체크할 수 있습니다. '학습 플랜 활용하기'를 참고하여 자신에게 맞는 학습 방법을 선택할 수 있습니다.

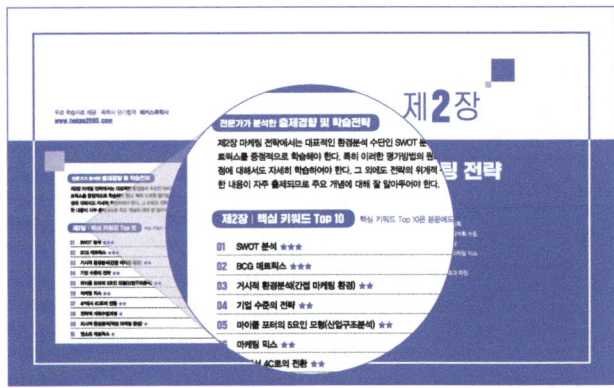

전문가가 분석한 출제경향 및 학습전략
과목별 전문가가 알려주는 시험 출제경향과 이에 대비하기 위한 효과적인 학습 방법을 통해 학습의 방향성을 올바르게 설정할 수 있습니다.

핵심 키워드 Top 10
각 장마다 엄선된 '핵심 키워드 Top 10'을 통하여 중요한 개념을 한눈에 확인할 수 있으며 키워드 옆에 표시된 ★ 개수로 개념의 중요도를 파악하여 단기간에 효율적인 학습이 가능합니다.

이론학습 다양한 학습장치를 활용하여 효율적으로 이론 학습하기!

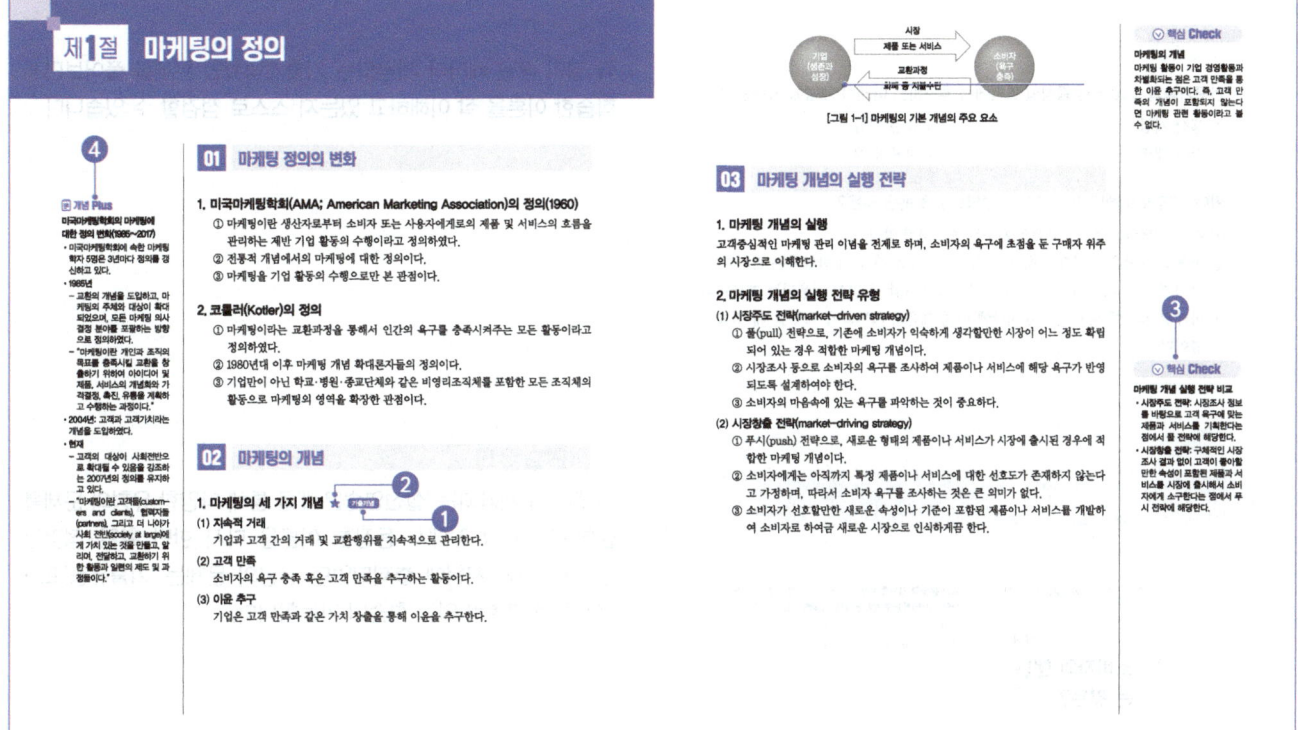

❶ 기출개념
실제로 출제된 이론에는 '기출개념'을 표시하여 출제경향을 파악할 수 있도록 하였습니다.

❷ ★ 표시
'핵심 키워드 Top 10'으로 선정된 키워드에 ★을 표시하여 중요한 개념을 쉽고 빠르게 확인할 수 있도록 하였습니다.

❸ 핵심 Check
중요한 내용을 다시 한번 되짚어 설명하여 핵심개념 위주로 꼼꼼하게 학습할 수 있도록 하였습니다.

❹ 개념 Plus
이론 학습 시 추가로 알아두면 좋은 내용을 '개념 Plus'를 통해 제시하여 이론을 명확하고 폭넓게 학습할 수 있습니다.

빠른 합격의 문을 여는 해커스독학사만의 핵심 비법!

문제풀이 | 최신 출제경향이 반영된 문제풀이로 실전감각 키우기!

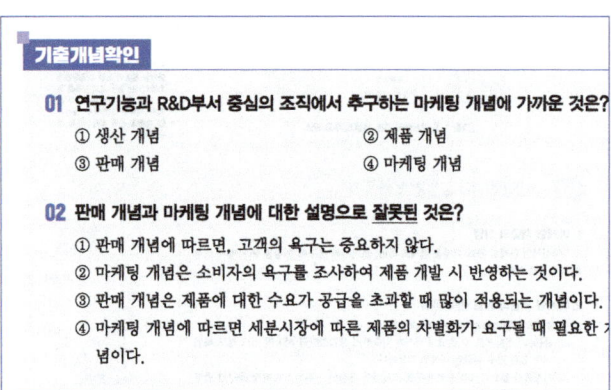

기출개념확인
각 절이 끝날 때마다 제공되는 기출개념확인 문제를 풀어보면서 학습한 이론을 잘 이해하고 있는지 스스로 점검할 수 있습니다.

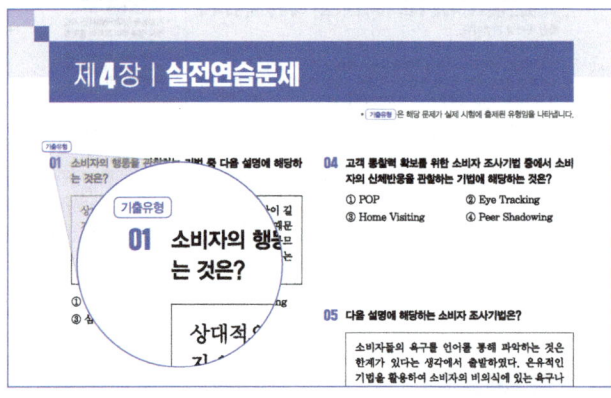

실전연습문제
각 장마다 제공되는 '실전연습문제'를 통해 다양한 유형의 문제를 풀어보면서 각 장에서 등장한 이론을 다시 한번 확인·점검할 수 있습니다. 시험에 출제되었던 유형의 문제는 '기출유형'으로 표시하여 분별력 있는 학습이 가능합니다.

정답·해설
'기출개념확인'과 '실전연습문제'에 수록되어 있는 모든 문제에 '정답·해설'을 제공합니다. 정답표를 통해 빠르게 정답을 확인할 수 있으며, '오답분석', '참고' 등의 해설 요소가 포함된 풍부한 해설은 이론의 복습 및 점검을 돕습니다.

한달합격 해커스독학사
경영학과 2단계 마케팅원론 최신기출 이론+문제

최종점검 '기출동형모의고사'로 마무리하며 실전 대비하기!

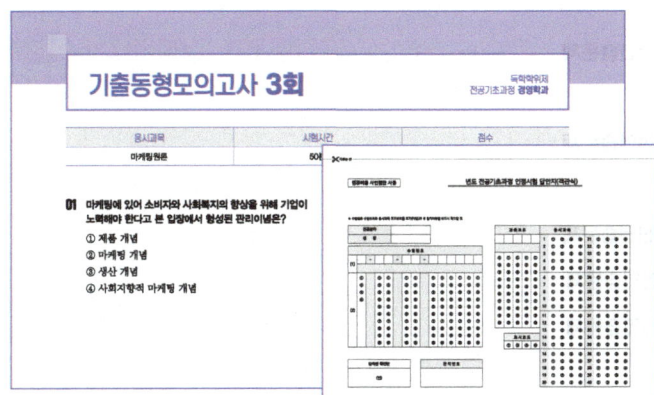

기출동형모의고사 & OMR 카드
최근 독학사 시험을 철저하게 분석하여 실제 시험 유형 및 문제 수와 동일하게 구성한 '기출동형모의고사' 3회분을 수록하였습니다. '기출동형모의고사'와 함께 수록된 'OMR 카드'를 활용한다면 실제 시험과 가장 유사한 환경에서 자신의 실력을 최종 점검할 수 있습니다.

기출동형모의고사 정답·해설
'기출동형모의고사' 문제풀이 후, 꼼꼼한 마무리 학습이 가능하도록 '기출동형모의고사 정답·해설'에도 '오답분석', '참고' 등의 해설 요소를 포함하여 해설을 풍부하게 수록하였습니다.

초단기합격의 열쇠! 4주/2주 학습 플랜

📅 4주 학습 플랜
경영학 지식이 없는 입문자, 독학사 경영학 **시험을 처음 준비하는 학습자**

주	일차	학습 내용	구분
1주	1일 ✓	[제1장] 제1절~제3절	이론 학습 + 문제 풀이
	2일 ☐	제4절~제5절 + **실전연습문제**	
	3일 ☐	[제2장] 제1절~제3절	
	4일 ☐	제4절~제5절 + **실전연습문제**	
	5일 ☐	[제3장] 제1절~제4절	
	6일 ☐	제5절~제6절 + **실전연습문제**	
	7일 ☐	[제4장] 제1절~제4절 + **실전연습문제**	
2주	8일 ☐	[제5장] 제1절~제3절 + **실전연습문제**	
	9일 ☐	[제6장] 제1절~제3절	
	10일 ☐	제4절~제5절 + **실전연습문제**	
	11일 ☐	[제7장] 제1절~제2절	
	12일 ☐	제3절~제4절 + **실전연습문제**	
	13일 ☐	[제8장] 제1절~제4절	
	14일 ☐	제5절~제6절 + **실전연습문제**	
3주	15일 ☐	[제9장] 제1절~제4절	
	16일 ☐	제5절~제7절 + **실전연습문제**	
	17일 ☐	[제10장] 제1절~제4절	
	18일 ☐	제5절~제6절 + **실전연습문제**	
	19일 ☐	[제11장] 제1절~제4절	
	20일 ☐	제5절~제6절 + **실전연습문제**	
4주	21일 ☐	[제1장~제2장] 실전연습문제 + 핵심 키워드 Top 10	복습
	22일 ☐	[제3장~제5장] 실전연습문제 + 핵심 키워드 Top 10	
	23일 ☐	[제6장~제7장] 실전연습문제 + 핵심 키워드 Top 10	
	24일 ☐	[제8장~제9장] 실전연습문제 + 핵심 키워드 Top 10	
	25일 ☐	[제10장~제11장] 실전연습문제 + 핵심 키워드 Top 10	
	26일 ☐	기출동형모의고사 1회	마무리
	27일 ☐	기출동형모의고사 2회	
	28일 ☐	기출동형모의고사 3회	

한달합격 해커스독학사
경영학과 2단계 마케팅원론 최신기출 이론+문제

2주 학습 플랜
경영학 학습 유경험자, 독학사 경영학 시험을 빠르게 준비하려는 학습자

1주	1일 ☑	[제1장] 제1절~제5절 + **실전연습문제**		이론 학습 + 문제 풀이
	2일 ☐	[제2장] 제1절~제5절 + **실전연습문제**		
	3일 ☐	[제3장] 제1절~제6절 + **실전연습문제**		
	4일 ☐	[제4장] 제1절~제4절 + **실전연습문제** [제5장] 제1절~제3절 + **실전연습문제**		
	5일 ☐	[제6장] 제1절~제5절 + **실전연습문제**		
	6일 ☐	[제7장] 제1절~제4절 + **실전연습문제**		
	7일 ☐	[제8장] 제1절~제6절 + **실전연습문제**		
2주	8일 ☐	[제9장] 제1절~제7절 + **실전연습문제**		
	9일 ☐	[제10장] 제1절~제6절 + **실전연습문제**		
	10일 ☐	[제11장] 제1절~제6절 + **실전연습문제**		
	11일 ☐	[제1장~제11장] 실전연습문제 + 핵심 키워드 Top 10		마무리
	12일 ☐	기출동형모의고사 1회		
	13일 ☐	기출동형모의고사 2회		
	14일 ☐	기출동형모의고사 3회		

학습 플랜 활용하기

- 자신에게 적합한 기간의 **학습 플랜**을 선택한 후, 날짜별 학습을 시작하세요.
- 매일 학습을 완료한 후에 ☐ 안에 '✔'를 표시하며 스스로 학습 진도를 점검하세요.
- [이론학습 + 문제풀이]가 끝난 후
  - 4주 학습 플랜: 각 장의 '실전연습문제'와 '핵심 키워드 Top 10'을 활용하여 [복습]하는 시간을 충분히 가지며 스스로 부족한 부분을 보완한 후, 시험 3일 전부터 실전 대비용 OMR 카드를 활용한 '기출동형모의고사' 문제풀이를 통해 학습을 [마무리]하세요.
  - 2주 학습 플랜: 각 장의 '실전연습문제'에서 틀린 문제를 중심으로 이론을 점검하고 '핵심 키워드 Top 10'을 활용하여 전체 이론을 빠르게 훑어본 후, 시험 3일 전부터 실전 대비용 OMR 카드를 활용한 '기출동형모의고사' 문제풀이를 통해 학습을 [마무리]하세요.
- 심화학습을 원할 경우, 해커스독학사 사이트에서 유료로 제공하는 본 교재의 **동영상강의**를 수강할 수 있습니다.

시험 전 꼭 알고 가자! 독학사 시험 안내

01 독학학위제란?

- 「독학에 의한 학위취득에 관한 법률」에 의거하여 국가에서 실시하는 독학학위취득시험에 합격한 자에게 학사학위를 수여하는 제도입니다.
- 독학학위취득시험은 총 4단계(교양과정 인정시험, 전공기초과정 인정시험, 전공심화과정 인정시험, 학위취득 종합시험)로 이루어져 있으며, 시험은 각 단계별로 1년에 1번 실시됩니다.
- 고등학교 졸업 이상의 학력을 가진 자는 누구나 응시할 수 있으며, 4단계 시험까지 모두 합격한 자는 4년제 대학교 졸업자와 동등한 학력을 가지게 됩니다.

02 독학학위제 전공 소개

- 독학학위제 전공 시험은 2단계(전공기초과정 인정시험)부터 실시되며, 아래 전공은 예외적으로 일부 단계만 실시합니다.
  - 유아교육학 및 정보통신학: 3~4단계(전공심화과정 인정시험, 학위취득 종합시험)만 실시
    ※ 정보통신학은 폐지되었으며, 유예기간을 두되, 전공심화과정 인정시험은 2025년까지, 학위취득 종합시험은 2026년까지 응시할 수 있도록 합니다.
  - 간호학: 4단계(학위취득 종합시험)만 실시

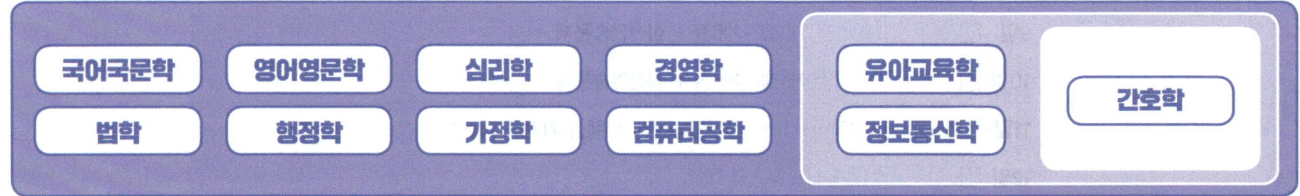

03 원서접수 및 접수 준비물 안내

- 진학어플라이 사이트(www.jinhakapply.com)에서 학교명을 '독학'으로 검색하여 접수가 가능합니다.
- 접수기간 내에는 24시간 접수 가능하며(접수 마감일에는 17:00까지), 접수 마감 전까지 수정 및 취소(환불)가 가능합니다.
  ※ 접수기간 종료 후에는 접수·수정·환불이 불가능합니다.
  참고 원서접수 방법은 변경될 수 있으니 독학학위제 사이트를 꼭 확인하세요.
- 접수 준비물은 다음과 같습니다.

응시자격 증명서류	• 1~3단계 지원자: 고등학교 졸업증명서(고졸 검정고시 합격증명서)
	• 4단계 지원자
	  – 대학교 성적증명서 및 수료(졸업)증명서
	  – 3년제 전문대학 졸업증명서 및 성적증명서
	  – 과정(과목) 면제를 증명할 수 있는 해당 서류
	• 독학학위제 학적보유자: 제출서류 없음
	• 파일은 jpg, jpeg, png, bmp만 등록 가능하며, 파일 사이즈는 5MB 이내여야 함

사진	최근 6개월 이내에 촬영한 3.5cm X 4.5cm의 여권용 사진 파일은 jpg, jpeg, gif만 등록 가능하며, 파일 사이즈는 2MB 이내여야 함
응시료	20,700원(수험료: 18,000원, 인터넷 원서접수 수수료: 2,700원)

한달합격 해커스독학사
경영학과 2단계 마케팅원론 최신기출 이론+문제

04 학위 취득 과정 및 시험 일정

※ 시험 일정은 매년 상이하므로, 자세한 일정은 독학학위제 사이트의 [시험안내] – [시험일정]을 참고하세요.

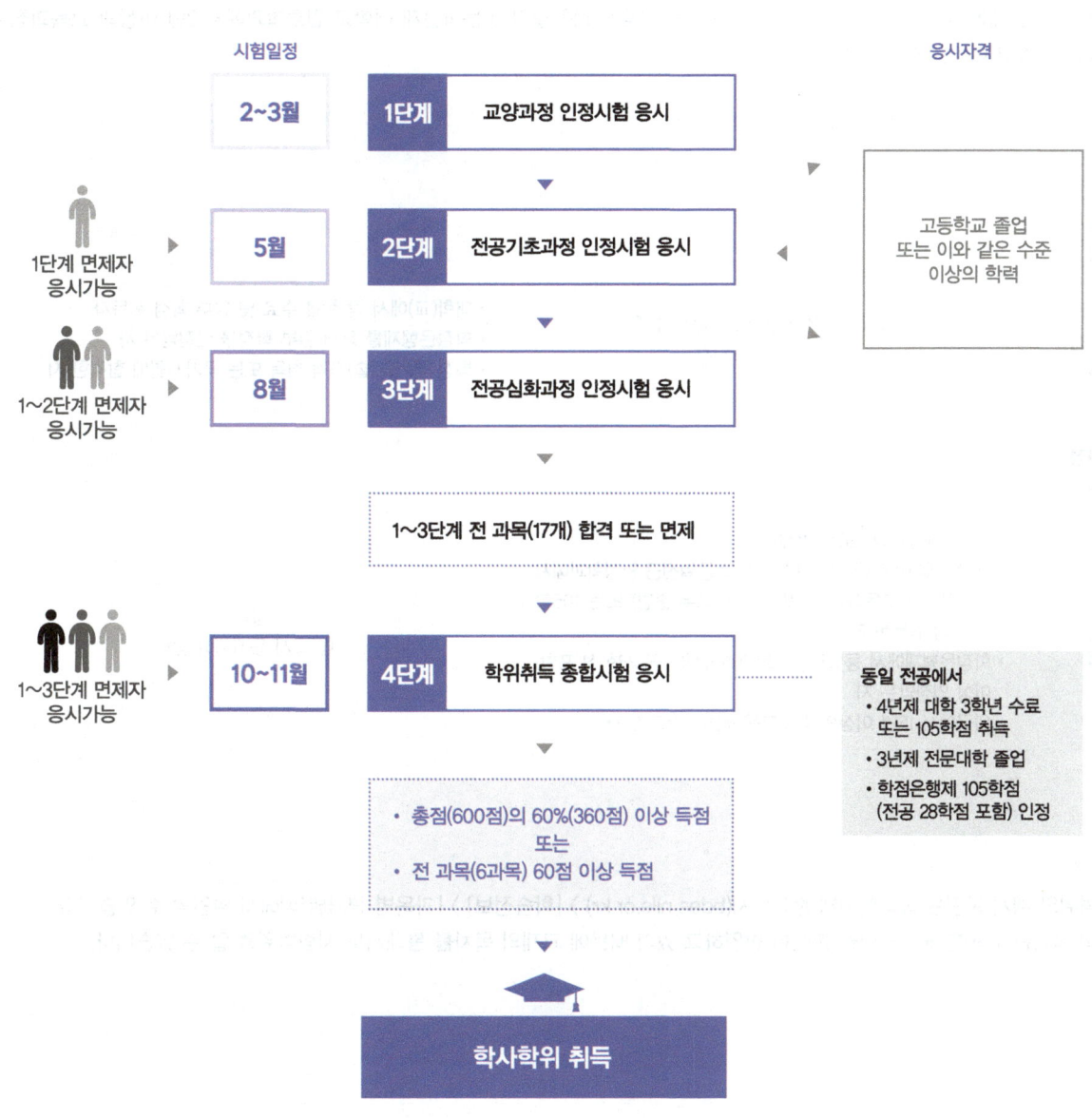

시험 전 꼭 알고 가자! 독학사 시험 안내

05 단계별 응시자격

- 학사학위 소지자는 취득한 학사학위 전공과 동일한 전공 시험에 응시할 수 없습니다.
- 고등학교 졸업자가 3단계에 응시하는 것은 가능하나, 4단계에 응시하기 위해서는 독학사 1, 2단계(교양과정 인정시험, 전공기초과정 인정시험) 면제 조건을 충족하고, 3단계에 합격하거나 4단계 응시자격을 충족해야 합니다.
- 간호학 전공은 4단계에 응시하기 위해서 3년제 전문대학 간호학과를 졸업 또는 4년제 대학교 간호학과에서 3년 이상의 교육과정을 수료하거나 105학점 이상을 취득해야 합니다.

구분	응시자격	단계별 면제 조건
1단계 교양과정 인정시험	고등학교 졸업 또는 이와 같은 수준 이상의 학력 소지자	• 대학(교)에서 각 학년 수료 및 일부 학점 취득자 • 학점은행제를 통해 일부 학점을 인정받은 자 • 특정 국가(기술)자격 취득 또는 국가시험에 합격한 자
2단계 전공기초과정 인정시험		
3단계 전공심화과정 인정시험		
4단계 학위취득 종합시험	• 1~3단계 합격자 또는 면제자 • 대학교 및 이에 준하는 각종 학교의 동일전공 인정학과에서 3년 이상의 교육과정 수료(3년제의 경우 졸업) 또는 105학점 이상 취득한 자 • 학점은행제에서 동일전공으로 105학점(전공 28학점 포함) 이상 인정받은 자 • 외국에서 15년 이상의 학교교육과정을 수료한 자	없음 (반드시 응시해야 함)

06 시험 범위

- 시험의 범위와 예시 문항은 독학학위제 홈페이지(bdes.nile.or.kr) 〉 [학습정보] 〉 [과목별 평가영역]에서 확인할 수 있습니다.
- 본 교재의 목차는 과목별 평가영역을 충실히 반영하고 있기 때문에 교재의 목차를 통해서도 시험범위를 알 수 있습니다.

07 기본 출제 방향 및 단계별 평가 수준

단계	기본 출제 방향	평가 수준
1단계 교양과정 인정시험	• 국가평생교육진흥원에서 고시하는 과목별 평가영역에 준거하여 출제하되 특정 영역이나 분야가 지나치게 중시되거나 경시되지 않도록 함	• 대학 교양과정을 이수한 사람이 일반적으로 갖추어야 할 학력 수준을 평가함
2단계 전공기초과정 인정시험	• 독학자의 취업 비율이 높은 점을 감안하여, 과목의 특성상 가능한 경우에는 학문적·이론적인 문항뿐만 아니라 실무적인 문항도 출제함	• 각 전공영역의 학문을 연구하기 위하여 각 학문 계열에서 공통으로 필요한 지식·기술을 평가함
3단계 전공심화과정 인정시험	• 단편적인 지식 암기로 풀 수 있는 문항의 출제는 지양하고, 이해력·적용력·분석력 등 폭넓고 고차원적인 능력을 측정하는 문항 위주로 출제함	• 각 전공영역에 관하여 보다 심화된 전문적 지식·기술을 평가함
4단계 학위취득 종합시험	• 이설(異說)이 많은 내용의 출제는 지양하고 보편적이고 정설화된 내용에 근거하여 출제하며, 그럴 수 없는 경우에는 해당 학자의 성명이나 학파를 명시함	• 독학사 시험의 최종단계로서, 학위를 취득한 사람이 일반적으로 갖추어야 할 소양과 전문 지식·기술을 종합적으로 평가함

이제 실전이다! 2단계 시험 미리보기

01 경영학과 2단계 전공기초과정 인정시험

- 출제 방법: 4지선다형 객관식 40문항(문항당 2.5점)
- 합격 기준: 전공 8과목 중 60점 이상 득점한 과목이 6과목 이상이면 합격

구분	1교시 09:00~10:40(100분)	2교시 11:10~12:50(100분)	중식 12:50~13:40(50분)	3교시 14:00~15:40(100분)	4교시 16:10~17:50(100분)
경영학	회계원리 인적자원관리	마케팅원론 조직행동론	-	경영정보론 마케팅조사	생산운영관리 원가관리회계

참고 단계별 시험 과목 및 합격 기준은 다음과 같으며, 시험에 대한 전체적인 정보는 해커스독학사 사이트(haksa2080.com)의 [독학사 시험안내]에서 확인할 수 있습니다.
- 1단계: 필수 3과목(국어, 국사, 외국어) + 선택 2과목(현대사회와 윤리, 문학개론, 철학의 이해, 문화사, 한문, 법학개론, 경제학개론, 경영학개론, 사회학개론, 심리학개론, 교육학개론, 자연과학의 이해, 일반수학, 기초통계학, 컴퓨터의 이해 중 택2) 합격
- 3단계: 전공 8과목(재무관리론, 경영전략, 투자론, 경영과학, 재무회계, 경영분석, 노사관계론, 소비자행동론) 중 6과목 이상 합격
- 4단계: 교양 2과목(국어, 국사, 외국어 중 택2) + 전공 4과목(재무관리, 마케팅관리, 회계학, 인사조직론) 합격

02 경영학과 2단계 마케팅원론 시험 문제 분석

본 교재 〈한달합격 해커스독학사 경영학과 2단계 마케팅원론 최신기출 이론+문제〉의 본문에도 실제 독학사 시험과 유사한 유형의 문제와 전문가의 풍부하고 상세한 해설을 수록하여 실전 대비가 가능합니다.

※ 시험 문제 분석은 국가평생교육진흥원 독학학위제에서 제공하는 '시험 문제 예시'를 활용하였습니다.

 문제 예시

1차 자료 정보원에 해당하는 것은?
① 기업의 매출자료
② 정부기관 통계자료
③ 설문조사 수집자료
④ 연구기관 정기간행물

정답 ③

 해커스독학사 전문가의 해설

1차 자료는 조사자가 현재 수행 중인 조사목적을 달성하기 위해 직접 수집한 자료로, 관찰, 인터뷰, 설문조사 등의 방법을 통해 새롭게 수집한 것이다.

오답분석
①, ②, ④ 2차 자료는 현재의 마케팅 문제해결에 도움이 될 것이라고 판단되는 기존에 다른 목적으로 수집한 모든 자료이며, 기업 내부자료, 연구논문, 정부간행물, 각종 통계자료들이 이에 해당한다.

한달합격 해커스독학사
경영학과 2단계 마케팅원론 최신기출 이론+문제

03 시험 진행 순서 및 유의사항

시험장 가기 전	• 수험표, 주민등록증 또는 본인임을 입증할 수 있는 신분증, 컴퓨터용 사인펜(객관식 답안 마킹용)을 반드시 준비합니다.
시험장(시험실) 도착 및 착석	• 시험 당일에는 반드시 수험표에 표기된 시험장에 입실해야 합니다. • 1교시는 시험 시작 20분 전까지, 2~4교시는 시험 시작 15분 전까지 입실을 완료해야 합니다. 참고 1과목 응시자도 각 교시에 해당하는 입실 시간까지 입실을 완료해야 합니다(시험 시작 후 입실 불가).
답안지 작성 및 시험지 배부	• 답안지 작성은 답안지에 기재되어 있는 '답안 작성 시 유의사항'을 숙지하고 그에 따라야 합니다. • 객관식은 컴퓨터용 사인펜을 사용하여 마킹합니다. • 문제지에도 수험번호와 성명을 기재해야 합니다.
시험 시간	• 총 4교시로 나누어 시험이 진행됩니다. • 시험 시간 중에는 수험표와 신분증을 책상 위 좌측 상단에 놓아야 합니다.
쉬는 시간	• 시험 시간 중 50분(12:50~13:40)의 중식 시간이 있습니다. • 각 교시의 시험이 끝날 때마다 15분의 쉬는 시간이 있으며, 다음 교시의 시험 시작 15분 전까지 착석하여 대기해야 합니다. 참고 3교시는 중식 시간 외 시험 시작 전 별도의 쉬는 시간 없음
시험 종료	• 시험이 시작되고 30분 경과 후 퇴실이 가능합니다. • 1과목 응시자는 시험이 시작되고 50분 경과 후 퇴실 조치됩니다. • 퇴실 시, 문제지와 답안지는 반드시 감독관에게 제출해야 합니다.

무엇이든 물어보세요! 독학사 10문 10답

01 학위 제도 관련

Q1. 독학학위제로 학위를 취득하면 정규대학 졸업자와 동등한 학력으로 인정받을 수 있나요?

A. 네, 동등한 학력으로 인정받을 수 있습니다.

독학학위제로 취득한 학위는 「독학에 의한 학위취득에 관한 법률」제6조 제1항에 따라 대학에서 학사학위를 취득한 사람과 동등한 학력으로 인정 받을 수 있습니다.

따라서 독학학위제로 학위를 취득한 후, 대학 편입이나 대학원 진학이 가능합니다. 단, 대학 또는 대학원별로 모집요강이 다르기 때문에 지원하고자 하는 학교의 모집요강을 꼭 확인하시기 바랍니다.

Q2. 현재 대학생인데 독학학위취득시험에 응시할 수 있나요?

A. 네, 가능합니다.

독학학위제는 이중 학적에 적용되지 않아 대학 재학 중에도 시험에 응시할 수 있습니다.

Q3. 독학학위제 2단계 시험에 응시하여 합격한 과목은 학점은행제에서 학점으로 인정받을 수 있나요?

A. 네, 학점은행제에서 학점을 인정받는 것이 가능합니다.

2단계 시험의 경우, 합격한 과목에 한해 과목당 5학점씩 최대 6과목(총 30학점)까지 인정받을 수 있습니다. 따라서 학점은행제 학위 취득 예정자의 경우, 독학학위제와 병행한다면 더욱 빠르고 효율적으로 학위를 취득할 수 있습니다.

02 원서접수 및 시험 관련

Q4. 2단계 원서접수 시, 8과목에 지원하였으나 사정상 6과목까지만 응시하려고 합니다. 이 경우, 불이익이 있나요?

A. 아니요, 응시하지 않은 과목에 대한 불이익은 없습니다.

응시하지 않은 과목은 결시 처리됩니다. 따라서 응시한 과목에 대해서만 채점하여 60점 이상 득점할 경우 합격 처리됩니다.

Q5. 독학학위취득시험은 왜 기출문제를 공개하지 않나요?

A. 독학학위취득시험은 대학 교과과정의 일반적이고 공통적인 지식과 기술을 평가할 수 있도록 일정한 수준의 난이도를 유지하는 것이 매우 중요하기 때문입니다.

독학학위취득시험은 경쟁시험이 아닌 독학 후의 학습능력이 대학 졸업학력에 도달하였는지를 측정하는 시험으로 시험의 범위와 수준이 정해져 있는 시험입니다. 그러므로 과목별로 대학 교과과정의 일반적·공통적인 지식과 기술을 평가할 수 있도록 하는 일정 수준의 난이도 유지가 매우 중요하며, 이를 위해 문제를 공개하지 않습니다. 그렇지만 본 교재에 수록되어 있는 '기출개념확인', '실전연습문제'와 '기출동형모의고사'를 활용한다면 철저한 시험 대비가 가능합니다.

03 학습 방법 관련

Q6. 독학학위제 시험을 준비하기 위한 시험 주관처의 교재나 강좌가 별도로 있나요?

A. 아니요, 시험 주관처인 국가평생교육진흥원에서는 교재나 강좌를 제공하지 않습니다.
국가평생교육진흥원에서는 독학학위제 시험 관련 교재 출판 및 강좌 운영을 하고 있지 않습니다. 하지만, 해커스독학사에서는 1단계부터 4단계까지의 다양한 강좌를 제공하고 있으며, 각 강좌에 필요한 교재도 판매하고 있습니다. 해커스독학사와 함께 독학학위제 시험을 준비하신다면, 수준 높은 교육 서비스 및 교재와 함께 합격에 보다 빠르게 도달할 수 있습니다.

04 응시자격 및 시험면제 관련

Q7. 동일전공 인정학과란 무엇인가요?

A. 독학학위취득시험의 전공시험(2~3단계)을 면제받고자 할 때, 지원하고자 하는 독학학위제 전공과 학점을 이수한 대학(또는 학점은행제)의 전공이 동일전공이어야 한다는 것을 의미합니다.
독학학위제 전공별로 동일전공 인정학과로 인정받을 수 있는 전공 현황은 국가평생교육진흥원 독학학위제 사이트에서 확인할 수 있습니다.

Q8. 1단계를 응시 못했는데 바로 2단계 시험에 응시할 수 있나요?

A. 네, 바로 2단계 시험에 응시가 가능합니다.
1단계에 응시하지 않았더라도 바로 2단계 응시가 가능합니다. 고등학교 졸업 이상의 학력 소지자인 경우 1~3단계까지는 누구나 순서에 상관없이 자유롭게 응시할 수 있습니다. 단, 4단계의 경우 1~3단계를 모두 합격 또는 면제받아야만 응시가 가능합니다.

Q9. 4년제 대학교 국문학과를 졸업했습니다. 독학학위제 경영학 학위를 취득하려면 몇 단계까지 면제받을 수 있나요?

A. 이 경우, 1단계(교양과정 인정시험)만 면제받을 수 있습니다.
학위를 취득한 전공과 독학학위제에 지원한 전공이 다를 경우에는 전공과정 면제는 불가능하며 1단계(교양과정 인정시험)만 면제되므로, 지원하고자 하는 독학학위제 전공이 경영학과이고 대학에서 학위를 취득한 전공이 국문학과인 경우에는 2~4단계 시험에 응시하여 합격해야 합니다.

Q10. 대학교에서 '경영학개론' 과목을 이수했는데 1단계 '경영학개론' 과목 면제가 가능한가요?

A. 아니요, 면제 받을 수 없습니다.
독학학위취득시험에서는 대학에서 이수한 과목으로 시험 과목을 면제받을 수 없습니다. 그러나 대학에서 취득한 일정 이상의 학점으로 시험 단계별 면제는 가능합니다.

무료 학습자료 제공 · 독학사 단기합격 **해커스독학사**
haksa2080.com

전문가가 분석한 출제경향 및 학습전략

제1장에서는 마케팅 관리철학의 생산 개념, 제품 개념과 판매 개념을 중점적으로 학습하고 마케팅 개념을 꼭 암기해야 한다. 또한 판매 개념과 마케팅 개념 비교 문제가 자주 출제되므로 여러 개념 간 특징을 비교하며 학습하는 것이 좋으며, 고객관계관리 및 마케팅의 새로운 트렌드에 대한 정의도 자주 출제된다. 마케팅 기능과 마케팅 관리는 향후 구체적으로 살펴볼 내용이므로 맥락을 이해하는 정도로 학습하는 것이 좋다.

제1장 | 핵심 키워드 Top 10
핵심 키워드 Top 10은 본문에도 동일하게 ★로 표시하였습니다.

01	마케팅 근시안 ★★★	p.30
02	판매 개념과 마케팅 개념 ★★	p.33
03	CRM의 발전 단계 ★★	p.38
04	고객관계관리 마케팅과 대량생산 마케팅의 개념 비교 ★★	p.38
05	수요 ★★	p.28
06	구매동기에 따른 소비 ★★	p.29
07	관계 마케팅 ★★	p.38
08	마케팅의 세 가지 개념 ★	p.24
09	교환 ★	p.29
10	제품 개념 ★	p.33

제1장

마케팅 개념

제1절 마케팅의 정의
제2절 시장과 고객욕구의 이해
제3절 마케팅 관리철학
제4절 고객관계구축
제5절 마케팅 기능과 마케팅 관리

제1절 마케팅의 정의

01 마케팅 정의의 변화

1. 미국마케팅학회(AMA; American Marketing Association)의 정의(1960)
① 마케팅이란 생산자로부터 소비자 또는 사용자에게로의 제품 및 서비스의 흐름을 관리하는 제반 기업 활동의 수행이라고 정의하였다.
② 전통적 개념에서의 마케팅에 대한 정의이다.
③ 마케팅을 기업 활동의 수행으로만 본 관점이다.

2. 코틀러(Kotler)의 정의
① 마케팅이라는 교환과정을 통해서 인간의 욕구를 충족시켜주는 모든 활동이라고 정의하였다.
② 1980년대 이후 마케팅 개념 확대론자들의 정의이다.
③ 기업만이 아닌 학교·병원·종교단체와 같은 비영리조직체를 포함한 모든 조직체의 활동으로 마케팅의 영역을 확장한 관점이다.

02 마케팅의 개념

1. 마케팅의 세 가지 개념 ★ 기출개념
(1) **지속적 거래**
 기업과 고객 간의 거래 및 교환행위를 지속적으로 관리한다.
(2) **고객 만족**
 소비자의 욕구 충족 혹은 고객 만족을 추구하는 활동이다.
(3) **이윤 추구**
 기업은 고객 만족과 같은 가치 창출을 통해 이윤을 추구한다.

📋 **개념 Plus**

미국마케팅학회의 마케팅에 대한 정의 변화(1985~2017)
- 미국마케팅학회에 속한 마케팅 학자 5명은 3년마다 정의를 갱신하고 있다.
- 1985년
 - 교환의 개념을 도입하고, 마케팅의 주체와 대상이 확대되었으며, 모든 마케팅 의사결정 분야를 포괄하는 방향으로 정의하였다.
 - "마케팅이란 개인과 조직의 목표를 충족시킬 교환을 창출하기 위하여 아이디어 및 제품, 서비스의 개념화와 가격결정, 촉진, 유통을 계획하고 수행하는 과정이다."
- 2004년: 고객과 고객가치라는 개념을 도입하였다.
- 현재
 - 고객의 대상이 사회전반으로 확대될 수 있음을 강조하는 2007년의 정의를 유지하고 있다.
 - "마케팅이란 고객들(customers and clients), 협력자들(partners), 그리고 더 나아가 사회 전반(society at large)에게 가치 있는 것을 만들고, 알리며, 전달하고, 교환하기 위한 활동과 일련의 제도 및 과정들이다."

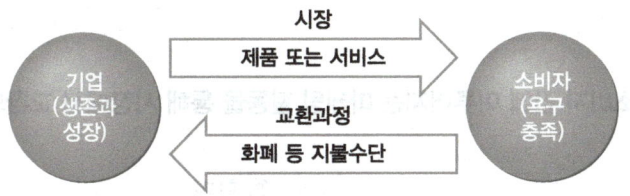

[그림 1-1] 마케팅의 기본 개념의 주요 요소

> ✓ 핵심 Check
>
> **마케팅의 개념**
> 마케팅 활동이 기업 경영활동과 차별화되는 점은 고객 만족을 통한 이윤 추구이다. 즉, 고객 만족의 개념이 포함되지 않는다면 마케팅 관련 활동이라고 볼 수 없다.

03 마케팅 개념의 실행 전략

1. 마케팅 개념의 실행
고객중심적인 마케팅 관리 이념을 전제로 하며, 소비자의 욕구에 초점을 둔 구매자 위주의 시장으로 이해한다.

2. 마케팅 개념의 실행 전략 유형

(1) 시장주도 전략(market-driven strategy)
① 풀(pull) 전략으로, 기존에 소비자가 익숙하게 생각할만한 시장이 어느 정도 확립되어 있는 경우 적합한 마케팅 개념이다.
② 시장조사 등으로 소비자의 욕구를 조사하여 제품이나 서비스에 해당 욕구가 반영되도록 설계하여야 한다.
③ 소비자의 마음속에 있는 욕구를 파악하는 것이 중요하다.

(2) 시장창출 전략(market-driving strategy)
① 푸시(push) 전략으로, 새로운 형태의 제품이나 서비스가 시장에 출시된 경우에 적합한 마케팅 개념이다.
② 소비자에게는 아직까지 특정 제품이나 서비스에 대한 선호도가 존재하지 않는다고 가정하며, 따라서 소비자 욕구를 조사하는 것은 큰 의미가 없다.
③ 소비자가 선호할만한 새로운 속성이나 기준이 포함된 제품이나 서비스를 개발하여 소비자로 하여금 새로운 시장으로 인식하게끔 한다.

> ✓ 핵심 Check
>
> **마케팅 개념 실행 전략 비교**
> - **시장주도 전략**: 시장조사 정보를 바탕으로 고객 욕구에 맞는 제품과 서비스를 기획한다는 점에서 풀 전략에 해당한다.
> - **시장창출 전략**: 구체적인 시장조사 결과 없이 고객이 좋아할 만한 속성이 포함된 제품과 서비스를 시장에 출시해서 소비자에게 소구한다는 점에서 푸시 전략에 해당한다.

기출개념확인

01 기업과 소비자 간에 이루어지는 마케팅 활동을 통해 시장에서 교환되지 <u>않는</u> 것은?

① 제품 ② 화폐
③ 서비스 ④ 고객욕구

02 마케팅의 주요 3가지 개념에 해당하지 <u>않는</u> 것은?

① 지속적 거래 ② 조직 문화
③ 고객 만족 ④ 이윤 추구

<u>정답·해설</u>

01 ④ 시장 교환과정을 통해 기업은 제품과 서비스를 제공하고 소비자는 그 대가로 화폐 등 다양한 방법으로 대금을 지불할 수 있다. 고객욕구는 마케팅의 핵심 개념이지만 시장에서 교환되는 것이 아니라 교환과정을 통해 소비자의 내면이 충족되는 개념이다.

02 ② 마케팅의 주요 3가지 개념에는 기업과 고객 간 교환행위를 관리하는 '지속적 거래', 소비자의 욕구를 충족시키기 위해 노력하는 '고객 만족', 그리고 고객 만족이라는 부가 가치를 창출해 기업의 궁극적인 목적을 달성하는 '이윤 추구'가 있다.

제2절 시장과 고객욕구의 이해

01 고객욕구의 이해

1. 필요(needs)
(1) 필요의 정의
  기본적인 만족이 충족되지 않은 상태를 말한다.
(2) 필요의 예
  ① 배고픔을 면할 필요를 느낀다.
  ② 추위를 해결할 필요를 느낀다.
  ③ 안락한 생활을 해야겠다는 필요를 느낀다.
  ④ 남보다 돋보이고 싶은 필요를 느낀다.
(3) 필요의 특성
  ① 필요는 사람이 의도하여 만들어 낸 개념이 아니다.
  ② 인간의 생리적 기능 및 인간의 본능 또는 근본 성질에 의해서 생기는 것이다.

2. 욕구(wants)
(1) 욕구의 정의
  필요를 충족하기 위한 구체적 해결방법 혹은 대상을 말한다.
(2) 욕구의 예
  ① '배고픔을 면할 필요'에 대해 '라면이 먹고 싶다.'라는 욕구가 생긴다.
  ② '추위를 해결할 필요'에 대해 '히터를 갖고 싶다.'라는 욕구가 생긴다.
  ③ '안락한 생활을 해야겠다는 필요'에 대해 '자동차를 사고 싶다.'라는 욕구가 생긴다.
  ④ '남보다 돋보이고 싶은 필요'에 대해 '명품을 사고 싶다.'라는 욕구가 생긴다.
(3) 욕구의 특성
  ① 문화, 사회적 환경, 개성에 따라서 다양한 욕구가 나타날 수 있다.
  ② 욕구는 사회의 변화에 따라서 계속 바뀌어 간다.
  ③ 욕구를 체계적으로 이해하는 것이 마케팅의 출발점이다.

> **핵심 Check**
>
> **필요와 욕구의 차이**
> 욕구는 필요에 대한 구체적인 해결방법으로 제시한 형태이다. 즉, 배가 고픈 것은 필요이고 칼국수나 라면을 먹고 싶다는 것은 욕구이다.

3. 수요(demand) ★★ 〔기출개념〕

(1) 수요의 정의
특정 제품에 대한 욕구를 가졌으며 현실적으로 제품을 구매할 의사와 능력이 있는 상태를 말한다.

(2) 수요의 예
'추위를 해결할 필요'에 대해 '히터를 갖고 싶다.'라는 일시적인 욕구에서 나아가, 실제 히터를 구매하고자 하는 의사와 구매할 수 있는 능력이 있을 경우에는 기업의 수요가 된다.

(3) 수요의 특성
욕구가 구매력을 수반할 때 수요가 된다.

4. 제품(products)

(1) 제품의 정의
필요와 욕구를 충족시키기 위하여 기업이 제공하는 것이다.

(2) 제품의 예
'사회적 존경에 대한 필요'를 위해서 '고급 자동차를 갖고 싶다.'는 욕구가 생기는데, 기업은 이것을 충족시키기 위하여 '메르세데스 벤츠'라는 구체적인 제품을 제공한다.

(3) 제품의 특성
① 소비자는 제품 자체가 아닌 해당 제품이 제공하는 효용이나 서비스를 구매하는 것이다.
② 기업이 제품에만 치중하여 해당 제품이 제공하는 서비스나 가치를 등한시한다면 문제가 발생한다.
③ 소비자는 단순히 '메르세데스 벤츠'를 구매한 것이 아니라 자동차가 제공하는 이동수단으로써의 혜택과 안전하고 안락함, 사회적 존경을 받기를 기대하는 것이다.

5. 효용(utility), 가치(value), 만족(satisfaction)

(1) 효용의 정의
소비자가 제품을 통해서 얻고자 하는 편익(benefits)을 말한다. 즉, '자신을 돋보이게 하고 싶다는 필요'를 위해서 '고급 자동차에 대한 욕구'가 발생하는데, 그것을 위해서는 '메르세데스 벤츠' 정도의 크고 좋은 자동차가 그 사람이 바라는 일정 수준의 효용을 가지고 있다고 볼 수 있다.

(2) 가치의 정의
효용에 심리적인 값(대표적으로 가격)을 부여한 것이다. 예를 들어 '메르세데스 벤츠'를 구매하기 위해서는 1억 5천만원 이상의 돈이 필요할 것이다. 1억 5천만원을 가치로 규정한 것은 '가격=가치'의 의미가 아니며, 이는 주관적인 가치를 측정하기에 가격이 가장 합리적이기 때문이다. 소비자는 본인이 필요로 하는 일정 수준의 효용을 확보하기 위해서 해당 비용을 지불해야 하며 이것이 소비자에게 지각되는 가치이다.

📝 **개념 Plus**

효용, 가치, 만족의 학문적 차이
- **효용**: 경제학에서 사용하는 용어로 재화를 구매했을 때 증가하는 혜택의 크기를 수치로 변환한 형태이다.
- **가치**: 심리학에서 사용하는 용어로 효용을 객관적인 혜택이 아닌 소비자가 느끼는 주관적 크기로 변환한 형태이다.
- **만족**: 경영학 및 마케팅에서 사용하는 용어로 소비자가 가치와 비용을 동시에 고려했을 때 상대적인 가치를 극대화할 수 있는 형태이다.

(3) 만족의 정의

제품이 제공하는 가치와 제품 구매를 위한 실제 비용을 함께 고려한 개념이다. 소비자가 가치와 비용을 동시에 고려할 때 '현대 자동차'의 '그랜저' 정도가 가장 적합하다고 생각한다면 해당 제품이 소비자의 만족을 극대화시키게 된다. 따라서 고려한 가치 및 비용, 두 가지를 통해 얻는 만족도의 극대화는 마케팅의 주요 개념이다.

6. 교환(exchange) ★ 기출개념

(1) 교환의 정의
기업 혹은 상대방이 제공하는 제품이나 서비스에 대한 대가를 지불하고 그것을 획득하는 행위를 말한다.

(2) 교환의 특성
① 마케팅의 중심적인 개념이다.
② 교환은 기업과 소비자 간 교환조건에 대한 동의 여부에 따라 발생한다.

(3) 교환의 조건
① 둘 또는 그 이상의 교환 상대자가 있어야 한다.
② 각자는 상대방이 원하는 것(예 돈, 제품, 서비스)을 가지고 있어야 한다.
③ 각자는 자유롭게 의사교환을 할 수 있어야 한다.
④ 각자는 자유롭게 의사결정을 할 수 있어야 한다.

7. 시장(market)

(1) 시장의 사전적 정의
교환과 거래가 이루어지는 공간이다.

(2) 시장의 마케팅적 정의
특정한 필요와 욕구의 충족을 위하여 교환과 거래에 참가하고자 하는 잠재적 고객의 전체 혹은 특정 수요를 가진 고객들의 집합이다.

02 구매동기에 따른 소비 ★★ 기출개념

1. 이성적 소비

(1) 1970년대 이후 정보처리과정이론에 의해 설명되는 소비이다.
(2) 소비자들이 제품 구매 시 다양한 정보를 탐색하여 도출된 대안과 평가기준에 따라 여러 대안들을 비교하고 가장 합리적이고 만족을 제공할 것으로 예상되는 대안을 구매하는 것이다.
(3) 상품의 품질 및 가격 등이 중요한 결정 요인이다.

> **핵심 Check**
>
> **감성적 소비와 충동적 소비의 비교**
>
> 감성적 소비와 충동적 소비 모두 외부 자극 등에 의해 영향을 받아 제품 구매가 이루어진다는 점은 동일하지만, 감성적 소비는 구매 계획이 있었으나 구매 시점 외부 자극에 영향을 받은 것이고, 충동적 소비는 사전 구매 계획이 아예 없었으나 외부 자극에 의해 구매하게 된 것이다.

2. 감성적 소비

(1) 1980년대 이후 감성 및 정서적 요인에 대한 연구에 의해 설명되는 소비이다.

(2) 소비자들이 제품 구매 시 무드, 매장 분위기 및 정서적으로 제공하는 가치, 디자인·색상과 같은 감각적인 가치가 높은 대안을 구매하는 것이다.

(3) 소비자가 인식하는 정서적인 가치 및 분위기, 감정 등이 중요한 결정 요인이다.

3. 충동적 소비

사전에 구매 계획 없이 수량 한정, 시간 한정 등 외부 메시지 및 자극 등에 의해 충동적으로 구매하는 것이다.

03 고객욕구의 몰이해에 따른 문제점

1. 마케팅 근시안(marketing myopia) ★★★ 기출개념

> **핵심 Check**
>
> **마케팅 근시안 발생 조건**
>
> 마케팅 근시안은 고객욕구에 대한 분석 없이 품질 좋은 제품을 만들고자 노력하는 제품지향적 조직에서 많이 발생할 수 있다.

(1) 마케팅 근시안의 특징
  ① 고객욕구에 기초하는 제품의 경쟁구도를 지나치게 협소하게 정의하는 경우에 발생할 수 있다.
  ② 기업이 제품 자체의 판매에만 치중하고 그것을 통하여 얻고자 하는 소비자의 궁극적인 필요나 욕구를 등한시하는 사고방식이다.
  ③ 게임을 서비스하는 회사는 소비자에게 즐거움을 제공한다는 점에서 경쟁사가 동종 게임회사로 한정되지 않고 즐거움을 제공할 수 있는 모든 경쟁기업이 포함될 수 있다.

(2) 마케팅 근시안 해결방법
  ① 소비자는 제품 자체를 사고자 하는 것이 아니라 제품을 통해 제공되는 서비스와 혜택을 사는 것임을 염두에 두어야 한다.
  ② 기업은 소비자의 잠재적 욕구 및 제품이 제공하는 궁극적인 가치를 고려하여야 한다.

기출개념확인

01 고객욕구에 대한 개념과 해당 사례가 잘못 짝지어진 것은?

① 필요 – 이번 친구들과의 모임에서 관심과 주목을 받고 싶다.
② 욕구 – 비싼 명품 옷과 핸드백을 갖고 싶다.
③ 수요 – 아직 돈은 없지만 생긴다면 명품 핸드백을 사고 싶다.
④ 제품 – 샤넬(CHANEL) 클래식 숄더백을 사고 싶다.

02 구매동기에 따른 소비 트렌드 중 소비자들이 제품 구매를 위해 백화점에 방문하여, 재미있고 기분 좋게 만드는 제품을 구매한 경우의 소비 유형을 설명하는 개념으로 적절한 것은?

① 이성적 소비　　② 계획적 소비
③ 감성적 소비　　④ 충동적 소비

03 마케팅 근시안에 대한 설명으로 잘못 기술된 것은?

① 소비자의 욕구에 기초하는 제품의 경쟁구도를 지나치게 협소하게 정의하는 경우 발생할 수 있다.
② 기업은 소비자의 잠재적 욕구 및 제품이 제공하는 궁극적인 가치를 고려하여야 한다.
③ 기업이 제품 자체의 판매에만 치중하고 그것을 통하여 얻고자 하는 소비자의 궁극적인 필요나 욕구를 등한시하는 사고방식이다.
④ 소비자는 제품 그 자체를 사고자 하는 것이지, 제품을 통해 제공되는 서비스와 혜택을 사는 것은 아니다.

정답·해설

01 ③　수요는 욕구가 구매력이 뒷받침되는 형태이다. 욕구가 있으나 구매할 능력이 없으면 수요라고 볼 수 없다.
① 필요는 본능적 욕구와 사회적 요구 등을 포함한다.
② 욕구는 필요가 충족방법이 구체화된 것이다.
④ 제품은 특정 기업의 상품을 통해 개인의 욕구를 충족시키는 방법이 더 구체화된 형태이다.

02 ③　감성적 소비는 소비자들이 감성이나 정서적 요인에 의해 제품을 구매한다고 설명하고 있다. 충동적 소비는 기존에 제품 구매 계획이 없다가 구매한 경우에 해당한다.

03 ④　소비자는 제품에서 제공되는 혜택을 통해 만족감을 느끼고자 하는 것이기 때문에 소비자의 잠재적인 욕구나 궁극적인 가치를 고려하지 않으면 마케팅 근시안의 오류에 빠지게 된다.

제3절 마케팅 관리철학

01 마케팅 관리철학의 변화

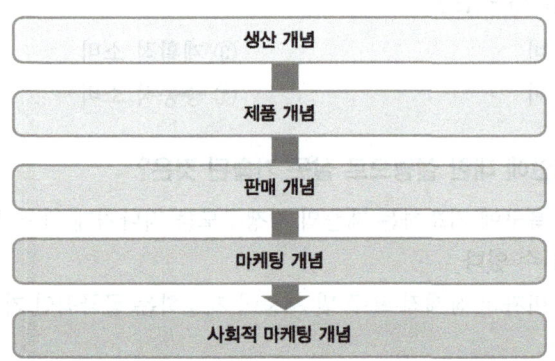

[그림 1-2] 마케팅 관리철학의 변화

1. 생산 개념(production concept)

(1) 생산 개념의 특성
① 기업에서 가장 오랫동안 적용해온 개념 중의 하나이다.
② 산업혁명이 발생하면서 19세기 말까지 수공업을 통해 모든 제품이 생산되는 시기의 지배적인 경영 철학이다.
③ 수요와 공급의 관계에서 초과 수요(수요 > 공급) 시대의 마케팅 철학이다.
  ㉠ 수요가 공급을 초과하는 상황에서는 생산만 하면 쉽게 판매되므로 기업의 관심이 생산성 향상에 있다.
  ㉡ 공급이 수요를 초과하는 상황에서도 경쟁 제품이 차별화되지 않았고 가격경쟁에만 의존한다면 그 기업은 원가절감 및 비용우위(cost advantage)에 관심이 있는 것이다.
④ 생산지향적 조직(생산부서 중심의 조직)의 관리자들은 생산효율성을 높이고, 원가를 절감하며 유통 범위를 광범위하게 하는 데 집중한다.

2. 제품 개념(product concept) ★ 기출개념
① 초과 수요의 상태는 완화되었지만 소비자들은 여전히 좋은 품질과 성능, 혁신적인 특징만 있으면 그 상품을 좋아할 것이라는 가정하에 기업이 채택한 개념이다.
② 품질향상이 곧 경영목표가 된다.
③ 제품지향적 조직(연구 R&D부서 중심의 조직)의 관리자는 좋은 제품 생산 후, 개선을 위해 끊임없이 노력한다. 그러나 품질이 월등하게 개선된 신제품일지라도 가격이 적절하게 책정되고 유통/판매되지 않으면 성공할 수 없다는 문제점이 있다.

3. 판매 개념(selling concept) ★★ 기출개념
(1) 판매 개념의 특성
① 생산 능력의 증대로 수요와 공급의 관계에서 공급이 수요를 앞지르기 시작한 시기의 마케팅 관리철학이다.
② 시장이 원하는 것(예 소비자의 욕구)을 만들기보다는 기업이 만든 것을 잘 판매하는 것(예 판매방식이나 제품 판매촉진)에 관심을 가진다.
③ 판매지향적 조직(판매·영업부서 중심의 조직)의 관리자들은 경쟁사보다 자사 제품의 구매를 유도해야 하며, 이를 위해 이용 가능한 모든 효과적인 판매활동과 촉진도구의 활용에 집중한다.

(2) 판매 개념이 적용되는 제품
판매 개념이 가장 잘 적용되는 상품은 보험, 백과사전 등과 같이 소비자가 일반적으로 구매를 꺼려할 것이라고 여겨지는 품목이다.

02 최신 마케팅 관리철학

1. 마케팅 개념(marketing concept) ★★
(1) 마케팅 개념의 특성
① 고객지향성(customer orientation)
  ㉠ 소비자의 욕구를 기업 관점이 아닌 소비자 관점에서 정의하는 것을 말한다.
  ㉡ 기업은 연구개발, 시장조사 등을 통해 고객욕구를 파악하고 이를 제품 생산 및 서비스 운영 시 반영한다.
② 전사적 활동
  ㉠ 기업은 마케팅 관련 부서 및 서로 다른 기능을 하는 여러 부서로 구성된다.
  ㉡ 고객욕구 충족이라는 마케팅 개념을 실제로 수행하기 위해서는 생산, 연구개발, 인사, 재무회계 등 기업 내 모든 부서의 노력과 활동이 요구된다.
  ㉢ 기업 내 모든 부서가 고객지향적이어야 고객욕구 충족이 실현될 수 있다.
③ 이윤 극대화: 고객욕구 충족이라는 마케팅 개념의 수행을 통해 기업의 최종 목표인 이윤 극대화로 연결되도록 설계되어야 한다.

개념 Plus

ESG 경영과 마케팅
- 사회지향적 마케팅의 개념은 최근 ESG 경영 및 마케팅으로 구체적으로 실현되고 있다.
- ESG 경영
  - 사업 투자 의사결정 시 사회적 책임 투자 혹은 지속 가능한 투자 관점에서 기업의 비재무적 요소를 재무적 요소와 함께 고려하는 방식으로 환경(Environment), 사회(Social), 지배구조(Governance) 부문에서 개선 목표를 찾는다.
  - 기업의 비즈니스 모델, 제품 생산, 가치사슬, 사회적 참여, 투명하고 합리적인 경영관리 및 이전 등의 측면에서 ESG 요소를 고려하여 전략을 수립하고 실행해야 한다.
- ESG 마케팅
  - 환경(Environment), 사회(Social), 지배구조(Governance)의 세 가지 핵심 요소를 고려하여 제품이나 브랜드의 가치를 강화하고 고객들에게 전달하는 마케팅 전략이다.
  - 각 기업의 ESG 마케팅 전략 수립과 주요 실천적 활동 등은 유기적이고 일관성 있게 연결되어 있어야 소비자들은 기업 활동에 진정성을 부여하고 마케팅 효과가 나타난다.

2. 사회지향적 마케팅 개념(societal marketing concept)

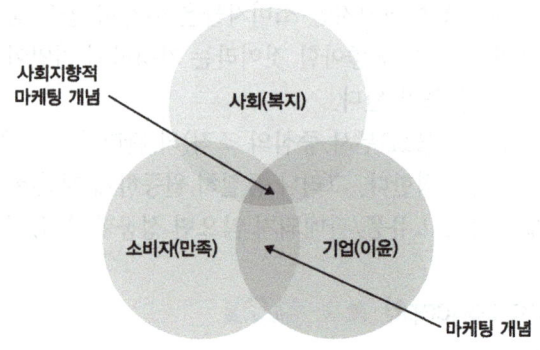

[그림 1-3] 사회지향적 마케팅 개념

① 1980년대 이후 기업의 급격한 대내외적인 환경 변화로 인해 새로운 차원으로 출현한 마케팅 개념이다.
② 사회지향적 마케팅 개념의 출현배경
  ㉠ 고객의 단기적 욕구 충족과 장기적 복지와의 관계 상충으로 인해 이에 대한 문제해결이 필요해졌다.
  ㉡ 소비자 개개인의 욕구와 사회윤리적 문제 간 관계를 고려하여 제품을 선택하는 경우가 증가하였다.
  ㉢ 환경문제에 대한 관심과 배려가 증대되고 사회적 제품에 대한 수익성 개선을 요구하는 목소리가 확대되었다.
③ 사회지향적 마케팅 개념의 특징
  ㉠ 소비자 만족과 사회적 복지: 상품의 정보 제공, 안전성, 재활용 등 소비자 만족과 기업이 윤리적 측면을 고려하는 사회적 복지를 동시에 추구한다.
  ㉡ 통합적 마케팅 활동: 기업의 모든 영역의 활동이 소비자의 사회적 복지에 초점을 두고 통합되며, 마케팅 부서는 이를 조정한다.
  ㉢ 이익지향성: 소비자 만족과 사회적 복지 충족을 통해 이익을 실현해야 한다.

03 마케팅 관리철학의 개념 간 특징 비교

1. 생산 개념과 마케팅 개념의 비교

구분	생산 개념	마케팅 개념
핵심 개념	제품을 먼저 생산한 뒤 마케팅이 제품의 판매를 담당함	소비자의 욕구를 미리 반영하여 제품을 생산함
제품 디자인	소비자의 욕구나 필요와 무관하게 엔지니어에 의해 설계됨	마케팅, 조사, 연구개발, 생산부서가 함께 신제품을 개발함
제품 포지셔닝	제품의 강점이 일방적으로 강조됨	각 세분시장마다 제품의 서로 다른 특징이 강조됨
판매조직	마케팅부서가 판매부장에게 보고함	판매부서가 마케팅부장에게 보고함
마케팅 조사	판매원들에 의해 비조직적으로 정보를 수집함	마케팅 조사부서를 따로 두고 지속적인 조사업무를 수행함
가격	마케팅 이외의 부서 주관으로 원가중심적으로 실행함	마케팅부서가 주관하며, 전략의 중요한 요소로 보고 시장중심적으로 실행함
광고	불필요한 활동으로 간주함	제품을 포지셔닝하고, 제품정보를 효율적으로 전달하는 도구로 간주함
적용조건	• 경쟁 브랜드 간 큰 차이가 없음 • 일용품 • 수요 > 공급	• 제품 차별화가 가능한 브랜드 • 복잡한 가공과정 • 수요 < 공급

2. 판매 개념과 마케팅 개념의 비교 `기출개념`

구분	판매 개념	마케팅 개념
출발점	제품을 만드는 공장이 마케팅 전략의 출발점으로, 제품은 변경할 수 없음	시장이 마케팅 전략의 출발점이며, 고객욕구에 따라 제품을 설계함
초점	자사 제품을 어떻게 판매할 것인가에 초점이 맞추어져 있음	고객욕구를 어떻게 충족시키는가에 초점이 맞추어져 있음
수단	제품을 최대한 많이 팔 수 있는 판매 전략 및 촉진활동을 활용함	고객에게 가치를 전달할 수 있는 다양한 마케팅 수단을 동시에 적절하게 활용함
목적	제품 판매 증대를 통해 매출을 극대화하고 기업의 단기 이윤을 창출하는 데 있음	고객만족을 극대화함으로써 장기적인 차원에서 기업의 이윤을 지속적으로 창출하는 데 있음

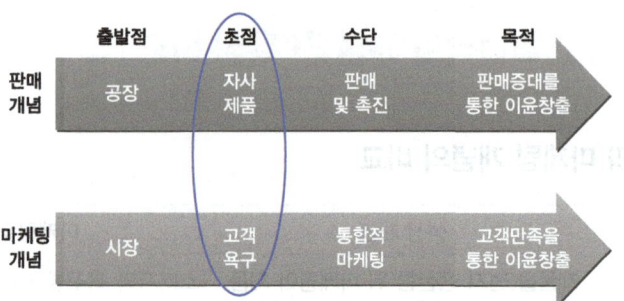

[그림 1-4] 판매 개념과 마케팅 개념의 비교

기출개념확인

01 연구기능과 R&D부서 중심의 조직에서 추구하는 마케팅 개념에 가까운 것은?
① 생산 개념 ② 제품 개념
③ 판매 개념 ④ 마케팅 개념

02 판매 개념과 마케팅 개념에 대한 설명으로 잘못된 것은?
① 판매 개념에 따르면, 고객의 욕구는 중요하지 않다.
② 마케팅 개념은 소비자의 욕구를 조사하여 제품 개발 시 반영하는 것이다.
③ 판매 개념은 제품에 대한 수요가 공급을 초과할 때 많이 적용되는 개념이다.
④ 마케팅 개념에 따르면 세분시장에 따른 제품의 차별화가 요구될 때 필요한 개념이다.

03 사회지향적 개념의 마케팅 철학에 대한 설명으로 잘못된 것은?
① 소비자 개개인의 욕구와 사회윤리적 문제 관계를 고려하여 제품을 선택하는 경우이다.
② 환경문제에 대한 관심 증대에 대응하는 동시에 사회적 제품에 대한 수익성 개선을 위해 개발한 개념이다.
③ 소비자 만족, 사회적 복지, 이익지향성의 접점을 찾고자 하는 개념이다.
④ 단기적으로는 고객욕구에 초점을 맞추고 장기적으로는 사회복지에 부합하는 구매를 추구하는 방식이다.

정답·해설

01 ② 연구개발부서를 중심으로 운영되는 조직은 연구개발활동을 통해 품질이 우수한 제품을 생산하면 시장에서 쉽게 팔린다는 철학을 가진 제품지향적 조직이라고 볼 수 있다.

02 ③ 판매 개념에서는 고객이 원하는 것(소비자의 욕구)을 만들기보다는 기업이 만든 것을 어떻게 효과적으로 판매하는지(판매방식이나 제품 판매촉진)에 관심을 가진다. 이러한 판매개념은 제품에 대한 공급이 수요를 초과할 때 경쟁사 대비 더 많이 팔기 위해 나타난 개념이다.

03 ④ 사회지향적 개념 혹은 사회적 마케팅 개념은 지속적으로 고객욕구와 사회복지를 동시에 만족시킬 수 있도록 고안된 마케팅 개념이다.

제4절 고객관계구축

01 고객관계관리의 탄생배경

1. 고객관계관리(CRM; Customer Relationship Management)의 탄생배경

(1) 시장 변화
① 시장 내 경쟁강도가 높아짐에 따라 기업은 신규 고객에 대한 마케팅 전략 실행 외에도 고객정보를 활용하여 경쟁사 고객을 대상으로 자사 전환을 위한 마케팅 전략을 실행하고, 기존 고객과의 관계를 강화해야 할 필요가 대두되었다.
② 추가 시장기회의 확보 및 신규 고객의 유입이 제한적인 성숙기 시장에서는 고객이탈을 방지하고 충성도 높은 고객을 유지하기 위해 고객관계를 강화할 필요가 있다.

(2) 기술 변화
IT 및 컴퓨터 관련 기술의 발전과 대량생산으로 인해 저렴한 비용으로 많은 양의 고객 정보와 실시간 데이터 보유 및 관리가 가능하게 되었다.

(3) 고객 변화
소비자 입장에서 선택 가능한 서비스 및 제품이 늘어나면서 기업은 변화하는 소비자들의 욕구에 맞는 적합한 제품과 서비스를 타사와는 차별적으로 제공하여 고객과 지속적인 관계를 구축할 수 있게 되었다.

(4) 마케팅 커뮤니케이션 변화
① 소비자의 선호가 다양화되면서 기존 매스 커뮤니케이션 매체를 통해 대량 생산되는 광고와 메시지의 효과는 줄어들었다.
② 기존 마케팅 활동은 뉴 미디어 및 고객맞춤형 메시지 등 새로운 CRM 활동과 통합되어야 소비자 개개인에게 차별화된 효과를 제공할 수 있게 되었다.

> **개념 Plus**
>
> **데이터베이스 마케팅(Database Marketing): 관계 마케팅의 하위 트렌드**
>
> 고객의 개인정보, 구매정보 등을 데이터베이스로 구축하고 이를 분석하여 개별 고객의 욕구를 파악하고 지속적으로 제품 추천 등 마케팅 활동을 수행한다. 데이터베이스 분석은 관계 마케팅을 구체적으로 실현하기 위한 주요한 방법이 된다.

> **핵심 Check**
>
> **파레토 법칙(20:80 법칙)**
>
> 전체 결과의 80%는 전체 원인의 20%에서 비롯되었다는 의미로, CRM 마케팅 관점에서는 전체 고객 중 상위 20%가 기업의 전체 매출의 80%를 차지한다는 의미로 많이 활용된다.

02 고객관계관리(CRM)의 개념 [기출개념]

1. 관계 마케팅(Relationship Marketing) ★★ [기출개념]

(1) 관계 마케팅은 소비자를 세분화하여 브랜드 충성도를 구축하기 위한 마케팅 전략이다.

(2) 관계 마케팅은 데이터베이스 마케팅, 행동 광고 및 분석을 통해 소비자를 정확하게 목표로 하여 고객보상 프로그램을 만든다.

2. CRM의 개념

고객관리에서 필수적인 시스템 기능, 영업 프로세스, 기술 인프라, 영업정보 등을 고객을 기반으로 통합해서 고객과의 상호작용을 개선하고, 장기적인 관계를 유지하면서 자사의 운영·확장·발전을 기하는 프로세스이다.

3. CRM의 목적

(1) 신규 고객의 유치와 지속적인 고객관계를 유지함으로써 장기적인 관점에서 고객의 수익성을 극대화하는 것이다.

(2) 자사와 고객 간의 거래를 통해 얻을 수 있는 장기적인 이윤을 극대화하는 것이다.

4. CRM의 발전 단계 ★★

'신규 고객 유치 → 고객 유지 → 평생고객화'의 3단계로 이루어진다.

03 고객관계관리 마케팅과 대량생산 마케팅의 비교 ★★

구분	고객관계관리 마케팅 (CRM marketing)	대량생산 마케팅 (mass marketing)
관점	개별 고객	전체 소비자
지향점	고객점유율	시장점유율
판매	고객가치 향상 기반	고객과의 거래 기반
관계	지속적인 고객관계 중시	신규 고객 유입 중시

기출개념확인

01 연 20%의 상위 구매고객이 기업 매출의 80%를 차지한다는 파레토 법칙이 강조하는 마케팅 개념은?

① 사회지향적 개념
② 고객욕구
③ 고객관계관리
④ 마케팅 근시안

02 고객관계관리의 발전 단계에 해당하지 않는 것은?

① 고객 유지 단계
② 고객 회유 단계
③ 평생고객화 단계
④ 신규 고객 유치 단계

정답·해설

01 ③ 파레토 법칙은 고객정보를 활용하여 상위 20%에 집중하면 기업 매출을 효과적으로 올릴 수 있다는 고객관계관리의 개념을 설명하는 것이다.

02 ② 고객관계관리에서는 신규 고객 유치, 기존 고객 유지, 충성도 있는 고객의 평생고객화로 단계를 나누고 있다. 고객 회유는 경쟁제품 구매 고객에게 전환구매를 유도하여 최초 신규 고객으로 유치하는 내용에 포함될 수 있다.

제5절 마케팅 기능과 마케팅 관리

01 마케팅의 기능과 마케팅 믹스 개발

마케팅의 기능	마케팅 믹스 개발
• 내·외부 환경분석 • 마케팅 조사 • 소비자 행동분석 • 시장세분화	• 가격믹스 • 제품믹스 • 촉진믹스 • 유통믹스

02 마케팅 관리

1. 전통적인 마케팅 관리(4P)

(1) 가격(Price)
① 주어진 상품이나 서비스를 획득하기 위해 필요한 돈의 크기를 표시하는 공식적인 비율의 형태이다.
② 소비자가 제품을 획득하기 위해 지불해야 하는 비용이다.

(2) 제품(Product)
① 유형 혹은 무형의 형태로 교환이나 사용이 가능한 속성의 집합이다.
② 제품은 유형의 상품과 무형의 서비스를 모두 포괄한다.
③ 제품은 아이디어, 유형의 상품, 무형의 서비스 혹은 이 세 가지가 결합된 형태이다.

(3) 촉진(Promotion)
① 단기적으로 구매를 증가시키고 구매량에 확대하기 위한 전략이다.
② 광고, 쿠폰, 리베이트, 프리미엄, 포장, 라이센싱 등이 있다.

(4) 유통(Place, Distribution)
① 제품을 소비자에게 마케팅하고 전달하기 위한 행위이다.
② 해당 제품이 시장에 침투해있는 수준을 의미하기도 한다.

> **개념 Plus**
> **전통적인 마케팅 관리**
> 고객에게 경쟁자보다 더 큰 가치를 제공하기 위하여 4P를 계획하고 실행하고 통제하는 과정이다.

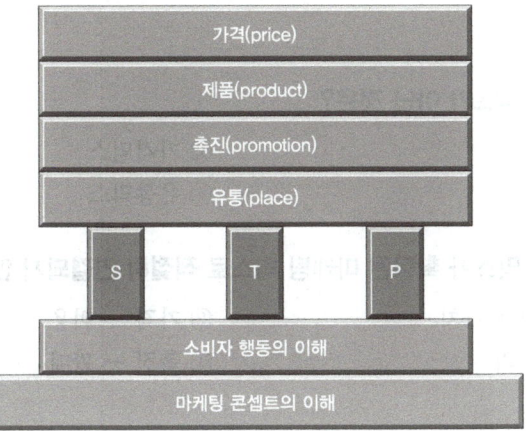

[그림 1-5] 마케팅의 구성

2. 확장된 마케팅 관리 기출개념

(1) 4P에서 4C로의 전환

① 제품(Product) → 고객 가치(Customer Value): 궁극적으로 고객이 원하는 것을 제공해야 한다.
② 가격(Price) → 고객 비용(Cost to Customers): 소비자의 재무적 부담뿐만 아니라 노력, 시간, 심리적 부담을 포함한다.
③ 유통(Place) → 편의(Convenience): 단순히 제품을 취급하는 장소 접근뿐만 아니라 소비자의 편의성을 고려해야 한다.
④ 촉진(Promotion) → 의사소통(Communication): 판매자와 구매자 간 양방향 커뮤니케이션이 일어나야 함을 의미한다.

개념 Plus

4C의 다른 표현
제품(Product) 대신 고객 가치(Customer Value)를 추구하게 되었다는 설명과 같은 의미로 고객 욕구(Customer Needs)라는 표현을 사용하기도 한다.

기출개념확인

01 주요 마케팅 믹스가 <u>아닌</u> 것은?
① 광고믹스　　　　　　　② 가격믹스
③ 촉진믹스　　　　　　　④ 유통믹스

02 기존 마케팅 믹스가 확장된 마케팅 믹스로 적절히 연결되지 <u>않은</u> 것은?
① 제품 → 고객 가치　　　② 가격 → 비용
③ 유통 → 편의　　　　　　④ 촉진 → 판매

정답·해설

01 ① 주요 마케팅 믹스에는 제품믹스, 가격믹스, 유통믹스, 촉진믹스가 있으며, 광고믹스는 촉진믹스의 하위 개념이다.

02 ④ 촉진믹스는 과거 광고, 쿠폰, 리베이트, 포장 등 단기적으로 구매를 증가시키고 구매량에 증대하기 위한 전략이었으나 최근 소비자의 제품 구매과정에서 지원되는 판매자와 구매자 간 양방향 커뮤니케이션을 의미하는 것으로 확대되고 있다.

제1장 | 실전연습문제

*〔기출유형〕은 해당 문제가 실제 시험에 출제된 유형임을 나타냅니다.

01 다음 중 마케팅 기본 개념의 주요 요소가 <u>아닌</u> 것은?
① 욕구 충족 ② 교환과정
③ 제품 또는 서비스 ④ 구매환경

〔기출유형〕
02 다음 중 마케팅의 3가지 개념에 해당하지 <u>않는</u> 것은?
① 지속적 거래 ② 매출 극대화
③ 고객 만족 ④ 이윤 추구

〔기출유형〕
03 구매 의지나 구매력에 의해 뒷받침되고 있는 욕구를 무엇이라고 하는가?
① 욕구 ② 수요 ③ 필요 ④ 가치

〔기출유형〕
04 자산이 없는 무직의 20대 남성이 고급 스포츠카를 구매하고 싶다는 생각을 가진다고 해서 바로 구매할 수 없을 경우, 이는 시장경제에서 거래 성립을 위해 필수적인 어떤 경제 개념을 시사하는가?
① 욕구 ② 수요
③ 필요 ④ 가치

05 교환 개념에 대한 설명으로 <u>잘못된</u> 것은?
① 기업이 제공하는 제품이나 서비스에 대해 소비자가 대가를 지불하고 획득하는 것이다.
② 기업과 소비자 간 교환조건에 대한 동의 여부에 따라 발생한다.
③ 교환 수단으로는 화폐만 사용 가능하다.
④ 둘 이상의 교환 상대방이 있어야 한다.

〔기출유형〕
06 상품이 보유하고 있는 상징적 가치를 중요시하는 새로운 소비 트렌드는?
① 이성적 소비 ② 감성적 소비
③ 충동적 소비 ④ 계획적 소비

07 마케팅 근시안이 발생하기 쉬운 기업의 마케팅 관리 철학이라고 생각되는 것은?
① 제품 개념 ② 마케팅 개념
③ 판매 개념 ④ 생산 개념

08 일반적인 마케팅 개념의 변천과정을 순서대로 바르게 연결한 것은?

```
ㄱ. 판매 개념
ㄴ. 사회지향적 개념
ㄷ. 생산 개념
ㄹ. 제품 개념
ㅁ. 마케팅 개념
```

① ㄹ-ㄷ-ㄱ-ㅁ-ㄴ
② ㄷ-ㄱ-ㄹ-ㅁ-ㄴ
③ ㄷ-ㄹ-ㄱ-ㅁ-ㄴ
④ ㄷ-ㄱ-ㅁ-ㄹ-ㄴ

09 특정 제품에 대한 수요가 공급보다 많거나 아직 시장에서 제품에 대한 차별화가 나타나지 않았을 때 적용되기 쉬운 마케팅 관리 철학의 유형은?

① 생산 개념
② 제품 개념
③ 판매 개념
④ 마케팅 개념

10 마케팅 개념과 판매 개념을 비교한 것 중 적절하지 못한 것은?

① 판매 개념은 자사 제품의 특징을 강조하지만, 마케팅 개념은 고객욕구를 강조한다.
② 판매 개념은 제품 생산 후에 판매방법을 강구하지만, 마케팅 개념은 고객욕구를 파악한 후 욕구 충족을 위한 제품을 생산한다.
③ 판매 개념에서의 초점은 기존 제품의 판매 및 촉진 활동 수행을 목적으로 하지만, 마케팅 개념에서의 초점은 고객욕구 충족을 위한 통합적 마케팅을 수행하는 것이다.
④ 판매 개념은 이익지향적이고 마케팅 개념은 매출지향적이다.

11 다음 중 마케팅 개념을 실행하기 위해 고려할 주요 핵심 사항이 아닌 것은?

① 고객지향성
② 판매지향성
③ 이윤 극대화
④ 전사적 활동

12 마케팅 개념의 발전 단계에서 환경이나 사회복지를 고려한 개념은 무엇인가?

① 마케팅 개념
② 제품 개념
③ 사회지향적 개념
④ 판매 개념

13 판매 개념과 마케팅 개념을 비교한 것으로 옳지 않은 것은?

	판매 개념	마케팅 개념
① 출발점	시장	시장
② 초점	자사 제품	고객욕구
③ 주요수단	판매와 촉진	통합적 마케팅
④ 목적	매출액 증대	소비자 만족 증대

14 ESG 마케팅의 핵심요소에 해당하지 않는 것은?
① 기술 ② 환경
③ 사회 ④ 지배구조

15 고객관계관리에 대한 내용으로 잘못된 것은?
① 고객관리에 필수적인 시스템, 영업 프로세스, 정보, 기술 등을 활용하여 고객 기반 시장세분화 전략에 사용한다.
② 기업과 고객과의 거래를 통해 얻을 수 있는 장기적인 이윤을 극대화한다.
③ 신규 고객 유치를 통해 시장점유율을 극대화하기 위한 전략이다.
④ 소비자의 변화하는 욕구에 맞는 차별적인 제품과 서비스를 맞춤형으로 제공할 수 있다.

16 고객관계관리 단계가 적절하게 나열된 것은?
① 고객 유지 단계 → 평생고객화 단계 → 신규 고객 유치 단계
② 신규 고객 유치 단계 → 고객 유지 단계 → 평생고객화 단계
③ 평생고객화 단계 → 신규 고객 유치 단계 → 고객 유지 단계
④ 신규 고객 유치 단계 → 평생고객화 단계 → 고객 유지 단계

17 다음 중 고객관계관리 마케팅의 특징이 모두 포함된 것은?

> ㄱ. 고객 전체 혹은 대중 소비자에 대한 마케팅의 관점을 중요시한다.
> ㄴ. 고객과의 지속적인 관계 유지를 목표로 한다.
> ㄷ. 높은 시장점유율을 목표로 한다.
> ㄹ. 고객과의 거래를 기반으로 한다.

① ㄱ, ㄴ, ㄹ ② ㄴ, ㄷ
③ ㄱ, ㄹ ④ ㄴ

18 다음 중 마케팅 믹스 요소가 아닌 것은?
① 제품 ② 가격 ③ 유통 ④ 광고

19 최근 새로운 마케팅 전략의 변화로 생산중심의 마케팅 믹스에서 고객중심의 마케팅 믹스로 변화된 내용이 아닌 것은?
① 고객편익 ② 고객의 기회비용
③ 유통경로 ④ 커뮤니케이션

20 관계 마케팅 전략을 실행하는 과정에서 관련된 요소와 거리가 먼 것은?
① 고객 데이터베이스 ② 상단노출형 광고
③ 유명인 모델 ④ 고객보상 프로그램

제1장 | 정답·해설

01	02	03	04	05
④	②	②	②	③
06	07	08	09	10
②	①	③	①	④
11	12	13	14	15
②	③	①	①	③
16	17	18	19	20
②	④	④	③	③

01 ④

마케팅의 기본 개념에는 기업(생존과 성장), 소비자(욕구 충족), 시장(제품 또는 서비스), 교환과정(화폐 등 지불수단)이 있으며, 구매환경은 외부 영향요인에 해당한다.

02 ②

매출 극대화는 마케팅에서 궁극적으로 추구하는 가치가 아닌 단기적인 목표이거나 일시적인 전략에 해당한다.
① 마케팅은 기업과 고객 간의 거래 및 교환행위를 지속적으로 관리한다.
③ 마케팅은 고객욕구 충족 혹은 고객 만족을 추구하는 활동이다.
④ 마케팅은 기업 차원에서 고객 만족을 통해 이윤을 추구하는 활동이다.

03 ②

필요에 대한 구매력이 있는 경우 시장 수요가 있는 것으로 인식한다.

[오답분석]
① 본원적으로 혹은 사회적으로 학습되어 소비자가 부족하다고 느끼는 상태이며, 구체적인 방법을 제시하는 것은 아니다.
③ 본원적인 욕구를 만족시킬 수 있는 구체적인 수단에 대한 표현이다. 즉, 구매력은 없을 수 있다.
④ 소비자가 제품을 통해 얻고자 하는 만족을 심리적인 형태로 변환한 값이다.

04 ②

특정되지 않은 개인적인 바람이나 욕구를 나타내는 필요, 필요에 따른 충족방법이 구체화된 욕구에 비해 수요는 구매력이 뒷받침되는 욕구의 형태이다. 따라서 질문에서 주어진 사례는 수요로 발전되지 못해 발생한 것이라고 볼 수 있다.

05 ③

교환방법은 화폐뿐만 아니라 당사자 간 협의를 통해 다양한 지불수단을 활용할 수 있다.

06 ②

[오답분석]
① 이성적 소비는 소비자들이 제품구매 시 정보처리이론에 입각하여 합리적인 대안을 선택한다고 가정한다.
③ 충동적 소비는 사전 구매계획 없이 외부 메시지 자극에 의해 갑자기 구매하게 된다.
④ 계획적 소비는 새로운 소비 트렌드의 주요 유형이 아니다. 계획 소비는 이성적, 감성적 소비의 시작조건이 된다.

07 ①

마케팅 근시안은 고객욕구에 대한 분석 없이도 품질 좋은 제품을 만들면 시장에 많이 팔릴 것이라고 생각하는 제품지향적 조직에서 발생하기 쉽다.

08 ③

마케팅 개념 혹은 철학은 '생산 – 제품 – 판매 – 마케팅 – 사회지향적' 개념 순으로 발전하였다.

09 ①

생산 개념은 제품에 대한 수요가 공급보다 많거나 아직 시장에서 제품 차별화가 나타나지 않은 경우 대량 생산을 통해서 이익을 극대화 할 수 있는 경우에 해당한다.

오답분석

② 제품 개념은 초과 수요가 어느 정도 해소되었지만 소비자들이 여전히 품질 좋은 제품에 대한 수요가 있을 경우 적합한 전략이다.
③ 판매 개념은 시장 공급이 수요를 앞지르기 시작할 때 효율적인 판매전략을 통해 이익을 극대화하는 방법이다.
④ 마케팅 개념은 시장 공급이 수요보다 많은 경우 차별화를 통한 전략이다.

10 ④

판매 개념은 매출지향적이고 마케팅 개념은 고객지향적이다.

11 ②

대량판매를 통한 수익창출을 목적으로 하는 판매지향성인 판매 개념에 해당한다.

12 ③

사회지향적 마케팅 개념은 고객의 장기적 만족 및 사회복지, 환경문제에 대한 관심과 배려를 바탕으로 기업이 이윤을 추구해야 한다는 것이다.

13 ①

판매 개념은 공장에서 생산된 제품을 출발점으로 하고 마케팅 개념은 제품 생산 이전에 시장의 욕구를 출발점으로 제품 생산에 해당 내용을 반영한다는 점에서 차이를 보인다.

14 ①

ESG 마케팅의 핵심요소는 환경(environment), 사회(social), 지배구조(Governance)이며, 이를 고려하여 제품이나 브랜드의 가치를 강화하고 고객들에게 전달하는 마케팅 전략이다.

15 ③

고객관계관리는 신규 고객 유치 뿐만 아니라 고객 유지 및 평생고객화를 통해 고객점유율을 극대화하는 전략이다. 시장점유율은 매스 마케팅 전략 시 추구하는 달성 지표이다.

16 ②

고객관계관리는 신규 고객의 유치와 지속적인 고객관계를 유지함으로써 장기적인 관점에서 기존 고객을 평생고객화하는 전략이다.

17 ④

ㄴ. 고객관계관리의 목표는 고객과의 지속적인 관계 유지이다.

오답분석

ㄱ. 고객관계관리는 전체 소비자 대상이 아닌 개별 고객에 대한 마케팅의 관점을 강조한다.
ㄷ. 고객관계관리는 고객점유율 증대를 지향한다.
ㄹ. 고객관계관리는 고객과의 거래 기반이 아닌 고객 가치 향상을 기반으로 한다.

18 ④

광고는 마케팅 믹스 요소 중 하나인 촉진믹스에 해당한다.

19 ③

고객중심의 마케팅 믹스(4C)에서는 각각 제품이 고객편익, 가격이 고객의 기회비용, 유통경로가 편의성, 촉진이 커뮤니케이션으로 변화되었다.

20 ③

관계 마케팅 전략은 고객정보 및 구매행동에 대한 데이터베이스를 활용하여 포털 상단에 표적 고객을 대상으로 광고를 노출하거나 고객들을 평생고객화하기 위해 고객보상 프로그램을 개발하기도 한다. 유명인 모델을 사용하는 것은 기존 대중매체를 통한 마케팅 전략이나 인플루언서 마케팅을 실행하기 위한 하나의 수단이다.

무료 학습자료 제공 · 독학사 단기합격 **해커스독학사**
haksa2080.com

전문가가 분석한 출제경향 및 학습전략

제2장 마케팅 전략에서는 대표적인 환경분석 수단인 SWOT 분석과 사업포트폴리오 평가 수단인 BCG 매트릭스를 중점적으로 학습해야 한다. 특히 이러한 평가방법의 원리, 세부전략, 평가방법의 유용성과 한계점에 대해서도 자세히 학습하여야 한다. 그 외에도 전략의 위계적 구조, 전략사업단위, 마케팅 믹스에 대한 내용이 자주 출제되므로 주요 개념에 대해 잘 알아두어야 한다.

제2장 | 핵심 키워드 Top 10
핵심 키워드 Top 10은 본문에도 동일하게 ★로 표시하였습니다.

01	SWOT 분석 ★★★	p.53
02	BCG 매트릭스 ★★★	p.61
03	거시적 환경분석(간접 마케팅 환경) ★★	p.52
04	기업 수준의 전략 ★★	p.57
05	마이클 포터의 5요인 모형(산업구조분석) ★★	p.60
06	마케팅 믹스 ★★	p.66
07	4P에서 4C로의 전환 ★★	p.67
08	전략적 계획수립과정 ★	p.50
09	미시적 환경분석(직접 마케팅 환경) ★	p.51
10	앤소프 매트릭스 ★	p.64

제2장

마케팅 전략

제1절 전략적 마케팅 계획
제2절 기업 수준의 전략계획 수립
제3절 마케팅 계획 수립
제4절 마케팅 전략과 마케팅 믹스
제5절 마케팅 투자 효과 측정

제1절 전략적 마케팅 계획

01 전략의 이해

1. 전략의 기본 개념
(1) 전략의 개념
  기업이 달성할 목표 및 목표 달성을 위한 기본 노선을 말한다.
(2) 전략의 내용
  장기목표와 목표를 달성하기 위해 수행할 활동, 그 활동을 위해 필요한 자원의 분배 등이 포함된다.
(3) 전략적 계획 과정(strategic planning process)
  기업 수준의 전략, 사업단위 수준의 전략이나 상품 수준의 전략을 수립하는 활동이다.

2. 사업단위의 이해
(1) 사업단위(business unit)
  ① 독립적인 사명과 목표를 가지고 있는 조직 내의 단위 그룹이다.
  ② 전체조직을 구성하고 있는 사업부나 사업부 내의 제품계열, 단일제품, 단일상표 등 다양한 수준의 조직이 사업단위가 될 수 있다.
  ③ 일반적으로는 고객, 경쟁자, 가격, 교차탄력성 등의 특성을 공유하는 제품들로 구성된다.
  ④ 제품군을 취급하여 한 제품시장을 대상으로 사업을 운영해가는 것을 의미한다.

02 전략적 계획수립과정 ★

1. 기업사명의 정의
  ① 기업의 기본 목적에 대한 선언문이다.
  ② 기업의 전체적인 사업영역의 윤곽을 규정한다.
  ③ 기업이 어떤 사업을 하고 있는가, 혹은 어떤 사업을 영위할 것인가 등의 내용을 포함한다.

2. 기업목표의 설정
① 기업사명을 특정 기간 동안 달성할 수 있는 일련의 목표로 전환하는 것을 의미한다.
② 기업은 구체적으로 달성하고자 하는 목표를 정의해야 한다.

3. 사업 포트폴리오의 결정
① 각 사업단위의 역할과 활동을 조정하는 단계이다.
② 기업이 수행하고 있는 다수의 사업 분야를 전략적으로 경영하기 위해서는 해당 사업 분야를 전략적 사업단위로 나누어서 파악할 필요성이 있다.
③ 기업의 여건을 분석하여 기업 내 자원을 적절하게 배분하여야 한다.

4. 사업단위별 경쟁 전략의 결정
① 각 사업단위에 적합한 경쟁 전략을 결정한다.
② 시장에서 확고한 경쟁적 위치를 확보하기 위한 방안으로써 시장을 확대하기 위한 성장 전략을 결정한다.

5. 성장 전략의 개발
기업이 보유한 인적·물적·재무적 자원들과 효과적으로 결합시켜 개별 사업단위에서 취급하는 제품과 마케팅 활동과 관련된 구체적인 제품의 전략을 개발한다.

03 내·외부 환경분석 방법

1. 미시적 환경분석(직접 마케팅 환경) ★ 기출개념

(1) 내부 마케팅 환경
기업의 내부에 위치하며 마케팅에 직접적으로 영향력을 행사하는 이해집단이다.

구분	내용
주주	현대사회의 기업형태는 주식회사가 주류를 이룸
노동조합	• 최근 들어 기업의사결정에 직접 참여를 주장함 예 종업원 지주제, 이익분배 등 • 구조조정이 필요한 기업들의 경우 노동조합은 매우 중요한 환경임

(2) 외부 마케팅 환경
조직 환경 중 조직 외부에서 영향을 미치는 이해집단이다.

구분	내용
공급자	• 모든 조직은 외부 환경으로부터 투입물을 구입함 • 협력업체들(suppliers)과 항상 우호적인 관계를 유지해야 함
소비자	• 경쟁기업의 수가 늘어남에 따라 소비자의 선택대안이 확장됨 • 소비자는 높은 품질의 상품을 보다 저렴한 가격에 구입하기를 원함
경쟁자	경쟁회사의 형태, 수 등이 기업의 경쟁강도에 직접적으로 영향을 미침
언론매체	특정기업에 대한 공개적 비난은 소비자와 기업 그 자체에 영향을 미침
지역사회	기업은 지역사회의 지탄의 대상이 되기도 함 예 환경에 부담을 주는 제품의 집중 생산, 지방세 납부 지연 등
금융기관	기업에게 원활한 자금 공급을 통한 제반 마케팅 활동을 촉진할 수 있음
정부	• 정부와 기업과의 관계는 감독자일 수도, 후원자일 수도 있음 • 개발도상국의 경제제도 아래에서는 정부가 기업 마케팅에 막대한 영향을 미치지만, 선진국의 경우 정부의 영향력은 비교적 작음

2. 거시적 환경분석(간접 마케팅 환경) ★★ [기출개념]

> **개념 Plus**
> **간접 마케팅 환경**
> 마케팅의 제반 활동에 점진적으로 영향을 미치는 추상적 환경요인을 말한다.

(1) 경제적 환경요인
기업의 모든 활동과 간접적으로 연결되어 있는 경제적 환경을 말한다.
① 소득 분포: 소득 수준, 소득 분포의 차이는 마케팅 전략 수립 차원은 물론이고 마케팅 전반에 걸쳐 큰 영향을 미친다.
② 저축, 채무 및 신용: 기업이 대상으로 하는 시장 혹은 국가의 저축, 채무 및 신용의 정도는 소비자의 지출과 직결되며 마케팅에서도 중요한 환경요인으로 작용한다.
③ 아웃소싱과 자유무역: 제품의 생산단가와 가격에 영향을 미칠 수 있다.

(2) 사회적·문화적 환경요인 [기출개념]
① 사회의 가치관이나 관습 등은 기업 마케팅의 기준이 되기도 한다.
   예 맥도날드 사는 우리나라의 사회적·문화적 환경을 고려하여 배달서비스를 시작하였다.
② 시장의 사회적·문화적 환경은 소비자들의 취향과 선호도에 결정적인 영향을 미칠 수 있는 신념, 가치관 및 규범 등을 형성한다.

(3) 정치적·법적 환경요인
마케팅 의사결정은 시장의 정치적·법적 환경 변화에 크게 영향을 받는다.
예 재활용 법규로 인해 부상하고 있는 재활용 산업

(4) 기술적 요인
기업 활동에 간접적인 변화를 초래하는 여러 종류의 기술적 발명 등이 제반 마케팅 부문에 영향을 미친다.
예 트랜지스터는 진공관 산업을, 자동차는 철도 산업을 쇠퇴시켰으며, 스마트폰의 발전이 PC와 디지털 카메라 시장을 잠식하였다.

(5) 국제적 요인
현지 생산시설, 법인을 가진 기업은 해당 국가의 법·관습·윤리·경제구조 등에 맞추어 전략을 수정해야 한다.
> 예 미국시장에 수출되는 우리나라 자동차는 미국 정부가 설정한 안전검사를 통과해야 비로소 수출이 가능하다.

3. SWOT 분석 ★★★ 기출개념

(1) SWOT 분석의 개념
① 내부적으로는 자사의 강점과 약점을, 외부적으로는 시장의 기회와 위협요인을 분석하여 보기 쉽게 도표화한 SWOT 매트릭스를 작성하는 것이다.
② 작성한 자료를 바탕으로 시장의 경쟁에서 이기기 위한 전략을 도출하는 과정이다.

(2) SWOT 분석의 중요성
① 간편하고 쉽게 전략을 수립할 수 있는 실용적 방법이다.
② 자사의 현재 상황을 한눈에 면밀히 파악이 가능하다.

(3) SWOT 분석의 절차
① 외부 환경분석(기회 및 위협 분석)
  ㉠ 중요 거시적 환경요인(인구통계적, 경제적, 기술적, 정치적, 사회적 등)을 조사해야 한다.
  ㉡ 기업의 능력에 영향을 주는 미시적 환경요인(고객, 경쟁사, 유통업자, 공급업자, 판매상 등)을 조사해야 한다.
② 내부 환경분석(강점과 약점 분석): 자사 대비 경쟁자 분석을 통해 강점과 약점을 평가한다.
③ SWOT 매트릭스 작성 및 자사의 전략 도출
  ㉠ 강점과 약점요인을 행에 배치하고 기회와 위협요인을 열에 배치하여, 교차하는 형태의 SWOT 매트릭스를 만든다.
  ㉡ 각 요인을 교차시켜 구역별 전략 유형에 맞는 전략을 수립한다.
  ㉢ 자사의 자원 및 시장 변화 가능성을 고려하여 가장 적합하다고 생각되는 전략을 선택한다.
④ SWOT 분석 매트릭스

구분	기회(Opportunity)	위협(Threat)
강점 (Strength)	• SO 전략 • 강점을 이용한 기회 포착	• ST 전략 • 강점을 이용한 위험 극복
약점 (Weakness)	• WO 전략 • 약점의 극복을 통한 기회 활용	• WT 전략 • 약점의 최소화와 위험 회피를 통한 생존

> **개념 Plus**
> **SWOT 분석 시 유의점**
> • 사업단위가 현재 요구되는 강점을 가진 경우, 이 기회를 이용하는 데 한계가 있는지, 다른 어떤 강점이 필요한지, 강점을 향상시킬 더 좋은 기회를 고려해야 하는지의 판단이 중요하다. 또한 약점이 있어도 전부 개선할 필요는 없고, 장점 전부를 활용할 필요도 없다.
> • 내·외부 환경분석의 내용은 담당자가 판단하여 기업 활동에 유의하게 영향을 미칠 것으로 생각되는 요인들만 고려하면 된다.

(4) SWOT 분석을 통한 전략수립 유형

구분	내용
강점 - 기회 전략 (SO)	• 시장에서 기회를 활용하기 위해 강점을 사용하는 전략 • 선도 기업의 시장선점 전략이 대표적임 • 시장 및 제품의 다각화를 통해 사업의 기반을 확대할 수 있음
강점 - 위협 전략 (ST)	• 기업이 시장의 위협을 극복하기 위해 기업의 강점을 활용하는 전략 • 선도 기업의 기존 제품을 활용한 신시장 침투 전략이 대표적임 • 기존 시장에 기존 제품과 관련된 제품을 확장할 수 있음
약점 - 기회 전략 (WO)	• 자사가 약점을 극복함으로써 시장의 기회를 활용하는 전략 • 후발기업이 핵심역량을 강화시켜 시장의 기회를 활용하는 전략이 대표적임 • 단기간에 역량 강화가 어려운 경우에는 전략적 제휴를 통해 역량을 일시적으로 강화하고 시장 기회를 활용할 수 있음
약점 - 위협 전략 (WT)	• 약점을 최소화하는 방향으로 시장의 위협을 회피하는 전략 • 투입 자원을 최소화하는 시장철수 전략이나 세분시장에서 집중화 전략이 가능함

(5) SWOT 분석의 한계점

① 환경인식기법 및 예측분석방법이 구체화되어 있지 않으며, 영향요인에 대한 자의적 해석이 가능하고 잠재적인 영향요인들이 누락될 수 있다.
② 부정확한 정보나 환경의 불확실성으로 인해 기업의 강점과 약점에 대한 판단이 정확하지 않을 수 있다.
③ SWOT 매트릭스의 틀에 맞추어진 전략적 대응을 위해 잠재적인 영향요인을 누락할 수 있다.
④ 강점과 약점, 기회와 위협요인은 시간의 변화나 조건, 기준의 변화에 따라 달라질 수 있다.
⑤ 기업이 처한 구체적인 상황과 조건에 대한 검토 없이 대안 간의 관계가 가지는 효과를 무시하고 전략을 도출한다.

기출개념확인

01 기업이 사업 포트폴리오를 결정하는 내용을 바르지 않은 것은?
① 기업의 특정 제품의 마케팅 전략을 실행하고 성과를 평가한다.
② 각 사업단위의 역할과 활동을 조정하는 단계이다.
③ 기업이 수행하고 있는 다수의 사업 분야를 전략적 사업단위로 나누어 파악한다.
④ 기업의 여건을 분석하여 기업 내 자원을 적절하게 배분하여야 한다.

02 다음 중 거시적 환경요인에 대한 사례로 바르게 연결되지 않은 것은?
① 정치적 환경: 재활용 법규로 인해 재활용 산업이 부상함
② 경제적 환경: 경기 침체로 인한 저렴한 럭셔리 제품이 출시됨
③ 기술적 환경: 배터리 기술의 발전이 전기차 시장을 확대시킴
④ 사회적 환경: 해외로 수출되는 우리나라 제품은 의무적으로 해당 국가의 안전검사를 통과해야 함

03 제품 및 기업의 강점과 약점을 분석하여 여러 전략적 반응을 유도하는 분석기법은?
① 이해관계자 분석
② 환경분석
③ SWOT 분석
④ 비용 – 편익 분석

정답·해설

01 ① 사업 포트폴리오 분석은 개별 제품에 대한 전략을 수립하는 것이 아니라 기업 내 다양한 사업부가 존재하는 경우 상황 분석을 통해 기업의 목표에 맞게 기업의 다양한 자원을 배분하는 개념이다.

02 ④ 사회적 환경은 해당 사회의 가치관이나 관습이 기업의 마케팅 환경에 영향을 미치는 것으로 글로벌 패스트푸드 기업들이 국내에서는 배달서비스를 제공하는 사례가 있다. 해외로 수출되는 제품이 해당 국가의 안전검사를 통과해야 하는 사례는 국제적 요인의 사례에 해당한다.

참고 **거시적 환경요인**
거시적 환경요인은 특정 기업의 마케팅 행동에 직접적으로 영향을 미치는 것이 아니라 간접적이며 단기적으로 잘 변하지 않는 환경요인으로 정치, 사회·문화, 경제, 기술, 국제적 환경 등을 의미한다.

03 ③ SWOT 분석은 내부환경의 강점(Strength) 및 약점(Weakness), 마케팅 기회(Opportunity; 구매자의 니즈와 관심 파악), 마케팅 위협(Threat)을 분석하여 요인 간 결합을 통해 전략을 도출한다.

오답분석
① 이해관계자 분석은 미시적 환경분석 중 마케팅 전략 실행과 직접적으로 이해관계에 있는 주주, 노동조합, 소비자, 공급자 등에 대한 분석이다.
② 환경분석은 기업을 둘러싸고 있는 내·외부 환경의 주체에 대한 포괄적인 분석을 의미한다.
④ 비용–편익 분석은 여러 대안 가운데 목표달성에 가장 효과적인 대안을 찾기 위해 각 대안의 비용과 편익을 비교·분석하는 것이다.

제2절 기업 수준의 전략계획 수립

01 기업의 사명

1. 기업사명(corporate mission)
① 기업의 장래설계를 기술해놓은 것이다.
② 기업이 보다 넓은 환경에서 장기적으로 달성하고자 하는 목표이다.

2. 기업사명에 반영해야 할 근본적인 질문
① 우리는 어떤 사업을 하고 있는가? – What is our business?
② 우리의 고객은 누구인가? – Who is the customer?
③ 우리의 사업이 고객들에게 어떤 가치를 제공하는가?
　– What is value to the customer?
④ 우리의 사업이 앞으로 어떻게 될 것인가? – What will our business be?
⑤ 우리의 사업이 앞으로 어떻게 되어야 할 것인가?
　– What should our business be?

3. 기업사명의 바람직한 특성
① 명확한 가치를 제공해야 한다.
② 기업이 활동한 사업영역을 명시해야 한다.
③ 종업원들의 동기를 유발시켜야 한다.
④ 기업의 장래에 대한 비전을 제공해야 한다.

02 기업의 목표

1. 바람직한 기업목표
① 계층적(사업부별 목표 제시)으로 서술되어야 한다.
② 계량적으로 서술되어야 한다.
　예 수익률 10% 달성 등
③ 실현가능한 것이어야 한다.
④ 일관성이 있어야 한다.

개념 Plus

기업목표의 설정
광범위하고 포괄적인 기업사명 내에서 달성하고자 하는 목표를 구체적으로 정의해야 한다.

03 기업 수준의 전략 ★★ 기출개념

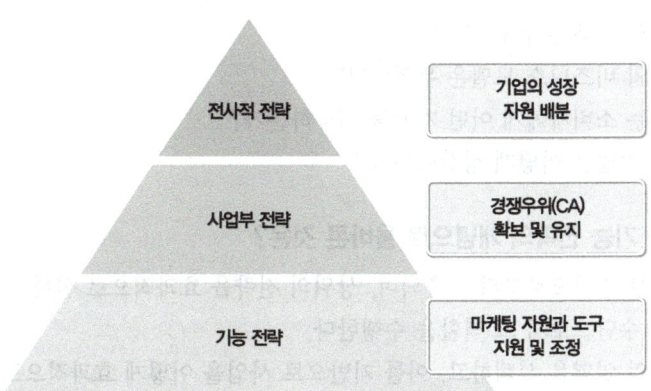

[그림 2-1] 전략의 위계적 구조

1. 전사적 전략(corporate strategy)
① 기업 전체의 사업영역 선택, 즉 '어떤 사업을 할 것인가?'의 문제를 다룬다.
② 신규 사업 진입, 기존 사업 철수에 관한 사항, 여러 사업부의 지원과 통제, 사업부 간의 시너지 창출 및 상호 보완성 등에 대한 의사결정을 다룬다.

2. 사업부 전략(business strategy)
① 상대적으로 자율적인 운영권을 가지고 경영하는 단일 사업단위이다.
② 각 산업이나 시장에서 어떻게 경쟁해서 목표수익을 얻어야 할지에 대한 구체적인 전략이다.

3. 기능 전략(functional strategy) [= 제품 전략(product strategy)]
① 사업부 전략에서 도출되며 상위 전략을 효과적으로 실행하기 위한 수단의 역할을 한다.
② 생산, 마케팅, 재무·회계, 인사 등 경영의 주요 기능 부문 내에서 주어진 자원을 효과적으로 활용하는 방안을 결정하는 것이다.
③ 마케팅 전략의 경우 마케팅 활동의 목적을 수립하고 시장·경쟁사·자사 등을 분석하여 자사의 마케팅 자원을 효율적으로 활용하는 방안을 수립하는 것이다.

기출개념확인

01 기업사명에 포함되어야 할 내용에 해당하지 <u>않는</u> 것은?

① 우리의 고객은 누구인가?
② 우리의 비즈니스 모델은 무엇인가?
③ 우리는 소비자에게 어떤 가치를 제공하는가?
④ 우리 기업은 어떻게 성장했는가?

02 다음 중 기능 전략의 개념으로 올바른 것은?

① 사업부 전략으로부터 도출되며, 상위의 전략을 효과적으로 실행하기 위한 하나의 수단으로서 그 역할을 수행한다.
② 사업의 영역을 선택하고, 이를 기반으로 사업을 어떻게 효과적으로 관리할 것인가의 문제를 다루는 역할을 수행한다.
③ 특정 사업영역 내에서 타사에 비해 어떻게 경쟁우위를 확보하고, 이를 효과적으로 유지해 나가는 방법에 대한 문제를 다루는 역할을 수행한다.
④ 기업 또는 개인이 하고자 하는 사업에 대해 정확하게 인지하고, 해당 시장의 여건과 고객의 니즈에 부합하는 적절한 사업의 방향을 정하는 것을 말한다.

정답·해설

01 ④ 기업사명은 향후 기업이 장기간에 걸쳐 달성해야 하는 목표이다. 따라서 현재 기업의 사업영역, 잠재고객, 가치 창출, 추구 방향 등은 사명에 포함되어야 한다. 기업의 역사나 연혁은 사명을 정의하는 데 참고할 자료는 될 수 있으나 그 자체가 기업사명에 포함되어서는 안 된다.

02 ① 기능 전략은 사업부 전략의 하위 개념으로 주로 기업의 생산, 마케팅, 재무, 인사 등 경영의 주된 기능 내에서 어떻게 하면 주어진 자원을 효과적으로 이용할 것인가의 문제를 다룬다.

제3절 마케팅 계획 수립

01 전략적 사업단위의 개요

1. 전략적 사업단위(SBU; Strategic Business Unit)

(1) 전략적 사업단위
① 전략적 마케팅 계획의 수립을 용이하게 할 목적으로, 관련된 사업이나 제품들을 묶어 별개의 사업단위로 분류한 것이다.
② 기존 사업에 대한 매력도를 평가하기 전에 기업을 구성하는 사업이나 제품들을 전략적 사업단위로 나누는 작업이 먼저 실행되어야 한다.

(2) 전략적 사업단위 수준
① 제품범주군(the set of product category) 수준
  예 생활용품 사업부 등
② 제품범주(product category) 수준
  예 세탁용품, 화장품 사업부 등
③ 제품브랜드(상표) 수준
  예 엘라스틴, 닥터그루트, 퍼실, 죽염치약 등

(3) 전략적 사업단위의 특성
① GE가 맥킨지 컨설팅사의 자문을 받아 실시한 새로운 제도 및 전략으로, 전략 계획을 위한 일종의 사업부제 조직구조이다.
② 서로 다른 경쟁 전략을 수립할 필요성이 있는 사업부로 정의한다.
③ 조직을 독자적인 전략 수립이 필요한 사업끼리 구성한다.
④ 동일한 전략적 사업단위에 포함된 제품들은 다른 전략적 사업단위와 비용을 공유해야 할 필요성이 없는 독자적인 사업단위이다.
⑤ 자원배분의 효율성을 높일 수 있으며, 책임경영을 추구할 수 있다는 장점이 있다.

> **핵심 Check**
>
> **마케팅 측면에서 전략적 사업단위의 의미**
> 고유한 사업영역(business domain)에서 특정 제품시장에 대한 독자적 목표를 가지고 특정 경쟁자들과의 경쟁 속에서 고객 확보를 위해 특정 제품이나 서비스를 생산 및 마케팅하는 단위를 의미한다.

02 사업 포트폴리오 평가방법

1. 사업 포트폴리오의 결정
① 기업의 여건을 분석하여 기업 내 인적·물적·재무적 자원을 적절하게 배분하는 것이다.
② 사업 포트폴리오의 결정을 위해서는 전략적 사업단위별 경영성과가 제대로 평가되어야 한다.
③ 평가를 기반으로 전략적 사업단위별로 자사 자원을 배분한다.

2. 마이클 포터(Michael E. Porter)의 5요인 모형(산업구조분석) ★★ 기출개념

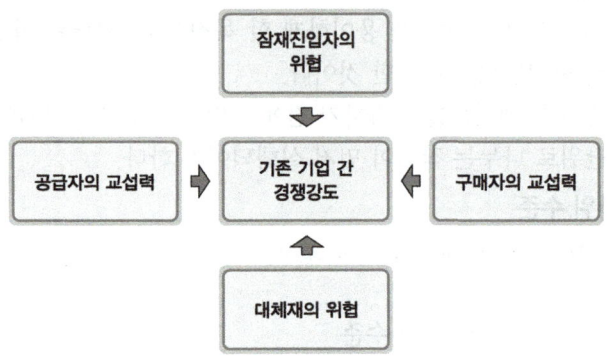

[그림 2-2] 마이클 포터의 5요인 모형

(1) 사업단위별 경쟁 전략 수립 시 고려요인
① 산업구조 분석을 통해 핵심 성공요인을 파악한다.
② 경쟁사의 강점과 약점을 통해 경쟁사의 자원 및 핵심 역량을 파악한다.
③ 자사의 강점과 약점을 파악한다.

(2) 산업매력도에 영향을 미치는 5가지 요소

구분	내용
기존 기업 간 경쟁강도	경쟁자의 특성, 제품 또는 서비스의 차별화 정도, 산업의 장치투자 성격, 산업의 성장률, 고정비용과 제품 유지 가능성, 철수장벽의 존재 여부
대체재의 위협	가격 – 효과의 상충 관계를 개선시킬 수 있는 제품, 높은 수익구조를 가진 제품
잠재진입자의 위협 (진입장벽)	규모의 경제 또는 자본규모, 제품 차별화, 정부정책, 핵심역량
공급자의 교섭력	공급자의 구매자 의존도, 공급자의 수, 공급자의 전방통합 가능성, 공급자의 특유자산
구매자의 교섭력	구매량, 구매자의 후방통합 가능성, 전환비용, 정보량

> **핵심 Check**
>
> **산업매력도**
> 기존 기업 간 경쟁강도가 낮을수록, 대체재가 존재하지 않을수록, 잠재진입자의 진입이 어려울수록, 공급자의 교섭력이 낮을수록, 구매자의 교섭력이 낮을수록 산업매력도는 상승한다.

3. BCG 매트릭스 ★★★ 기출개념

(1) BCG 성장성 - 점유율 매트릭스
회사 내 여러 사업들은 '시장성장률'과 가장 큰 경쟁자와 비교한 '상대적 시장점유율'이라는 두 변수를 양 축으로 하여 각 사업의 상대적 매력도를 비교할 수 있다.

(2) BCG 매트릭스의 가정
① 상대적 시장점유율이 높을수록 경험효과로 인해 제품 수익이 증가한다.
② 매출액의 증가를 위해 추가 생산 관련 자금의 유입을 필요로 한다.
③ 시장점유율의 증가를 위해 광고예산, 촉진비용 등에 사용될 자금의 순유입을 필요로 한다.
④ 제품의 시장성장률은 성숙기에 이르렀을 때 느려진다.

(3) BCG 매트릭스 내 사업부 특성

[그림 2-3] BCG 매트릭스

① 별(stars)
  ㉠ 높은 시장성장률과 높은 상대적 시장점유율의 사업단위이다.
  ㉡ 전략적 사업단위는 시장선도자이다.
  ㉢ 자체사업을 통해 많은 수익을 벌어들이지만, 미래성장을 위해 더 많은 자금을 필요로 한다.
  ㉣ 시장성장률이 느릴 때는 자금젖소 영역으로 진입할 수 있다.

② 물음표(question marks) 혹은 문제아(problem child)
  ㉠ 높은 시장성장률과 낮은 상대적 시장점유율의 사업단위이다.
  ㉡ 시장점유율을 유지 및 증가시키는 데는 많은 현금이 필요하다.
  ㉢ 경쟁력이 있는 사업단위는 시장점유율 증대를 위해 현금을 지원하고 경쟁력이 낮은 사업단위는 처분한다.

③ 자금젖소(cash cows)
  ㉠ 낮은 시장성장률과 높은 상대적 시장점유율의 사업단위이다.
  ㉡ 자체사업을 통해 많은 이익을 창출하여 자신의 사업단위는 물론이고 기업 내의 다른 전략적 사업단위에 자금을 공급해주는 역할 담당한다.
  ㉢ 주로 여유 자금으로 성장가능성이 있는 별, 물음표 영역에 재투자한다.
④ 개(dogs)
  ㉠ 낮은 시장성장률과 낮은 상대적 시장점유율의 사업단위이다.
  ㉡ 대체로 수익성이 낮고 시장전망이 어둡다.

(4) BCG 매트릭스 내 사업부별 전략

구분	내용
확대 전략 (build)	• 시장점유율을 증가시키는 전략 • 사업을 확장하여 별로 이동시키기로 결정한 물음표에 적절함
유지 전략 (hold)	• 현재의 시장점유율을 유지하는 것 • 많은 현금흐름을 창출하는 강한 자금젖소에 적절함
수확 전략 (harvest)	• 사업단위의 현금흐름을 증가시키는 것 • 장래가 어두운 약한 자금젖소나 물음표에 적절함
철수 전략 (divest)	• 사업단위를 처분하는 것 • 경쟁력이 없는 것으로 판단된 물음표나 전망이 어두워 기존의 시장점유율을 유지하는 것이 무의미한 개에 적용됨

(5) BCG 매트릭스의 전략적 시사점
① 기업 내 제품 간 균형을 수시로 확인하고 관리해야 한다.
② 산업 내 주요한 변화에 따른 매트릭스 내 사업단위의 변화 추세를 파악해야 한다.
③ 경쟁사의 매트릭스 작성을 통해 경쟁사의 전략 연구가 가능하다.

(6) BCG 매트릭스의 유용성과 한계점 [기출개념]
① 유용성
  ㉠ 각 시장 안에서 각 제품의 상대적 위치를 알려준다.
  ㉡ 기업 내 다양한 제품과 사업부가 있는 경우 적절한 운영 전략을 지원한다.
② 한계점
  ㉠ 이론에 대한 검증이 이루어지지 않았다.
  ㉡ BCG 매트릭스의 가정인 제품 수명 주기에 대한 논란이 많다.
  ㉢ 경쟁자의 반응을 고려하지 않아 경쟁자 매트릭스를 별도로 작성해야 한다.
  ㉣ 사업단위가 처한 상황별로 획일적인 마케팅 전략을 제시하고 있다.
  ㉤ 여러 사업이나 제품을 운영하는 대기업에 적용될 수 있는 전략기법이다.

4. GE – 맥킨지 매트릭스

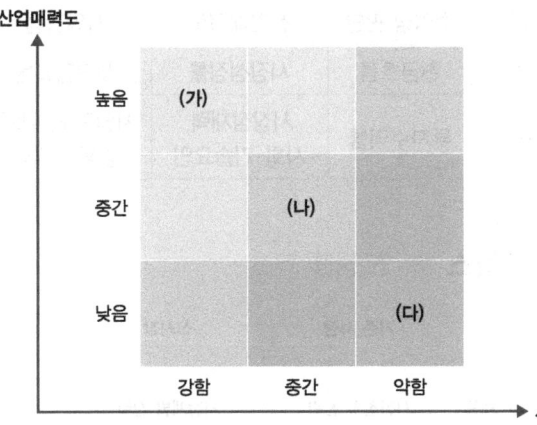

[그림 2-4] GE – 맥킨지 매트릭스

(1) GE – 맥킨지 매트릭스
각 사업단위를 산업매력도와 사업강점 두 차원에 의해 평가한다.

(2) GE – 맥킨지 매트릭스의 구성요소
① 산업매력도 지표: 시장점유율, 시장규모, 산업수익률, 경쟁강도, 수요변동 상황, 규모의 경제 등의 기업 외부요인들을 종합적으로 평가한다.
② 사업강점 지표: 상대적 시장점유율, 판매효율성, 가격경쟁력, 제품품질, 판매지역, 고객정보, 혁신성 등의 기업 내부요인들을 종합적으로 평가한다.

(3) GE – 맥킨지 매트릭스의 사업부별 전략
① (가)군 사업부: 산업매력도도 높고 경쟁력도 갖추고 있어 높은 수익 창출이 되기 때문에 지속적인 투자지원으로 계속 성장시켜야 한다.
② (나)군 사업부: 적극적인 투자로 (가)군에 진입시키거나 투자를 줄여 시장에서의 철수를 고려해야 하는 선별적 투자영역이다.
③ (다)군 사업부: 산업 자체가 쇠퇴하고 기업의 경쟁력도 약하기 때문에 최소의 투자로 틈새(Niche)시장만을 유지하면서 수확하거나 시장에서의 철수를 고려해야 한다.

(4) GE – 맥킨지 매트릭스의 한계점
① 사업단위를 두 가지의 종합지표에 의해서 단순한 전략을 제시하기 때문에 잠재적으로 성장 가능한 사업부를 무시하기 쉽다.
② 각 사업단위의 자율성을 지나치게 강조하여 사업단위 간 역량을 공유함으로써 얻을 수 있는 경쟁적 우위와 사업기회를 잃을 수 있다.
③ 산업매력도와 사업강점을 결정하는 여러 변수들에 대한 중요도를 고려하지 않는다.

> **핵심 Check**
>
> **BCG 매트릭스와 GE-맥킨지 매트릭스의 관계**
> GE-맥킨지 매트릭스에서 다양한 지표를 종합한 두 축을 구성함으로써 두 축의 구성요인이 단순하여 정확한 사업부 평가가 어려운 BCG 매트릭스의 단점을 보완하였다.

(5) BCG 매트릭스와 GE-맥킨지 매트릭스의 비교

구분	셀 개수	수익성 판단	산업매력도	사업강점	이론적 토대
BCG 매트릭스	4개	현금흐름	시장성장률	시장점유율	경험곡선
GE-맥킨지 매트릭스	9개	투자수익률	시장잠재력, 사회·기술요인	사업규모, 위치, 경쟁우위 등	경쟁우위

5. 앤소프(Ansoff) 매트릭스 ★ [기출개념]

	기존 시장	신시장
기존 제품	시장침투 전략	시장개발 전략
신제품	제품개발 전략	다각화 전략

[그림 2-5] 앤소프 매트릭스

(1) 앤소프 매트릭스
기업의 성장 동력을 만들고 각 전략 간의 시너지 효과를 통해 시장에서의 경쟁우위를 선점하기 위한 전략을 도출하는 방법이다.

(2) 경쟁우위 전략 유형
① **시장침투 전략(market penetration)**: 기존 시장 내의 고객들에게 구매량이나 구매 횟수를 증대시키거나, 자사의 제품을 구매한 경험이 없는 비사용자들이나 경쟁브랜드 사용자들에게는 신규 구매를 자극하거나 자사브랜드로 전환시키는 전략을 수행한다.
  예 암앤해머 베이킹소다는 기존 고객들에게 베이킹 용도가 아닌 탈취, 찌든때 제거 등의 추가 혜택을 홍보함으로써 구매량 및 구매 횟수를 증가시켰다.

② **제품개발 전략(product development)**: 신제품을 개발(혁신제품 개발, 기존 제품 성능 개선, 제품라인 확대 포함)하여 기존 시장의 고객들에게 판매하는 전략이다.
  예 LG 코드제로 진공청소기

③ **시장개발 전략(market development)**: 기존 제품을 새로운 시장에 판매하는 전략이며, 새로운 지리적 시장을 확대하거나 기존의 지리적 시장 내에서 신규 세분시장을 개발하는 것을 포함한다.
  예 존슨즈 베이비 로션

④ 다각화 전략(diversification)

구분	내용
집중적 다각화	신제품 개발과 관련해 현 사업 분야와 관련 있는 기술, 제조, 마케팅활동을 이용한 새로운 분야로의 진출 전략
수평적 다각화	기존의 제품계열이나 기술과는 관련 없지만 현 고객을 대상으로 한 신제품 추가 전략
복합적 다각화	현재의 기술이나 제품 혹은 시장과 전혀 관련 없는 신사업 분야 진출 전략

기출개념확인

01 산업구조분석에서 기존 가격-효과의 상충 관계를 개선할 수 있는 제품, 기존 대비 높은 수익구조를 가진 제품을 설명하는 요인을 무엇이라고 하는가?

① 기업 간 경쟁강도 ② 대체재의 위협
③ 잠재진입자의 위협 ④ 구매자의 교섭력

02 BCG 매트릭스에서 철수 전략에 해당하는 사업부는 무엇인가?

① 자금젖소 사업부 ② 물음표(문제아) 사업부
③ 개 사업부 ④ 별 사업부

정답·해설

01 ② 마이클 포터의 5요인 분석은 산업구조분석을 통해 산업 매력도에 미치는 주요 요인을 기존 기업 간 경쟁강도, 공급자의 교섭력, 구매자의 교섭력, 잠재진입자의 위협, 대체재의 위협 등으로 구분하였다. 이 중 대체재의 위협은 기존 가격-효과의 상충 관계를 개선할 수 있는 제품이나 기존 대비 높은 수익구조를 가진 제품을 시장에 출시함으로써 산업 매력도에 영향을 미칠 수 있다.

02 ③ 철수 전략은 사업단위를 처분하는 것으로, 향후 시장 전망이 어두워 기존 시장점유율을 유지에 사용되는 마케팅 비용 부담으로 시장에서 철수를 앞두고 있는 개 사업부에 적합하다.

제4절 마케팅 전략과 마케팅 믹스

01 마케팅 전략

> **개념 Plus**
>
> **바람직한 마케팅 목표**
> - 기업의 마케팅 활동만으로 기업의 매출 및 수익이 즉시 증가하는 경우는 흔치 않다.
> - 매출액, 수익 등은 여러 경영활동의 목표로 삼는 것이 바람직하며, 사업부 단위의 목표는 시장점유율 확대 혹은 브랜드 이미지 제고 등으로 잡는 것이 좋다.
> - 개별 제품 마케팅 활동에 따른 목표 설정은 브랜드 인지도 상승, 고객만족도 개선 등 구체적인 지표를 잡는 것이 효율적이다.

1. 마케팅 목표

(1) 마케팅 구분의 유형

구분	내용
재무적 목표	개별 브랜드 및 상품별 이익, 매출액, 시장점유율 등
고객 관련 목표	브랜드 인지도, 고객만족도, 고객획득률과 유지율, 생애가치 등

2. 마케팅 목표 달성을 위한 전략

구분	내용
시장침투 전략	현재 어떤 제품을 사용하는 고객들로 하여금 더 많이 또는 더 자주 구입하도록 유도하는 전략
신제품 개발 전략	기존 제품을 구입하는 고객들로 하여금 새로운 제품을 구입하게 함으로써 성장을 달성하는 전략
시장개발 전략	기존 제품을 구입하지 않는 사람들을 설득하여 구입하게 만드는 전략

02 마케팅 믹스 ★★ 기출개념

1. 마케팅 믹스 관리

(1) 마케팅 믹스(marketing mix)의 4P
  ① 제품(Product)
    ㉠ 고객의 필요와 욕구를 만족시키기 위해 제공되는 수단이다.
    ㉡ 제품의 품질, 특징, 옵션, 상표명, 포장, 보증서비스 등을 모두 포함한다.
  ② 가격(Price)
    ㉠ 제품 구매의 대가로 지불되는 금전적 가치이다.
    ㉡ 가격할인, 정찰제, 신용조건 등을 포함한다.

③ 유통(Place)
  ㉠ 제품이 고객이 원하는 시간과 장소에 도달되도록 흐름이 이루어지는 경로이다.
  ㉡ 유통경로, 유통범위, 점포위치, 재고수송 등이 모두 유통에 포함된다.
④ 촉진(Promotion)
  ㉠ 기업이 제공하는 제품에 대한 정보를 시장에 전달, 즉 시장과의 커뮤니케이션 진행 과정이다.
  ㉡ 광고, 인적판매, 판매촉진 홍보, 직접마케팅을 포함한다.

(2) 마케팅 믹스 관리
① 마케팅 관리자는 마케팅 믹스 또는 마케팅 4P를 잘 관리하여 고객을 만족시킬 수 있는 마케팅 프로그램을 개발해야 한다.
② 4P 전략: Product(제품), Price(가격), Place(유통), Promotion(촉진)로 4가지의 마케팅 수단을 활용하여 마케팅 전략을 실행하는 것이다.

(3) 4P에서 4C로의 전환 ★★ [기출개념]
① 제품(Product) → 고객 가치(Customer Value): 물리적 제품이 아닌 구체적으로 소비자가 원하는 필요를 의미한다.
② 가격(Price) → 고객 비용(Cost to Customers): 소비자들이 구매하는 데 들어가는 노력, 시간, 심리적 부담 등의 비용이다.
③ 유통(Place) → 편의(Convenience): 구매 장소로 한정되었던 개념에서 구매의 편의성으로 확대되었다.
④ 촉진(Promotion) → 의사소통(Communication): 판매하는 기업과 구매하는 소비자 간 모든 상호 의사소통 노력이다.

기출개념확인

01 다음 중 마케팅 4P에 해당하지 않는 것은?
① Product ② Package
③ Promotion ④ Place

02 마케팅 믹스 4P에서는 'Place'에 속하지만 현대적 개념의 4C로 전환이 이루어질 때 이에 해당하는 것은?
① Customer Value ② Cost
③ Communication ④ Convenience

정답·해설
01 ② 마케팅 믹스 4P는 Product(제품), Price(가격), Promotion(촉진), Place(유통)을 포함한다. 패키지는 제품 믹스를 구성하는 한 요소이다.
02 ④ 기존 마케팅 믹스의 유통 믹스는 Place(유통, 구매 장소)가 아닌 Convenience(구매의 편의성)으로 확대되고 있다.

제5절 마케팅 투자 효과 측정

📝 개념 Plus

지표가 반복적으로 측정되어야 하는 이유
○○전자가 2023년도 고객만족도 조사에서 평균 83점을 받았다는 성과지표만으로는 ○○전자의 고객만족도 점수가 높은 것인지, 아니면 낮은 것인지 확신하기 어렵고, 해당 결과가 다른 요인에 의해 일시적인 것일 수도 있다.

선행지표와 후행지표가 설계되어야 하는 이유
○○전자 제품에 대한 고객만족도가 낮게 측정되었을 경우 그것이 고객이 인지하는 품질 수준이 낮아서인지, 고객의 기대수준이 높아 고객이 인지하는 가치가 낮은 것인지에 따라 수립해야 하는 마케팅 전략이 달라야 한다.

유량변수와 저량변수로 구분하는 마케팅 성과지표
시장점유율, 거래량, 영업이익 등은 일정기간 동안의 성과로 측정되므로 유량변수에 해당하고 인지도, 선호도, 브랜드 자산 등은 지속적인 마케팅 활동에 의해 축적되어 특정시점에서 측정되는 저량변수에 해당한다. 즉, 일정기간 측정되는 시장점유율이 계속해서 증가한다면 장기적으로는 브랜드 자산 가치를 특정 시점에 측정했을 때 기존보다 상승하였음을 확인할 수 있다.

개념적 정의와 조작적 정의의 적용
'고객충성도'를 "고객들이 우리와 계속해서 거래하려고 하는 정도"라고 개념적으로 정의하면 응답자마다 서로 다른 생각을 가지고 고객충성도를 이해하고 답변하는 문제가 발생한다. 따라서 "향후 6개월 이내 재구매의도를 7점 척도로 질문했을 때 고객 반응" 등 구체적이고 명확한 조작적 정의를 통해 측정할 수 있다.

01 마케팅 성과지표의 구성

1. 주기적으로 반복 측정
① 마케팅 성과지표 중 소비자의 인지과정을 측정하는 자료들은 용도에 맞게 자체 개발된 것들이 많아 임의 측정결과의 의미를 해석하기는 어렵다.
② 소비자의 인지과정을 측정하는 마케팅 성과의 특성상 오류 없는 정확한 측정이 불가능하여 여러 번의 반복 측정을 통해 통제 불가능한 오류를 상쇄하고자 한다.

2. 선행지표와 후행지표의 측정
① 대부분의 마케팅 성과지표에는 최종 성과의 하부요소를 구성하고 그 성과에 영향을 주는 선행지표와 그 성과로 말미암아 영향받을 수 있는 후행지표가 존재한다.
② 마케팅 주요 성과지표들은 모든 지표에 선행되는 기초적인 지표들이 존재할 수 있고 이러한 지표들은 다양한 단계 및 경로를 통해 기업에서 궁극적으로 관심을 가지는 후행지표에 영향을 미치는 것으로 지표 간 관계를 설계할 필요가 있다.

3. 단기성과와 장기성과의 균형
① 마케팅 활동의 단기성과를 측정하기 위해서는 일정 기간에 측정되는 유량변수(Flow Variable)를 측정해야 한다.
② 마케팅 활동의 장기성과를 측정하기 위해서는 특정 시점에서 측정되는 저량변수(Stock Variable)를 측정해야 한다.

4. 조작적 정의
① 성과지표를 측정할 때는 어떤 대상에 대한 추상적인 의미를 분명하게 하는 개념적 정의(Conceptual Definition)와 이를 실제로 측정가능하고 관찰가능한 형태로 표현하는 조작적 정의(Operational Definition)를 구분할 수 있어야 한다.
② 보통 추상적 의미가 강한 지표들은 별도의 조작적 정의가 필요하다.

02 마케팅 성과지표의 유형

1. 소비자 성과지표

(1) 인지도
① 최초상기도(Top-Of-Mind): 특정 상품군에서 해당 브랜드를 가장 먼저 떠오르는지를 확인한다.
② 비보조회상 인지도(Unaided Recall): 특정 상품군에서 해당 브랜드를 다른 사람의 도움 없이 떠올릴 수 있는지를 확인한다.
③ 보조재인 인지도(Aided Awareness): 특정 상품군에서 특정 브랜드나 제품을 제시하고 이를 알고 있는지를 확인한다.

(2) 가격민감도
① 가격변화율(%)에 대한 수요변화율(%)로 측정하는 것으로 수요의 가격탄력성이라고도 한다.
② 가격민감도는 브랜드 파워를 간접적으로 측정할 수 있는 지표로 가격민감도와 브랜드 파워는 반비례 관계가 있다.

(3) 클릭률(Clickthrough Rate)
① 인터넷이나 모바일에서 특정 광고의 노출 횟수 중 클릭된 횟수의 비율이다.
② 클릭률은 미디어의 광고 효율성을 판단할 수 있는 지표가 되기도 하여 광고예산 할당에 활용되기도 한다.

(4) 지갑점유율(Wallet Share)
① 특정 상품군에 대한 고객의 지출 중에서 특정 브랜드가 차지하는 비중을 의미하며, 구매량을 기준으로 측정하기도 하고 구매액을 기준으로 측정하기도 한다.
② 경우에 따라서는 고객의 생애주기 중 특정 브랜드가 구매된 비율로 개념을 확대할 수도 있다.

2. 시장 성과지표

(1) 유통침투율
① ACV(All Commodity Volume) 침투율: 모든 유통업체의 총매출액에서 해당 브랜드나 제품을 취급하는 유통업체의 총매출액이 차지하는 비중이다.
② PCV(Product Category Volume) 침투율: 모든 유통업체의 해당 상품군 매출액에서 특정 브랜드나 제품을 취급하는 유통업체의 해당 상품군 매출액이 차지하는 비중이다.

(2) 판촉증가율
① 기본 판매량 혹은 매출액 중 증가된 판매량 혹은 매출액의 비중이다.
② 기본 판매는 특별한 마케팅 활동이 실행되지 않았을 때 발생하는 판매량 혹은 매출액이며, 증가된 판매는 마케팅 활동을 수행한 기간의 판매량이나 매출액을 의미한다.

핵심 Check

인지도 측정 사례
라면 상품군에서 한 소비자를 대상으로 어떤 라면을 알고 있는지 질문했을 때 "A라면, B라면, C볶음면, D짜장면, E라면, F라면, G비빔면"의 순서대로 응답했다고 한다면 A라면은 이 소비자의 최초상기도로 기록되며, 나머지 상품은 비보조회상으로 기록된다. 그리고 "H스파게티라는 라면을 아는지 질문했을 때 안다고 응답했다면 보조재인 인지도로 기록된다. 만약 100명의 소비자를 대상으로 이러한 조사를 진행했을 때 87명의 소비자가 최초 응답으로 A라면을 응답했다면 A라면 제품의 최초상기도는 87%가 되며, 각 제품별로 응답한 소비자의 비율대로 비보조회상 및 보조재인 인지도가 측정되는 것이다.

개념 Plus

수요의 가격탄력성 계산방법
자동차 10%의 가격할인에 대해 20%의 수요증가가 나타난다면 +0.2/-0.1에 의해 가격탄력성은 -2.0이다.

핵심 Check

지갑점유율 측정 사례
고객이 월간 사용하는 신용카드 지출액이 1백만 원이고 그 중 A브랜드의 사용액이 30만 원이라면 A 브랜드의 고객에 대한 지갑점유율은 30%가 된다.

3. 회계/재무적 성과지표

(1) **매출수익률(Return on Sales)**
① 마케팅 활동이 기업의 수익성에 미치는 영향을 측정하기 위한 효율성 지표이다.
② 매출액 중 순이익의 비중으로 계산된다.

(2) **시가총액(Market Capitalization)**
① 주식가격 × 발행주식수
② 시가총액은 기업이 수익성, 안정성, 성장가능성 등이 모두 반영된 투자자 지표이므로 마케팅 성과지표로 활용되기에는 너무 많은 요인들이 존재한다는 비판이 있으나 장기적인 기업가치를 반영한다는 점에서 미래지향적인 마케팅 성과지표로 제시되고 있다.

03 마케팅 생산성

1. 마케팅 생산성의 측정

(1) **MROI(Marketing Return on Investment) 혹은 ROMI(Return on Marketing Investment)**
① 마케팅 생산성 = 마케팅 성과지표 값의 변화(%) / 마케팅 활동의 변화(%)
② 마케팅 생산성 = (마케팅 활동에 의해 증가된 재무적 가치 - 마케팅 비용) / 마케팅 비용

2. 마케팅 성과 관리

(1) **마케팅 성과 관리의 필요성**
① 경영자는 마케팅 비용 대비 어느 정도 성과를 창출했는지 궁금해한다.
② 투입(비용) 대비 성과(마케팅 결과)를 동시에 고려하여 마케팅 활동의 효율적인 수단을 찾아야 한다.

(2) **마케팅 성과 측정방법** 〔기출개념〕

구분	내용
마케팅 투자 수익률 (Marketiing Return of Investment, MROI)	• 재무적 ROI를 산정하는 것과 동일한 원리 • 마케팅 활동으로 벌어들인 순수 이익을 마케팅 활동에 들어간 비용으로 나눈 것 • 투입 대비 성과에 대한 분석을 가능케 해주기 때문에 수익성이 좋은 활동에 자원을 집중할 수 있어 결국 낭비적인 활동이 줄어들게 됨
MROI 측정을 위한 요소	• 투자 데이터 : 광고료, 프로그램 제작비, 인건비, 활동기준 원가 배분(Activity Based Costing, ABC)을 활용한 간접비, 장기비용, 복수의 마케팅 캠페인 비용 분석 • 수익 데이터 • 고객 거래 데이터

기출개념확인

01 마케팅 관련 성과지표의 측정 방법 상 다른 성격을 가지고 있는 것은?

① 매출수익률 ② 가격민감도
③ 클릭률 ④ 지갑점유율

02 마케팅 전략 실행 후 성과를 측정하는 방법에 대한 설명으로 잘못된 것은?

① 재무적 투자 수익률과 유사한 원리로 마케팅 투자 수익률을 통해 성과를 측정한다.
② 투자 데이터와 수익 데이터, 고객 거래 데이터 등을 활용하여 비용과 이익을 계산한다.
③ 간접비, 장기 충당금, 중복되는 마케팅 비용 등에 대해서는 성과 측정에 반영할 수 없다.
④ 수익성 좋은 마케팅 활동에 자원을 집중시켜 효율적인 마케팅 프로그램 운영을 지원한다.

정답·해설

01 ① 매출수익률은 마케팅 활동이 기업의 수익성에 미치는 영향을 측정하는 기업 관점의 회계적 성과지표에 해당하며, 나머지 예시인 가격민감도, 클릭률, 지갑점유율은 소비자의 반응이나 행동 결과를 바탕으로 측정된다는 점이 서로 다르다.

02 ③ 직접 지출되지 않은 비용에 대해서도 활동 기준 원가 배분(Activity Based Costing)을 통해 측정이 가능하다.

제2장 | 실전연습문제

* 기출유형 은 해당 문제가 실제 시험에 출제된 유형임을 나타냅니다.

01 전략적 계획수립과정의 단계가 아닌 것은?
① 기업사명의 정의
② 기업자원의 배분
③ 사업 포트폴리오의 결정
④ 사업단위별 경쟁 전략의 결정

04 SWOT 분석을 통해 수립할 수 있는 전략 유형과 설명으로 잘못 짝지어진 것은?
① SO 전략 - 기업의 경쟁우위를 활용하여 다가오는 기회를 포착한다.
② ST 전략 - 기업의 경쟁우위를 활용하여 시장과 관련된 위협요인을 극복한다.
③ WO 전략 - 기업의 열위를 전략적 제휴 등을 통해 보완하여 기회를 포착한다.
④ WT 전략 - 기업의 열위를 극복할 수 있는 투자 확대로 시장의 위협을 극복한다.

기출유형

02 거시적 환경요인 중 연령, 인종, 성별, 종교, 관습, 가치관 등이 마케팅 전략에 영향을 미치는 요인은?
① 경제적 요인
② 사회·문화적 요인
③ 정치적 요인
④ 기술적 요인

05 SWOT 분석의 한계점으로 볼 수 없는 것은?
① 환경 인식방법과 예측방법이 구체화되어 있지 않으며, 영향요인에 대한 자의적 해석이 가능하다.
② 기업의 강점과 약점, 기회와 위협요인들은 시간이나 조건이 변화됨에 따라 매번 달라질 수 있다.
③ SWOT 분석은 강점과 약점에 대한 구분을 명확하게 해준다.
④ 개별 기업이 직면한 구체적인 상황과 조건에 대한 검토 없이 전략을 도출한다.

기출유형

03 특정 기업 제품을 목표 소비자에게 마케팅할 때 마케팅 능력에 영향을 미치는 직접적이고도 관련성이 높은 환경요인은?
① 미시적 환경요인
② 거시적 환경요인
③ 잠재적 환경요인
④ 내부 환경요인

06 다음 중 기업사명을 정의할 때 반영해야 하는 질문에 해당하지 않는 것은?
① 자사의 매출은 얼마인가?
② 자사의 소비자는 누구인가?
③ 자사의 사업 방향은 어떻게 될 것인가?
④ 자사는 소비자에게 어떤 가치를 제공하는가?

07 다음 중 바람직한 기업목표의 특징으로 옳지 <u>않은</u> 것은?

① 실현 가능한 것이어야 한다.
② 계층적으로 서술되어야 한다.
③ 정성적으로 서술되어야 한다.
④ 일관성이 있어야 한다.

08 ○○텔레콤은 이동통신 사업부 내 마케팅 전략 실행의 성과에 대해 문제의식을 느끼고 대책을 마련하고 있는 상황이다. 이러한 기업 경영전략의 어느 수준에 해당하는 내용인가?

① 전사적 수준　　② 부서별 수준
③ 사업부 수준　　④ 기능적 수준

09 다음 중 기업 내 여러 사업들을 시장성장률과 상대적 시장점유율을 양 축으로 해서 각 사업의 상대적 매력도를 비교하는 목적으로 만들어진 도표는?

① GE 매트릭스　　② SWOT 분석
③ 앤소프 매트릭스　　④ BCG 매트릭스

10 마이클 포터의 5요인 모형에서 산업매력도가 감소하는 경우는?

① 산업 내 경쟁강도가 낮다.
② 대체재가 존재한다.
③ 신규진입자가 진입하기 어렵다.
④ 구매자의 교섭력이 낮다.

11 BCG 매트릭스에서 확대(투자) 전략에 해당하는 사업부는 무엇인가?

① 자금젖소　　② 개
③ 물음표(문제아)　　④ 별

12 BCG 매트릭스를 통해 확인할 수 <u>없는</u> 것은?

① 기업 내 생산 중인 제품들 간의 전략적 위치를 확인하고 관리할 수 있다.
② 각 사업단위가 처한 상황별로 차별적인 마케팅 전략을 제시할 수 있다.
③ 기업 내 다양한 사업부와 제품라인이 존재하는 경우 적절한 운영 전략을 수립할 수 있다.
④ 경쟁사 사업 제품에 대한 매트릭스 작성을 통해 경쟁사의 전략 연구가 가능하다.

13 GE-맥킨지 매트릭스에 대한 설명으로 <u>잘못된</u> 것은?

① 각 사업단위를 여러 지표로 구성된 산업매력도와 사업강점의 두 차원에 의해 평가한다.
② BCG 매트릭스상에서 단순한 구성요인을 다양한 지표로 종합하여 단점을 보완하였다.
③ 산업매력도와 사업강점을 결정하는 여러 지표에 대한 중요도를 고려하고 있다.
④ 9개의 영역으로 구분하여 투자지원, 투자결정, 투자철수에 대한 의사결정을 지원한다.

14 다음 사례에 해당하는 앤소프 매트릭스 전략으로 가장 적절한 것은?

> 한 화장품 회사는 천연 한방성분이 첨가된 신제품 라인을 출시하였다.

① 제품개발 전략　② 시장개발 전략
③ 시장침투 전략　④ 다각화 전략

15 마케팅 목표의 효과적인 달성을 위해 마케팅 활동에서 사용되는 여러 가지 방법을 전체적으로 균형이 잡히도록 조정하고 구성하는 일을 무엇이라고 하는가?

① 자원배분　② 마케팅 믹스
③ 기업사명　④ 커뮤니케이션

16 기업이 제공하는 제품에 대한 정보를 시장에 전달하고 커뮤니케이션 하는 과정이며, 이를 전달하기 위해 광고, 인적판매, PR, 판매촉진 등을 활용하는 것은?

① 제품믹스　② 가격믹스
③ 유통믹스　④ 촉진믹스

17 다음 중 마케팅 4C가 아닌 것은?

① 소비자(Consumer)　② 비용(Cost)
③ 기업(Company)　④ 편의(Convenience)

18 다음은 4P에서 4C로 전환되는 과정을 설명한 것이다. 잘못 짝지어진 것은?

① 유통(Place) → 편의(Convenience)
② 촉진(Promotion) → 의사소통(Communication)
③ 제품(Product) → 소비자(Consumer)
④ 가격(Price) → 상품(Commodity)

19 마케팅 전략을 수립하는 과정에서 관련된 요소와 거리가 먼 것은?

① 사업 포트폴리오　② 표적시장 선정
③ 포지셔닝　④ 시장세분화

20 마케팅 투자 효과를 측정하기 위한 성과지표가 가져야 할 특성에 해당하지 않는 것은?

① 특정 시점에서의 단일 측정
② 선행지표와 후행지표의 설정
③ 단기성과와 장기성과의 균형
④ 명확한 조작적 정의

제2장 | 정답·해설

01	02	03	04	05
②	②	①	④	③
06	07	08	09	10
①	③	④	④	②
11	12	13	14	15
③	②	③	①	②
16	17	18	19	20
④	③	④	①	①

01 ②

전략적 계획수립은 '기업사명의 정의 → 기업목표의 설정 → 사업 포트폴리오의 결정 → 사업단위별 경쟁 전략의 결정 → 성장 전략의 개발' 등의 순으로 이루어진다.

02 ②

거시적 환경요인 중 사회·문화적 요인은 연령, 인종, 성별, 종교, 관습, 가치관 등에 의해 소비자들의 취향 및 선호가 변화할 수 있기 때문에 기업 마케팅 활동의 기준이 되기도 한다. 배달 문화를 당연시하는 우리나라의 사회·문화적 환경을 고려하여 한국 맥도널드 일부 매장에서 배달 서비스를 제공하는 것이 그 사례이다.

03 ①

미시적 환경요인은 목표 소비자에게 마케팅할 때 마케팅 전략에 영향을 미치는 직접적인 관련성이 높은 환경요인이다. 이중 내부 마케팅 환경은 기업 내부에서 영향력을 행사하는 이해집단이며, 외부 마케팅 환경은 기업 외부에서 영향을 미치는 이해집단이다. 거시적 마케팅 환경은 마케팅 활동에 간접적 혹은 점진적으로 영향을 미치는 환경요인을 말한다.

04 ④

WT 전략은 비용 지출을 축소하여 자금확보 등으로 기업의 경쟁열위가 최소화되는 방식으로, 시장에서의 위협을 극복하는 방식이다.

05 ③

SWOT 분석을 통해 기업의 강점과 약점을 구분하기는 하나 구분의 방식이 작위적이므로 판단이 정확하지 않을 수 있다.

06 ①

기업의 사명은 기업의 미래 설계를 기술한 것으로 보다 넓은 환경에서 기업이 장기적으로 달성하고자 하는 목표이다. 따라서 사업의 방향, 당위성, 고객, 가치 등은 장기적으로 중요한 기준이 될 수 있으나 매출은 기업이 단기적으로 추구할 수도 있고 추구하지 않을 수도 있는 목표이다. 기업은 실제로 단기적으로 매출 극대화보다 이익 극대화, 비용 극대화 등의 다른 목표를 수립할 수 있다.

07 ③

기업의 목표는 계층적·계량적으로 서술되고, 실현 가능해야 하며, 일관성이 있어야 한다.

08 ④

마케팅 전략의 경우 자사의 마케팅 자원을 효율적으로 활용하는 방안을 결정하는 것이다. 기능적 수준에서는 생산, 마케팅, 재무/회계, 인사 등 경영의 주요 기능 부문 내에서 주어진 자원을 효과적으로 활용하는 방안을 결정한다.

오답분석

③ 사업부 수준에서는 특정한 사업 영역 내에서 타사에 비해 어떻게 경쟁우위를 확보하고, 이를 효과적으로 유지해 나가는지에 대한 문제를 다룬다.

09 ④

시장성장률과 상대적 시장점유율을 양 축으로 각 사업의 매력도를 비교하는 것은 BCG 매트릭스이다.

오답분석
① 각 사업 단위들을 산업매력도와 사업강점에 의해 평가한다.
② 외부요인과 내부요인을 분석하여 기업의 전략을 도출한다.
③ 기업의 성장동력을 만들고 전략 간 시너지 효과를 통해 시장에서의 경쟁우위를 점하기 위한 전략을 도출한다.

10 ②

산업매력도는 산업 내 경쟁강도가 낮을수록, 대체재가 존재하지 않을수록, 신규진입자가 진입하기 어려울수록, 공급자의 교섭력이 낮을수록, 구매자의 교섭력이 낮을수록 상승한다. 따라서 대체재가 존재하는 경우 산업매력도는 감소한다.

11 ③

확대(투자) 전략은 성장가능성이 있는 물음표(문제아) 사업부에 적절한 전략으로, 경쟁력이 있는 일부 사업부의 시장점유율을 높이기 위해 현금자산을 투자하는 전략이다.

12 ②

BCG 매트릭스는 각 사업단위가 처한 상황별로 투자, 유지, 수확, 철수 등의 획일적인 마케팅 전략을 제시하는 한계점을 가지고 있다.

13 ③

GE-맥킨지 매트릭스는 산업매력도와 사업강점을 결정하는 데 있어 다양한 지표를 고려한다는 점에서 BCG 매트릭스의 단점을 보완했으나, 각각의 지표 간 상대적 중요도까지는 고려하지 못하였다.

14 ①

제품개발 전략은 기존 시장에 새로운 제품을 공급하는 전략으로 소비자의 욕구에 맞는 신제품을 개발하는 전략이다.

오답분석
② 기존 제품을 새로운 시장에 판매하는 전략이다.
③ 기존 시장 내에서 기존 고객의 판매량을 증대시키는 전략이다.
④ 새로운 시장에 새로운 제품을 공급하는 전략이다.

15 ②

마케팅 믹스는 마케팅 관리의 중요한 과제로 다양한 마케팅 믹스를 효과적으로 구성함으로써 소비자의 욕구나 필요를 충족시키며, 이를 통해 마케팅 목표를 달성할 수 있다.

16 ④

기업이 제공하는 제품정보를 시장에 전달하기 위해 광고, 인적판매, PR, 판매촉진 등을 활용하는 것은 촉진믹스이다.

오답분석
① 제품의 품질, 특징, 옵션, 상표명, 포장, 보증서비스 등을 포함한다.
② 가격할인, 정찰제, 신용조건 등을 포함한다.
③ 유통경로, 유통범위, 점포위치, 재고수송 등이 포함된다.

17 ③

마케팅 4C에는 소비자(Consumer), 비용(Cost), 편의(Convenience), 의사소통(Communication)가 포함된다.

18 ④

마케팅 4P에서 가격(Price)은 소비자가 심리적으로 지불해야 하는 모든 비용을 포함하는 비용(Cost)으로 변화하였다.

19 ①

마케팅 전략 수립은 '시장세분화 → 표적시장 선정 → 포지셔닝'의 단계로 이루어진다.

20 ①

마케팅 투자 효과를 측정하기 위한 성과지표는 주기적이고 반복적인 측정을 통한 오류 개선, 선행지표와 후행지표 설계를 통한 효과 연계, 단기성과와 장기성과의 균형, 개념적 정의를 올바르게 측정하기 위한 명확한 조작적 정의가 전제되어야 한다.

무료 학습자료 제공 · 독학사 단기합격 **해커스독학사**
haksa2080.com

전문가가 분석한 출제경향 및 학습전략

제3장에서는 소비자의 구매의사결정과정 각 단계의 세부 내용을 중점적으로 학습해야 한다. 또한 소비자 정보처리과정에서 노출과 지각, 그 결과가 마케팅 전략에 영향을 미치는 상표군에 대한 구체적인 내용을 학습하는 것이 좋다. 소비자 구매의사결정에 영향을 미치는 개인적·심리적 요인도 자주 출제되는 중요한 내용이다. 산업재 시장과 구매자 행동은 소비자 시장과의 차이를 이해하는 정도로 학습하는 것이 좋다.

제3장 | 핵심 키워드 Top 10

핵심 키워드 Top 10은 본문에도 동일하게 ★로 표시하였습니다.

01	구매의사결정과정 ★★★	p.85
02	상기상표군 ★★★	p.92
03	문제 인식 ★★	p.85
04	보상적 평가방식 ★★	p.86
05	비보상적 평가방식 ★★	p.86
06	구매 후 행동 ★★	p.87
07	노출 ★★	p.89
08	소비자 구매행동의 유형 ★	p.83
09	인구통계적 특성 ★	p.93
10	라이프스타일 ★	p.93

제3장

소비자와 산업재 구매자 행동

제1절 소비자 행동모델
제2절 구매자 의사결정과정
제3절 소비자 정보처리과정
제4절 소비자 구매의사결정에 영향을 미치는 요인들
제5절 산업재 시장
제6절 산업재 구매자 행동

제1절 소비자 행동모델

01 소비자 행동모델의 개념

1. 소비자 행동모델의 개념
① 소비자가 구매에 이르기까지 어떤 인지과정을 통해 정보를 획득하고 어떤 요인에 영향을 받아서 구매의사결정을 하는가에 대한 모델이다.
② 소비자 행동모델은 소비자들의 행동에 영향을 미치는 변수들의 상호관계와 소비자들의 의사결정과정 등을 이해하기 쉽게 도표화하는 것이다.

2. 소비자 행동 영향요인
① 개인적 요인
② 심리적 요인
③ 사회적 요인
④ 문화적 요인

3. 소비자 행동모델의 구성
소비자 행동모델은 소비자의 의사결정과정과 정보처리과정으로 구성되어 있다.

> **개념 Plus**
> **소비자 행동모델의 개념적 의의**
> 소비자행동에 관련된 중요한 요인들을 확인하고, 각 요인의 특징을 설명하며, 요인 간의 관계를 명확히 나타낸다.

02 소비자 행동모델의 유용성

1. 소비자 행동모델의 유용성
① 소비자의 행동에 대한 체계적이고 논리적인 이해와 사고를 구축하는 데 많은 도움을 준다.
② 세부적인 내용은 다음과 같다.
　㉠ 모델은 이론을 정립하는 데 도움을 준다.
　㉡ 조사 및 연구를 위한 준거의 틀을 제공한다.
　㉢ 학습을 용이하게 해준다.
　㉣ 소비자 행동에 관해 통합적인 관점을 제공한다.
　㉤ 마케팅 전략을 개발하고 소비자 행동을 예측하기 위한 근거를 제공한다.

03 소비자 행동모델의 발전

1. 하워드-세스 모델(Howard-Sheth Model)
(1) 개념
① 시간의 경과에 따른 상표의 선호, 선택 행동을 설명하고자 한 모형으로 행동과학적 접근 모델이다.
② 학습이론에 바탕을 둔 자극-반응의 소비자 행동모델이다.

(2) 장단점
① 소비자의 행동에 영향을 미치는 여러 가지 복잡한 변수가 질서정연하게 연결되어 있다.
② 개인의 동기 수준에 따라서 어떤 자극이 어떤 반응을 가져오는가를 설명할 수 있다.
③ 지나치게 서술적이어서 분석적이지 못하다.

(3) 구성요소

구분	내용
투입변수	소비자에게 주어지는 기업의 마케팅 활동 및 사회환경으로부터의 자극 또는 정보
산출변수	소비자에게 외부자극이 투입되었을 때 이들 자극에 대응하여 나타나는 소비자의 다양한 반응 등
내적변수	외부에서 투입되는 정보를 해석하고 처리하는 과정에서 작용할 것으로 추정되는 소비자의 내적·심리적 요인
외적변수	구매 상황에서 소비자의 재정상태, 구매의 중요성 및 긴박성과 같은 구매 관련 상황요인, 사회계층, 문화적 관습 등과 같은 사회적 환경요인

2. E.B.M(Engel-Blackwell-Miniard)의 최신 소비자 행동모델
(1) 구성요소
① **자극의 투입**: 제품·상표·가격·광고 등 마케팅 자극뿐만 아니라, 기후, 유행, 친구의 구전 등 제반 환경요인도 소비자에게 모두 자극으로 투입된다.
② **정보처리과정**: 투입된 자극을 소비자가 해석하고 처리하는 과정을 의미한다.
  ㉠ **노출**: 외부에서 주어지는 정보가 소비자에게 도달되는 단계이다.
  ㉡ **주의**: 소비자가 자신에게 노출된 수많은 자극이나 정보 가운데서 특히 관심이 가는 것만을 선택적으로 식별하는 단계이다.
  ㉢ **이해/지각**: 선택적으로 받아들여진 정보에 소비자가 의미를 부여하는 단계이다.
  ㉣ **동의/수용**: 소비자에 의해 주관적으로 해석된 정보의 효과가 실제로 발생되는 단계이다.
  ㉤ **보유**: 전 단계에서 소비자가 수용한 정보는 그의 기억 속에 보유되고 기억 속에 보유되는 새로운 정보는 소비자의 구매의사결정과정에 영향을 끼친다.
③ **구매의사결정과정**: 소비자의 구매의사결정과정은 문제 인식, 정보 탐색, 대안 평가, 구매, 구매 후 행동 단계로 구성된다.

기출개념확인

01 소비자 행동모델의 유용성에 해당하지 않는 것은?

① 이론을 정립하는 데 도움을 준다.
② 소비자 행동에 대한 개별적인 해석을 가능하게 한다.
③ 조사 및 연구를 위한 준거의 틀을 제공한다.
④ 마케팅 전략을 개발하고 소비자 행동을 예측하기 위한 근거를 제공한다.

정답·해설

01 ② 소비자 행동모델은 인간의 구매 행동을 최초로 하나의 일관된 과정으로 표현함으로써 소비자 행동을 통합적인 관점을 제시하고자 하였다.

제2절 구매자 의사결정과정

01 소비자 구매행동의 유형 ★

1. 관여도

구분	고관여	저관여
상표 간 품질차이가 큰 경우	복잡한 구매행동	다양성 추구행동
상표 간 품질차이가 작은 경우	부조화 감소행동	습관적 구매행동

(1) 관여도의 개념 기출개념
① 주어진 상황에서 특정 대상에 대해 개인이 관심이 있거나 중요하다고 지각하는 수준이다.
② 주어진 상황에서 특정 대상에 대해 개인이 관련이 있다고 지각하는 수준이다.

(2) 관여도의 유형
① 지속적 관여(enduring involvement)
  ㉠ 개인이 어떤 제품군에 대하여 지속적으로 갖는 관여도이다.
  ㉡ 제품이 자신의 중요한 가치와 관련되거나 자아(ego)와 관련될수록 높다.
  예 평소 자동차를 좋아하는 사람이 자동차 구매를 고려하는 경우
② 상황적 관여(situational involvement)
  ㉠ 상황에 따라 변화하는 관여도이다.
  ㉡ 특정 상황에서 위험을 크게 지각할수록 고조된다.
  예 평소에 관심은 없으나 다른 사람에게 선물하기 위해 와인 구매를 고려하는 경우

2. 고관여 구매행동

제품 또는 서비스를 구매하려는 의사결정에 대해 중요하다고 생각하거나 개인적인 관심을 많이 갖고 있는 경우 신중하게 의사결정을 하려고 노력하게 된다.

(1) 복잡한 구매행동 [기출개념]
① 소비자들이 구매에 높은 관여를 보이고 각 상표 간 뚜렷한 차이점이 있는 제품을 구매할 경우에 보이는 구매행동이다.
　예 집, 자동차 구매
② 제품 지식에 근거하여 제품에 대한 주관적 신념을 형성하고, 이를 종합하여 제품에 대한 전반적인 태도를 형성하고 가장 합리적이라고 생각하는 구매대안을 선택하는 과정을 거친다.
③ 가장 복잡하고 정교한 형태의 구매행동 유형이다.

(2) 부조화 감소행동
① 구매하는 제품에 대해 비교적 관여도가 높고, 자주 구매하는 제품이 아니면서 구매 후 결과에 위험부담이 있는 경우, 각 상표 간 차이가 미미할 때 보이는 구매행동이다.
　예 보험상품 구매
② 구매 후 불만사항을 발견하거나 구입하지 않은 제품에 대한 호의적인 정보를 얻게 되는 경우 기존 기대와는 다른 현 상태에 대해 인지 부조화를 경험하게 된다.
③ 소비자는 구매 후 예상되는 인지 부조화를 감소시킬만한 구매의 정당한 근거를 확보하려 한다.

3. 저관여 구매행동
소비자들이 제품 또는 서비스에 대해 관심이 적고 중요하지 않은 구매의사결정이라 생각하거나, 제품의 구매가 긴급한 상황이 아닌 경우 단순한 기준에 의해 의사결정을 내린다.

(1) 습관적 구매행동 [기출개념]
① 소비자들이 구매에 낮은 관여를 보이고 자주 구매하는 제품으로 각 상표 간 미미한 수준의 차이가 있는 경우에 보이는 구매행동이다.
　예 음료수
② 다른 상표 제품에 대한 구체적인 평가 없이 습관적으로 기존에 자주 구매하는 제품을 구매한다.
③ 일상적으로 빈번하게 구매하는 제품의 유형이다.

(2) 다양성 추구행동
① 구매하는 제품에 대해 비교적 저관여 상태이며, 상표 간 차이가 뚜렷한 경우에 보이는 행동이다.
　예 라면
② 소비자들은 다양성을 추구하는 구매를 하기 위해 상표 전환이 잦아지게 된다.

02 구매의사결정과정 ★★★ `기출개념`

[그림 3-1] 구매의사결정과정

1. 문제 인식 ★★ `기출개념`
① 실제 상태와 바람직한 상태가 다르다는 것을 인식 혹은 감지하는 것이다.
② 문제해결을 위한 필요를 인식하게 되면 구매행동이 유발된다.

2. 정보 탐색
(1) 정보 탐색의 종류
① 내적 탐색(internal search): 본인의 기억 속에 저장되어 있는 내용을 상기한다.
예 상표의 이름, 제품 사용의 기억 등
② 외적 탐색(external search): 본인의 기억 외에 외부에 있는 정보를 탐색하는 과정이다.

(2) 소비자의 정보 원천

구분	내용
개인적 원천	• 소비자가 또 다른 소비자들로부터 얻는 정보 • 가족, 친구, 이웃, 친지 등이 포함됨
상업적 원천	• 기업으로부터 얻는 정보 • 광고, 판매원, 판매상, 포장, 진열 등이 포함됨
공공적 원천	• 공공기관으로부터 얻는 정보 • 대중매체나 소비자가 중요시하는 조직체 등이 포함됨
경험적 원천	• 소비자가 직접 상품을 써보거나 경험해 봄으로써 얻는 정보 • 제품 취급, 조사, 상품 사용 등이 포함됨

(3) 정보 탐색의 수준
① 욕구의 강도, 내적 탐색의 수준, 추가 정보획득의 용이성, 탐색으로부터 얻는 만족감 등에 의해 추가적인 정보 탐색 여부를 결정하게 된다.
② 소비자는 의사결정단계 초기에 제품을 접하는 경우에는 기업이 제공하는 원천을 많이 활용하지만, 의사결정단계 이후에는 개인적 원천을 주로 이용하는 경향이 있다.

3. 대안 평가 [기출개념]

(1) 대안 평가의 개념
① 특정 상표의 선택을 위해 각 대안에 관한 정보를 처리하는 단계이다.
② 내적 탐색과 외적 탐색으로 수집된 정보를 바탕으로 대안 평가를 실시한다.

(2) 대안 평가의 구성요소
① 제품 속성들의 묶음(bundle of product attributes): 소비자들은 제품의 획득을 통해 자신의 필요를 만족시키며, 자신들의 필요를 만족시켜줄 수 있는 제품 속성들의 묶음을 파악한다.
② 속성의 중요도: 소비자들의 의식 속에서 사회적으로 중요한 것이라고 쉽게 떠올려지는 것이 아닌 소비자가 진정으로 중요하게 고려하는 속성이다.
③ 상표 신념(brand beliefs): 각 선택대안들이 각 속성상 어떤 위치를 차지하고 있는가에 대한 소비자의 믿음이다.

(3) 보상적(compensatory) 평가방식 ★★ [기출개념]
① 소비자의 대안 평가에 있어서 한 가지 속성에서 낮은 점수를 받은 대안이 다른 속성에서 점수를 만회할 수 있는 방식의 대안 평가 모형이다.
② Fishbein 모형이 기반이 되며 소비자의 특정 상표에 대한 태도는 제품 속성의 중요도와 해당 제품 속성에서의 특정 상표에 대한 신념의 합에 의해 결정된다.
③ 선택대안 결정 과정: 소비자는 아래 네 종류의 자동차 중 종합 태도점수가 가장 높은 '현대 소나타'를 구매할 것이다.

속성	중요도	상표 신념			
		르노삼성 SM5	현대 소나타	기아 K5	쉐보레 말리부
연비	0.4	8	7	7	9
가격	0.3	5	8	8	6
엔진출력	0.2	6	8	8	6
디자인	0.1	9	8	7	8

㉠ 르노삼성 SM5: 0.4(8) + 0.3(5) + 0.2(6) + 0.1(9) = 6.8
㉡ 현대 소나타: 0.4(7) + 0.3(8) + 0.2(8) + 0.1(8) = 7.6
㉢ 기아 K5: 0.4(7) + 0.3(8) + 0.2(8) + 0.1(7) = 7.5
㉣ 쉐보레 말리부: 0.4(9) + 0.3(6) + 0.2(6) + 0.1(8) = 7.4

(4) 비보상적(non-compensatory) 평가방식 ★★ [기출개념]
① 어떤 속성에서 최소 수준에 미달하여 고려 대상에서 제외되는 경우 다른 속성에서 만회할 기회가 주어지지 않는 대안 평가 모형이다.

개념 Plus

보상적 평가방식의 의의
'현대 소나타'는 연비 속성에서 '쉐보레 말리부'에 뒤떨어지고 디자인 속성에서 '르노삼성 SM5'의 평가에 비해 부족하다. 하지만 다른 속성에서의 우위를 바탕으로 종합 평가에서 앞선 것으로, 한 속성에서의 부족함을 다른 속성에서의 우월함으로 상쇄하고 있다.

② 비보상적 평가의 유형

구분	내용
결합식 (conjunctive)	소비자가 원하는 각 속성의 최소 수준 이상을 만족시키는 대안을 선택하는 방식 예 각 속성에서 8, 6, 6, 8의 최소 수준을 만족시키는 대안은 '쉐보레 말리부'임
분리식 (disjunctive)	소비자가 원하는 속성 중에서 최고 수준의 대안을 선택하는 방식 예 가격 혹은 디자인에서 최고 수준의 대안은 '르노삼성 SM5'임
사전편집식 (lexicographic)	가장 중요시되는 평가기준에서 최고로 평가되는 상표를 선택하는 방식 예 가격이 가장 중요하고 디자인이 두 번째로 중요한 속성이라면 '현대 소나타'가 선택됨
순차적 제거식 (elimination-by-aspects)	중요하게 생각하는 특정 속성의 최소 수용기준을 설정하고 그 속성에서 수용기준을 만족시키지 못하는 상표를 제거해 나가는 방식 예 엔진출력이 8 이상이면서, 디자인에서 8 이상인 대안은 '현대 소나타'임

4. 구매

(1) 일반적인 구매의사결정
대안 평가과정에서 소비자는 선택 집합 내의 브랜드 중 최적의 선택을 하게 된다.

(2) 대안 평가와 구매의사결정 사이에서 발생할 수 있는 영향요인
① 타인의 태도
  ㉠ 소비자와 가까운 사람의 상표에 대한 태도가 부정적일수록 구매의도가 낮아진다.
  ㉡ 소비자와 가까운 사람이 특정 상표를 강하게 추천한다면 구매의도가 높아진다.
② 예기치 못한 상황요인: 갑작스런 소득의 감소, 구매 우선순위의 변경, 점원의 불성실한 태도 등으로 구매의도가 변할 수 있다.

(3) 휴리스틱 기법 [기출개념]
① 여러 속성을 체계적으로 고려하지 않고 직관적이고 단순한 방식으로 의사결정과정을 단순화시키는 방법이다.
② 시장점유율 1위 제품이 가장 우수할 것이라는 직관, 머릿속에서 가장 먼저 상기되는 상표, 제품 가격이나 품질에 대한 추론 또한 근거로 사용할만한 기준점을 바탕으로 수정하는 방식이다.

5. 구매 후 행동 ★★ [기출개념]

(1) 구매 후 행동
① 제품 구매 후 소비자들은 제품에 대한 만족 혹은 불만족 등의 반응을 나타내며 이는 다시 구매 후 행동으로 이어진다.
② 소비자들의 구매에 대한 만족(기대≤결과) 및 불만족(기대＞결과)은 소비자들의 기대와 제품의 지각된 성능 간의 차이에 의해 결정된다.

(2) 구매 후 불만족의 해결방안

① 인지 부조화 해소 `기출개념`
  ㉠ 불만족의 크기가 크지 않은 경우 불만족으로 인한 인지 부조화 상황을 해소하려고 한다.
  ㉡ 자신이 구매한 제품이 정당했다고 스스로를 설득시키기 위해 구매한 제품에 대한 긍정적인 정보에 선택적으로 주의를 기울이며, 부정적인 정보는 회피한다.
② 환불 및 교환: 구매한 제품이 만족스럽지 않은 경우 환불 및 교환을 요구한다.
③ 소송 및 법적 대응: 부패, 상해 등 불만족의 크기가 매우 큰 경우 기업을 대상으로 법적 대응을 할 수 있다.

기출개념확인

01 소비자의 구매행동 유형에 해당하지 않는 것은?
① 보상적 구매행동
② 부조화 감소행동
③ 관성적 구매행동
④ 다양성 추구행동

02 구매자의 대안 평가 방식으로 잘못 설명한 것은?
① 결합식은 모든 속성에 대해 최소의 수용기준을 만족시키는 대안을 선택하는 것이다.
② 분리식은 중요하다고 생각하는 속성에서 최소의 수용기준을 만족시키는 대안을 선택하는 것이다.
③ 사전편집식은 가장 중요시하는 평가기준에서 최고로 평가되는 상표를 순차적으로 선택하는 것이다.
④ 순차적 제거식은 중요하게 생각하는 속성의 최소 수용기준을 설정하고 그 속성에서 수용기준을 만족시키지 못하는 상표를 제거해 나가는 것이다.

정답 · 해설

01 ① 소비자 구매행동의 유형은 관여도의 수준과 시장 내 제품 간 품질 차이 수준에 따라 복잡한 구매행동, 부조화 감소행동, 습관적(관성적) 구매행동, 다양성 추구행동으로 구분된다.
02 ② 분리식은 소비자가 원하는 속성에서 최고 수준의 대안을 선택하는 모형이다.

제3절 소비자 정보처리과정

01 노출 ★★ 〔기출개념〕

1. 노출의 개념
소비자가 마케팅 자극에 물리적으로 접근하여 감각기관이 활성화된 준비상태이다.

2. 노출의 유형 〔기출개념〕

구분	내용
의도적 노출 (목적지향적 노출)	• 소비자가 문제를 해결하기 위해 자신을 의도적으로 마케팅 자극에 노출시키는 것 • 의사결정에 높게 관여되었을 때 발생함
우연적 노출	• 소비자가 의도하지 않은 상태에서 자극에 수동적으로 노출되는 것 • 매장에서 판매원의 판촉활동 및 팝업쿠폰, TV 시청 중 광고에 노출되는 등 저관여 상황에서 발생하기 쉬움
선택적 노출	소비자가 필요하고 관심이 있는 자극에만 자신을 노출시키는 것

3. 감지

(1) 감지의 개념
자극의 강도가 어느 정도 강해져 감각기억이 그 자극을 알아차리는 것이다.

(2) 감지와 관련된 개념

구분	내용
절대적 식역	감각기관이 자극을 감지할 수 있기 위한 자극에너지의 최소한의 강도
차이식역	• 두 개의 자극이 지각적으로 구분될 수 있는 최소한의 차이 • 베버(Weber)의 법칙에 의하면 차이식역에 도달하기 위해 필요한 자극의 최소 변화치는 초기자극의 강도에 비례함
식역하 광고	• 식역하 지각: 자극의 강도가 절대적 식역 수준에 미치지 못하는 경우에도 소비자가 그 자극을 무의식중에 지각하는 것 • 식역하 광고는 기본적 충동(예 갈증, 배고픔 등)을 유발할 수는 있지만 제품군 내에서 자사상표의 구매를 촉진할 만큼 강한 효과를 갖지는 못함

📝 **개념 Plus**

선택적 노출의 사례
- Zapping: TV 시청 중에 광고가 나오면 리모컨을 이용하여 다른 채널로 돌리는 것이다.
- Zipping: 비디오 녹화필름을 보다 흥미 없는 부분은 빠른 속도로 지나가게 하는 것이다.

02 주의

1. 주의의 개념
들어오는 자극에 대응하는 제한된 정보처리능력의 배분이다.

2. 주의의 유형
(1) **고관여 상태의 주의**
  ① 평상시 높게 관여되어 있거나 상황적으로 높게 관여된 제품군과 관련된 정보에 노출되면 주의를 기울이게 된다.
  ② 강화된 주의: 문제해결을 위해 정보를 수집하는 과정에서 우연히 관련 광고에 노출되어 주의 수준이 높아지는 것이다.
  ③ 자발적 주의: 소비자가 적극적·능동적으로 관련 정보를 찾아 그 정보에 주의를 기울이는 것이다.

(2) **저관여 상태의 주의**
  ① 관여되지 않은 제품군 관련 정보에 노출되면 크게 주의를 기울이지 않는다.
  ② 정보처리가 전혀 이루어지지 않거나 약간의 주의로 수동적 정보처리가 이루어진다.
  ③ 광고를 특별히 잘 만들어 광고 자체를 즐기는 광고 관여도를 높일 필요가 있다.

03 지각

1. 지각의 개념
  ① 감각기관에 들어온 정보들의 내용을 조직화해서 해당 정보의 의미를 해석하는 것을 말한다.
  ② 정보의 해석은 사전지식, 기대, 제품의 물리적인 특징에 의해 복합적으로 일어난다.

2. 지각의 유형
(1) **선택적 주의**
  ① 자신이 받아들인 자극 중에서 극히 일부에만 주의를 기울이는 현상을 말한다.
  ② 받아들인 자극의 정도가 크거나 현재의 욕구와 관련 있을 때 주의를 기울인다.

(2) **선택적 왜곡** `기출개념`
  ① 받아들인 정보를 자신의 선입견에 맞추어 해석하는 경향을 말한다.
  ② 중립적인 뉴스에 대해서도 정치적인 입장에 따라 뉴스의 내용을 다르게 해석한다.

(3) **선택적 보유**
소비자 자신의 신념과 태도에 일치하는 기업정보만 기억하려는 경향을 말한다.

04 기억

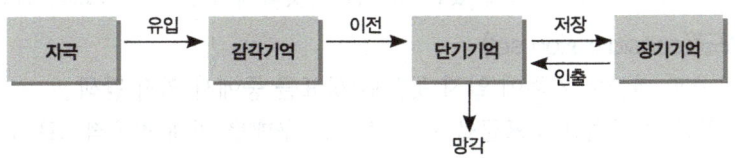

[그림 3-2] 다중기억구조모델

1. 감각기억
① 유입정보가 절대적 식역 수준을 초과하여 그 정보를 시각, 청각, 촉각, 미각, 후각 등의 감각기관이 감지하는 부분이다.
② 0.25초 정도의 매우 짧은 시간 동안 유지되므로 더 이상 주의를 기울이는 정보처리를 하지 않는 경우 감각기억에서 사라져 버린다.
③ 감각기억에 유입된 마케팅 자극을 아주 짧은 기간 동안 무의식상태에서 수용하여 관심을 끄는 정보만을 단기기억에 이전할 수 있도록 통제하는 기능을 한다.

2. 단기기억
① 정보가 일시적으로 저장되며, 의식적인 정보의 처리가 이루어지는 장소이다.
② 처리용량의 한계로 인해 한 번에 일정량, 즉 5~9개의 정보단위(chunk)만 처리 가능하다.
③ 정보과부하(information overload) 상황에서는 5~9개의 정보단위 중 일부만이 처리된다.

예 전화번호, 우편번호 등을 암기하는 행동

3. 장기기억

(1) 장기기억의 특성
① 단기기억에서 장기기억으로 이전시키기 위한 노력의 수준에 따라 장기기억에 저장된다.
② 장기기억에 저장된 정보는 네트워크 형태로 구성되어 하나의 개념이 활성화되면 해당 개념과 연결된 주변 개념이 연속적으로 활성화된다.

(2) 장기기억 유지에 영향을 주는 요인
① 단기기억 시 스스로 얼마나 반복 암기(리허설 횟수)했는지의 수준이다.
② 단기기억 시 스스로 의미를 부여하여 연상을 활성화하는 인출 단서를 만든다.
③ 외부 자극에 얼마나 자주 노출(노출 횟수)되었는지의 수준이다.
④ 제공된 정보의 수준이 얼마나 구체적인지의 수준이다.

4. 기억과 관련된 소비자 구매의사결정 개념

(1) 상기상표군(evoked set) ★★★ 기출개념
내적 탐색을 통해 기존 기억에 있던 대상을 머릿속에서 환기한 상표의 집합이다.

(2) 고려상표군(consideration set)
상기상표군과 더불어 기존에 알지 못했던 상표들 중에서 외적 탐색(예 매장·광고 노출)을 통해 새로이 발견한 상표군을 합친 것으로 구매를 위해 최종적으로 고려되는 상표 대안이다.

기출개념확인

01 다음 중 저관여 상태에서 발생할 수 있는 주의에 해당하는 것은?

① 평상시 높게 관여되어 있거나 상황적으로 높게 관여된 제품군에 관련된 정보에 노출되면 주의를 기울이게 된다.
② 문제해결을 위해 정보를 수집하는 과정에서 우연히 관련 광고에 노출되어 주의 수준이 높아지는 것이다.
③ 소비자가 적극적이고 능동적으로 관련 정보를 찾아 그 정보에 주의를 기울이는 것이다.
④ 광고를 특별히 잘 만들어 광고 자체를 즐기는 광고 관여도를 높일 필요가 있다.

02 내적 탐색을 통해 기존 기억에 있던 대상을 머릿속에서 환기한 상표의 집단을 무엇이라고 하는가?

① 고려상표군　　　　　　② 상기상표군
③ 인지상표군　　　　　　④ 의도상표군

정답·해설

01 ④ 저관여 상태에서는 제품 자체에 관심이 없기 때문에 유명 광고모델 혹은 재미있는 광고소구 방식을 통해 광고 자체에 대한 호감을 형성한 후 천천히 제품에 전이되기를 기대하는 방법이다.
　오답분석
　① 고관여 상태의 주의에 대한 설명이다.
　② 강화된 주의에 대한 설명이다.
　③ 자발적 주의에 대한 설명이다. 강화된 주의와는 자극에 노출되는 상황만 다르다.

02 ② 상기상표군은 내적 탐색을 통해 기존 기억에 있던 대상을 머릿속에서 환기한 상표의 집합이다. 고려상표군은 상기상표군을 포함하여 구매 시점에서 외적 탐색을 통해 새로 노출되어 제품 구매를 고려하는 상표군을 의미한다.

제4절 소비자 구매의사결정에 영향을 미치는 요인들

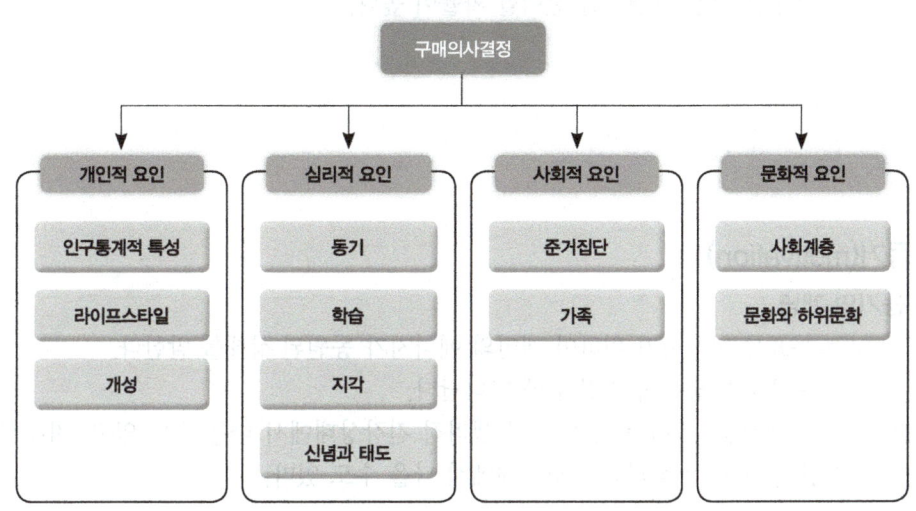

[그림 3-3] 소비자 구매의사결정의 영향요인

01 개인적 요인 기출개념

1. 인구통계적 특성 ★
① 연령, 성별, 소득 등 개인적 특성을 의미한다.
② 연령과 관련된 개념인 생애주기에 따라 소비패턴이 달라진다.
   예 아기 때에는 유아식을 먹고, 성장기와 성숙기에는 다양하고 많은 음식을 섭취하며, 말년에는 건강보조식품을 소비한다.
③ 연령에 따라 소비자들의 취향도 크게 바뀐다.

2. 라이프스타일 ★
① 자신의 활동과 관심, 의견 등으로 표현되는 것으로 한 개인이 세상을 살아가는 방식이다.
② 라이프스타일을 분석하면 사람들이 시간과 돈을 어떻게, 어디에 소비하며 특정 사건에 대해 어떤 의견을 갖는지 알 수 있다.
③ 기업은 자사 상품과 라이프스타일을 연결시킬 수 있는 마케팅 전략을 세워야 한다.
   예 웰빙을 중시하는 라이프스타일을 고려한 웰빙상품 출시, 독신자를 위한 1인 전용상품 출시

개념 Plus

생애주기(life cycle)
가정을 꾸리기 이전인 미혼의 단계에서부터 가족을 형성하고 은퇴하기까지의 기간을 단계별로 나누어 특징적인 소비행태를 파악해놓은 것으로, 마케팅 전략 수립 단계에서 반드시 고려해야 할 요소이다.

핵심 Check

세분화 변수(AIO)
어떠한 활동(Activity)을 하는가, 어떤 것에 관심(Interest)을 가지는가, 또한 자신과 주위 세계에 대하여 어떻게 생각하고 있는가, 즉 의견(Opinion)의 집합으로 나타난다.

📝 **개념 Plus**

개성이 효과적인 세분화 변수가 되기 어려운 이유와 해결방안
- 개별 소비자의 개성에 대한 정보를 기업이 소유하기는 매우 어렵다.
- 개성을 기준으로 다양한 소비자를 이분법적으로 정확하게 분류하기 어렵다.
- 개성을 기준으로 정확하게 소비자가 분류되었다고 하더라도 상품의 이미지 또한 분류된 개성과 유사한 상관관계가 있어야 한다.
- 개성의 유형을 정확하게 분류할 수 있고, 특정한 개성의 유형과 상품 사이에 강한 상관관계가 존재한다면 개성은 소비자행동 분석에서 유용한 변수가 된다.

3. 개성

① 자신의 환경에 대해 상대적으로 일관성 있고, 지속적인 반응을 초래하는 독특한 심리적 특성을 말한다.
② 개인의 심리적 특성은 사교성, 자율성, 사회성, 적극성, 과시성 등의 여러 가지 특성으로 설명된다.
③ 개인뿐만 아니라 브랜드 역시 개성을 가질 수 있고 소비자는 자신의 개성과 일치하는 개성을 가진 브랜드를 선택할 확률이 높다.

02 심리적 요인 기출개념

1. 동기(motivation)

(1) 동기의 개념
① 어떤 목표를 달성하기 위하여 개인의 에너지가 동원된 상태를 말한다.
② 동기는 욕구가 충분히 커졌을 때 나타난다.
③ 욕구는 배고픔, 목마름 등과 같이 생리적 긴장상태에서 나올 수도 있고, 자부심, 소속감 등과 같이 심리적 긴장상태에서 나올 수도 있다.

(2) 프로이트(S. Freud)의 심리분석론
① 특정 제품이나 상표의 구매가 소비자에게 주는 심리적인 의미에 초점을 맞추고 있다.
② 소비자가 상품 구매를 위해 브랜드의 정보를 수집할 때, 기존에 알고 있던 정보뿐만 아니라 구매 동기를 통해 무의식적으로 새로운 정보를 연상함으로써 구매의사결정에 영향을 미칠 수 있다.

(3) 매슬로우(A. Maslow)의 욕구 5단계설
① 인간의 욕구는 절박한 욕구부터 덜 절박한 욕구에 이르는 계층으로 이루어져 있으며, 가장 절박한 기본적인 욕구부터 충족시키고 하위 단계의 욕구가 충족되면 상위 단계의 욕구 충족을 위해 노력한다는 것이다.
② 욕구 5단계는 '생리적 욕구 – 안전 욕구 – 소속감과 애정 욕구 – 자기존중의 욕구 – 자아실현의 욕구' 순으로 진행된다.

(4) 허츠버그(F. Herzberg)의 2요인 이론
① 개인의 동기를 자극하는 요인은 불만족과 관련된 위생요인과 만족과 관련된 동기요인으로 나누어진다.
② 두 요인이 관장하는 만족과 불만족은 서로 영향을 주지 않는다.
③ 기업은 소비자의 불만족요인(위생요인)을 모두 제거하고 만족요인(동기요인)을 충족시킬 수 있도록 노력해야 한다.

2. 학습

(1) 인지적 학습(cognitive learning)
① 소비자가 직접 경험이나 외부정보에 의해 어떤 대상에 대한 지식, 태도, 혹은 행동을 형성하거나 변경하는 것을 의미한다.
② 제품과 관련된 과거의 경험이나 평가 당시의 기대 수준, 제공되는 외부정보를 기초로 하여 상표에 대한 신념을 형성하거나 기존의 신념을 변화시키는 과정이다.

(2) 고전적 조건화(classical conditioning)
① 자극과 반응의 연결에 의해서 학습이 이루어진다고 본다.
② 파블로프의 조건반사 실험에 기초를 둔 행동주의적 접근방법이다.
③ 평소 소비자에게 긍정적인 강화(좋은 자극과 자사 상표의 동시 노출)를 반복적으로 제공하면, 소비자는 상표에 대해 긍정적인 태도를 형성하게 된다.

3. 지각
① 개인이 받은 정보를 의미 있는 것으로 만들기 위해 선택하고, 조직하며, 해석하는 과정이다.
② 구매 동기가 유발된 경우, 동기를 해소하기 위해 상황을 어떻게 인지하고 지각하는지에 따라 소비자의 행동이 달라진다.
③ 지각은 사람과 주변 환경에 따라 달라질 수 있다.

4. 신념과 태도
① 어떤 대상 및 상표에 대해 호의적 또는 비호의적 감정을 태도라고 한다.
② 태도는 선천적으로 타고 나는 것이 아니라 후천적으로 학습된 것이다.
③ 한 번 형성된 태도는 오래 지속되는 경향이 있다.

03 사회적 요인

1. 준거집단

(1) 준거집단의 개념
개인의 태도나 행동에 직간접적으로 영향을 미치는 모든 집단을 말한다.
예 가족, 친지, 직장동료, 교회 등

(2) 준거집단의 유형

구분	내용
소속집단	개인이 직접 접촉을 통해 만나는 집단 예 소속된 SNS 커뮤니티의 회원
열망집단	개인이 소속되기를 희망하는 집단 예 아이돌 그룹을 닮고 싶은 10대

(3) 준거집단의 특성
① 사람들은 자신이 속하거나 속하고 싶어 하는 준거집단의 행동규범과 생활양식을 따른다.
② 준거집단은 비교적 값이 비싸거나 남의 눈에 잘 띄는 제품 구매 시 강력한 영향을 미친다.
③ 준거집단 내 많은 사람들에게 영향을 미치는 의견 선도자(opinion leader)를 파악하는 것이 중요하다.

2. 가족
① 개인의 구매행동에 가장 큰 영향을 미치는 사회집단이다.
② 자녀의 소비성향은 부모의 소비성향에 따라 달라진다.
③ 가족 내 다양한 구성원들이 제품 구매의사결정에 영향을 미치는 추세로 변화하고 있다.

04 문화적 요인

1. 사회계층
① 비슷한 수준의 사회적 지위와 경제력을 가진 사람들의 집합을 말한다.
② 사회계층은 소득만을 반영하는 것이 아니라, 직업, 교육, 거주지역과 같은 다양한 사회적 지표를 종합적으로 반영한다.
③ 같은 사회계층 내에서는 태도, 가치관, 사고방식, 행동 등에서 많은 공통점이 발견되며, 소비패턴에도 영향을 미쳐 제품을 선택할 때 비슷한 패턴을 보인다.

2. 문화와 하위문화
(1) 문화
① 특정 사회가 지니고 있는 가치관, 태도, 살아가는 방식 등을 총칭한다.
② 문화는 국적이나 종교, 인종과 같은 하위문화로 구성된다.

(2) 하위문화
하위문화는 시장 세분화를 위한 변수로 작용하기도 하고, 소비자들의 구매조건, 소비 특성에 영향을 미치기 때문에 기업이 특성에 맞는 전략을 세워야 한다.

기출개념확인

01 소비자 구매의사결정에 영향을 미치는 개인적 수준의 요인에 해당하지 않는 것은?

① 생애주기 ② 동기
③ 라이프스타일 ④ 개성

02 소비자 구매의사결정에 영향을 미치는 사회적 요인과 관련된 개념이 아닌 것은?

① 준거집단 ② 열망집단
③ 종교 ④ 의견 선도자

정답·해설

01 ② 동기는 심리적 요인에 해당하며, 개인적 요인에 해당하는 것은 인구통계적 특성, 라이프스타일, 개성 등이다. 생애주기 또한 연령을 기반으로 단계별 소비행태를 구분한 개념이므로 개인적 요인에 해당한다.

02 ③ 소비자 구매의사결정에 영향을 미치는 사회적 요인에는 준거집단, 가족 등이 있다. 열망집단은 소비자가 소속되기를 희망하는 롤모델과 같은 집단이며, 의견 선도자는 해당 집단을 선도하는 사람이다.

제5절 산업재 시장

01 산업재 시장의 정의 `기출개념`

1. 산업재(industrial goods)
조직 혹은 기업이 추가적인 가공을 목적으로 구매하거나 혹은 사업활동을 영위하기 위해 구매하는 제품이다.

2. 산업재 시장
다른 소비자들에게 판매, 임대, 공급할 제품이나 서비스를 생산하는 과정에서 사용될 재화 및 서비스를 확보하려는 영리기업, 기관, 정부기관 등의 조직으로 구성된 시장이다.

3. 산업재 구매유형
(1) 신규 구매
　기업이 제품이나 서비스를 처음 구매하는 경우로 철저한 시장조사가 요구된다.
(2) 단순 재구매
　구매자가 어떠한 변경사항도 만들지 않고 재주문을 하는 것으로 매우 일상적인 의사결정이다.
(3) 수정 재구매
　구매자가 제품규격, 가격, 조건, 공급자 등의 변경을 원하는 경우로 약간의 시장조사가 필요하다.

02 산업재 제품의 분류

1. 자재와 부품(materials and parts)
　① 완전한 제품을 생산하기 위해서 제품의 한 부분으로 투입되는 부분품이다.
　② 원자재(raw materials), 구성 원자재(component material), 부품(parts)으로 구분한다.

2. 자본재(capital items)
① 제품의 일부분을 구성하지는 않지만 제품생산을 원활히 하기 위해 투입되는 것이다.
② 설비품(installation)과 보조장비(accessory equipment)로 구분한다.

3. 소모품(supplies)
완제품 생산에 전혀 투입되지 않고 공장이나 회사의 운영을 위해 사용되는 제품이다.

03 산업재 시장의 특성

1. 시장구조와 수요
① 산업재 시장은 더 적은 수의, 그러나 더 큰 규모의 구매자를 가지고 있다.
② 산업재 고객은 지역적으로 더 집중되어 있다.
③ 산업재 구매자 수요는 최종 소비자 수요로부터 나온다.

2. 구매 단위의 성격
① 산업재 구매는 더 많은 구매자를 포함한다.
② 산업재 구매는 더 전문적인 구매 노력이 수반된다.

3. 의사결정의 유형과 과정
① 산업재 구매자는 보통 더 복잡한 구매의사결정에 직면한다.
② 산업재 구매 절차는 일반 소비재 시장보다 더 공식화되어 있다.
③ 산업재 구매에서는 구매자와 판매자가 긴밀하게 협력하며, 장기간 관계를 형성한다.

기출개념확인

01 산업재 시장의 특성이 아닌 것은?
① 특정하기 어려운 고객
② 대형 고객 중심의 시장구조와 수요
③ 대규모 구매 단위
④ 복잡한 의사결정과정

정답·해설
01 ① 특정하기 어려운 고객이라는 특성은 일반 소비재 시장에서 나타나는 특성이다.

제6절 산업재 구매자 행동

01 산업재 구매의사결정자

1. 구매센터(buying center)
① 산업재 구매조직의 개념적인 의사결정 단위이다.
② 구매의사결정과정에서 특정 역할을 하는 모든 개인과 단체를 말한다.

2. 산업재 구매의사결정 참여자
(1) **사용자**
① 재화나 서비스를 사용하게 될 조직 구성원이다.
② 대부분 사용자가 구매제안을 발의하는 발의자이고 제품 규격을 정한다.

(2) **영향력 행사자**
① 종종 제품 규격을 정하는 데 관여하며 대안 평가를 위한 정보를 제공한다.
② 기술부서 직원은 가장 중요한 영향력 행사자이다.

(3) **구매자**
① 공급자를 선택하고 구매조건을 협상하는 공적 권한을 가진다.
② 복잡한 구매 상황에서는 최고 경영층이 구매협상에 참여하기도 한다.

(4) **의사결정자**
① 최종 구매자를 선택하고 승인할 수 있는 공식적 혹은 비공식적 권한을 가진다.
② 일상적 구매 상황에서는 구매자가 종종 의사결정자, 혹은 적어도 승인자가 된다.

(5) **문지기(gatekeeper)**
① 외부로 나가는 정보의 흐름을 통제하는 정보 통제자 역할을 한다.
② 구매관리자, 기술부서 직원, 개인 비서 등은 판매원이 사용자나 의사결정자를 만나지 못하게 하는 권한을 가진다.

02 산업재 구매에 미치는 영향요인

환경적 요인	조직적 요인	개인적 요인	대인적 요인
• 경제적 발전 • 공급 조건 • 기술 변화 • 정치적 규제의 발전 • 문화와 관습	• 목적 • 정책 • 절차 • 조직구조 • 시스템	• 권위 • 지위 • 감정이입 • 설득	• 연령 • 소득 • 교육 • 직위 • 개성

03 산업재 구매의사결정과정

1. 문제 인식
특정상품이나 서비스에 문제나 필요를 인식한다.

2. 전반적인 필요 기술
① 필요로 하는 품목의 특성이나 수량을 기술한다.
② 복잡한 상품일 경우, 구매자는 엔지니어, 사용자, 컨설턴트 등과 같은 다른 사람과 함께 구매에 대해 논의한다.
③ 상품에 요구되는 신뢰도, 내구성, 가격, 기타 특징의 중요도 순서를 결정해야 한다.

3. 제품명세서 작성
① 필요로 하는 품목의 기술적 특성을 상세화한다.
② 구매자의 목적 달성을 위한 더 나은 방법을 제시하기 위해 부품을 면밀히 분석하는 기법이다.
③ 외부 판매자는 단순 재구매 상황을 새로운 비즈니스 기회로 전환시킬 수 있다.

4. 공급자 탐색
① 업계 명부를 살펴보고, 타 기업에서 추천을 받거나 직접 광고, 박람회 등의 기회를 활용한다.
② 오늘날에는 인터넷을 통한 공급자 탐색이 증가하고 있다.

5. 공급제안서 요청
① 일정한 자격을 갖춘 공급자에게 계획서를 제출할 것을 요청하는 단계이다.
② 구매자는 복잡하고 고가인 제품일수록 서면계획서나 공식적인 프리젠테이션을 요청하게 된다.

6. 공급자 선택

① 공급자의 계획서를 검토하고 공급자를 선택하는 단계이다.
② 구매자는 희망하는 공급자의 속성과 상대적 중요도를 리스트로 만든다.
③ 구매관리자는 제품과 서비스의 질, 정시 배달, 가격, 서비스 능력, 평판 등의 다양한 요소를 바탕으로 공급자를 평가하고 선정한다.

7. 주문명세서 작성

최종 주문과 필요한 수량, 시기, 반품 정책, 품질보증 등의 내용을 담은 상술명세서 등이 포함된다.

8. 성과 평가

① 성과를 검토하는 과정이다.
② 지속적인 계약, 조정, 재계약 등을 판단한다.

기출개념확인

01 산업재 구매조직의 의사결정단위는?

① 문지기　　　　　　② 영향력 행사자
③ 의사결정자　　　　④ 구매센터

02 소비재 구매의사결정과정과 차별화되는 산업재 구매의사결정과정만의 주요 단계가 아닌 것은?

① 문제 인식　　　　　② 제품명세서 작성
③ 공급제안서 요청　　④ 공급자 선택

정답·해설

01　④　구매센터는 산업재 구매조직의 개념적 의사결정단위이다. 문지기, 영향력 행사자, 의사결정자 등은 구매센터 내에 포함되는 산업재 구매의사결정 참여자 중 하나이다.

02　①　산업재 구매의사결정과정은 '문제 인식 - 필요제품의 기술 - 제품명세서 작성 - 공급자 탐색 - 공급제안서 요청 - 공급자 선택 - 주문명세서 작성 - 성과 평가'의 단계로 진행된다. 이 중 문제 인식은 소비재나 산업재나 공통적인 구매의사결정과정의 단계라고 할 수 있다.

제3장 | 실전연습문제

* 기출유형 은 해당 문제가 실제 시험에 출제된 유형임을 나타냅니다.

01 특정 대상에 대한 소비자의 관심도 혹은 관련성의 수준을 나타내는 것은?

① 동기　　　② 관여도
③ 지각　　　④ 태도

02 소비자의 구매의사결정과정 중에 다음 사례와 가장 관련이 깊은 것은?

> A는 여행 후 냉장고를 열어보니 먹을 음식이 없어 새로운 음식을 주문해야겠다고 생각하던 와중에 지난 번 홈쇼핑에서 구매했던 설렁탕이 맛있었음을 기억하고 재구매에 대해 고민하고 있다.

① 구매　　　② 구매 후 행동
③ 내적 탐색　④ 보상적 방식

03 다음은 구매의사결정과정 중 어떤 단계에 해당하는가?

> 소비자는 정보 탐색을 통해 알게 된 내용을 기반으로 구매 대상이 되는 여러 대안을 평가한다.

① 문제 인식　② 정보 탐색
③ 대안 평가　④ 구매

04 관여도에 따른 구매행동 유형에 대한 설명 중 옳은 것은?

① 복잡한 구매행동은 관여도가 높고 상표 간의 차이가 클 때 주로 나타난다.
② 저관여 상태에서는 제품에 대한 정보 탐색에 시간과 노력을 들인다.
③ 관여도가 낮고 상표 간 품질 차이가 클 때 습관적 구매행동이 나타난다.
④ 관여도가 높은 상황에서는 단순화된 의사결정과정을 거친다.

05 B는 음료수를 구매할 때 가장 먼저 떠오르는 상표를 구매하는 편이다. 여기에서 사용된 대안 평가 방식은?

① 비보상적 방식　② 보상적 방식
③ 사전편집식　　④ 휴리스틱 기법

06 비보상적 방식에 해당하지 않는 것은?

① 휴리스틱 기법　② 결합식
③ 사전편집식　　④ 순차적 제거식

07 다중기억모델에 따른 기억이 처리되는 단계에 해당하지 않는 것은?
① 감각기억　　② 단기기억
③ 잠재기억　　④ 장기기억

11 D는 노트북 구매를 고민하고 있는 C에게 'LG gram'이라는 제품을 추천하였고, C는 처음 듣는 제품 구매 시 대안 평가를 실시하기로 하였다. 해당 사례에 알맞은 개념은?
① 상기상표군　　② 고려상표군
③ 환기상표군　　④ 선택적 지각

[기출유형]
08 소비자 정보처리과정 중 지각과 관련한 개념이 아닌 것은?
① 선택적 보유　　② 선택적 저장
③ 선택적 왜곡　　④ 선택적 주의

[기출유형]
12 다음 사례에서 설명하고 있는 개념은?

> TV 시청 중에 광고가 나오면 리모컨으로 채널을 돌린다.

① 지각　　② 차이식역
③ 선택적 왜곡　　④ 선택적 노출

[기출유형]
09 소비자가 매장에서 판매원이 권유하는 시식을 함으로써 특정 상표에 노출된다는 개념과 관련 있는 것은?
① 우연적 노출　　② 선택적 노출
③ 의도적 노출　　④ 목적지향적 노출

[기출유형]
13 다음 설명이 가리키는 내용은?

> 세상에서 어떠한 활동을 하는가, 어떤 것에 관심을 가지는가, 또한 자신과 주위 세계에 대하여 어떤 의견을 가지고 있는가에 대한 태도를 바탕으로 구매행동을 예측해 볼 수 있다.

① 생애주기　　② 동기
③ 사회계층　　④ AIO 분석

10 두 사람이 하나의 광고를 보고 한 사람은 긍정적으로 반응하고 다른 사람은 부정적으로 반응했다면 이는 어떤 개념에 해당하는가?
① 선택적 노출　　② 선택적 왜곡
③ 선택적 주의　　④ 선택적 보유

14 다음 사례에서는 어떤 요인이 영향을 미치고 있는가?

> E는 평소 사교 골프모임에 참여하면서 알게 된 해외 유명 골프선수가 후원받는 스포츠사와 동일한 T사 제품을 구매하고자 한다.

① 가족　　　　② 준거집단
③ 소속집단　　④ 영향력 행사자

15 소비자 구매의사결정에 영향을 미치는 요인 중 동기가 포함하는 요인으로 적절한 것은?

① 심리적 요인　　② 사회적 요인
③ 개인적 요인　　④ 문화적 요인

16 소비자가 자극에 관심을 가지고 해당 정보의 내용을 조직화하고 나름대로의 의미를 부여하는 과정은?

① 노출　　② 주의
③ 태도　　④ 지각

17 산업재 시장의 특성으로 옳지 않은 것은?

① 구매자와 판매자의 관계가 단기적이다.
② 전문적인 노력을 통해 구매로 성사된다.
③ 구매의사결정과정이 복잡하다.
④ 구매단위가 대량이다.

18 산업재의 주요 구매 상황에 해당하지 않는 것은?

① 신규 구매　　② 단순(완전) 재구매
③ 중간 구매　　④ 수정 재구매

19 산업재 구매의사결정 참여자에 대한 설명으로 잘못된 것은?

① 일반적으로 사용자가 구매제안을 발의하고 제품규격을 정하는 영향력을 가진다.
② 기술부서 직원은 가장 중요한 영향력 행사자이다.
③ 문지기는 정보흐름을 통제하는 기능을 가진 구매관리자, 기술부서 직원, 개인비서 등이다.
④ 구매자는 의사결정자가 될 수 없다.

20 다음 중 산업재 구매에 영향을 미치는 대인적 요인 중 하나가 아닌 것은?

① 연령　　② 직위
③ 조직구조　　④ 개성

제3장 | 정답·해설

01	02	03	04	05
②	③	③	①	④
06	07	08	09	10
①	③	②	①	②
11	12	13	14	15
②	④	④	②	①
16	17	18	19	20
④	①	③	④	③

01 ②

소비자가 특정 대상 혹은 제품에 대해 가지는 관심도, 중요도 혹은 관련성 정도를 관여도라고 한다.

오답분석
① 동기는 욕구가 클 때 특정 목표를 달성하기 위해 에너지가 유발된 상태이다.
③ 지각은 소비자가 정보를 조직화해서 정보의 의미를 개인적으로 해석하는 것이다.
④ 태도는 어떤 대상이나 제품에 대한 호의적 또는 비호의적 감정을 유지하는 것이다.

02 ③

A는 음식이 떨어졌다는 문제 인식과 함께 과거 홈쇼핑 구매 경험이라는 내적 정보 탐색을 활용하여 간단한 대안 평가를 하고 있다.

03 ③

본 내용은 '문제 인식 → 정보 탐색 → 대안 평가 → 구매 → 구매 후 행동'이라는 구매의사결정과정 중 사전 정보 탐색을 기반으로 한 대안 평가 단계를 설명하고 있다.

04 ①

복잡한 구매행동은 가장 복잡하고 정교한 형태의 구매행동 유형으로 소비자들이 구매에 높은 관여를 보이고, 각 상표 간 뚜렷한 차이점이 있는 제품을 구매할 때 나타난다.

오답분석
② 저관여 상태의 소비자는 관심도가 낮고 자신과 관련이 없다고 생각하기 때문에 최소한의 시간과 노력으로 제품을 구매하고자 한다.
③ 습관적 구매행동은 관여도가 낮고 상표 간 품질 차이가 적을 때 나타나는 구매유형이다.
④ 고관여 상태에서는 일반적으로 복잡하고 근거를 확보하기 위한 의사결정과정을 거친다.

05 ④

B가 사용한 방식은 보상적 평가방식 또는 비보상적 평가방식처럼 다양한 속성을 고려하는 것이 아니라 회상이 쉬운 상표를 기억해냄으로써 해당 브랜드를 구매하는 휴리스틱 기법 중 하나이다.

06 ①

휴리스틱 기법은 보상적 평가방식과 비보상적 평가방식에 포함되지 않는 별도의 평가방식이다. 비보상적 방식에는 결합식, 분리식, 사전편집식, 순차적 제거식 등이 있다.

07 ③

다중기억모델에 따르면 유입된 정보는 감각기억, 단기기억장치를 거쳐 장기기억으로 이전된다.

08 ②

소비자가 유입된 정보에 대한 개인적 해석과정을 거치는 지각과 관련된 개념에는 선택적 보유, 선택적 왜곡, 선택적 주의가 있다.

09 ①

우연적 노출은 소비자가 의도하지 않은 상황에서 외부 영향에 의해 정보에 수동적으로 노출되는 형태이다.

오답분석

② 선택적 노출은 소비자가 필요하고 관심이 있는 자극에만 자신을 노출시키는 것이다.
③, ④ 의도적 노출(목적지향적 노출)은 소비자가 문제해결을 위해 자신이 주도적으로 마케팅 정보를 탐색하는 과정에서 자극에 노출되는 것이다.

10 ②

선택적 왜곡은 소비자가 평소 가지고 있는 태도에 따라 중립적인 동일 자극을 처리하는 방식이다. 동일한 자극일지라도 평소 소비자가 가지고 있는 태도에 따라 전혀 다른 방향으로 해석할 수 있다.

11 ②

해당 사례는 노트북 구매시 본인이 알지 못하는 제품을 외부 영향에 의해 새로이 고려상표군에 포함시킨 사례에 해당한다. 상기상표군은 구매의사결정자 본인의 머릿속에서 떠올린 모든 제품의 집합을 의미한다.

12 ④

해당 사례는 Zapping에 관한 것으로, 소비자들이 TV 광고에 노출되는 상황에서 리모컨을 통해 선택적으로 노출하고자 하는 행동이다.

오답분석

① 지각은 소비자가 정보를 조직화해서 정보의 의미를 개인적으로 해석하는 것이다.
② 차이식역은 두 개의 자극이 지각적으로 구분될 수 있는 최소한의 차이이다.
③ 선택적 왜곡은 소비자가 받아들인 정보를 자신의 선입견에 맞추어 해석하는 경향을 말한다.

13 ④

소비자의 라이프스타일을 중심으로 활동(Activity), 관심(Interest), 그리고 의견(Opinion)을 중심으로 구매성향을 분류하는 기법은 AIO 분석이다.

오답분석

① 생애주기는 연령을 단계별로 나누어 그 단계에 맞는 특징적인 소비행태를 파악한 것이다.
② 동기는 욕구가 클 때 특정 목표를 달성하기 위해 에너지가 유발된 상태이다.
③ 사회계층은 인구통계적 특성, 사회적 지위 등을 활용하여 비슷한 수준의 사회적 지위와 경제력을 가진 사람들의 집합이다.

14 ②

해당 사례는 준거집단 중 개인이 소속되기를 희망하는 열망집단에 해당하는 내용이다.

15 ①

소비자 구매의사결정에 영향을 미치는 심리적 요인에는 동기, 지각, 태도, 학습 등이 있다.

16 ④

질문에서 제시하고 있는 개념은 지각에 대한 설명이다. 지각은 사람과 주변환경에 따라 달라질 수 있다.

오답분석

① 노출은 소비자가 마케팅 자극에 물리적으로 접근하여 감각기관이 활성화된 상태이다.
② 주의는 들어오는 자극에 대응하는 제한된 정보처리능력을 배분하는 과정이다.
③ 태도는 특정 대상에 대한 호의적 혹은 비호의적 감정이다.

17 ①

산업재 시장은 구매자와 판매자 간 거래관계가 오래 지속되어 장기적이라는 특징이 있다.

18 ③

일반적인 산업재의 구매 상황은 신규 구매, 단순 재구매, 수정 재구매 상황이 있다.

19 ④

구매자는 공급자를 선택하고 구매조건을 협상하는 공적 권한을 가지며 일반적인 구매 상황에서는 의사결정자 혹은 의사결정 승인자가 된다.

20 ③

산업재 구매에 영향을 미치는 대인적 요인에는 연령, 소득, 교육, 직위, 개성 등이 있으며, 조직구조는 조직적 요인 중 하나이다.

무료 학습자료 제공·독학사 단기합격 **해커스독학사**
haksa2080.com

무료 학습자료 제공 · 독학사 단기합격 **해커스독학사**
haksa2080.com

전문가가 분석한 출제경향 및 학습전략

제4장에서는 마케팅 정보를 수집하기 위한 자료의 유형을 중점적으로 학습해야 한다. 또한 마케팅 조사 과정이 중요하게 다뤄지고 있으므로 조사 단계와 대표적인 조사방법인 관찰법의 다양한 유형을 학습하는 것이 좋다. 이 외에도 기술적 조사, 인과관계 조사 등 마케팅 조사기법의 특성과 장단점을 파악하는 것이 필요하며, 마케팅 정보 시스템은 유형과 유형별 개념을 이해하는 정도로 학습하는 것이 좋다.

제4장 | 핵심 키워드 Top 10
핵심 키워드 Top 10은 본문에도 동일하게 ★로 표시하였습니다.

01	관찰법 ★★★	p.113
02	1차 자료 ★★★	p.123
03	2차 자료 ★★★	p.123
04	면접법 ★★	p.112
05	마케팅 조사 과정 ★★	p.121
06	전화면접법 ★★	p.124
07	표적집단면접법(FGI) ★	p.113
08	기술적 조사 ★	p.122
09	인과관계 추론 기준 ★	p.122
10	확률표본추출 방식 ★	p.126

제 4 장

마케팅 정보의 관리

제1절 시장 정보와 고객 통찰력
제2절 마케팅 정보의 개발
제3절 마케팅 조사
제4절 마케팅 정보의 분석과 사용

제1절 시장 정보와 고객 통찰력

01 고객 통찰력

1. 통찰력

어떤 현상을 보고 그 현상 그대로가 아닌 그 안에 담긴 또 다른 의미를 찾아낼 수 있는 능력이다.

2. 고객 통찰력

수치화된 여러 데이터를 보면서 수치 자체가 아닌 그 안에서 반복되는 고객의 패턴을 찾아내는 능력이다.

02 소비자 조사기법

1. 소비자 행동 관찰기법

(1) 설문조사(survey)
  ① 장점
    ㉠ 통계적 검정을 포함하여 수치화된 결과를 제공한다.
    ㉡ 조사결과의 일반화 및 객관화가 가능하다.
    ㉢ 비용이 저렴하다.
    ㉣ 대상 단위당 조사기간이 상대적으로 짧다.
    ㉤ 결과를 이해하기 쉽다.
  ② 단점
    ㉠ 언어를 통해 객관화한 자료이므로 잠재적 니즈의 발굴이 어렵다.
    ㉡ 표면적인 답변 이외의 심층적인 원인 파악이 어려울 수 있다.

(2) 면접법 ★★
  ① 심층면접법(in-depth interview)
    ㉠ 1 대 1 인터뷰를 통해 제품 구매 원인 등을 파악하는 기법이다.
    ㉡ 응답자의 응답에 따라 즉각적인 질문 변경이 가능하다.
    ㉢ 일반적인 설문조사가 밝히기 어려운 소비자의 잠재적 요구를 파악한다.

② 표적집단면접법(FGI; Focus Group Interview) ★ 기출개념
  ㉠ 공통의 관심사를 가지는 4~8명의 집단을 대상으로 면접을 진행하는 기법이다.
  ㉡ 제품에 대한 반응 및 제품 용도 개발 등에 활용된다.
  ㉢ 널리 사용되는 대표적인 정성적인 조사기법이다.
  ㉣ 비교적 운용이 쉽고 비용이 저렴한 편이다.
  ㉤ 집단을 대상으로 인터뷰하기 때문에 깊이 있는 내용 파악이 어렵다.
  ㉥ 소비자의 심층적 사고와 감정을 파악하는 것은 어렵다.

(3) 관찰법 ★★★

① 관찰법의 개념 기출개념
  ㉠ 사람의 행동이나 사건 중에서 조사 목적에 필요한 것을 관찰 및 기록하여 분석하는 방법이다.
  ㉡ 소비자의 자연스러운 행동을 관찰하여 내면세계 혹은 잠재의식, 욕구를 찾아낼 수 있다.
  ㉢ 관찰법의 주목적은 당연하다고 여기거나 지금까지 한 번도 생각해보지 못했던 것을 소비자 스스로 지각하는 순간을 잡아내는 것이다.

② 관찰법의 유형
  ㉠ Shadow Tracking
    ⓐ 소비자의 생활상 및 제품 사용 패턴, 이동경로에 따른 행동 특성을 파악하기 위해 조사자가 소비자의 일상생활을 동영상으로 촬영하여 관찰 및 기록하는 방식이다.
    ⓑ 주로 상품기획 단계에서 새로운 제품 및 서비스의 기획를 파악하거나 소비자의 욕구를 깊이 있게 파악하고자 할 때 사용한다.
  ㉡ Peer Shadowing 기출개념
    ⓐ 조사자가 아닌 소비자 본인, 친구, 가족 등의 지인들이 선정된 소비자의 행동을 관찰 및 기록하는 방식이다.
    ⓑ 조사자가 할 수 없는 부분까지 촬영이 가능하고 심리적으로 편안함을 느끼며, 현장에서 주변 환경 및 주변인들과 상호작용을 통해 시각적 자료를 수집할 수 있다.
    ⓒ 비전문가가 조사 주체가 되므로 정확한 촬영 업무를 설정하고 참가자들을 체계적으로 훈련시키는 것이 중요하다.
    ⓓ 표적집단면접법(FGI)이나 조사 후 면접을 통해 행동에 대한 이유나 동기를 파악할 수 있다.
  ㉢ Town Watching 기출개념
    ⓐ 소비자집단의 라이프스타일이나 트렌드를 파악하기 위해 그들을 만날 수 있는 장소에서 관찰 및 면접을 진행하는 방식이다.
    ⓑ 제품기획 단계에서 소비자의 특성이나 성향을 이해하고 제품 포지셔닝이 적절한지를 파악하고자 할 때 주로 사용한다.

ⓔ Video Ethnography
　ⓐ 한 지점에 카메라를 고정하여 특정 제품이나 환경에 대한 소비자의 사용 행태를 관찰 및 기록하는 방식이다.
　ⓑ 기존 제품의 문제점과 식품매장 등 특정 환경에서 소비자가 느끼는 문제점을 파악하여 이를 개선하거나 새로운 아이디어를 도출하는 데 주로 활용한다.

ⓜ Home Visiting
　ⓐ 조사 대상 가구를 직접 방문하여 집안 환경을 관찰하고 가족구성원과의 면접을 통해 가정 내 라이프스타일 및 제품 사용 행태를 파악하는 방식이다.
　ⓑ 신제품과 서비스 기획을 파악하기 위해 실제 사용자의 니즈를 깊이 파악해야 하는 경우에 사용한다.
　ⓒ 심층면접법에 비해 사용 상황을 직접 관찰할 수 있고, 소비자가 좀 더 편안하게 제품을 직접 사용하는 순간에 떠오르는 생각들을 포함할 수 있다.

ⓗ POP(Point of Purchase)
　ⓐ 구매 시점 환경에 해당하는 매장 관찰이나 판매원과의 면접을 통해 매장 환경을 분석하고 고객의 구매 행태를 관찰함으로써 문제점을 찾는 방식이다.
　ⓑ 매장 환경 개선 및 소비자 구매 행태를 통한 제품 판매 전략 수립에 사용된다.

ⓢ 온라인 일기
　ⓐ 개인의 중요한 생활 이야기를 개인적 관점에서 기록하는 방식이다.
　ⓑ 일상생활에서 기업의 제품 및 서비스 이용 경험에 대해 소비자가 스스로 작성하고 이미지를 기록하는 것이다.
　ⓒ 소비자의 일상적인 라이프스타일 전반에 대한 구체적인 제품 사용 및 서비스 이용에 대한 경험 정보를 얻을 수 있다.
　ⓓ 생활 전반에 걸친 특성을 이해하고 니즈를 파악하고자 할 때 사용한다.

2. 소비자 신체반응 관찰기법

(1) fMRI
① 광고 노출 전후로 뇌가 기능적으로 활성화된 정도를 측정하여 비교하는 방식이다.
② 피험자가 시끄럽고 갑갑한 장치 안에 누워있어야 하며, 비용이 많이 든다는 단점이 있다.

(2) fDOT
① 대뇌 피질의 외피에서 일어나는 신경 활동을 기록하여 제품, 광고 등이 가지는 심층은유를 분리해내고 그중 가장 주의를 끌고 오래 기억되는 자극을 평가하는 촬영기법이다.
② 현장에서 측정이 가능하며, 소음이 적고 비용이 적게 든다.
③ 뇌 영상을 통해 구체적인 사고나 감정을 판독하기는 어려우며, 특정 종류의 사고 및 감정과 관련 있는 뇌 영역이 활성화되었다는 것만 확인 가능하다.

(3) Eye Tracking
① 소비자의 동공 움직임과 동선을 추적하여 고객 탐색 반응을 계량적으로 수치화하여 제공한다.
② 시선의 움직임을 분석하여 제품 구매 및 서비스 이용 시 매장 동선 최적화, 효과적인 디스플레이 방안 도출, 판촉물 제작 시 콘텐츠의 효과적 배치와 가독성 증대 등에 많이 사용한다.

3. 소비자 무의식 도출기법

(1) ZMET(Zaltman Metaphor Elicitation Technique)
① 소비자들이 본인의 욕구를 언어로 표현하는 것에는 한계가 있다는 생각에서 출발한다.
② 소비자의 비의식에 있는 욕구나 동기 등을 은유적인 기법을 활용하여 추출하는 방법이다.
③ 새로운 현상이나 트렌드에 대한 소비자의 심층적이고 잠재적인 욕구 등을 파악하여 마케팅 전략 수립에 활용할 수 있다.

기출개념확인

01 소비자 조사를 위한 면접법에 대한 설명으로 잘못된 것은?
① 조사결과의 일반화 및 객관화가 가능하다.
② 응답자의 응답에 따라 즉각적인 질문 변경이 가능하다.
③ 제품에 대한 반응 및 제품 용도 개발에 활용된다.
④ 비교적 조사를 운용하기 쉽고 비용이 저렴하다.

02 소비자의 행동을 관찰하는 기법이 아닌 것은?
① 설문조사   ② 면접법   ③ ZMET   ④ 관찰법

정답·해설

01 ① 면접법은 개별 면접대상자의 응답이 모두 다르기 때문에 결과를 해석하고 일반화하는 것이 매우 어렵다는 문제가 있다. 조사결과의 일반화 및 객관화가 용이한 것은 폐쇄형 질문을 사용하여 대안 선택이 가능한 설문조사이다.

02 ③ ZMET은 소비자들의 비의식에 있는 욕구나 동기 등을 은유적인 그림 및 언어 기법을 활용하여 도출하는 기법이다.
① 설문조사는 소비자의 행동에 대한 답변을 요구하여 통계적 검정을 포함하여 수치화된 결과를 제공한다.
② 면접법은 자신의 행동 등에 대해 인터뷰를 통해 구체적으로 표현하는 방법이다.
④ 관찰법은 Shadow Tracking, Peer Shadowing, Town Watching, Video Ethnography 등 소비자의 행동 및 동선을 추적하는 방식이다.

제2절 마케팅 정보의 개발

01 정보의 가치에 영향을 미치는 요소

1. 정확성
① 정보에 오류가 어느 정도 포함되어 있는지를 의미한다.
② 정확성이 낮은 정보는 정확한 의사결정을 지원하지 못한다.

2. 증거성
① 정보의 정확성을 확인할 수 있는 정도를 의미한다.
② 해당되는 정보의 출처 확인 및 기존에 알려진 다른 정보와 비교함으로써 파악할 수 있다.

3. 적합성
① 관리자가 의사결정을 할 상황에서 제공되는 정보가 얼마나 적절한지, 의사결정의 내용과 얼마나 연관되어 있는지를 의미한다.
② 정보의 적합성이 높을수록 정보의 가치도 커진다.

4. 적시성
① 기업에서 정보가 필요한 시기에 공급되는지의 정도를 의미한다.
② 정보의 적시성은 유용성과 관련이 있어 적시에 제공되는 정보는 시간적 가치를 지닌다.

5. 형태성
정보가 의사결정자의 요구에 얼마나 부합되는 형태로 제공되는지에 대한 정도를 의미한다.

02 마케팅 정보 시스템의 개념

1. 마케팅 정보 시스템의 개념
① 사람, 기계, 절차들이 상호작용하여 체계화된 복합체이다.
② 특정 책임분야의 마케팅 관리 의사결정을 위하여 기업 내부 및 외부로부터 수집된 적절한 정보가 질서 있게 흐르도록 설계되어 있는 것이다.

2. 마케팅 정보 시스템의 목적
① 경영자의 합리적인 의사결정을 위해 불확실성을 줄일 수 있는 정보를 수집, 처리, 전달하는 데 목적이 있다.
② 마케팅 정보 시스템은 경영자의 요구와 능력에 맞는 이용자 중심의 시스템으로 개발되어야 한다.

03 마케팅 정보 시스템의 구성요소

[그림 4-1] 마케팅 정보 시스템의 구성요소

1. 내부 정보 시스템(internal information system)
① 내부 정보는 기업 경영과 관련된 가장 기본적인 정보이다.
② 상품별, 지역별, 기간별 매출, 재고 수, 외상거래, 지역별 점포 수 및 점포 실적에 관한 정보, 판매 가격 등을 포함한다.
③ 촉진 활동을 통한 매출효과 등을 파악하여 최적의 마케팅 의사결정을 위한 정보를 지원한다.
④ 제조, 회계, 영업, 마케팅 등 각 부서에서 제공되는 보고서들은 마케팅 의사결정자들에게 유용한 정보 원천이다.

2. 고객 정보 시스템(customer information system)

(1) 고객 정보 시스템의 개념
① 고객에 대한 인구통계적 특성, 라이프스타일, 고객이 추구하는 혜택, 구매행동 등의 정보를 포함한다.
② 기존 고객의 제품에 대한 충성도 제고 및 이탈 방지, 신규 고객의 유인을 위한 마케팅 전략 수립에 활용한다.

(2) 고객관계관리(customer relationship management)
고객관계관리는 수익성이 높은 고객을 파악하고 이들과의 관계를 유지하는 활동으로, 20:80 법칙이 적용된다.

(3) 고객관계관리의 구성 단계 [기출개념]
① **관계 형성 및 신규 고객 확보**: 신규 고객에게는 고객에게 필요한 적절한 가치를 제공하고 고객이 만족할 수 있는 여러 가지 혜택을 제공한다.
   예 백화점의 무료 주차 서비스
② **고객충성도 제고 및 유지**
   ㉠ 고객만족은 지속적인 재구매로 연결된다.
   ㉡ 충성도가 높은 고객일수록 재구매율이 높고, 가격에 대한 민감성이 낮다.
   ㉢ 충성도 높은 고객이 많을수록 기업은 더 높은 수익을 창출한다.
③ **구매활성화 및 고객확장**
   ㉠ 구매활성화와 교차판매를 통해 고객을 확장시킬 수 있다.
   ㉡ **구매활성화**: 신상품 출시, 관련 정보 또는 카탈로그를 제공하여 구매를 촉진하는 것이다.
   ㉢ **교차판매**: 보완재인 제품 또는 관련 있는 제품을 함께 구매하게 하여 고객의 구매량 및 구매횟수를 증가시키는 것이다.
   예 두 가지 구매 시 할인 적용

3. 마케팅 일상정보 시스템(marketing intelligence system)
기업을 둘러싼 마케팅 환경에서 발생되는 일상적인 정보를 수집하기 위해서 기업이 사용하는 절차와 정보원의 집합이다.

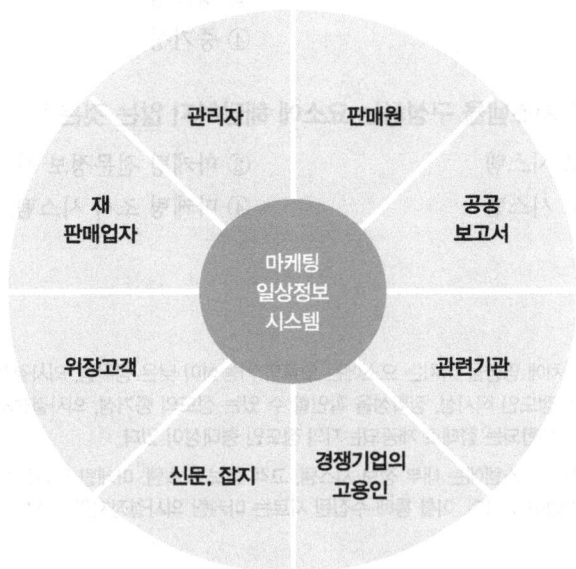

[그림 4-2] 마케팅 일상정보 시스템

4. 마케팅 조사 시스템(marketing research system)

(1) 도입배경
① 당면한 마케팅 문제의 해결에 직접적으로 관련된 1차 자료를 수집하기 위해 도입되었다.
② 기업 내부에서 실행되거나 외부의 전문기관에서 수행한다.

(2) 요건
사전에 완벽하게 계획하여 체계적이어야 하며, 자의적 해석이나 편견 없이 객관적이어야 한다.

(3) 과정
'조사문제 정의와 조사목적의 결정 → 마케팅 조사 설계 → 자료의 수집과 분석 → 보고서 작성'의 단계로 진행된다.

5. 마케팅 의사결정지원 시스템(marketing decision support system)
① 앞서 설명한 각 시스템은 기술적 정보이기에 결과를 예측하기 힘들다.
② 마케팅 의사결정지원 시스템은 수집된 정보를 해석하고 결과 예측을 위해 사용되는 관련 자료, 소프트웨어와 하드웨어, 분석도구를 통합한 것이다.

기출개념확인

01 정보의 가치에 영향을 미치는 요소가 아닌 것은?
① 적시성　　　　　　　② 정확성
③ 통합성　　　　　　　④ 증거성

02 마케팅 정보 시스템을 구성하는 요소에 해당하지 않는 것은?
① 내부 정보 시스템　　　② 마케팅 전문정보 시스템
③ 고객 정보 시스템　　　④ 마케팅 조사 시스템

정답·해설

01 ③　정보의 가치에 영향을 미치는 요소에는 오류의 가능성이 낮은 정확성, 의사결정의 내용과 연관되어 있는 정도인 적시성, 정확성을 확인할 수 있는 정도의 증거성, 의사결정자의 요구에 정보가 얼마나 부합되는 형태로 제공되는지의 정도인 형태성이 있다.

02 ②　마케팅 정보 시스템에는 내부 정보 시스템, 고객 정보 시스템, 마케팅 일상정보 시스템, 마케팅 조사 시스템이 있으며, 이를 통해 수집된 자료는 마케팅 의사결정지원 시스템에 활용된다.

제3절 마케팅 조사

01 마케팅 조사의 의의와 역할

1. 마케팅 조사의 의의
① 기업을 둘러싸고 있는 환경의 급속한 변화로 인해 발생되는 불확실성을 감소시키기 위해 필요한 정보제공을 목적으로 체계적으로 자료를 수집한 후, 그것을 분석 및 해석하는 과정이다.
② 마케팅 의사결정에서 위험 및 불확실성을 감소시키기 위해 객관적 자료를 수집 및 분석하고 이를 의사결정에 유용한 정보로 가공하는 활동이다.
③ 기업의 자체 조사능력과 조사자원의 보유 여부에 따라 자체적으로 마케팅 조사를 수행하거나 외부 전문조사기관에 의뢰해서 수행한다.

2. 마케팅 조사의 역할
① 상황에 따라 타당성과 신뢰성이 높은 정보제공을 통해 여러 가지 해결방안을 제시하여 의사결정과 관련된 불확실성을 감소시키고, 시기적절한 의사결정을 내리는 데 도움을 준다.
② 직감이나 통찰력에 의한 의사결정보다는 과학적인 방법으로 수행된 마케팅 조사에 의해 얻어진 정확한 정보를 근거로 한 의사결정이 합리적이다.

> **핵심 Check**
> **마케팅 조사의 역할**
> 마케팅 조사는 마케팅 의사결정의 성공 확률을 높여주기 위한 지원 활동이다.

02 마케팅 조사 과정 ★★ 기출개념

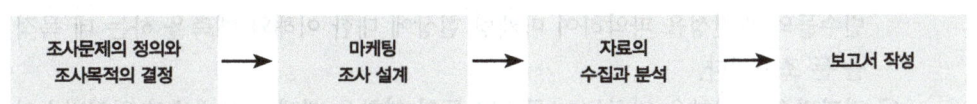

[그림 4-3] 마케팅 조사 과정

1. 조사문제의 정의와 조사목적의 결정
① 현재 기업이 처한 문제점은 무엇이고 해당 문제의 해결을 위해서는 어떤 자료가 필요한지를 결정하는 단계이다.
② 전반적인 마케팅 조사방향을 설정하고, 당면한 문제해결을 위한 가장 중요한 단계이다.

> **개념 Plus**
> **마케팅 조사문제 정의의 중요성**
> 조사문제를 잘못 정의하거나, 너무 광범위 혹은 너무 협소하게 정의하면 제대로 수행할 수 없다.

2. 마케팅 조사 설계

(1) 조사 설계
① 자료를 수집 및 분석하기 위한 조사계획을 수립한다.
② 연구조사의 주체, 대상, 시점, 장소, 방법 등을 결정한다.

(2) 조사유형별 조사기법

탐색적 조사	기술적 조사	인과관계 조사
• 2차 자료 조사 • 관찰 조사 • FGI 조사 • 심층면접 조사	• 서베이 조사 • 패널 조사 • CLT 조사 • HUT 조사	• 실험 조사

① **탐색적 조사**(exploratory research)
  ㉠ 조사문제가 명확하지 않을 때 문제를 구체적으로 규명하기 위해 주로 수행한다.
   예 문헌 조사, 전문가 의견 조사, 사례 조사 등
  ㉡ 조사문제를 찾거나 분석대상에 대한 아이디어나 가설을 도출하기 위해 사용된다.

② **기술적 조사**(descriptive research) ★ 기출개념
  ㉠ 일반적으로 두 가지 이상의 마케팅 변수들 간의 관련성 정도나 발생 빈도, 혹은 어떤 마케팅 현상을 객관적으로 파악하고 이해하는 데 목적을 둔 조사이다.
   예 행동, 인구통계적 특성에 대한 조사 등
  ㉡ 현 상태를 있는 그대로 묘사하고자 하는 목적이 있고 조사문제가 명확할 때 실시한다.
  ㉢ 마케팅 현상의 특징이나 마케팅 변수들 간의 관련성 여부를 파악하기 위해 실시한다.
   ⓐ **종단조사**: 일정한 시간 간격을 두고 반복적으로 패널로부터 정보를 수집한다.
   ⓑ **횡단조사**: 특정시점에 모집단에서 추출된 표본으로 필요한 정보를 단발적으로 수집한다.

③ **인과관계 조사**(causal research)
  ㉠ 마케팅 변수들 간의 원인과 결과 관계에 관한 가설을 조사하는 것이다.
  ㉡ 조사방법이 가장 복잡하며, 마케팅 변수들 간의 관계규명을 통해 원인과 결과 변수들의 관련성을 파악하여 마케팅 현상에 대한 이해와 예측을 하는 데 목적을 둔 조사이다.
  ㉢ 결과변수에 영향을 미치는 다른 변수들의 영향을 배제한 상태에서 원인변수의 변화에 따라 결과변수가 어떻게 변하는지를 확인한다.
   예 제품가격과 매출액의 관계
  ㉣ **인과관계 추론 조건** ★ 기출개념
   ⓐ 원인 X는 결과 Y보다 시간상 선행되거나 동시에 발생하여야 한다.
   ⓑ 두 개의 사건 X와 Y는 서로 같이 발생하고 변화해야 한다.
   ⓒ X 이외에 Y의 결과를 초래하는 다른 Z가 존재하지 않는다.

> ✓ **핵심 Check**
> **인과관계 조사의 조사기법**
> 인과관계 조사를 위해 많이 활용되는 조사기법은 실험법이다.

3. 자료의 수집과 분석

(1) 자료의 유형

① 1차 자료 ★★★
  ㉠ 당면한 조사목적을 위해 조사자가 직접 수집한 자료이다.
  ㉡ 정확성, 정합성, 시의 적절성에서 우수하나 많은 비용과 시간 소요된다.

② 2차 자료 ★★★
  ㉠ 다른 목적을 위해 이미 수집된 자료이다.
  ㉡ 경제적이며 조사문제 발견에는 도움이 되지만 조사목적과는 부합되지 않는다.

③ 1차 자료와 2차 자료의 비교 `기출개념`

구분	1차 자료	2차 자료
개념	현재 수행 중인 조사목적을 달성하기 위해 조사자가 직접 수집한 자료	현재의 조사목적에 도움을 줄 수 있는 기존의 모든 자료
장점	• 조사목적에 적합한 정확도, 신뢰도, 타당성 평가가 가능함 • 수집된 자료를 의사결정에 필요한 시기에 적절히 이용 가능함	• 일반적으로 자료 취득이 쉬움 • 시간, 비용, 인력이 저렴함
단점	2차 자료에 비해 자료 수집에 시간, 비용, 인력이 많이 소요됨	자료 수집의 목적이 조사목적과 일치하지 않아 자료 신뢰도가 떨어짐
유형	리포트, 전화면접법, 대인면접법, 우편조사법 등	논문, 정부간행물, 각종 통계자료 등

(2) 1차 자료 수집을 위한 마케팅 조사 계획

① 조사방법
  ㉠ 관찰법
    ⓐ 장점
      • 실제 상황에서 행동을 통해 무의식적인 동기나 태도를 유추하기 쉽다.
      • 소비자가 본인의 느낌이나 태도를 명확히 모르고 있는 경우에도 조사가 가능하다.
      • 설문조사에서 인지하지 못하는 문제를 발견할 수 있다.
    ⓑ 단점
      • 데이터의 의미를 해석해야 하기 때문에 설문조사에 비해 시간과 비용이 많이 소요된다.
      • 관찰대상자가 자신이 관찰되고 있다는 사실을 인지하면 평상시와 다른 행동을 할 가능성이 있다.
      • 응답자의 행동양식이 변하기 쉽다.
      • 장기간에 걸쳐 발생하는 사건과 사적인 활동은 관찰하기 어렵다.
      • 관찰자의 주관이 개입되어 자료의 객관성 및 타당성이 낮을 수 있다.

ⓒ 면접법
  ⓐ 장점
   - 모든 사람에게 시행할 수 있다.
   - 다양한 질문이 가능하며, 면접대상자가 의미하는 바를 비교적 정확하게 확인할 수 있다.
   - 설문조사에 비해 조사목적에 부합하는 표본을 얻을 확률이 높다.
   - 조사 상황에서 개입될 수 있는 외부의 영향을 최소화할 수 있다.
  ⓑ 단점
   - 조사대상자와의 협력 등 절차가 복잡하고 불편하다.
   - 조사장소에서 조사자와 조사대상자가 별도로 만나 실시하므로 시간, 노력, 비용이 발생한다.
   - 조사대상자별 조사절차의 유연성 때문에 조사결과를 표준화하기 어렵다.
   - 조사대상자의 감정 및 분위기가 면접 상황에서 영향을 미칠 수 있다.
   - 조사대상자가 사적인 상황을 드러내는 것을 꺼릴 수 있다.
ⓒ 설문조사
 - 1차 자료 수집에 가장 널리 사용되는 방법이다.
 - 일반적으로 조사대상 전부를 조사하는 전수조사 혹은 조사대상 일부를 조사하는 표본조사를 실시한다.
 - 표본조사의 경우 표본추출계획에 따라 표본으로 선정된 조사대상자들로부터 자료를 수집한다.
ⓔ 실험조사
 - 인과관계를 조사하는 데 적절한 방법이다.
 - 실험법에 따라 실험대상자를 몇 개의 집단으로 나누고 집단별로 원인변수를 다르게 조작한 후 집단 간 차이를 측정한다.
   예 각기 다른 광고 시안을 보여준 뒤 선호도를 측정하는 광고효과에 대한 소비자 인지도 조사를 실시한다.

② 응답자 접촉방법
 ⓒ 우편조사법
  - 설문지를 우편으로 발송하고 응답이 완료된 설문지는 반송용 봉투로 회수하는 방법이다.
  - 자료 수집에 비용이 적게 들고, 응답상의 오류를 줄일 수 있다.
  - 답례품 제공, 사전 허락 등을 통해 질적 수준을 높이는 것이 매우 중요하다.
 ⓒ 전화면접법 ★★ 기출개념
  - 조사원이 전화를 통하여 질문하고 응답을 기록하는 방법이다.
  - 짧은 시간과 적은 비용으로 조사가 가능하다.
  - 질문의 내용이 어렵거나 길이가 긴 경우에는 적합하지 않는다.

ⓒ 대인면접법
- 사전교육을 받은 조사원이 직접 대면접촉을 통해 자료를 수집한다.
- 어려운 질문에 대해 설명해 줄 수 있어 보다 정확한 자료 수집이 가능하다.
- 조사비용과 시간이 많이 들고, 조사원의 임의적 판단으로 인한 표본선정 오류가 발생할 가능성이 있다.

ⓓ 응답자 접촉방법의 장단점 비교

구분	우편조사법	전화면접법	대인면접법
장점	• 표본분포가 넓으며, 대표성 확보 가능 • 조사비용이 저렴함 • 응답자가 시간적 여유를 가지고 응답 가능 • 면접원이 없어 솔직한 응답 가능 • 면접원의 개별 특성에 따른 응답 오류 최소화	• 표본분포가 넓고 다양함 • 특정 시점의 사건과 관련된 높은 수준의 정보 취득 가능 • 컴퓨터를 이용한 자동화 조사 가능 • 이동장애, 문맹 등 면접, 우편조사가 어려운 사람에게 적용 가능	• 가장 유연하고 융통성 있는 자료 수집방법 • 응답률이 높음 • 표본분포 통제 가능
단점	• 회수율이 낮음 • 응답 표본에 특정 편향이 존재할 수 있음 • 무응답 비율이 높고 자료입력 처리가 어려움 • 설문내용의 정확한 의미 전달이 어려움	• 질문 길이 및 내용 제약 • 보조적인 도구 사용이 어려움 • 조사 도중 중단 가능성 존재 • 특정 주제에 대한 응답 회피 발생	• 조사에 많은 비용이 소모됨 • 면접원에 대한 감독과 통제의 어려움 • 응답 익명성의 부재 발생

③ 표본설계
ⓐ 표본설계의 개념
ⓐ **표본추출(sampling)**: 특성을 알고자 하는 어떤 대상(모집단)의 일부분을 선택하는 것이다.
ⓑ **모집단(population)**: 조사자가 관심을 갖는 구성원(예 소비자, 사원, 제품, 기업 등) 전체이다.
ⓒ **표본집단(sample)**: 조사자가 조사를 목적으로 구성한 모집단의 일부이다.
ⓓ **전수조사**: 모집단에 속한 모든 구성원을 조사하는 방식이다.
ⓔ **표본조사**: 모집단의 일부를 조사하여 전체 특성을 추정하는 방식이다.

ⓑ 표본추출 단계
ⓐ 모집단을 구성한다.
ⓑ 자료 수집 방법을 결정한다.
- 자료 수집 방법에는 관찰법, 설문조사, 실험법 등이 있다.
- 자료 수집 방법에 따라 표본추출 방식과 표본의 크기가 달라진다.

ⓒ 표본추출 프레임을 결정한다.
- 표본추출 프레임이 모집단과 동일한 특성을 가지도록 설계하는 것이 이상적이다.
- 표본추출 설계를 잘못했을 경우 조사결과에 오류가 발생할 수 있다.

핵심 Check

표본조사가 전수조사보다 많이 활용되는 이유

모집단의 조사규모가 클 경우 비용과 시간, 노력을 절감할 수 있고 특정 내용에 대한 구체적인 조사가 가능하기 때문이다.

개념 Plus

표본설계의 사례
- **조사 준비**: A 기업이 자사 제품에 대한 소비자 광고 인지도 조사를 위해 설문조사를 기획 중이다. 모집단을 국내소비자로 한정하고, 구매력이 있고 자사 제품을 소비할 가능성이 있는 집단에 속한 500만 명으로 확정하였다.
- **조사 과정**: 시간과 비용을 고려했을 때 전수조사는 현실적으로 불가능하다는 조사부서의 판단을 바탕으로 표본조사를 실시하기로 하였다. 표본추출 방식으로 통해 5,000명을 표본집단으로 선정하고 이를 대상으로 최근 집행한 광고에 대해 알고 있는지를 조사하였다.
- **조사 결과**: 1,700여명이 자사 제품 광고를 본 경험이 있다는 사실을 확인하였다. 이를 토대로 500만 명 중 170만여 명 정도가 자사 제품을 본 적이 있을 것으로 최종 추정하였다.

ⓓ 표본추출 방식을 결정한다.
- **확률표본추출**: 각 표본추출단위가 표본으로 추출될 확률이 사전에 알려져 있고 '0'이 되지 않도록 표본을 추출하는 방식으로, 모집단에 대한 대표성이 높다.
- **비확률표본추출**: 각 표본추출단위가 표본으로 추출될 확률이 사전에 알려지지 않은 표본추출방법으로, 확률표본추출에 비해 모집단에 대한 대표성이 낮다.

ⓔ 필요한 표본크기와 접촉표본크기를 결정한다.
- 표본추출 실행계획을 수립한다.
- 조사대상자를 어떻게 접촉할 것인지를 결정한다.

ⓕ 표본추출을 실행한다.

ⓒ 표본추출 방식

ⓐ **확률표본추출(probability sampling) 방식** ★

구분	내용

단순 무작위 표본추출	• 표본추출단위가 추출될 확률이 사전에 알려져 있음
	• '0'이 아니도록 표본을 추출함
	• 난수표를 이용할 수 있음
	• 장점
	  - 이해하기 쉬움
	  - 사전에 정해진 허용오차 내에서 모집단에 대한 대표성을 가질 수 있음
	• 단점: 모집단 구성요소 목록을 확보하기 어려움

체계적 표본추출	• 표본추출단위 간 순서가 있는 경우 일정한 표본추출간격으로 표본을 추출함
	• 장점: 무작위성이 확보된 표본을 추출할 수 있는 비교적 쉬운 방법임
	• 단점
	  - 어떤 패턴을 가진 모집단의 경우, 표본추출 시 매우 유의해야 함
	  - 모집단 크기가 무한이거나 알려지지 않은 경우의 표본추출 방식임

층화 표본추출	• 모집단이 다수의 그룹으로 구분될 수 있는 경우, 각 그룹에서 무작위로 표본을 추출함
	• 모집단을 여러 개의 층으로 나눈 후 각 층으로부터 무작위로 표본을 추출함
	• 장점
	  - 모집단에 대한 표본의 높은 대표성을 확보할 수 있음
	  - 표본의 각 층을 비교하여 모집단의 각 층의 차이점을 추정할 수 있음
	• 단점: 조사하고자 하는 특성과 관련된 모집단 정보가 없는 경우에는 사용할 수 없음

군집 표본추출	• 모집단이 여러 개의 유사한 소그룹으로 구성되어 있는 경우 무작위로 한 그룹 전체를 표본으로 추출하거나 한 그룹 내에서 확률표본을 추출함 • 장점: 경제적이며, 실행이 편리함 • 단점: 모집단을 구성하고 있는 그룹이 여러 유형인 경우 각 유형에 속하는 각각의 하위그룹에서 표본을 추출해야 함

📋 **개념 Plus**

표본크기 결정 시 고려사항
- 문제의 중요성
- 조사의 성격: 탐색적, 기술적, 인과적
- 변수의 개수
- 분석의 정교성
- 분석할 집단의 수
- 모집단 특성의 분산 크기
- 사용 가능한 비용과 시간

ⓑ 비확률표본추출(non-probability sampling) 방식

구분	내용

단순
무작위
표본추출
	• 편리한 장소와 시간에 접촉이 가능함
	• 편리한 대상을 표본으로 추출할 수 있음
	• 장점
	  – 적은 비용과 시간으로 조사 대상 확보가 가능함
	  – 개괄적인 정보 획득이 가능함
	• 단점
	  – 표본의 모집단 대표성이 매우 낮음
	  – 엄격한 자료 수집이 어려움

체계적 표본추출	• 인구통계적 특성, 거주지 등의 측면에서 사전에 정해진 비율에 따라 구성원을 할당함 • 장점: 편의표본에 비해 모집단에 대한 대표성이 높음 • 단점: 모집단의 인구통계적 특성 등에 대한 사전지식이 필요함
층화 표본추출	• 조사목적에 적합하다고 판단하는 구성원들을 표본으로 추출함 • 장점: 표본이 해당분야의 전문가로서 실제로 유용한 정보를 제공할 수 있는 경우 유용함 • 단점: 모집단의 대표성 정도는 평가할 수 없음

④ 측정방법
　㉠ 질문의 유형
　　ⓐ 개방형 질문
　　　• 응답자가 스스로 대답하도록 하기 위한 주관식 형태이다.
　　　• 폐쇄형 질문에 비해 다양한 응답을 얻을 수 있다.
　　　• 미처 생각하지 못했던 새로운 아이디어를 얻을 수 있다.
　　　• 경우에 따라 응답자가 응답을 거부할 수 있다.
　　　• 수집된 자료는 해석자에 의해 달라질 수 있다.
　　　• 분석을 위한 코딩(coding)이 어렵다.
　　ⓑ 폐쇄형 질문
　　　• 예시를 제시하여 응답자가 선택하도록 하는 방식이다.
　　　• 조사자의 코딩 작업 및 분석 과정이 용이하다.
　　　• 통계적 분석을 통한 결과해석이 용이하다.
　　　• 응답자의 실제 생각을 반영하지 못하고 제시된 항목 중에서 골라야 하는 문제가 있다.
　　　• 응답자의 응답이 조사자가 제시하는 항목의 범주에 영향을 받을 수 있다.
　㉡ 질문 구성 시 주의사항
　　ⓐ 질문의 순서를 잘 구성하여야 한다.
　　　• 논리적이고 자연스런 흐름에 따라 질문을 구성한다.
　　　• 추상적인 질문에서 구체적인 질문으로 진행한다.
　　　• 중요한 질문은 질문지의 앞부분에 위치시킨다.
　　　• 어렵거나 민감한 질문은 질문지 뒷부분에 위치시킨다.
　　　• 분류 항목은 질문지 뒷부분에 위치시킨다.

ⓑ 애매모호한 표현을 쓰거나 한 번에 두 가지를 묻는 질문은 하지 않는다.
ⓒ 유도하거나 선동적인 질문은 하지 않는다.
ⓓ 대안은 암묵적이지 않고 명료하고 명시적인 형태로 제시한다.
ⓔ 답변이 어렵거나 사적인 질문은 구체적으로 질문하기보다는 좀 더 넓은 범주를 활용하여 폐쇄형 질문으로 제시한다.
ⓒ 척도의 유형: 척도의 유형에 따라 마케팅 조사 분석방법이 달라진다.

구분	기본 특성	일반적 예	마케팅 예
명목척도	대상을 분류함	• 주민등록번호 • 운동선수의 등 번호	• 제품모델번호 • 성별
서열척도	대상의 상대적 위치를 나타냄	• 학생들의 키 순서 • 성적 순서	• 브랜드 선호 순서 • 시장점유율 순서
간격척도	대상 간 차이를 나타내며, 0점은 임의적으로 부여한 값임	온도	• 선호도 • 성적(100점 만점)
비율척도	대상 간 비율을 나타내며, 0점은 절대적 의미를 가짐	• 길이 • 무게	• 매출액 • 시장점유율

기출개념확인

01 다음 중 인과조사에 대한 설명으로 잘못된 것은?
① 마케팅 변수 간의 원인과 결과 관계에 대한 가설을 조사하는 방식이다.
② 마케팅 변수 간의 규명을 통해 마케팅 현상을 이해하고 예측하기 위한 조사이다.
③ 다른 외생변수들의 영향을 배제한 상태에서 원인변수의 변화에 따라 결과변수가 어떻게 변화하는지를 확인한다.
④ 조사방법이 가장 단순하다.

02 관찰법에 대한 설명으로 잘못된 것은?
① 데이터의 의미를 해석해야 하기 때문에 설문조사에 비해 시간과 비용이 많이 소요된다.
② 장기간에 걸쳐 발생하는 사건과 활동도 관찰 가능하다.
③ 설문조사로 인지하지 못하는 문제를 발견할 수 있다.
④ 관찰자의 주관이 개입되어 자료의 객관성 및 타당성이 낮을 수 있다.

03 전화면접법에 대한 설명으로 잘못된 것은?
① 특정 시점과 관련된 정보 취득이 어렵다.
② 조사원이 전화를 통하여 질문하고 응답을 기록하는 방법이다.
③ 짧은 시간과 적은 비용으로 조사가 가능하다.
④ 어렵거나 질문이 긴 경우에는 적합하지 않다.

정답·해설

01 ④ 인과조사는 보통 실험법을 통해 가설을 증명하는 방식을 따르는데 다른 변수의 통제하에 원인과 결과의 관계를 규명하는 것이기 때문에 일반적인 조사방법 중 가장 복잡하고 까다롭다.

02 ② 관찰법은 특정 조사기간 동안만 조사대상자를 조사하게 되므로 지속적이고 장기간인 관찰은 불가능하다.

03 ① 전화면접법은 면접원의 구체적인 설명과 의사소통이 가능하므로 구체적인 특정 시점의 사건과 관련된 높은 수준의 정보취득이 가능하다.

제4절 마케팅 정보의 분석과 사용

01 마케팅 정보의 분석

1. 정량적 분석기법

(1) Chi-Square 분석
독립변수와 종속변수가 모두 이산형(명목척도)일 때 독립변수의 수준에 따라 종속변수의 수준에 차이가 있는지를 확인하기 위한 분석이다.

(2) 상관관계 분석
두 변수가 모두 연속형(간격척도 혹은 비율척도)인 경우 두 변수 간 관련성을 확인하는 분석이다.

(3) 분산 분석
독립변수가 이산형이고 종속변수가 연속형일 때 독립변수의 수준에 따라 종속변수의 평균에 차이가 있는지를 확인하기 위한 분석이다.

(4) 판별 분석
특정 연속형 변수에 대해 어느 유형으로 분류하는가를 판단하는 분석이다.

(5) 회귀 분석
독립변수와 종속변수가 모두 연속형일 때 독립변수의 변화가 종속변수의 변화를 얼마나 설명할 수 있는지를 확인하기 위한 분석이다.

(6) 요인 분석
여러 질문항목에 대한 소비자의 응답이 각각 어떠한 특성요인을 반영하는지를 구분하는 분석이다.

(7) 군집 분석
두 가지 이상의 연속형 변수를 바탕으로 변수 내에 위치한 대상을 여러개의 집단을 구분 짓는 분석이다.

(8) 컨조인트 분석
신제품 출시 시 마케팅 등에서 제품의 속성을 수준별로 구분하여 어떤 속성별 조합이 소비자의 선호도가 높은지를 통계적 기법으로 확인하는 분석이다.

02 마케팅 정보의 사용

1. 조사보고서 작성

(1) 조사보고서 작성의 의의
① 마케팅 조사의 마지막 단계는 조사결과를 토대로 의사결정대안을 도출하는 것이다.
② 의미 있는 대안을 도출하기 위해서는 기업의 마케팅 관리자와 조사회사 연구원 간의 긴밀한 협조관계가 필요하다.
③ 산업과 제품에 대한 지식과 마케팅 기법에 대한 전문성이 수반되어야 한다.

(2) 바람직한 조사보고서가 되기 위한 조건
① 명확하면서도 간결해야 한다.
② 주관적이지 않고 객관적이어야 한다.
③ 누구나 이해하기 쉽게 표현해야 한다.

기출개념확인

01 바람직인 조사보고서의 조건에 해당하지 <u>않는</u> 것은?

① 명확하면서 간결해야 한다.
② 객관적이어야 한다.
③ 누구나 이해하기 쉽게 표현해야 한다.
④ 제품 지식과 전문성이 드러나지 않는 것이 좋다.

정답·해설
01 ④ 작성한 보고서가 의미 있는 보고서가 되기 위해서는 산업과 제품에 대한 지식과 마케팅 조사기법에 대한 전문성이 잘 드러나되, 누구나 이해하기 쉬운 수준으로 기술해야 한다.

제4장 | 실전연습문제

* 기출유형 은 해당 문제가 실제 시험에 출제된 유형임을 나타냅니다.

기출유형

01 소비자의 행동을 관찰하는 기법 중 다음 설명에 해당하는 것은?

> 상대적으로 비용이 저렴하면서도, 조사기간이 길지 않고, 구조화된 설문지를 기반으로 하기 때문에 이해하기 쉽다. 또한 통계적 검증이 가능하므로 조사결과의 일반화 및 객관화가 가능하다는 장점이 있어 널리 사용되고 있는 기법이다.

① 설문조사　② Shadow Tracking
③ 심층면접　④ POP

기출유형

02 표적집단면접법에 대한 설명으로 옳지 <u>않은</u> 것은?

① 조사대상자 간 자율 토론형식으로 진행되기 때문에 깊이 있는 내용 파악이 가능하다.
② 제품에 대한 반응 및 제품 용도 개발에 활용된다.
③ 비교적 조사 운용이 쉽고 비용이 저렴한 편이다.
④ 공통의 관심사를 가지는 집단을 대상으로 인터뷰를 진행하는 기법이다.

기출유형

03 다음 중 조사자의 영향력이 가장 크게 작용되는 방식은?

① 우편조사　② 전화조사
③ 면접법　　④ 인터넷

04 고객 통찰력 확보를 위한 소비자 조사기법 중에서 소비자의 신체반응을 관찰하는 기법에 해당하는 것은?

① POP　　　② Eye Tracking
③ Home Visiting　④ Peer Shadowing

05 다음 설명에 해당하는 소비자 조사기법은?

> 소비자들의 욕구를 언어를 통해 파악하는 것은 한계가 있다는 생각에서 출발하였다. 은유적인 기법을 활용하여 소비자의 비의식에 있는 욕구나 동기 등을 조사하는 방법이다.

① Peer Shadowing　② 온라인 일기
③ ZMET　　　　　④ POP

06 마케팅 정보 시스템 관련 설명으로 <u>잘못된</u> 것은?

① 사람과 시스템, 절차들이 서로 상호 작용하여 체계화된 복합체이다.
② 경영자는 마케팅 정보 시스템이 제공하는 정보의 내용대로 의사결정을 내려야 한다.
③ 경영자의 요구와 능력에 맞는 이용자 중심의 시스템으로 개발되어야 한다.
④ 특정 분야의 마케팅 의사결정을 위하여 기업 내부 및 외부로부터 수집된 정보가 절차에 따라 운영되도록 설계되어 있는 것이다.

07 고객 정보 시스템에서 지원하는 고객관계관리 구성 단계에 해당하지 <u>않는</u> 것은?

① 고객충성도 제고 및 유지
② 구매활성화 및 고객확장
③ 관계 형성 및 신규 고객 확보
④ 기존 고객 데이터 정비

08 마케팅 정보 시스템의 세부 구성요소 중 하나로 기업을 둘러싼 마케팅 환경에서 발생되는 일상적인 정보를 수집하기 위해 기업이 사용하는 절차와 정보원의 집합은?

① 마케팅 일상정보 시스템
② 마케팅 조사 시스템
③ 내부 정보 시스템
④ 고객 정보 시스템

[기출유형]
09 마케팅 조사 과정을 순서대로 나열한 것은?

> ㄱ. 자료의 수집과 분석
> ㄴ. 마케팅 조사 설계
> ㄷ. 보고서 작성
> ㄹ. 조사문제의 정의와 조사목적의 결정

① ㄷ-ㄹ-ㄴ-ㄱ
② ㄴ-ㄹ-ㄱ-ㄷ
③ ㄹ-ㄴ-ㄱ-ㄷ
④ ㄱ-ㄹ-ㄴ-ㄷ

[기출유형]
10 마케팅 조사방법 중에서 정량조사에 대한 설명으로 옳지 <u>않은</u> 것은?

① 소비자의 잠재적인 생각을 이끌어내는 데 사용한다.
② 통계적 수치를 활용한 예측 및 의사결정이 가능하다.
③ 핵심시장 및 시장규모 파악에 사용된다.
④ 마케팅 활동의 효과를 측정하여 예산 배분에 사용한다.

[기출유형]
11 기술적 조사에 대한 설명으로 옳은 것은?

① 조사문제가 명확하지 않을 때 문제를 구체적으로 규명하기 위해 수행한다.
② 조사방법 중 가장 복잡하고 엄격한 방법이다.
③ 특정 문제에 대한 원인과 결과를 확인하기 위한 조사이다.
④ 특정 소비자 집단의 특성을 파악하거나 마케팅 현상을 예측하기 위한 조사방법이다.

[기출유형]
12 어느 특정 상권에서 소비자들의 구매 특성을 예측하기에 적절한 조사방법은?

① 탐색적 조사
② 기술적 조사
③ 인과관계 조사
④ 관찰법

[기출유형]
13 인과관계 추론 기준으로 적절하지 <u>않은</u> 것은?

① 원인은 결과보다 시간 선행되거나 거의 동시에 발생해야 한다.
② 원인과 결과가 되는 두 개의 사건은 같이 변화한다.
③ 두 개의 사건은 서로 다르게 움직여야 한다.
④ 특정 원인 이외에 결과를 초래하는 다른 요인이 존재하지 않는다.

14 다음 중 1차 자료와 2차 자료에 대한 설명으로 적절하지 않은 것은?

① 1차 자료는 현재 설정한 조사목적을 달성하고 문제를 해결하기 위해 직접 수집한 자료이다.
② 2차 자료는 조사목적과 수집된 자료의 목적이 일치하지 않을 수 있다.
③ 2차 자료는 1차 자료에 비해 자료 수집에 따른 시간, 비용이 많이 든다.
④ 1차 자료를 수집하는 방법에는 면접법, 전화면접법, 우편면접법 등이 있다.

15 1차 자료에 대한 설명으로 틀린 것은?

① 다른 목적으로 만들어진 기존의 문헌 등의 자료를 말한다.
② 2차 자료에 비해 시간 및 비용이 많이 들어간다.
③ 자료의 신뢰성이 높다.
④ 리포트, 대인면접법, 우편조사법 등이 있다.

16 표본설계에 대한 설명으로 적절하지 않은 것은?

① 표본조사는 구체적이고 세밀한 조사가 가능하여 전수조사보다 많이 활용된다.
② 소비자를 대상으로 하는 조사는 표본조사가 불가능하다.
③ 통계조사 시 모집단 전부를 조사하는 방법을 전수조사라고 한다.
④ 집단의 특성을 파악하고자 할 때 집단 일부를 조사함으로써 집단 전체의 특성을 추정하는 방법을 표본조사라고 한다.

17 전화면접법의 특징으로 올바르게 설명한 것은?

① 표본분포가 좁고 제한적이다.
② 조사완료가 용이하고 응답률이 높다.
③ 특정 주제에 대한 응답이 용이하다.
④ 질문의 길이와 내용이 제한적이다.

18 의사소통의 융통성이 가장 높은 설문조사 방식은?

① 전화   ② 면접
③ 인터넷   ④ 우편

19 소비자집단의 라이프스타일을 파악하기 위해 소비자들을 만날 수 있는 장소에서 관찰과 인터뷰를 진행하는 방식은 무엇인가?

① Shadow Tracking   ② Peer Shadowing
③ Video Ethnography ④ Town Watching

20 확률표본추출 방식의 유형에 해당하지 않는 것은?

① 체계적 표본추출
② 군집표본추출
③ 층화표본추출
④ 편의표본추출

제4장 | 정답·해설

01	02	03	04	05
①	①	③	②	③
06	07	08	09	10
②	④	①	③	①
11	12	13	14	15
④	②	③	②	①
16	17	18	19	20
②	④	②	④	④

01 ①

문제에서 설명하고 있는 기법은 설문조사이다. 설문조사는 정량적 분석이 가능하여 통계적 검정을 통해 일반화 및 객관화가 가능하고, 표본당 비용이 저렴하며 자료 수집에 필요한 시간이 짧은 편이다. 반면 Shadow Tracking, 심층면접, POP 등은 관찰법의 일종으로 모두 인터뷰나 관찰을 기반으로 복잡한 해석과정과 상대적으로 표본당 비용이 많이 드는 특징이 있다.

[오답분석]
② Shadow Tracking은 조사자가 소비자의 일상생활을 동영상으로 촬영하여 관찰 및 기록하는 방식이다.
③ 심층면접은 조사자가 1:1 인터뷰를 통해 소비자에게 직접 질문하는 방식이다.
④ POP은 구매시점에 매장 관찰이나 판매원 인터뷰를 통해 문제점을 찾는 방식이다.

02 ①

표적집단면접법(FGI)은 여러 명의 집단을 대상으로 인터뷰를 하기 때문에 개개인의 발언 시간이 짧고 깊이 있는 내용 파악이 어렵다. 또한 토론 형식으로 진행되는 인터뷰이지만 특정 발언자의 의견에 영향을 받는 것을 배제하기 위해 모더레이터가 전반적인 절차를 조율한다.

03 ③

면접법은 응답자와 마주한 상태로 진행하므로 조사자의 영향력이 개입될 가능성이 크다.

04 ②

소비자의 신체반응을 관찰하는 기법에는 소비자의 동공 움직임과 동선을 추적하는 Eye Tracking 외에도 뇌의 활성화 정도를 측정하는 fMRI, 뇌 및 신경 활동을 기록하는 fDOT 등이 있다.

05 ③

문제에서 설명하고 있는 것은 ZMET으로, 새로운 현상 등에 대한 소비자의 비의식, 잠재적인 욕구 등을 은유적인 기법을 활용하여 전략을 수립할 수 있도록 지원하는 정성조사 기법 중 하나이다.

[오답분석]
① Peer Shadowing은 소비자의 지인을 통해 소비자의 행동을 관찰하는 방식이다.
② 온라인 일기는 개인의 일상생활에서 사용하는 제품 및 서비스 이용 경험에 대해 소비자 스스로 일기 형식으로 스스로 작성하고 이미지를 기록하는 것이다.
④ POP은 매장 등 구매시점 환경에서 매장 관찰 혹은 판매원 인터뷰를 통해 매장 환경을 분석하고 고객의 구매 행태를 관찰한다.

06 ②

마케팅 정보 시스템은 경영자가 합리적인 의사결정을 내릴 수 있도록 불확실성을 줄이기 위한 정보를 수집, 처리, 전달하는 것이다. 즉, 경영자는 반드시 마케팅 정보 시스템을 통해 도출된 정보에 따라 의사결정을 해야 하는 것은 아니며, 마케팅 정보 시스템은 경영자가 올바른 의사결정에 참고할 수 있도록 지원하는 역할을 한다.

07 ④

고객 정보 시스템의 고객관계관리는 '관계 형성 및 신규 고객 확보 → 고객충성도 제고 및 유지 → 구매활성화 및 고객확장' 단계로 진행된다.

08 ①

문제에서 설명하고 있는 것은 마케팅 일상정보 시스템의 개념이다.

오답분석
② 마케팅 조사 시스템은 문제해결을 위해 직접 자료를 수집하고 분석한 정보이다.
③ 내부 정보 시스템은 기업 경영 관련 제조, 회계, 영업, 마케팅 부문에서 제공되는 기본 정보이다.
④ 고객 정보 시스템은 고객에 대한 모든 정보를 포함한다.

09 ③

마케팅 조사는 조사문제의 정의와 조사목적을 결정하고, 마케팅 조사를 설계한 후, 자료 수집과 분석을 실시하고, 보고서를 작성하는 단계로 이루어진다.

10 ①

소비자의 잠재적인 생각을 이끌어내는 조사방법은 정성조사의 특징이다. 정량조사는 통계적인 방법론을 활용하여 예측 및 의사결정이 가능하고 이를 통해 시장 파악 및 시장규모 예측, 마케팅 효과의 측정 등에 활용된다.

11 ④

기술적 조사는 두 가지 이상의 마케팅 변수 간 관련성 정도나 발생 빈도 혹은 어떤 마케팅 현상을 객관적으로 파악하고 이해하는 데 목적을 둔 조사이다.

오답분석
① 탐색적 조사에 대한 설명이다.
②, ③ 인과관계 조사에 대한 설명이다.

12 ②

기술적 조사는 어떤 집단의 특성을 기술하려 하거나 예측하고자 할 때 사용하는 조사방법이다.

13 ③

인과관계를 추론하는 기준에는 원인과 결과가 되는 두 개의 사건이 거의 동시에 발생하고 같이 변화한다.

14 ③

2차 자료는 문제해결을 위해 직접 수집한 자료가 아닌 사전에 다른 목적을 위해 수집된 자료이므로 자료 수집에 따른 비용과 시간이 상대적으로 적게 든다.

15 ①

1차 자료는 다른 목적을 위해 수집된 자료가 아닌 특정 마케팅 문제를 해결하기 위해 직접 조사계획을 세워 자료를 수집하는 방식이다.

16 ②

소비자를 대상으로 하는 조사는 모집단의 규모가 크기 때문에 전수조사가 어려운 경우가 많고 대부분은 표본조사를 실시한다.

17 ④

전화면접법은 전화를 통해 조사를 진행하는 것으로, 짧은 시간과 적은 비용으로 조사가 가능하지만 질문의 길이가 길거나 질문의 내용이 어려운 경우에는 적합하지 않다.

오답분석
① 전화면접법은 연락처를 통해 다양한 지역과 사회계층에 접촉할 수 있어 표본분포가 넓고 다양하다.
② 전화면접법은 조사 도중 중단될 가능성이 있다.
③ 특정 주제에 대한 응답 회피가 발생할 수 있다.

18 ②

전화, 인터넷, 우편과 달리 면접은 조사자와 조사대상자가 서로 만나 진행되므로 조사 수행 상황에 따라 융통성이 발휘될 수 있는 가능성이 있다.

19 ④

Town Watching은 목표 소비자를 만날 수 있는 장소에서 인터뷰를 진행함으로써 소비자의 특성과 성향을 파악하고자 노력한다.

> **오답분석**
> ① Shadow Tracking은 조사자가 소비자의 일생생활을 동영상으로 촬영하여 관찰하는 방식이다.
> ② Peer Shadowing은 소비자의 지인들이 소비자의 행동을 관찰하는 방식이다.
> ③ Video Ethnography는 구매 환경과 관련된 지점에 카메라를 고정하고 녹화하여 소비자의 사용 행태를 제3자의 입장에서 관찰하는 방식이다.

20 ④

편의표본추출은 비확률표본추출 방식이다.

> **참고 확률표본추출과 비확률표본추출**
> 확률표본추출 방식에는 단순 무작위, 체계적, 군집, 층화표본추출이 있으며, 비확률표본추출 방식에는 편의, 판단, 할당표본추출방식 등이 있다. 전체 모집단에 대한 구체적인 정보가 있는 경우 확률 분포에 따라 표본추출이 가능하고, 모집단에 대한 정보가 없는 경우 비확률표본추출 방식을 활용하게 된다.

무료 학습자료 제공 · 독학사 단기합격 **해커스독학사**
haksa2080.com

전문가가 분석한 출제경향 및 학습전략

제5장에서는 각 단계별 절차와 유형을 중점적으로 학습해야 한다. 먼저 시장세분화의 요건과 기준이 매우 중요하게 다뤄지고 있으므로 구체적인 특성과 다양한 세분화 기준을 학습하는 것이 좋다. 표적시장을 선택하는 전략도 자주 출제된다. 포지셔닝 단계는 매년 출제되는 중요한 부분이니 포지셔닝 전략의 유형과 포지셔닝 맵(지각도) 등은 반드시 자세한 내용을 파악하는 것이 필요하다.

제5장 | 핵심 키워드 Top 10
핵심 키워드 Top 10은 본문에도 동일하게 ★로 표시하였습니다.

01	시장세분화의 요건 ★★★	p.141
02	시장세분화의 기준 ★★★	p.142
03	무차별적 마케팅 ★★	p.145
04	차별적 마케팅 ★★	p.145
05	집중 마케팅 ★★	p.145
06	포지셔닝 전략의 유형 ★★	p.147
07	지각도(포지셔닝 맵) ★★	p.149
08	행동적 변수 ★	p.142
09	표적시장의 선택 ★	p.145
10	포지셔닝의 개념 ★	p.147

제5장

시장세분화, 표적시장 선택 및 포지셔닝

제1절 시장세분화
제2절 표적시장의 선정
제3절 차별화와 포지셔닝

제1절 시장세분화

01 시장세분화의 개념

> **핵심 Check**
>
> **시장세분화**
> 특정 집단 내에서는 소비자 간 동질성은 높아야 하고 서로 다른 집단 소비자 간에는 이질성이 높아야 한다.

1. 시장세분화의 개념
전체시장을 하나의 시장으로 보지 않고 가격이나 제품에 대한 반응에 따라 전체시장을 몇 개의 공통된 특성을 가지는 세분시장으로 나누어서 마케팅을 차별화시키는 것이다.

2. 시장세분화의 배경
① 모든 소비자들이 만족할 수 있는 제품이나 서비스를 제공한다는 것은 사실상 불가능하다.
② 기업들은 전체시장을 공략하는 대신 자사가 성공적으로 공략할 수 있는 세분시장을 선택한다.
③ 소비자의 구매욕구가 다양해지고, 기업들은 경쟁사와 차별화를 위한 목적으로 차별적 마케팅 활동을 전개하여 시장세분화가 불가피하다.

3. 시장세분화의 단계
① 대량 마케팅(mass marketing): 최대한 많은 소비자를 대상으로 규모의 경제와 경험곡선을 활용한다.
② 제품다양화 마케팅(product-variety marketing): 제품의 형태, 질, 크기 등에서 차이를 보이는 2가지 이상의 제품을 생산하여 소비자에게 제공한다.
③ 표적시장 마케팅(target marketing): 하나 또는 복수의 세분시장을 선택하여 각 세분시장에 적합한 제품과 마케팅 믹스를 개발하고 소비자에게 제공한다.

4. 시장세분화의 의의 [기출개념]
① 집단 내에서는 제품에 대한 욕구와 구매행동이 서로 유사하고, 집단 간에는 상이하도록 몇 개의 집단으로 소비자들을 군집화하는 과정이다.
② 같은 집단 내 비슷한 특성을 보이는 내부적 동질성과 다른 집단 간 서로 다른 특성을 보이는 외부적 이질성이 확보되어야 각각의 세분시장에 차별적인 마케팅 전략을 사용할 수 있다.

02 시장세분화의 요건 ★★★ 기출개념

1. 측정가능성(measurability)
세분시장의 규모 및 구매력 등의 특성들은 측정 가능해야 한다.
- 예 '장식용으로 책을 구매하고자 하는 소비자들'이라고 표적시장을 정하더라도 그들의 수나 구매력 등을 측정하는 것은 거의 불가능할 수 있다.

2. 접근가능성(accessibility)
유통경로 또는 매체를 통해 소비자에게 접근이 가능해야 한다.
- 예 '사회적으로 적극적이며, 야근을 자주 하는 미혼의 여성'이라고 표적시장을 정하더라도 그들이 접근이 어려운 특정 지역에 있거나 특정 매체에 자주 노출이 되지 않는 한, 기업이 표적시장에 접근하는 것은 어렵다.

3. 충분한 시장의 규모(substantiality)
세분시장의 규모가 충분히 커서 이익을 낼 수 있어야 한다.
- 예 각 소비자들의 기호와 정확히 일치하는 제품을 생산하더라도 잠재적인 시장의 규모가 작으면 그에 따른 과다한 생산비용으로 인해 이익을 내기 어렵다.

4. 실행가능성(actionability)
각 세분시장을 공략하기 위한 효과적 마케팅 프로그램을 개발할 수 있어야 한다.
- 예 세분시장을 발견하더라도 그에 적합한 마케팅 프로그램을 개발하지 못하면 세분화의 의미가 없어진다.

03 시장세분화의 이점

1. 새로운 마케팅 기회의 포착
마케팅 담당자는 각 세분시장 내 소비자들의 욕구와 경쟁사 제품을 검토함으로써 보다 효과적으로 소비자를 만족시키기 위한 방안을 결정할 수 있다.

2. 마케팅 믹스의 정밀 조정
마케팅 담당자는 모든 소비자에게 하나의 마케팅 믹스를 제공하기보다는 소비자의 욕구를 효과적으로 충족시키기 위해 세분시장별로 마케팅 믹스를 조정할 수 있다.

3. 각 세분시장의 반응 특성에 따른 자원의 효율적 할당
마케팅 담당자는 효과적인 바람직한 목표달성을 위해 각 세분시장의 반응 특성을 근거로 하여 마케팅 예산과 노력을 합리적으로 할당할 수 있다.

04 시장세분화의 기준 ★★★ 기출개념

1. 지리적 변수

구분	내용
지역	서울, 경기, 충청, 호남, 영남, 강원, 제주
도시 크기	대도시, 광역시, 중소도시, 농·어촌
기후	남부, 북부

2. 심리도식적 변수

구분	내용
라이프스타일	전통지향형, 쾌락추구형, 세련형
성격	내성적, 외향적, 순종형, 이기형

3. 인구통계적 변수

구분	내용
나이	7세 미만, 7~12세, 13~18세, 19~24세, 60세 이상 등
생애주기	• 유아, 소년, 청소년, 청년, 중년, 노년 • 독신, 신혼부부, Full Nest 1(가장 어린 자녀가 미취학), Full Nest 2(가장 어린 자녀가 취학), Full Nest 3(자녀가 고교 혹은 대학 진학), Empty Nest 1(가장이 취업 유지 상태), Empty Nest 2(가장 은퇴), Solitary Survivor(독신 상태의 임시직 취업), 독신 상태의 은퇴
성별	남자, 여자
소득	100만원 미만, 101~200만원, 201~300만원, 301만원 이상
사회적 계층	상, 중상, 중, 중하, 하

4. 행동적 변수 ★ 기출개념

구분	내용
구매 및 사용 상황	직장, 가정, 야외 등
추구편익	편의성, 절약형, 품질형, 지위형
사용률	사용안함, 소량사용, 대량사용
충성도	높음, 중간, 낮음
제품태도	긍정적, 중립적, 부정적
구매자 상태	무인지, 인지, 정보획득, 관심, 구매의도

5. 산업재 시장의 세분화

구분	내용
인구통계적 변수	• 산업유형 • 기업규모: 대기업, 중기업, 소기업
운영 변수	• 기술 • 사용률: 소량사용, 대량사용 • 고객능력
구매접근방식 변수	• 구매조직 • 구매 시 고려 속성: 품질, 납기, 가격 • 구매형태: 신규구매, 반복구매, 재구매
상황적 변수	• 긴급성 • 특별용도 • 구매량: 소량구매, 대량구매
개인적 특성 변수	• 구매자-판매자 유사성 • 위험에 대한 태도 • 충성도

기출개념확인

01 시장세분화의 요건에 해당하지 않는 것은?

① 측정가능성　　　　② 운영가능성
③ 접근가능성　　　　④ 실행가능성

02 산업재 시장을 세분화하기 위한 기준에 해당하지 않는 것은?

① 심리도식적 변수　　② 운영 변수
③ 상황적 변수　　　　④ 인구통계적 변수

정답 · 해설

01 ② 시장세분화를 위한 요건에는 측정가능성, 접근가능성, 충분한 시장규모, 실행가능성이 있다.
02 ① 산업재 시장을 세분화하는 기준에는 인구통계적 변수, 운영 변수, 구매접근방식 변수, 상황적 변수, 개인적 특성 변수 등이 있다. 심리도식적 변수는 소비재 시장에서 소비자들 간 유사한 라이프스타일이나 성격에 따라 세분화하는 방법이다.

제2절 표적시장의 선정

01 세분시장의 평가 기준

1. 세분시장의 규모와 성장률
① 각 세분시장의 현재 판매량, 예상 성장률과 수익률 등에 대한 자료를 수집·분석한다.
② 충분한 규모와 높은 시장성장률이 중요하다.
③ 소규모 기업들은 큰 규모의 세분시장을 감당할만한 기술과 자원이 부족하고 시장에서 기업 간의 경쟁이 치열하므로, 높은 수익률을 얻을 수 있는 성장잠재력을 가진 작은 시장을 선택하는 경우도 있다.

2. 시장구조의 매력도
① 충분한 규모와 성장률이 있으면서 시장구조 측면에서 매력적이어야 한다.
② 장기적으로 세분시장 매력도(수익성)에 영향을 주는 구조적 요인인 경쟁강도, 대체상품의 위협, 구매자의 힘, 공급자의 힘 등이 자사 제품에 미치는 영향을 분석한다.

3. 기업의 목표와 자원
① 세분시장이 큰 규모, 높은 성장률, 매력적인 구조를 갖추었다고 하더라도 세분시장과 관련된 자사의 목표와 자원을 고려하여 시장의 매력도를 평가해야 한다.
② 목표와 부합하더라도 그 시장에서 성공할 수 있는 기술과 자원이 있는지를 확인하여 경쟁적 우위를 얻을 수 있고 비용보다 수익이 더 많을 것이라 예상될 때 진입한다.

02 표적시장의 선택 ★ 기출개념

1. 무차별적 마케팅(undifferentiated marketing) ★★

(1) 무차별적 마케팅의 개념
① 개발된 하나의 제품 혹은 마케팅 믹스로 전체시장을 공략한다.
② 소비자들 간의 차이보다는 공통점에 중점을 두며, 대량유통과 대량광고 방식을 채택한다.

(2) 무차별적 마케팅의 장단점
① 장점: 마케팅 비용을 줄일 수 있다.
② 단점: 경쟁기업이 틈새시장에 쉽게 진출할 수 있다.

2. 차별적 마케팅(differentiated marketing) ★★

(1) 차별적 마케팅의 개념
① 특정 세분시장에 맞게 개발된 복수의 마케팅 믹스로 복수의 세분시장을 각각 공략한다.
② 제품과 마케팅 믹스의 다양성을 통해 각 세분시장 안에서 높은 판매고와 강력한 위치를 구축하는 것이 가능하다.
③ 각 세분시장에 맞는 마케팅 전략의 구사에는 많은 비용이 들어가기 때문에 증가된 비용을 고려한 예상수익을 먼저 생각해야 한다.
④ 자원이 풍부한 대기업이 사용하기에 좋은 전략이다.

(2) 차별적 마케팅의 장단점
① 장점: 기업의 매출이 증가할 수 있다.
② 단점: 각 세분시장에 필요한 마케팅 믹스 개발을 위한 비용이 증가하여 수익이 나지 않을 수 있다.

3. 집중 마케팅(concentrated marketing) ★★

(1) 집중 마케팅의 개념
① 특정 세분시장에 맞게 개발된 하나의 마케팅 믹스로 하나의 세분시장만 공략한다.
② 기업의 자원이 제한적인 경우, 큰 시장에서 낮은 시장점유율을 누리기보다는 하나 혹은 소수의 작은 시장에서 높은 시장점유율을 누리기 위한 전략이다.
③ 특정 시장에 속한 소비자의 특성을 잘 알고 있기 때문에 강력한 위치의 획득이 가능하다.
④ 소비자들의 구매행동이 변화하면 그 시장의 시장성은 사라진다.
⑤ 자원이 한정된 중소기업이 사용하기 좋은 전략이다.

(2) 집중 마케팅의 장단점
① 장점: 적은 마케팅 비용으로 특정 시장에서 전문기업의 명성을 얻을 수 있다.
② 단점: 세분시장의 규모가 축소될 수 있고, 경쟁기업의 진입 가능성이 높다.

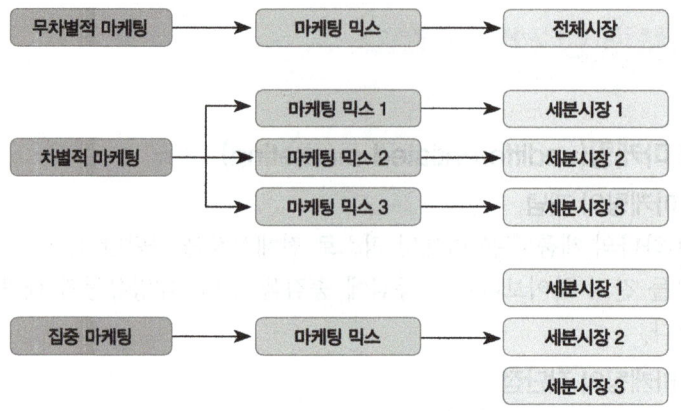

[그림 5-1] 시장세분화에 따른 표적시장 공략 유형

기출개념확인

01 표적시장을 선정하기 위한 세분시장 평가의 주요 기준이 <u>아닌</u> 것은?
① 세분시장의 규모와 성장률
② 시장구조의 매력도
③ 기업의 목표와 자원
④ 대체재의 위협도

02 집중 마케팅에 대한 설명으로 <u>잘못된</u> 것은?
① 소비자들 간의 차이보다는 공통점에 중점을 두며, 대량유통과 대량 광고 방식을 채택한다.
② 하나의 마케팅 믹스로 하나의 세분시장만 공략한다.
③ 기업의 자원이 제한되어 있는 경우 작은 시장을 공략하기 위한 전략이다.
④ 소비자들의 구매행동이 변화하면 그 시장의 시장성은 사라진다.

정답·해설

01 ④ 세분시장을 평가하기 위한 주요한 기준으로는 세분시장의 규모와 성장률, 시장구조의 매력도, 기업의 목표와 자원이 있다.

02 ① 소비자들 간의 차이보다는 공통점에 중점을 두며, 대량유통과 대량 광고 방식을 채택하는 방식은 별도의 표적시장을 선정하지 않는 무차별적 마케팅의 특징이다.

제3절 차별화와 포지셔닝

01 포지셔닝의 개념

1. 포지셔닝의 개념 ★ 기출개념
① 포지셔닝이란 자사 제품이 소비자의 마음속에서 유리한 위치에 있도록 기억시키는 과정이다.
② 자사의 제품이 소비자들의 인식 속에서 경쟁사의 제품과 차별화된 이미지를 심어주기 위한 계획적인 접근법이다.

2. 포지셔닝의 의의
① 소비자들이 구매의사결정을 내릴 때마다 제품을 재평가할 수 없기 때문에 구매의사결정을 단순화하기 위해 제품 및 서비스와 그것을 제공하는 제조회사를 그들의 마음속 특정 위치에 저장한다.
② 기업은 선택한 표적시장 내 소비자들의 마음속에서 경쟁기업에 대비하여 최대한의 경쟁적 우위를 확보하기 위해 포지셔닝 전략을 기획하고 마케팅 믹스를 개발한다.

02 포지셔닝 전략의 유형 ★★ 기출개념

1. 제품 속성에 의한 포지셔닝
(1) 제품 속성에 의한 포지셔닝
자사 제품의 특정 속성이 경쟁 제품에 비해 차별적인 우위를 가지고 있어 그 혜택을 제공하는 전략이다.

(2) 제품 속성을 활용한 포지셔닝 사례
① 제품의 물리적 혹은 기능적 실체
㉠ 아스피린을 판매하는 기업은 아스피린의 물리적 실체(화학적 구조)를 차별화함으로써 포지셔닝 할 수 있다.
㉡ 기능적으로 어떤 형태(예 가루, 캡슐)로 만들 것인가, 혹은 어떤 색상(예 흰색, 빨간색)의 아스피린을 만들 것인가를 의사결정하여 포지셔닝 할 수 있다.

② 소비자가 제품으로부터 기대하는 편익
　㉠ 아스피린은 진통 완화, 즉 통증을 덜어주는 효과가 있다.
　㉡ 항공서비스는 현재 내가 있는 곳에서 원하는 곳까지 빠른 시간 내에 데려다 준다.

2. 이미지 포지셔닝

(1) 제품에 대한 소비자의 인식(perception)
① 동일한 제품이라도 마케팅 믹스를 활용하면 제품에 대한 소비자 인식을 달리할 수 있다.
② 가격과 광고 스타일을 달리하고, 어떤 매장에서 판매하는가에 따라 제품에 대한 소비자 인식이 달라질 수 있다.

(2) 제품이 지니고 있는 추상적인 편익
제품 혹은 기업에 대한 특정 정서를 강조하거나 긍정적인 감정을 유발시키는 방법이다.

3. 경쟁 제품에 의한 포지셔닝

소비자가 인식하고 있는 기존의 경쟁 제품과 비교함으로써 자사 제품의 편익을 강조하는 방법이다.
예 '7-Up'은 콜라와 유사한 제품이 아니라 사이다라는 것을 인식시키기 위해 un-cola라는 점을 강조한다.

4. 사용 상황에 의한 포지셔닝

자사 제품의 적절한 사용 상황을 설정함으로써 경쟁 제품의 사용 상황과 다르다는 것을 소비자에게 인식시키는 전략이다.
예 '게토레이'는 운동 후 섭취하는 스포츠 음료라는 점을 소비자에게 인식시킨다.

5. 제품 사용자에 의한 포지셔닝

제품이 특정 사용자 계층에 적합하다고 소비자에게 강조하는 전략이다.
예 '존슨앤존슨 베이비로션'은 피부가 예민한 유아 및 20대 여성을 모델로 하여 보습에 좋은 제품임을 강조한다.

03 포지셔닝 전략 수립 과정

1. 경쟁사 대비 경쟁적 강점 파악

① 소비자들의 욕구와 구매 과정에 대해 경쟁사보다 잘 이해함으로써 경쟁사들보다 높은 가치를 소비자들에게 줄 수 있어야 한다.

② 차별화 가능 요인
  ㉠ 제품 차별화(product differentiation): 제품 속성을 경쟁사와 차별화한다.
  ㉡ 서비스 차별화(service differentiation): 제공하는 서비스를 경쟁사와 차별화한다.
  ㉢ 인적 차별화(personnel differentiation): 영업사원 및 판매원 등을 경쟁사와 차별화한다.
  ㉣ 이미지 차별화(image differentiation): 브랜드에 대한 이미지를 경쟁사와 차별화한다.

2. 적절한 경쟁우위의 선택

① 가능한 경쟁적 강점 파악 후 어떤 우위점을 선택할 것인가, 몇 개의 우위점을 이용하여 차별적 포지셔닝을 할 것인가를 결정한다.
② 포지셔닝에 사용할 차별점 수의 결정: 소비자들이 제품 구매 시 매우 중요하게 고려하며 경쟁사 대비 확실한 우위점이 있는 편익을 집중적으로 촉진시키는 방법과 보다 많은 수의 세분시장에 소구하기 위해 다양한 차별점을 사용하는 방법을 이용한다.
③ 차별점의 선택: 각 차별점은 소비자에게 편익을 제공함과 동시에 기업의 비용 증대를 가져오므로 의미 있는 차별화 도구가 될 수 있도록 신중한 선택이 필요하다.

3. 선택한 포지션의 전달

① 포지셔닝에 사용될 차별점이 선택되면 표적 소비자들에게 포지셔닝 될 수 있도록 차별점을 전달한다.
② 모든 기업의 마케팅 믹스 노력은 포지셔닝 전략을 뒷받침해야 하며 포지셔닝을 위해서는 기업의 실질적 행동이 필요하다.

4. 지각도(perceptual map, 포지셔닝 맵) ★★ 기출개념

(1) 지각도의 개념
  ① 중요한 2~3개의 평가차원을 사용하여 자사 제품/상표의 위치와 경쟁사의 위치를 나타내는 도표이다.
  ② 제품의 심리적 포지셔닝 개발을 위한 강력한 도구로 사용된다.

(2) 지각도의 작성절차
  ① 인식하는 속성 차원의 수를 결정한다.
  ② 차원의 이름을 결정한다.
  ③ 자사 제품 및 경쟁 제품의 위치를 표시한다.
  ④ 지각도 내의 이상적인 위치를 결정한다.

개념 Plus

POD(Point Of Difference)와 POP(Point Of Parity)
- POD: 자사 제품이 경쟁 제품에 비하여 경쟁우위가 있는 속성이다.
- POP: 자사 제품이 포함된 제품 범주에서 반드시 충족되어야 하는 속성이자 모든 제품이 공통적으로 가져야 할 속성이다.
- 마케팅 담당자는 포지셔닝의 단계에서 POP와 POD를 동시에 전달할 수 있어야 한다.

예 자사가 출시한 저칼로리 맥주의 홍보 포인트는 '저칼로리'라는 차별점과 모든 맥주가 가져야 할 '맛'이라는 공통점이 함께 전달되어야 한다는 것이다.

(3) 지각도의 장점
① 소비자가 제품을 평가하는 데 사용하는 기본적인 속성 인식 차원을 파악한다.
② 차원상에서 기존 제품과 잠재적 제품의 상대적 위치를 파악한다.
③ 고려되는 속성 차원에서 해당 대상들의 강약 정도를 판단할 수 있다.
④ 특정 제품 간 유사성을 수준을 판단할 수 있다.
⑤ 시장 내에서 이상적인 제품의 위치를 확인할 수 있다.

5. 재포지셔닝(re-positioning) 기출개념
① 소비자의 욕구 및 시장 환경의 변화에 따라 기존 제품의 포지션을 분석하여 새롭게 위치시키는 활동이다.
② 소비자의 제품에 대한 기존 이미지가 강한 경우 재포지셔닝이 어렵고 많은 마케팅 비용이 든다.

기출개념확인

01 STP 전략에서 포지셔닝 시 자사 제품이 포함된 제품 범주에서 반드시 충족되어야 하는 속성이자 모든 제품이 공통적으로 가져야 할 속성을 뜻하는 개념은?
① POP
② POD
③ AIO
④ Perceptual Map

02 다음 중 지각도의 장점이 아닌 것은?
① 소비자가 제품을 평가하는 데 사용하는 주요한 속성 차원을 파악할 수 있다.
② 자사 제품과 경쟁 제품의 상대적인 위치를 파악할 수 있다.
③ 자사 제품과 경쟁 제품에 대한 객관적 자료를 바탕으로 분석된 도표이다.
④ 시장 내에서 이상적인 제품 위치를 확인할 수 있다.

정답·해설
01 ① 마케팅 담당자는 포지셔닝 전략 수립 시 차별화 포인트를 선정하는 POD뿐만 아니라 해당 제품 범주에서 필수 속성에 해당하는 POP도 만족시켜야 한다.

오답분석
② POD는 타사에 비해 경쟁우위에 있는 속성을 뜻한다.
③ AIO는 시장세분화 시 심리도식적 변수를 기준으로 소비자집단을 구분하는 기법이다.
④ perceptual map은 지각도 혹은 포지셔닝 맵이라고도 하며 소비자들이 인식 속에 있는 자사 제품 혹은 경쟁 제품의 위치를 두 가지 정도의 속성으로 나타내는 기법이다.

02 ③ 지각도, 포지셔닝 맵은 기업의 정량적인 경영자료를 바탕으로 표시한 도표가 아니라 소비자가 심리적으로 인식하는 자사 제품을 포함한 시장 내 경쟁 제품의 주요 속성을 축으로 표시한 도표이다.

제5장 | 실전연습문제

*기출유형은 해당 문제가 실제 시험에 출제된 유형임을 나타냅니다.

[기출유형]

01 기업이 마케팅 믹스에 대한 소비자 반응에 따라 전체시장을 몇 개의 공통된 특성을 가지는 세분시장으로 나누어 차별화하는 것은?

① 포지셔닝
② 제품다양화
③ 시장세분화
④ 집중적 마케팅 전략

[기출유형]

02 시장세분화의 요건에 대한 설명으로 옳지 않은 것은?

① 각 세분시장의 규모나 구매력 등을 측정할 수 있어야 한다.
② 유통경로 및 매체 등을 통해 목표 소비자에게 접근이 가능해야 한다.
③ 세분시장은 경우에 따라서 충분한 이익을 내는 규모가 아니어도 된다.
④ 각 세분시장을 공략하기 위한 효과적인 마케팅 프로그램을 개발할 수 있어야 한다.

[기출유형]

03 다음 중 시장세분화의 이점으로 옳지 않은 것은?

① 경쟁 제품 대비 자사 제품에 대한 차별적인 이미지를 심어준다.
② 새로운 마케팅 기회를 효과적으로 포착하도록 해준다.
③ 마케팅 믹스를 정밀하게 조정해준다.
④ 시장의 반응에 따라 자원을 효율적으로 할당하도록 해준다.

04 다음에서 충족시키지 못하는 시장세분화의 요건은?

> 세분시장을 발견할 수 있더라도 그에 적합한 마케팅 프로그램을 개발할 수 없다.

① 측정가능성
② 접근가능성
③ 충분한 시장규모
④ 실행가능성

[기출유형]

05 다음 설명이 가리키는 것에 대해 옳지 않은 것은?

> 나이, 성별, 소득, 직업 등 동일한 인구통계적 집단 내 속한 사람들도 서로 상이한 심리적 특성을 가지고 있을 수 있다는 심리적 특성을 기초로 시장을 나눈다.

① 많은 기업들이 라이프스타일을 활용하여 특정 관심사를 공유하는 사회계층을 위한 제품이나 서비스를 설계한다.
② 시장에 대한 풍부한 정보를 주지는 못하지만 세분화의 경계가 뚜렷하여 측정이 수월하다.
③ 소비자가 어떻게 시간을 보내고 어떤 일을 중시하며, 어떤 견해를 갖고 있는가를 척도로 나타내어 수치화하는 것이다.
④ 라이프스타일은 일반적으로 활동, 관심, 의견 등 AIO 분석으로 기준을 분류한다.

06 다음 시장세분화의 기준으로 적절하지 않은 것은?

① 문화적 변수　　② 인구통계적 변수
③ 지리적 변수　　④ 심리적 변수

09 표적시장의 선정 기준으로 적절하지 않은 것은?

① 세분시장의 규모와 성장률
② 시장구조의 매력도
③ 소비자 행동 패턴
④ 기업의 목표와 자원

07 다음에서 설명하는 시장세분화의 기준이 알맞게 짝지어진 것은?

> ㄱ. 주로 고객의 나이, 성별, 소득수준, 직업, 가족 수 등에 의해 시장이 구분된다.
> ㄴ. 주로 개성, 라이프스타일 등에 의해 시장이 구분된다.

	ㄱ	ㄴ
①	인구통계적 변수	행동적 변수
②	심리도식적 변수	행동적 변수
③	행동적 변수	지리적 변수
④	인구통계적 변수	심리도식적 변수

10 다음 사례가 해당되는 표적시장 선택 전략은?

> 항공사의 경우 저렴한 여객서비스, 속도가 빠른 여객서비스, 고객 만족을 극대화하는 여객서비스, 각각의 서비스를 제공하기보다는 그중 하나를 선택하여 전문화한다.

① 이미지 포지셔닝 전략　② 집중 마케팅 전략
③ 차별적 마케팅 전략　　④ 무차별적 마케팅 전략

08 세분시장을 평가하기 위한 주요 기준에 대한 설명으로 잘못된 내용은?

① 충분한 시장규모와 높은 시장성장률을 확인하는 것이 필요하다.
② 경쟁강도 및 가치사슬에서 영향력 등 시장구조 측면에서 매력적이어야 한다.
③ 작은 규모의 기업들은 높은 수익률을 얻을 수 있는 작은 세분시장을 선택하기도 한다.
④ 기업의 목표와 부합하면 해당 시장에서 성공할 자원이 부족하더라도 경쟁우위를 획득할 수 있기 때문에 진입해야 한다.

11 표적시장 선정에 따른 마케팅 전략으로 옳은 것은?

① 집중 마케팅은 촉진 전략으로 전문잡지와 같은 특화된 매체를 활용한다.
② 무차별적 마케팅은 복수의 제한된 고객집단을 시장으로 정의한다.
③ 차별적 마케팅은 대중매체를 활용하지만 무차별적 마케팅은 세분시장별로 차별적 매체를 선정한다.
④ 다양한 고객을 겨냥한 단일 상표로 한정된 수의 제품 및 서비스를 판매하는 제품 전략을 취하는 것은 차별적 마케팅에 따른 것이다.

12 표적시장 선정과 관계가 없는 것은?

① 무차별적 마케팅 ② 서비스 마케팅
③ 차별적 마케팅 ④ 집중 마케팅

13 표적시장의 선정과 관련된 설명으로 잘못된 것은?

① 무차별적 마케팅은 소비자 간 차이보다 공통점을 기반으로 대량유통 및 광고를 활용한다.
② 집중 마케팅 전략은 자원이 한정된 중소기업에 적합한 전략이다.
③ 차별적 마케팅 전략은 자원이 많은 대기업에 적합한 전략이다.
④ 차별적 마케팅 전략은 마케팅 비용을 절감할 수 있다.

14 다음 설명이 가리키는 개념은?

> 제품의 경쟁우위를 찾아내어 이를 선정한 목표시장의 소비자 마음속에 자사의 상품을 자리 잡게 하는 것이다. 즉, 소비자들에게 경쟁 제품과 비교하여 자사 제품에 대한 차별화된 이미지를 심어주기 위한 계획적인 접근법이다.

① 시장세분화 ② 집중 마케팅
③ 포지셔닝 ④ 제품차별화

15 포지셔닝 전략을 수립하는 과정에서 차별화하는 요인에 해당하지 않는 것은?

① 제품 차별화 ② 이미지 차별화
③ 조직 차별화 ④ 인적 차별화

16 포지셔닝에 대한 설명으로 잘못된 것은?

① 자동차의 안전성으로 포지셔닝하는 것은 제품 속성에 의한 포지셔닝이다.
② 올바른 포지셔닝을 위해서는 지각도가 필요한데 이는 경쟁기업 간 시장점유율을 표시한 도표이다.
③ 제품이 지니고 있는 추상적인 편익을 소구하는 것은 이미지 포지셔닝이다.
④ 재포지셔닝은 신제품의 포지셔닝 전략에 비해 어려움이 따른다.

17 포지셔닝 맵에 관한 설명으로 적절하지 않은 것은?

① 여러 가지로 평가할 수 있는 속성 차원에 따라 자사 제품 및 경쟁 제품의 위치를 나타낸 것이다.
② 소비자의 마음속에 자리 잡고 있는 자사 제품과 경쟁 제품의 위치를 2~3차원의 도면으로 작성한 도표를 말한다.
③ 지각도상에 표시된 제품 간 거리로 미루어 각 제품들 간의 유사성 판단이 가능하다.
④ 지각도상의 각 대상들의 위치는 고려되는 외부 환경요인에 관한 정보들을 나타낸다.

18 다음 사례가 의미하는 것은?

> 광고를 통해 전날 회식을 다녀온 후 집에 귀가한 아버지가 고기냄새가 배어있는 코트에 페브리즈를 사용하여 냄새를 제거하고 좋은 향기가 나는 상황을 연출하였다.

① 사용 상황에 의한 포지셔닝
② 제품 사용자에 의한 포지셔닝
③ 경쟁 제품에 의한 포지셔닝
④ 제품 속성에 의한 포지셔닝

19 다음 사례가 설명하는 포지셔닝 전략은?

> 칠성사이다는 콜라와는 달리 카페인이 들어있지 않은 탄산음료로 포지셔닝하였다.

① 경쟁 제품에 의한 포지셔닝
② 사용 상황에 의한 포지셔닝
③ 이미지 포지셔닝
④ 제품 사용자에 의한 포지셔닝

기출유형

20 재포지셔닝에 대한 설명으로 옳은 것은?

① 전체 세분시장 중에서 특정 세분시장을 목표시장으로 삼아 집중 공략하는 전략이다.
② 소비자의 욕구 및 경쟁 환경의 변화에 따라 기존 제품이 가지고 있던 포지션을 분석하여 새롭게 조정하는 활동이다.
③ 자사 제품의 경쟁우위를 찾아내 이를 선정한 목표시장의 소비자들의 마음 속에 자사의 상품을 자리 잡게 하는 것이다.
④ 각기 다른 세분시장의 상이한 욕구에 부응할 수 있는 마케팅 믹스를 개발하여 적용하는 것이다.

제5장 | 정답·해설

01	02	03	04	05
③	③	①	④	②
06	07	08	09	10
①	④	④	③	②
11	12	13	14	15
①	②	④	③	③
16	17	18	19	20
②	④	①	①	②

01 ③

가격이나 제품에 대한 반응에 따라 전체시장을 몇 개의 공통된 특성을 가지는 세분시장으로 나누어서 마케팅을 차별화하는 것은 시장세분화이다.

오답분석

① 고객의 마음속에 자사의 제품에 대한 이미지를 확고하게 자리 잡게 하는 활동이다.
② 고객의 욕구를 만족시키기 위해 다양한 제품을 생산하는 단계이다.
④ 다양한 세분시장이 기업의 경쟁우위를 바탕으로 특정 세분시장에 맞는 마케팅 믹스를 개발하여 해당 시장을 표적시장으로 선정하는 방식이다.

02 ③

시장세분화 시 각 세분시장은 충분한 규모와 이익을 내는 크기여야 한다.

03 ①

경쟁 제품 대비 자사 제품에 대한 차별적인 이미지를 심어주는 마케팅 활동은 포지셔닝 전략이다.

04 ④

해당 사례는 각 세분시장을 공략하기 위한 효과적인 마케팅 프로그램을 개발하여야 한다는 실행가능성에 대해 설명하고 있다.

오답분석

① 세부시장의 규모 및 구매력 등의 특성이 측정 가능해야 한다.
② 유통경로 및 매체를 통해 소비자에게 접근할 수 있어야 한다.
③ 세분시장이 충분히 커서 이익을 낼 수 있는 규모여야 한다.

05 ②

해당 설명은 심리도식적 변수에 따른 시장세분화에 관한 것이다. 심리도식적 변수는 소비자에 대한 풍부한 정보를 제공하지만 세분화의 경계가 모호하여 누가 해당 특성을 가진 소비자인가를 측정하기 어렵다는 단점이 있다.

06 ①

시장세분화를 위한 기준 변수에는 지리적 변수, 인구통계적 변수, 심리도식적 변수, 행동적 변수 등이 있다.

07 ④

ㄱ. 인구통계적 변수를 활용한 시장세분화에서는 주로 고객의 나이, 성별, 소득수준, 직업, 가족 수 등으로 통해 시장을 구분한다.
ㄴ. 심리도식적 변수를 활용한 시장세분화에서는 소비자의 개성, 라이프스타일 혹은 이를 결합한 행동, 관심, 의견에 대한 조사를 바탕으로 시장을 구분한다.

08 ④

세분시장과 기업의 목표가 부합해야 할 뿐만 아니라 기업이 소유한 기술과 자원이 풍부한가를 판단하여 해당 세분시장에의 진입여부를 결정한다.

09 ③

소비자 행동 패턴은 소비자 관점의 시장세분화 변수에 해당한다.

> **참고** 표적시장 선정 기준
> 표적시장을 선정하는 주요 기준은 세분시장의 규모와 성장률, 시장구조의 매력도, 기업의 목표와 자원 등으로 기업의 사업성 평가와 관련이 있다.

10 ②

해당 사례는 전체시장을 복수의 세분시장으로 구분하여 기업이 경쟁우위를 가지는 하나의 세분시장에 집중하는 집중 마케팅 전략을 설명하고 있다.

11 ①

집중 마케팅은 하나 혹은 소수의 작은 시장에서 높은 시장점유율을 누리기 위한 전략으로, 특정 세분시장에 맞는 하나의 마케팅 믹스로 해당 세분시장만을 공략한다.

> **오답분석**
> ② 복수의 제한된 고객집단을 시장으로 정의하는 것은 차별적 마케팅이다.
> ③ 대중매체를 활용하고, 차별적 마케팅은 세분시장별로 차별적 매체를 선정하는 것은 무차별적 마케팅이다.
> ④ 전체 고객을 대상으로 한 단일 상표의 한정된 제품 및 서비스를 판매하는 것은 무차별적 마케팅이다.

12 ②

표적시장을 선정하는 전략에는 무차별적 마케팅, 차별적 마케팅, 집중 마케팅이 있다.

13 ④

차별적 마케팅 전략은 각각의 고객욕구를 만족시키기는 하지만 각각 다른 마케팅 믹스 전략을 실행해야 하므로 비용이 많이 발생한다.

14 ③

문제에서 설명하고 있는 것은 포지셔닝의 개념이다.

> **오답분석**
> ① 시장세분화는 기업의 마케팅 믹스에 대한 반응에 따라 전체시장을 각각 공통된 특성을 가지는 복수의 세분시장으로 나누어 마케팅 활동을 차별화하는 것이다.
> ② 집중 마케팅은 특정 세분시장에 맞게 개발된 하나의 마케팅 믹스로 하나의 세분시장만을 공략한다.
> ④ 제품차별화는 제품 속성을 경쟁사와 차별화하는 것이다.

15 ③

포지셔닝 전략 수립 과정의 차별화 요인에는 제품 차별화, 서비스 차별화, 이미지 차별화, 인적 차별화가 있다.

16 ②

지각도(포지셔닝 맵)은 기업 간 시장점유율이 아닌 소비자의 마음속에 자리 잡고 있는 자사 제품과 경쟁 제품의 위치를 2~3차원의 축으로 작성한 도표이다.

17 ④

지각도상의 각 대상들의 위치는 외부 환경요인에 대한 정보가 아니라 고려되고 있는 속성 차원에서 해당 대상이 얼마나 강력한지 혹은 얼마나 약한지에 대한 내부요인 관련 정보를 제공한다.

18 ①

문제에 제시된 사례는 사용 상황에 의한 포지셔닝으로, 해당 제품의 적절한 사용 상황을 설정함으로써 소비자에게 타사 제품과의 차별점을 인식시키기 위해 사용하는 전략이다.

> **오답분석**
> ② 제품 사용자에 의한 포지셔닝은 제품이 특정 사용자 계층에 적합함을 소비자에게 강조하는 전략이다.
> ③ 경쟁 제품에 의한 포지셔닝은 소비자가 인식하고 있는 기존의 경쟁 제품과 비교함으로써 자사 제품의 편익을 강조한다.
> ④ 제품 속성에 의한 포지셔닝은 자사 제품의 특정 속성이 경쟁 제품에 비해 차별적인 우위를 가지고 있어 혜택을 제공하는 전략이다.

19 ①

칠성사이다는 콜라라는 경쟁 제품과 비교하여 카페인이 없는 탄산음료로 포지셔닝함으로써 경쟁 제품에 의한 포지셔닝을 수행하였다.

> 오답분석

② 사용 상황에 의한 포지셔닝은 제품을 사용하는 상황을 특정함으로써 소비자에게 해당 상황에서 자사 제품을 자연스럽게 구매하도록 유도하는 포지셔닝 전략이다.
③ 이미지 포지셔닝은 제품이 가지고 있는 추상적인 편익이나 제품에 대한 소비자의 인식을 활용하는 전략이다.
④ 제품 사용자에 의한 포지셔닝은 제품이 특정 사용자 계층에 적합하다고 소비자에게 강조하는 전략이다.

20 ②

재포지셔닝은 소비자 및 시장환경의 변화에 따라 기존 제품의 포지션을 새롭게 위치시킴에 따라 최초 신제품의 포지셔닝보다 비용이 많이 소모될 수 있다.

> 오답분석

① 집중 마케팅 전략에 대한 설명이다.
③ 포지셔닝 전략에 대한 설명이다.
④ 차별적 마케팅 전략에 대한 설명이다.

무료 학습자료 제공 · 독학사 단기합격 **해커스독학사**
haksa2080.com

전문가가 분석한 출제경향 및 학습전략

제6장에서는 제품의 개념과 분류, 제품의 유형, 다양한 제품관리를 위한 제품계열 및 믹스 관리를 집중 학습해야 한다. 또한 제품믹스관리 개념을 확장하는 전략 유형과 상표가 무형자산화된 브랜드 자산의 개념과 구성요소에 대해서도 알아두는 것이 좋다. 그 외 브랜드 인지도의 차원과 이를 증대시키기 위한 전략, 브랜드 연상의 유형은 매우 중요한 내용으로 출제될 가능성이 높으므로 자세한 내용을 파악해야 한다.

제6장 | 핵심 키워드 Top 10
핵심 키워드 Top 10은 본문에도 동일하게 ★로 표시하였습니다.

01	제품믹스의 개념과 관리 ★★★	p.166
02	제품의 분류 ★★★	p.160
03	제품의 개념 ★★★	p.160
04	서비스의 특성 ★★	p.164
05	제품믹스관리 전략 ★★	p.167
06	브랜드 자산의 개념 ★★	p.174
07	브랜드 자산의 구성요소 ★★	p.174
08	상표 관리 주체의 결정 ★	p.171
09	브랜드 인지도의 유형 ★	p.175
10	브랜드 인지도 증대 전략 ★	p.176

제6장

제품관리

제1절 제품의 개념과 분류
제2절 서비스 제품의 의미와 특성
제3절 제품 계열 및 믹스 관리
제4절 상표의 의의 및 전략
제5절 브랜드 자산의 의의 및 관리

제1절 제품의 개념과 분류

01 제품의 개념 ★★★ 기출개념

1. 제품의 개념
① 좁은 의미: 물리적이고 기능적인 속성을 나타내는 유형의 제품을 의미한다.
② 넓은 의미: 부수적인 서비스 및 상징적 가치까지 포괄하는 총체적 개념이다.
③ 물리적이고 기능적인 제품 및 포장, 브랜드, 배달서비스, 신용공여, 쾌적한 쇼핑 분위기까지 포함한다.

2. 제품의 구성요소

(1) 핵심제품
한 제품의 핵심적인 측면을 나타내는 것으로 제품이 본질적으로 소비자에게 제공하는 혜택이나 서비스를 의미한다.
예 자동차 구매를 통해 목적지까지 이동시켜주는 혜택을 제공하는 것 등

(2) 유형제품
소비자가 제품으로부터 추구하는 혜택을 구체적인 물리적 속성들의 집합으로 유형화시킨 것이다.
예 포장(패키징), 상표(브랜드), 특성, 품질, 스타일, 색상 등

(3) 확장제품
유형제품의 개념이 고객서비스까지 확대된 것으로 경쟁기업과 차별화될 수 있는 부가적인 서비스나 편익 등이다.
예 사후보증, AS, 배송, 설치, 대금지불방법, 부가서비스 등

> **핵심 Check**
> **제품개념의 범위**
> 제품 개념은 '핵심제품 → 유형제품 → 확장제품'의 순으로 범위가 확대된다.

02 제품의 분류 ★★★

1. 제품 유형성 정도에 따른 분류
(1) 내구재
① 유형의 제품으로 사용기간이 비교적 긴 제품이다.
② TV, 가구, 냉장고 등과 같이 상당수의 선매품이다.

(2) 비내구재
① 유형의 제품으로 사용기간이 비교적 짧은 제품이다.
② 음료수, 비누, 옷, 음식물 등과 같이 상당수의 생필품이다.

(3) 서비스
① 사용자의 욕구충족을 통해 만족을 주기 위하여 사람, 설비, 시설로써 제공되는 행위이다.
② 서비스의 특징
  ㉠ 무형적이다.
  ㉡ 표준화되지 않고 이질적이다.
  ㉢ 생산과 소비가 분리되지 않고 동시에 이루어진다.
  ㉣ 저장되지 못하고 즉시 소멸된다.

2. 소비자의 구매목적에 따른 분류

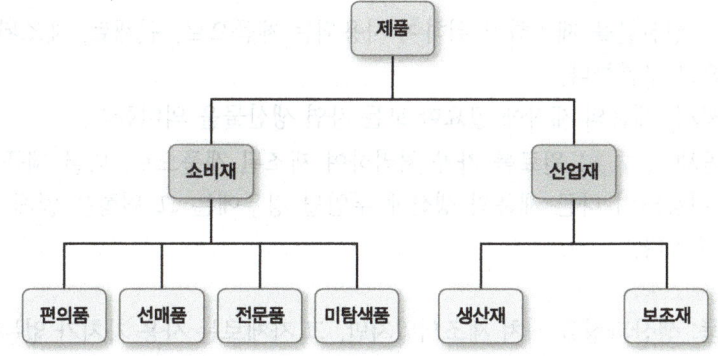

[그림 6-1] 소비자의 구매목적에 따른 제품의 분류

(1) 소비재의 유형
① **편의품**: 소비자가 제품 구매활동을 위해 많은 노력과 시간을 기울이지 않고 자주 구매하는 제품이나 서비스로, 가격이 비교적 저렴하다.
  예 필수품, 충동구매품, 비상용품(긴급용품) 등
② **선매품**
  ㉠ 소비자가 편의를 목적으로 하는 구매와 달리 구매 과정에서 물리적 특성, 서비스 특성(보증, A/S기간), 가격, 품질, 스타일, 구매 장소 등에 대한 정보를 수집하고, 그 특성을 비교하여 구매하는 상품이다.
  ㉡ 대체로 고가격이며 편의품에 비해 구매빈도가 그리 높지 않은 편이다.
    예 가구, 냉장고, TV 등
③ **전문품**
  ㉠ 소비자가 해당 제품을 구매하기 위해 특별한 노력을 기울이는 제품으로, 높은 제품 차별성, 높은 소비자 관여도, 특정 브랜드에 대한 애호가 있는 상품이다.
  ㉡ 대체로 고가격이며 편의품에 비해 구매빈도가 그리 높지 않다.
    예 고급 향수, 스포츠카, 스테레오 시스템 등

> **개념 Plus**
> **소비재**
> 최종소비자가 최종 소비목적을 위해 구매하며, 더 이상 가공하지 않고 사용할 수 있는 모든 제품을 말한다.

④ **미탐색품**: 소비자들이 평소에 특정 제품에 대해 잘 모르고 있거나 알고 있더라도 잘 찾지 않는 제품으로, 소비자들이 평소에 소비하고 싶어 하지는 않지만, 필요한 제품이다.

예 백과사전, 장례용품, 생명보험, 헌혈 등

구분	편의품	선매품	전문품	미탐색품
구매 전 계획 정도	거의 없음	있음	상당히 있음	거의 없음
가격	저가	중·고가	고가	고가
브랜드 충성도	거의 없음	있음	특정상표 선호	거의 없음
고객쇼핑 노력	최소한	보통	최대한	일부 비교
제품회전율	빠름	느림	느림	느림

(2) 산업재의 유형

① **생산재**
  ㉠ 최종 생산물을 제조하기 위하여 사용되는 제품으로, 원재료, 제조된 원료, 부품으로 구분한다.
  ㉡ **원자재**: 제품의 제작에 필요한 모든 자연 생산물을 의미한다.
  ㉢ **가공재** 기출개념 : 원료를 가공 처리하여 제조된 제품으로, 다른 제품의 부분으로 사용되며 다른 제품의 생산에 투입될 경우에는 그 원형을 잃게 되는 제품을 말한다.
  예 철강, 설탕 등
  ㉣ **부품**: 생산과정을 거쳐 제조되었지만, 그 자체로는 사용 가치가 없는 완제품으로, 더 이상의 변화 없이 최종 제품의 부분이 된다.
  예 소형 모터, 타이어 등

② **보조재**: 다른 상품이나 서비스 생산 지원에 이용되는 품목으로, 설비품, 보조장비, 산업서비스 등으로 구분한다.
  ㉠ **자본재**: 제품의 일부분을 구성하지는 않지만 제품 생산을 원활히 하기 위해서 투입되는 것이다.
    • **설비품**: 고정자산의 성격이 강하고, 매우 비싸며, 건물이나 공장의 부분으로 부착되어 있는 제품을 말한다.
  ㉡ **소모품**: 제품의 완성에는 필요하지만, 최종 제품의 일부가 되지는 않는 제품을 말한다.
  예 윤활유, 페인트 등

📝 **개념 Plus**

산업재
재생산을 목적으로 구매되는 제품으로서 소비재 매출에 따라 영향을 많이 받는 파생수요라는 특징을 가진다.

구분	생산재			보조재		
	원자재	가공재	부품	설비품	보조장비	소모품
구매결정자 지위	낮음	낮음	낮음	높음	보통	매우 낮음
단위당 가격	낮음	낮음	낮음	높음	고가	매우 낮음
소비속도	빠름	빠름	빠름	매우 느림	느림	느림
최종 제품 변화 여부	가끔	있음	없음	없음	없음	없음
형태의 변화 여부	있음	있음	없음	없음	없음	없음
구매초점	저가, 수급의 연속성	저가, 수급의 연속성	수급의 연속성, 저가, 가공 정도	장기적 이용	현대적 장비구입	수급의 연속성, 제품의 유용성

기출개념확인

01 제품을 구성하는 요소에 해당하지 않는 것은?

① 핵심제품　　② 유형제품
③ 확장제품　　④ 무형제품

02 산업재 중 가공재의 특성을 설명한 내용이 아닌 것은?

① 단위당 가격이 낮은 편이다.
② 소비속도가 빠르다.
③ 구매결정자의 지위가 낮은 편이다.
④ 형태가 변화될 수 없다.

정답·해설

01　④　제품의 구성요소는 '핵심제품 - 유형제품 - 확장제품'으로 제품 개념이 확대된다.
02　④　가공재는 원료를 가공 처리하여 제조된 제품으로 다른 제품의 부분으로 사용되며, 다른 제품의 생산에 투입될 경우에 원형을 잃게 되는 제품이다.

제2절 서비스 제품의 의미와 특성

01 서비스의 개념

1. 서비스의 개념
① 물질적인 재화 이외에 생산 또는 소비에 관련된 모든 경제활동을 의미한다.
② 마케팅 측면에서는 소비자에게 일정 수준 이상의 만족을 제공하지만 소유되거나 저장·수송될 수 없는 무형적 활동이다.

2. 서비스의 유형화
① 서비스는 무형적 활동이기 때문에 소비자의 서비스 구매에 대한 심리적 불안감이 높다.
② 기업은 서비스의 전달 및 촉진과정에서 서비스를 유형적으로 만들기 위해 노력한다.
   예 기업은 소비자에게 신용카드를 발급하고 결제 시 사용하게끔 함으로써 금융서비스에 대한 불안감을 해소한다.

02 서비스의 특성 ★★ 기출개념

1. 무형성
① 소비자가 구매하기 전, 사전에 경험할 수 없는 특성을 말한다.
② 서비스를 제공하는 데 필요한 다양한 유형의 제품은 소유할 수 없다.
③ 서비스를 제공받는 순간 인식할 수 있으며, 그 가치를 파악하기 어렵다.

2. 소멸성
① 판매되지 않은 서비스는 사라지며 이를 보관할 수 없다.
② 서비스는 제공되는 순간 형태가 사라지고 기억만 남게 된다.
③ 서비스는 구매와 동시에 1회로 소멸함과 동시에 서비스의 편익도 사라지게 된다.
④ 서비스는 소멸하기 때문에 수송이 불가능하고 계속적인 재생산이 필요하다.

3. 비분리성

① 서비스는 생산과 동시에 소비가 되는, 즉 분리되지 않는 특성이 있다.
② 판매자가 서비스를 생산하는 즉시 소비자는 그 서비스를 소비한다.

4. 이질성

① 서비스의 생산 및 인도 과정에는 다양한 가변적인 요소가 존재해 서비스의 내용과 품질이 제공받는 소비자에 따라 달라질 수 있다.
② 서비스는 비표준적이므로 고객 서비스의 표준화가 어려워질 수 있다.

기출개념확인

01 서비스가 가지는 특성이 아닌 것은?

① 무형성 ② 분리성
③ 이질성 ④ 소멸성

정답·해설
01 ② 서비스는 무형성, 소멸성, 비분리성, 이질성의 특성이 있다.

제3절 제품 계열 및 믹스 관리

01 제품믹스의 개념과 관리 ★★★

1. 제품믹스의 구성 기출개념

(1) 제품믹스
기업이 취급하는 모든 품목을 의미하며 제품 계열과 품목으로 구성된다.

(2) 제품계열
제품의 용도, 원자재, 가격, 표적고객, 유통경로 등의 부문에서 서로 연관성을 가지는 품목의 집합이다.

(3) 제품믹스의 구조

구분	내용
제품믹스의 넓이(면적)	기업이 취급하는 제품 계열의 수
제품믹스의 길이	각 제품 계열에 구성되어 있는 제품의 수
제품믹스의 깊이	특정 제품 계열 내의 각 제품이 제공하는 품목 수

예 LG생활건강의 제품믹스

구분	제품믹스의 넓이			
	세제	치약	비누	샴푸
제품믹스의 깊이(길이)	• 수퍼타이 • 한스푼 • 한스푼 테크 • 샤프란	• 럭키 후레쉬 • 드봉 • 페리오 • 덴티큐 • 죽염 • 죽염 우르덱스 • 클라이덴	• 우유 • 드봉 • 화이트 • 살구 • 알로에	• 더블리치 • 드봉 • 노비드 • 랑데부 • 엘라스틴

2. 제품믹스의 의사결정

① 제품 계열 내의 품목 수는 적정한 수준으로 관리해야 하는데, 이는 수익성, 시장점유율, 매출 증대 중 어느 것을 목표로 하는지에 따라 다르게 결정된다.

② 제품믹스 내 품목 수가 증가하는 이유
  ㉠ 유휴시설을 갖게 되면 새로운 품목 개발에 대한 압력이 있다.
  ㉡ 새로운 품목은 기존의 것을 개선해서 생산하므로 상대적으로 개발이 용이하다.
  ㉢ 판매원이나 중간상들이 소비자의 요구를 전달하기도 한다.
  ㉣ 현재의 생산공정하에서 품목 추가가 가능한 경우가 있다.

02 제품믹스관리 전략 ★★ 기출개념

1. 제품믹스의 길이 확장 전략

(1) 제품믹스의 길이 확장의 개념
가격이나 품질 또는 크기 등을 변경하여 현재 시장에 제공하는 것과 상이한 품목을 추가하는 것이다.

(2) 제품믹스의 길이 확장 전략 유형

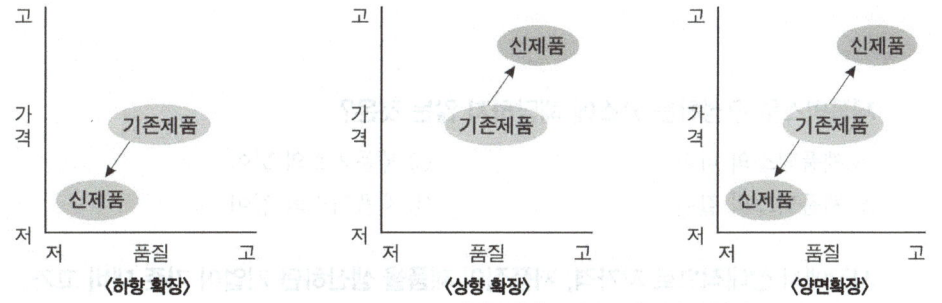

[그림 6-2] 제품믹스의 길이 확장 전략 유형

① 하향 확장
  ㉠ 시장 초기에 고가격, 고품질의 고급 이미지를 소비자에게 심어준 다음 저가격, 저품질의 품목을 추가한다.
  ㉡ 기존의 고품질 이미지가 저가제품에도 확산될 수 있을 것으로 믿기 때문이다.

② 상향 확장 기출개념
  ㉠ 시장 초기에 상대적으로 저가격, 저품질의 제품을 생산하던 기업이 기존보다 높은 고가격, 고품질의 품목을 추가한다.
  ㉡ 고급제품시장이 빠르게 성장하고 있어 판매성장률이나 이윤폭이 높을 것으로 기대하기 때문이다.

③ 양면 확장
  ㉠ 현재 제품계열에 저가품목과 고가품목의 시장, 양쪽에 품목을 추가하여 확장하는 것이다.
  ㉡ 모든 소비자의 구매동기를 자극시킴으로써 매출증대와 시장점유율의 증가를 실현하려는 전략이다.

2. 제품믹스의 넓이 확장 전략

(1) 제품믹스의 넓이 확장의 개념
제품믹스를 이루고 있는 각 제품 계열이 서로 연관성이 있을 때, 해당 제품계열 간의 시너지효과가 창출될 수 있다.

(2) 제품믹스의 길이 확장 전략 유형
① **제품믹스 확대 전략**: 제품계열과 유사한 제품계열을 추가하거나 현재 생산하고 있는 제품계열과 전혀 무관한 새로운 제품계열을 추가하는 경우이다.
② **제품믹스 축소 전략**: 수익성이 낮거나 성장가능성이 없는 제품계열을 제거하는 경우이다.
③ **제품믹스 분할 및 통합 전략**: 복수의 제품계열을 소유한 기업이 특정 제품계열이 지나치게 확장되거나 축소되어서 효율적인 제품관리가 어려울 때, 기존의 제품계열을 재편하는 것이다.
④ **기존제품 개조 전략**: 신제품을 개발하는 것 대신 기존 제품의 포장이나 디자인 등을 변경함으로써 새로운 포지셔닝을 확보해 시장을 확대하는 전략이다.

기출개념확인

01 제품믹스를 구성하는 요소에 해당하지 않는 것은?
① 제품믹스의 너비
② 제품믹스의 넓이
③ 제품믹스의 길이
④ 제품믹스의 깊이

02 시장에서 상대적으로 저가격, 저품질의 제품을 생산하던 기업이 기존 대비 고가격, 고품질의 품목을 추가하는 전략은?
① 하향 확장
② 상향 확장
③ 양면 확장
④ 제품 확장

정답·해설

01 ① 제품믹스는 기업이 취급하는 제품계열 수인 넓이, 각 제품계열에 구성되어 있는 제품의 수인 길이, 특정 제품계열 내의 각 제품이 제공하는 품목 수인 깊이가 있다.
   참고
   너비는 폭을 가리키는 말로, 범위의 크기나 면적을 가리키는 말인 넓이와 차이가 있다.

02 ② 상향 확장은 시장 초기에 상대적으로 저가격, 저품질의 제품을 생산하던 기업이 고급제품시장이 빠르게 성장하고 있어 판매성장률이나 이윤폭이 높을 것으로 생각되어 더 높은 고가격, 고품질의 품목을 추가하는 전략이다.

제4절 상표의 의의 및 전략

01 상표의 개념 및 중요성

1. 상표(brand)의 개념

(1) 상표의 개념

사업자가 자기가 취급하는 상품을 타사의 상품과 식별(이름, 로고, 디자인, 상징 등)하기 위해 상품에 사용하는 표지를 말한다.

(2) 상표의 구성요소(brand element)

① **상표명(brand name)**: 판매자의 제품이나 서비스를 식별하기 위해 사용되는 문자, 단어, 숫자 등으로 소리 내어 발음할 수 있다.
  예 갤럭시, KFC 등

② **로고와 심벌**
  ㉠ **로고(logo)**: 브랜드명을 다른 사람들이 쉽게 오랫동안 기억할 수 있도록 구성한 독특한 글자 형태이다.
  ㉡ **심벌(symbol)**: 글자 형태에 국한되는 것이 아니라 특정한 회사나 상표명 등을 나타내는 종합적인 상징체계로 볼 수 있다.

③ **캐릭터(character)**: 브랜드에 개성을 부여하여 친근감을 높이고 호감과 신뢰를 심어주는 특별한 유형의 브랜드 상징이다.

④ **슬로건과 징글**
  ㉠ **슬로건(slogan)**: 브랜드의 핵심정보를 전달해주는 짧은 문장이다.
  ㉡ **징글(jingle)**: 브랜드와 연관되게 사용된 음악적인 메시지이다.

⑤ **패키지(package)**
  ㉠ 제품의 용기나 포장을 디자인하고 제작하는 것이다.
  ㉡ 패키지 제작 시 심미성과 기능성을 함께 고려한다.

⑥ **타이포와 컬러**
  ㉠ **타이포(서체, typo)**: 브랜드의 일관된 이미지와 정체성을 형성한다.
  ㉡ **컬러(color)**: 브랜드의 첫인상과 호감 여부를 결정한다.

⑦ **등록상표(registered trademark)**: 특정상표를 독점적으로 사용하고 상표에 대한 보호를 받을 목적으로 특허청에 등록된 브랜드를 말한다.

개념 Plus

국내외 브랜드 정의
- **미국마케팅협회(AMA)**: 특정 판매자가 자신의 제품과 서비스를 경쟁자의 제품과 서비스와 식별하고 차별화하기 위해 사용하는 이름, 용어, 기호, 심벌, 디자인 또는 해당 요소들의 조합이다.
- **우리나라의 상표법**: 자사의 제품을 경쟁사의 것과 구별하기 위해 사용하는 문자, 기호, 도형 또는 이러한 요소들의 결합이다.

2. 상표의 중요성

(1) 소비자 측면에서 상표의 이점
① 문제 발생 시 제조업체나 유통업체의 책임 소재를 명확하게 한다.
② 특정 브랜드에 대한 지식을 토대로 제품 탐색 비용을 감소시킨다.
③ 특정 브랜드가 일관성 있는 효용가치를 제공해줄 것이라는 인식을 기반으로 하여 제품에 대한 신뢰와 충성도를 부여한다.
④ 자기 이미지를 표현하는 상징적 수단으로 차별적인 가치를 전달하는 역할을 한다.
⑤ 제품 특성을 소비자에게 전달한다.
⑥ 제품 선택에 따르는 다양한 위험을 감소시킨다.

(2) 기업 측면에서 상표의 이점 [기출개념]
① 제품 인식이 쉬워지므로 제품 취급 및 관리 과정을 단순화시키고 기록·정리하는 데 도움이 된다.
② 지적재산권을 통해 제품의 고유한 특성에 대한 법적 권리를 보호받을 수 있기 때문에 타사가 모방할 수 없는 진입장벽의 역할을 한다고 볼 수 있다.
③ 이미지 차별화를 통해 높은 가격을 설정하거나 높은 수익성을 실현할 수 있다.
④ 브랜드 충성도 구축을 통해 주요 고객을 대상으로 재구매를 유도할 수 있다.

02 상표 의사결정

1. 상표 의사결정과정의 중요성
① 기업 간 경쟁이 심화되고 산업 내 기술 수준이 평준화되어 경쟁브랜드 간의 기능적인 차별화가 더 어려워짐에 따라, 자사의 브랜드 이미지 차별화를 통한 브랜드 자산 가치 증대로 경쟁력을 확보하는 것이 더욱 중요해지고 있다.
② 상표와 관련된 효과적이고 전략적인 의사결정과정을 통해 마케팅 비용을 절감하고, 소비자들의 브랜드 충성도를 형성하여 경쟁에서 이길 수 있는 기반을 확보해야 한다.

2. 상표 의사결정과정

(1) 상표 부착여부 결정
① 무상표 상품(generic brand) [기출개념]: 브랜드를 표시하지 않는 제품으로, 현재에는 브랜드 부착의 장점이 많아 무상표 제품은 시장에서 줄어드는 추세이다.
   예 이마트의 노브랜드도 사실 브랜드의 형태이다.
② 상표 부착의 장점
   ㉠ 구매자의 입장: 제품의 식별가능성을 높여 구매활동에 도움을 주며, 구매결과에 대한 불안감이 감소한다.
   ㉡ 판매자의 입장: 차별적인 이미지를 구축하여 촉진활동을 수행하기가 용이하고, 제품 품질의 신뢰도를 제고하고 가치를 상승시키는 효과가 있다.

③ 상표 부착의 단점
  ㉠ 일정 수준의 품질을 유지해야 한다는 기업의 부담감이 증가한다.
  ㉡ 브랜드 개발비용과 촉진비용 등 브랜드 관리비용이 추가로 소요된다.

(2) 상표명 선정
① 좋은 상표명은 시장에서 경쟁우위를 확보하는 데 유리하게 작용하며, 높은 성과를 달성하는 데 매우 중요한 역할을 한다.
② 바람직한 브랜드의 특징
  ㉠ 제품이 제공하는 편익, 기능 등의 특성을 잘 나타내야 한다.
  ㉡ 발음하기가 쉽고 기억하기 편해야 한다.
  ㉢ 외국어로 표현할 때도 긍정적 이미지를 가져야 한다.
  ㉣ 흥미를 유발하고 강한 인상을 주어야 한다.
  ㉤ 법적 문제가 없고 등록할 수 있어야 한다.

(3) 상표 관리 주체(brand sponsorship)의 결정 ★ 〔기출개념〕
① 제조업체 상표(manufacturers' brand)
  ㉠ NB(National Brand): 제품을 생산하는 제조업체가 부착하는 브랜드이다.
  ㉡ 제조업자가 브랜드명을 소유하며, 생산된 제품의 마케팅 전략을 제조업자가 직접 통제한다.
  ㉢ 제조업체가 시장에서의 경쟁 상황에서 상대적으로 유리한 지위를 갖고 있거나 자금이 풍부하여 시장에 대한 적응능력이 우수한 경우에 활용된다.
② 유통업체 상표(distributors' brand)
  ㉠ PB(Private Brand): 유통업체가 부착하는 브랜드명으로, 특정 유통업체에서만 판매되고, 브랜드 개발 및 관리도 유통업체가 담당하는 브랜드이다.
  ㉡ 도소매업자가 하청을 주어 생산된 제품에 도소매업자의 브랜드명을 부착하고 도소매업자들이 제품에 대한 마케팅 전략을 통제한다.
  ㉢ 일반적으로 제조업체 브랜드보다 저렴한 가격에 판매되고, 고정고객의 확보로 높은 마진과 이익을 실현할 수 있으나, 유통업체의 브랜드 촉진비용 증가와 제조업체의 견제, 시장주도권 확보를 위한 경쟁이 발생될 가능성이 있다.
③ 공동 상표: 하나의 기업이 생산하는 모든 제품계열에 동일한 상표를 붙이는 것이다.

(4) 상표 전략 및 상표 범위 결정
① 개별브랜드(individual brand) 전략
  ㉠ 기업에서 생산되는 제품별로 각각 다른 브랜드를 부착하는 전략이다.
  ㉡ 브랜드별로 차별화된 이미지를 구축하는 데 유리하나 마케팅 비용이 많이 든다는 단점이 있다.
    〔예〕 디즈니사는 abc방송국, 디즈니랜드, Touchstone Pictures, MIRAMAX films, ESPN 등 여러 사업 부문에 각기 다른 상표를 사용한다.
  ㉢ 개별브랜드 전략의 유형
    ⓐ 단일브랜드 전략(single-brand strategy): 동일한 제품범주 내에서 한 개의 상표명을 사용하는 전략이다.
      〔예〕 다수의 전문기업 및 중소기업 제품들

개념 Plus

개별브랜드 전략의 장단점
• 개별브랜드 전략의 장점
  – 한 브랜드가 시장에서 실패할 경우 다른 브랜드에 거의 영향을 미치지 않는다.
  – 브랜드별로 차별화된 이미지를 구축하여 다양한 고객의 욕구를 충족시킬 수 있다.
• 개별브랜드 전략의 단점
  – 마케팅 자원이 분산된다.
  – 자사 브랜드 간 과도한 경쟁을 부추기는 자기잠식현상(cannibalization)이 일어날 수 있다.
  – 대응책: P&G의 초우량브랜드(megabrand) 전략을 도입한다. 초우량브랜드란, 각 제품 범주에서 1, 2위를 차지하는 상표들에만 마케팅 자원을 집중시키는 전략이다.

ⓑ 복수브랜드 전략(multi-brand strategy): 동일한 제품범주 내에서 두 개 이상의 서로 다른 브랜드명을 사용하는 전략이다.
  예 LG 생활건강의 수퍼타이, 하모니, 한스푼 등

② 공동브랜드(family brand) 전략: 각각의 개별 제품에 동일한 브랜드를 적용하는 전략이다.
  예 GE는 GE Transportation, GE Healthcare, GE Appliances 등 각 사업부문에 동일한 상표명을 적용하고 있다.

③ 결합브랜드(co-brand) 전략
  ㉠ 복수의 제품계열에서 여러 제품을 생산하고 있는 경우 개별 상표명과 공동 상표명을 조합하여 사용하는 전략이다.
  ㉡ 둘 이상의 브랜드명을 하나의 공동제품으로 결합하거나 혹은 어떤 특정한 형태로 공동으로 마케팅 하는 경우에 부착하는 전략이다.
  ㉢ 브랜드 간의 결합을 통해 브랜드 강화나 독특한 차별성을 부각시키기 위해 사용한다.
  ㉣ 결합브랜드 전략의 유형
    ⓐ 하위브랜드(sub-brand): 소비자에게 기업브랜드가 주도적인 역할로 인식되며 개별 제품의 브랜드명은 제품의 독특한 특성을 전달하는 데 사용된다.
      예 Microsoft사는 Microsoft Windows, Microsoft Office, Microsoft Silverlight, Microsoft Money 등 Microsoft라는 기업브랜드를 중심으로 다양한 사업부문에 차별성을 부여하는 상표명을 결합하여 사용한다.
    ⓑ 인증브랜드(endorsing brand): 개별 제품브랜드가 소비자에게 주도적인 역할을 하는 것으로 인식되며 기업브랜드명은 제품브랜드의 활동을 제한적으로 후원·인증하는 역할을 담당한다.
      예 Marriott는 Residence Inn by arriott, Courtyard by Marriott, Fairfield Inn by Marriott 등 하향 확장한 사업 부문을 Marriott의 브랜드 명으로 인증하는 효과를 준다.

④ 브랜드 수식어(brand modifier): 구형모델과 구별하기 위해 부착되는 숫자 번호나 품질이 개선되었음을 보여주기 위해 사용되는 단어이다.
  예 기아자동차 모델명 변화(K5 → K7 → K9)

⑤ 브랜드 아키텍처(brand architecture)
  ㉠ 다양한 제품과 시장 환경에 적용되고 있는 브랜드 간의 역할 규정과 적절한 역할 선택을 통하여 브랜드를 효과적으로 배치시키는 것이다.
  ㉡ 브랜드 아키텍처 수립을 통해 기업은 최적 수익을 목표로 다수의 브랜드를 상호 충돌 없이 전략적·효율적으로 관리해야 한다.
  ㉢ 또한 기업브랜드는 내부고객을 대상으로 하는 브랜드 가치를 충분히 고려할 필요가 있다.
  ㉣ 브랜드 아키텍처에 대한 기업의 선택은 고객 인식상의 명료성(clarity)과 시너지(synergy), 레버리지(leverage) 효과를 염두에 두고 이루어져야 한다.

📝 **개념 Plus**

공동브랜드 전략의 장단점
- 공동브랜드 전략의 장점
  - 제품들 간에 공통된 연상으로 시너지 효과를 기대할 수 있다.
  - 기존 브랜드의 명성을 이용하여 새로운 제품을 쉽게 인식시킬 수 있다.
  - 신제품의 수용 속도가 빠르고, 마케팅 비용 절감이 가능하다.
  - 유사하거나 관련성이 높을 경우 브랜드 확장 전략에 활용될 수 있다.
- 공동브랜드 전략의 단점
  - 서로 다른 유형의 제품들을 생산하는 기업의 경우 제품 간의 연계성에 대해 소비자의 강력한 브랜드 이미지 형성에 혼돈을 초래한다.
  - 특정 제품에 문제발생 시 다른 제품에도 부정적 이미지가 전이될 위험이 있다.

(5) 상표 관리

① **브랜드 리뉴얼(brand renewal)**: 상표명을 변경하는 것을 포함해서 로고, 슬로건 등의 상표 구성요소 중 하나 이상을 수정하고 변경함으로써, 진부한 이미지를 개선하거나 새로운 이미지를 부가적으로 창출하기 위한 전략이다.

② **브랜드 재포지셔닝(brand repositioning)**: 기존의 브랜드 자산이 경쟁력을 상실하게 된 경우, 브랜드 재활성화 방안으로 기업이 원하는 방향으로 브랜드 포지션을 재구축하려는 전략이다.

기출개념확인

01 기업 측면에서 상표를 활용하는 이점에 해당하지 <u>않는</u> 것은?

① 제품 인식이 쉬워지므로 제품 취급 및 관리과정을 단순화시키고 기록·정리하는 데 도움이 된다.
② 제품의 고유한 특성에 대한 지적재산권을 통해 법적 권리를 보호받아 타사가 모방할 수 없는 진입장벽의 역할을 한다.
③ 문제 발생 시 제조업체나 유통업체의 책임 소재를 명확하게 한다.
④ 브랜드 충성도 구축을 통해 주요 고객을 대상으로 재구매를 유도할 수 있다.

02 상표 전략과 상표 범위의 유형에 해당하지 <u>않는</u> 것은?

① 확장브랜드 ② 개별브랜드
③ 공동브랜드 ④ 결합브랜드

정답·해설

01 ③ 문제 발생 시 제조업체나 유통업체의 책임 소재를 명확하게 할 수 있다는 점은 소비자 측면에서 상표를 구매하는 이점에 해당한다.
02 ① 상표 전략에는 개별브랜드, 공동브랜드, 결합브랜드 전략이 있다.

제5절 브랜드 자산의 의의 및 관리

01 브랜드 자산

1. 브랜드 자산(brand equity)의 개념 ★★ [기출개념]
① 제품과 서비스에 브랜드를 부여함으로써 브랜드가 없을 때보다 더 높은 매출액과 이익을 창출하고, 경쟁업체에 비해 지속적이며 차별화된 우위를 제공해주는 효과나 가치의 증가분을 무형자산으로 측정한 것이다.
② 재무적 관점의 정의: 브랜드가 없는 제품과 비교하였을 때 브랜드를 가진 제품이 얻는 현금흐름이 추가적으로 증가된 부분이다.
③ 마케팅 관점의 정의: 소비자가 어떤 브랜드에 호감을 가지게 됨으로써 그 브랜드를 부착한 제품의 가치가 증가된 부분이다.

2. 브랜드 자산의 구성요소 ★★

(1) 브랜드 충성도
① 고객이 오랫동안 특정 브랜드에 대해 가지고 있는 애착의 정도이다.
② 마케팅 비용을 감소시킨다.
③ 새로운 고객을 확보할 수 있는 기회를 포착한다.
④ 유통에서 레버리지 효과를 기대할 수 있다.
⑤ 경쟁기업의 위협에 대해 대처할 시간적 여유를 제공한다.

(2) 브랜드 인지도
① 소비자들이 해당 제품의 범주에 자사 브랜드를 연관시키는 정도이다.
② 브랜드 인지도가 높을수록 친밀감과 호감을 유발할 수 있다.
③ 상품 품질과 신뢰성이 증대될 수 있다.
④ 구매 고려 상표군에 포함될 수 있다.

(3) 지각된 품질
① 특정 브랜드에 대해 감정적으로 지니는 신뢰성의 정도이다.
② 구매 동기와 구매 이유를 제공한다.
③ 차별화 또는 포지셔닝을 위한 기본 바탕이 된다.
④ 가격 프리미엄을 받을 수 있다.
⑤ 브랜드 확장 전략을 시행할 수 있다.

(4) 브랜드 연상이미지
① 브랜드와 관련된 모든 연상의 집합이다.
② 정보처리와 탐색이 용이하다.
③ 구매 동기와 구매 이유를 제공한다.
④ 긍정적인 태도와 느낌을 창출한다.
⑤ 브랜드 확장 전략을 시행할 수 있다.

(5) 기타 독점적 브랜드 자산
① 특허, 등록브랜드, 유통망 등이다.
② 경쟁적 우위를 확보할 수 있는 요인이 된다.

3. 브랜드 자산의 제공 가치

(1) 소비자에게 제공되는 가치
① 제품 정보처리 및 해석이 용이해진다.
② 구매결정에 대한 확신을 제공한다.
③ 제품 사용에 따른 추가적인 만족감을 제공한다.

(2) 기업에게 제공되는 가치
① 브랜드 충성도를 제고한다.
② 추가 이윤을 확보할 수 있다.
③ 경쟁우위를 창출할 수 있다.
④ 마케팅 프로그램 효율성과 효과를 증대시킬 수 있다.

02 브랜드 자산의 관리

1. 브랜드 인지도(brand awareness)

(1) 브랜드 인지도의 개념
소비자가 구매시점 혹은 일반적인 상황에서 어떤 제품범주에 속한 특정 브랜드를 재인하거나 회상할 수 있는 능력을 말한다.

(2) 브랜드 인지도의 유형 ★
① 브랜드 회상(brand recall): 소비자에게 제품범주, 해당 제품범주에 의해 충족된 욕구, 또는 구매상황이나 사용상황을 단서로 제공했을 때 기억 속에서 특정 브랜드와 관련된 정보를 끄집어낼 수 있는 인출능력이다.
  ㉠ 최초 상기도(TOM; Top-of-Mind): 해당 제품의 범주 중 소비자의 머릿속에 가장 먼저 떠오르는 브랜드이다.
  ㉡ 비보조 회상(unaided recall): 해당 제품의 범주 중 소비자가 보조적 도움 없이 머릿속에 떠올리는 모든 브랜드를 의미한다.

② 브랜드 재인(brand recognition): 소비자가 사전에 특정 브랜드에 노출된 경험이 있거나 들어본 적이 있는지의 여부를 확인하는 능력이다.
㉠ 보조 인지(aided recognition): 브랜드의 단서 혹은 광고가 제시되었을 때 브랜드를 특정할 수 있는지의 여부를 의미한다.

2. 브랜드 인지도의 관리
① 브랜드 인지도는 소비자들이 제품에 친숙성과 친밀성을 느끼게 하고 제품의 구매로 연결되게 하는 전략적 효과를 가진다.
② 브랜드 인지도 증대 전략 ★ 기출개념
㉠ 반복노출을 통해 브랜드 친숙도를 증가시킨다.(반복노출이 지나친 경우 브랜드에 대한 싫증이 유발될 수 있다.)
㉡ 광고에서 독특한 소리, 슬로건, 음악(로고송)과 같은 청각적 정보를 활용해서 브랜드 인지도를 증가시킨다.
㉢ 심벌과 같은 시각적 정보를 활용하여 브랜드 인지도를 제고한다.
㉣ 브랜드를 기억할 수 있도록 도와주는 브랜드 관련 단서를 제공한다.

3. 브랜드 이미지(brand image)
(1) 브랜드 이미지의 개념
브랜드의 물리적 특성, 이름, 심벌, 포장, 서비스에 대한 평판에 따라 소비자의 마음속에 생성되는 전반적인 인상으로, 소비자들이 특정 브랜드에 대해 형성하는 브랜드 연상의 집합체를 의미한다.

(2) 브랜드 연상(brand association)
① 브랜드와 관련하여 소비자들이 떠올리는 모든 생각의 집합이다.
② 브랜드 자산을 구축하기 위해서는 소비자의 마음속에 강력하고 호의적이며, 다른 브랜드와는 차별화되는 독특한 브랜드 연상을 형성해야 한다.

4. 브랜드 연상의 특성
(1) 브랜드 연상의 형태
① 속성
㉠ 제품이나 서비스를 설명하는 특징이나 성격을 말하는 것이다.
㉡ 제품 관련 속성과 제품 비관련 속성으로 구분한다.
② 편익
㉠ 소비자들이 제품과 서비스에 부여하는 개인적인 가치 또는 의미를 말한다.
㉡ 기능적, 경험적, 상징적 편익으로 구분한다.
③ 태도: 브랜드에 대한 소비자의 전반적인 평가이다.

(2) 브랜드 연상의 특성
① 브랜드 연상의 호감도(favorability): 일차적으로 제품의 내재적 요인들에 의해 결정되지만, 브랜드 사용자나 사용 상황과 관련된 좀 더 추상적인 비제품 관련 심상에 의해서도 결정된다.

② **브랜드 연상의 강력함(strongness)**
   ㉠ 브랜드와 관련된 정보 간에 형성된 연결강도가 강하여 특정한 브랜드와 관련된 연상들이 즉각적으로 지각 속에 떠오르는 것을 의미한다.
   ㉡ 특정 브랜드를 중심으로 이와 관련된 연상들이 강하게 연결되어 있을수록 그 브랜드의 자산 가치는 증가한다.
③ **브랜드 연상의 독특성(uniqueness)**: 경쟁브랜드와는 차별화되는 독특한 연상으로 소비자가 자사의 브랜드를 선택할 수밖에 없는 분명한 이유를 제공해준다.

5. 브랜드 연상의 관리

(1) 제품속성과 직접 관련된 연상

① **제품범주에 대한 연상**: 특정 제품의 제품범주에 대한 강한 연상은 경쟁제품에 대한 기억을 방해한다.
   예 면도기 – 질레트, 화장지 – 크리넥스, 진통제 – 타이레놀
② **제품속성에 대한 연상**: 제품속성은 소비자가 바라는 제품기능을 수행하는 데 필요한 제품의 구성요소들이다.
   ㉠ 지나치게 많은 속성을 강조하면 이미지 형성에 혼란을 느끼게 된다.
   ㉡ 구체적 제품속성보다는 추상적인 속성이 효과적이다.
      예 풀무원 – 바른 먹거리
   ㉢ 품질 또는 가격과 관련된 연상: 고객들이 특정 브랜드의 전반적인 성능에 대해 가지는 주관적 생각이다.
      예 하겐다즈 아이스크림 – 프리미엄

(2) 제품속성과 관련이 없는 연상

① **브랜드 개성(brand personality)에 대한 연상**
   ㉠ 브랜드 개성: 브랜드를 인간으로 표현하였을 때 그 브랜드와 관련된 인간적인 특성들로 정의될 수 있다. 연령, 성별, 계층, 성격 등 인간과 관련된 변수들을 모두 포함한다.
      예 코카콜라 – 전통적인 가치, 펩시 – 젊고 새로움
   ㉡ 브랜드 개성의 중요성: 브랜드에 대한 느낌과 태도를 깊이 이해할 수 있게 한다.
      예 아시아나 항공 승무원 광고 – 친절한 이미지
   ㉢ 브랜드는 소비자 자신의 개성이나 자아를 표현할 수 있는 수단이기도 하다.
② **사용자와 관련된 연상**: 브랜드를 제품 사용자와 연계하는 방식이다.
   예 나이키 – 마이클 조던
③ **제품용도에 관련된 연상**: 브랜드를 제품 사용 상황, 용도로 연계한다.
   예 컨디션 – 술 마신 다음날, 게토레이 – 물보다 흡수가 빠른 갈증해소 음료
④ **원산지와 관련된 연상**: 제품 브랜드가 생산된 지역이나 국가를 연상시킨다.
   예 영국 – 차와 도자기, 프랑스 – 향수와 패션, 이탈리아 – 패션, 가죽, 커피

> **개념 Plus**
> **브랜드 연상의 관리**
> 강력하고 호의적이며, 독특한 브랜드 연상을 위한 방법이다.

(3) 기업과 관련된 연상

① 대기업은 기업과 관련된 브랜드 연상을 브랜드 정체성을 형성하는 주요 구성요소로 간주한다.
② 구체적이고 명확한 이미지보다는 혁신성, 신뢰성, 최고의 고객서비스와 같이 추상적인 기업이미지를 구축하여, 이를 여러 제품범주에 공통적으로 적용한다.
③ 기업과 관련된 연상: 기업의 사회적 책임, 최고의 품질, 혁신성, 고객지향성, 일류기업 등을 나타낸다.

> 예 '우리강산 푸르게 푸르게 캠페인'으로 유한킴벌리가 대중에게 얻게 된 호의적인 기업 이미지는 크리넥스 티슈에 대한 고객들의 상표 애호도에 크게 기여한다.

(4) 브랜드 연상 구축을 위한 유의사항

① 각종 커뮤니케이션 수단을 통해 반복 노출하거나 메시지를 반복 강조한다.
② 소비자의 필요와 욕구를 충족시킬 수 있는 자사브랜드의 제품속성을 부각한다.
③ 경쟁브랜드에 의해 무시되었거나 소홀히 다루었던 중요한 제품속성을 발견하여 이를 자사브랜드의 차별적 특성으로 전환한다.
④ 자사브랜드에 대하여 지각하고 있는 품질을 긍정적으로 강화한다.
⑤ 자사브랜드에 차별적인 브랜드 개성을 형성한다.
⑥ 자사브랜드의 이미지와 잘 부합되는 특정 제품 사용자와 연계한다.
⑦ 기업문화, 기업의 사회적 책임, 혁신성, 일류기업, 최고의 품질 등을 앞세워서 호의적인 기업이미지를 구축한다.

6. 브랜드 충성도(brand loyalty)

① 특정 브랜드를 습관적이고 반복적으로 이용하거나, 한 번 사용해보고 만족스러워서 다시 사용한다거나, 맹목적으로 특정 브랜드에 대해 선호도가 높아서 무조건 그 브랜드를 선택하는 등의 행동을 의미하며, 어떤 브랜드에 대한 지속적인 선호와 만족, 반복적 이용을 설명한다.
② 브랜드 자산의 결과이자 원천이며, 브랜드 관리 활동의 최종 목표이다.
③ 브랜드 충성도는 특정 브랜드를 기존 고객이 향후 반복구매를 할 의사가 있는지와 주변의 다른 사람들에게 구매하도록 추천할 의향이 있는지 등의 기준으로 측정할 수 있다.

7. 지각된 품질(perceived quality)

① 경쟁제품과 차별화된 제품을 사용하는 과정에서 제품성능을 지각한 고객이나 이해당사자들이 가지고 있는 특별한 형태의 브랜드 연상으로, 제품의 전반적인 우수성에 대한 소비자의 주관적인 판단으로 정의된다.
② 지각된 품질은 구매이유, 차별화, 가격 프리미엄, 유통구성원의 이해관계, 브랜드 확장 등의 가치를 만들어내므로 효과적인 지각된 품질관리가 필요하다.

03 브랜드 자산의 측정

1. 브랜드 자산 측정의 필요성
① 선도 기업, 선도 브랜드에 대한 벤치마킹을 목적으로 측정한다.
② 강력한 브랜드 구축의 시사점을 제공한다.
③ 브랜드 포트폴리오 관리를 위한 도구로 사용될 수 있다.

2. 브랜드 자산의 측정방법

(1) 아커(Aaker)의 브랜드 자산측정의 10가지 기준
브랜드 자산을 파악하기 위해 측정되어야 할 개념과 측정 항목이다.

구분	내용
충성도	① 가격 프리미엄, ② 만족도
지각된 품질/리더십	③ 지각된 품질, ④ 리더십/인기도
브랜드 연상/차별화	⑤ 지각된 가치, ⑥ 브랜드 개성, ⑦ 기업 이미지
인지도	⑧ 브랜드 인지도
시장성과	⑨ 시장 점유율, ⑩ 가격 및 유통망

(2) 인터브랜드(Interbrand)사의 브랜드 자산 측정방법
① 재무적 성과
  ㉠ 향후 5년간 기업의 매출과 수익을 추정하여 비용(운영비용, 세금, 금융비용 등)을 뺀 재무지표를 계산한다.
  ㉡ 경제적 이익(economic profits) = 수익 − (세금 + 자본의 가중평균)
② 브랜드 역할(role of brand)
  ㉠ 기초조사, 산업 내 브랜드의 역할, 전문가 패널 평가의 방법들을 통해 브랜드일 경우 추가 수요 부분인 브랜드의 역할을 계산한 후 경제적 이익에 적용한다.
  ㉡ 브랜드 수익(branded earnings) = 경제적 이익 × 브랜드 역할
③ 브랜드 강점(brand strength)
  ㉠ 브랜드 강점이 계산되면 할인율(discount rate)로 쓰이며, 브랜드 수익에 적용하면 순현재가치(net present value)를 계산할 수 있다.
  ㉡ 브랜드 자산 가치(brand value) = 브랜드 수익 × 브랜드 강점 할인율

기출개념확인

01 소비자가 어떤 브랜드에 호감을 가지게 됨으로써 그 브랜드를 부착한 제품의 가치가 증가된 부분은 브랜드 자산에 대한 개념 중 어느 것에 해당하는가?

① 재무적 관점　　　　　　　　② 마케팅 관점
③ 제품적 관점　　　　　　　　④ 무형적 관점

02 브랜드 인지도를 높이는 방법으로 가장 적절하지 않은 것은?

① 제품을 구성하는 다양한 속성을 강조한다.
② 반복 노출을 통해 브랜드에 대한 친숙도를 증가시킨다.
③ 광고에서 독특한 소리나 슬로건, 징글과 같은 청각적 정보를 활용한다.
④ 브랜드를 기억할 수 있도록 도와주는 브랜드 관련 단서를 제공한다.

정답·해설

01 ② 마케팅 관점에서의 브랜드 자산은 소비자가 어떤 브랜드에 대하여 호감을 갖게 됨으로써 그 브랜드를 부착한 제품의 가치가 증가된 부분이다. 이에 비해 재무적 관점에서의 브랜드 자산은 브랜드가 없는 제품에 대하여 브랜드를 가진 제품이 얻는 추가적인 현금흐름이 증가된 부분이다.

02 ① 지나치게 많은 제품 속성에 대해 강조하게 되면 브랜드 인지도 향상 및 이미지 구축에 혼란을 줄 수 있으므로 가장 확실한 차별적 우위 1~2가지에 대해서만 강조한다.

제6장 | 실전연습문제

* 기출유형 은 해당 문제가 실제 시험에 출제된 유형임을 나타냅니다.

01 다음의 개념을 설명하는 것으로 올바르게 짝지어진 것은?

> (가) 제품의 핵심적인 측면을 나타내는 것으로, 제품이 수행하는 본질적인 기능을 의미한다.
> (나) 전통적 제품의 개념이 고객서비스까지 확대된 것으로 제품에 대한 사후보증, 배달, 설치 등의 고객서비스를 모두 포함하는 차원의 개념이다.

	(가)	(나)
①	핵심제품	확장제품
②	확장제품	핵심제품
③	유형제품	확장제품
④	핵심제품	유형제품

02 다음 지문이 설명하는 제품의 유형은?

> 눈으로 보고 손으로 만져볼 수 있도록 구체적으로 드러난 물리적 속성 차원의 제품이다.

① 신제품　　　② 핵심제품
③ 확장제품　　④ 유형제품

03 A는 냉온정수기를 구입하였다. 매장 점원은 구매 기념으로 제품 이상에 대한 무상 수리 및 주기적인 필터 교환을 약속하고 자택까지 배송을 완료하였다. 이와 같은 조건을 포함하는 제품 개념은?

① 핵심제품　　② 확장제품
③ 유형제품　　④ 선매품

04 비교적 중·고가의 특성을 띠며, 소비자가 구매과정에서 여러 제품의 물리적 특성, 스타일, 구매처 등에 대한 정보를 수집하여 비교·평가한 후에 구매하는 제품은?

① 미탐색품　　② 선매품
③ 편의품　　　④ 전문품

05 다음 중 구매자의 사회적 지위를 강조하는 광고와 가장 관련이 있는 제품의 유형은?

① 전문품　　　② 선매품
③ 편의품　　　④ 미탐색품

06 다음과 같은 특성을 가진 소비재는?

> • 구매 전 계획정도: 거의 없음
> • 제품 회전율: 빠름
> • 브랜드 충성도: 거의 없음
> • 가격: 저가

① 전문품　　　② 선매품
③ 편의품　　　④ 미탐색품

07 다음 중 보험, 헌혈 등이 속하는 제품군은?

① 편의품　　　② 전문품
③ 선매품　　　④ 미탐색품

08 산업재 중 다음 내용에 해당하는 제품 유형은?

> 원료를 가공 처리하여 제조되는 제품으로 다른 제품의 부분으로 사용되는데 만약 다른 제품의 생산에 투입될 경우에 원형을 잃게 되는 제품을 말한다.

① 원자재 ② 설비품
③ 가공재 ④ 소모품

11 다음 제품에 적용된 상표별 분류의 종류는?

> • 이마트의 '노브랜드'
> • 무인양품

① 공동상표 ② 제조업자 상표
③ 중간상 상표 ④ 무상표

09 치약을 생산하는 A기업은 유아용 치약, 시린 이 치약 등 같은 제품 계열 내에서도 여러 품목을 생산한다. 이때 각 제품계열 안에 있는 품목 수를 의미하는 것은?

① 제품믹스의 깊이 ② 제품믹스의 길이
③ 제품믹스의 폭 ④ 제품믹스의 너비

12 제조설비를 갖추지 않은 중간상이 개발한 상표를 의미하는 것은?

① 개별브랜드 ② 공동브랜드
③ 제조업체 상표 ④ 유통업체 상표

10 신제품의 상향 확장 전략에 대한 설명으로 옳은 것은?

① 고가제품 시장에서 공격을 당할 때 경쟁사의 저가 제품 시장에 침투하는 것이다.
② 저가제품과 고가제품의 시장으로 양분해 나가는 것이다.
③ 고가제품 시장에서 쌓아온 브랜드 자산을 활용하여 저가제품 시장에 활용하는 것이다.
④ 고가제품에 대한 시장성장률이 높아질 때 사용하는 전략이다.

13 다음 중 유통업체 상표에 대한 설명으로 옳은 것은?

① 제품 생산자가 개발하고 사용하는 상표를 말한다.
② 제조설비를 갖추지 않은 중간상이 개발한 상표를 의미한다.
③ 하나의 기업이 생산하는 모든 제품믹스에 동일한 상표를 붙이는 것이다.
④ 상표 명칭 없이 자체의 제품명만을 강조하는 형태의 상표이다.

14 개별브랜드 전략과 관련된 내용으로 옳지 <u>않은</u> 것은?
① 신제품의 수용 속도가 빠르고 마케팅 비용 절감이 가능하다.
② 한 브랜드가 시장에서 실패할 경우 다른 브랜드에 별로 영향을 미치지 않는다.
③ 자사 브랜드 간 과도한 경쟁을 부추기는 자기잠식 현상이 일어날 수 있다.
④ 각 브랜드별로 차별화된 이미지를 구축하여 다양한 고객의 욕구를 충족시킬 수 있다.

15 좋은 브랜드가 가져야 할 연상의 특성이 <u>아닌</u> 것은?
① 호감도가 높은 연상　② 독특한 연상
③ 추상적 연상　　　　④ 강력한 연상

16 다음 지문의 괄호 안에 들어갈 알맞은 말은?

> (　　)(이)란 브랜드의 존재 유무에 따라 소비자들이 인지하는 제품 가치의 차이가 발생하는 것을 뜻한다.

① 브랜드 이미지　② 브랜드 개성
③ 브랜드 자산　　④ 브랜드 인지도

[기출유형]
17 다음이 설명하는 브랜드 관련 용어는?

> 제품이 브랜드를 지님으로써 발생되는 바람직한 마케팅 효과를 말한다.

① 브랜드 연상　② 브랜드 충성도
③ 브랜드 인지도　④ 브랜드 자산

[기출유형]
18 브랜드 자산에 대한 설명으로 옳지 <u>않은</u> 것은?
① 고객이 특정 브랜드에 호감을 가지게 되어 그 브랜드를 부착하는 상품의 가치가 증가된 부분을 의미한다.
② 재산(asset)과 이권, 소유권(equity)은 동일한 의미로 통용된다.
③ 기업의 물질적 자산 이외의 무형적 가치를 말한다.
④ 브랜드 자산의 구성요소로는 브랜드 인지도, 브랜드 연상, 브랜드 충성도, 지각된 품질이 있다.

19 브랜드 재인에 대한 설명으로 옳은 것은?
① 브랜드와 관련된 자극을 제공했을 때 특정 브랜드를 떠올릴 수 있는 능력이다.
② 제품 범주 내에서 특정 브랜드를 떠올릴 수 있는 능력이다.
③ 소비자의 마음속에서 가장 먼저 떠오르는 브랜드이다.
④ 소비자들이 인지하는 제품 가치의 차이가 발생하는 것이다.

20 브랜드 연상의 유형 중 사용자와 관련된 연상의 사례로 가장 적절한 것은?
① 애플 - 혁신적
② 나이키 - 타이거 우즈가 입은 셔츠
③ 컨디션 - 숙취해소 음료
④ 중국 - 차

제6장 | 정답·해설

01	02	03	04	05
①	④	②	②	①
06	07	08	09	10
③	④	③	①	④
11	12	13	14	15
③	④	②	①	③
16	17	18	19	20
③	④	②	①	②

01 ①

(가)는 핵심제품에 대한 설명이며, (나)는 확장제품에 대한 설명이다.
- **핵심제품**: 소비자가 상품을 소비함으로써 얻을 수 있는 핵심적인 효용을 의미한다.
- **확장제품**: 유형제품의 효용가치를 증가시키는 부가서비스 차원의 상품을 의미한다.

오답분석

③, ④ 유형제품은 물리적으로 실체가 있고 구체적으로 드러난 속성 차원의 제품을 의미한다.

02 ④

직접 보고 만질 수 있는 물리적인 속성 차원의 제품은 유형제품이다.

오답분석

① 신제품은 기존제품의 개선, 변경, 제품계열 내 제품 확장, 완전한 혁신제품 등을 의미한다.
② 핵심제품은 소비자가 상품을 소비함으로써 얻을 수 있는 핵심적인 효용을 의미한다.
③ 확장제품은 유형제품의 효용가치를 증가시키는 부가서비스 차원의 상품을 의미한다.

03 ②

확장제품은 유형제품 외에 부가적으로 제공하는 서비스를 포함한다.

오답분석

①, ③ 냉온정수기 구매를 통해 기대하는 핵심제품은 냉수와 온수의 제공이며, 유형제품으로는 정수기기와 부속품이 있다.

04 ②

비교적 중·고가이며, 소비자가 구매과정에서 여러 제품에 대한 정보 수집 후 비교·평가하여 구매하는 제품은 선매품이다.

오답분석

① 일반적으로 소비자에게 알려져 있지 않거나 소비자 입장에서 구매의도가 낮은 제품을 의미한다.
③ 소비자가 최소한의 노력으로 습관적으로 구매하는 구매빈도가 높은 저가의 상품을 의미한다.
④ 소비자가 자신이 관심을 가지고 있는 제품으로 구매를 위해 특별히 노력을 기울이는 고가의 제품을 의미한다.

05 ①

전문품은 매우 높은 가격대의 제품으로 소비자가 제품을 통해 자아 이미지를 투영시키기 때문에 구매자의 지위와 연관이 깊다.

06 ③

편의품은 구매빈도가 높은 저가의 제품으로 소비자가 최소한의 노력을 투입하고 습관적으로 구매하는 경향이 있는 제품을 말한다.

07 ④

미탐색품은 보험, 헌혈 등과 같이 아직은 크게 소비자에게 알려지지 않은 제품 혹은 소비자가 당장 구매할 것을 고려하지 않는 제품이다.

08 ③

지문은 가공재에 대한 설명이다.

> **오답분석**

① 제품의 제작에 필요한 모든 자연생산물을 의미한다.
② 고정자산적 성격이 강하고, 매우 비싸며, 건물이나 공장의 부분으로 부착되어 있는 제품을 말한다.
④ 제품의 완성에는 필요하지만 최종제품의 일부가 되지 않는 제품을 말한다.

09 ①

각 제품 계열 안의 품목 수를 의미하는 것은 제품믹스의 깊이이다.

> **오답분석**

② 제품믹스 내 모든 제품품목의 수이다.
③ 기업이 보유하고 있는 제품계열의 수이다.
④ 제품믹스의 너비라는 개념은 없다.

10 ④

신제품의 상향 확장 전략은 고가제품의 시장성장률이 높아질 때 사용한다.

> **오답분석**

① 하향 확장 전략에 해당한다.
② 쌍방 확장 전략을 설명하고 있다.
③ 하향 확장 전략에 해당한다.

11 ③

중간상 상표(유통업체 상표, PB)는 보통 제조설비를 갖추지 않은 유통업체가 개발한 상표로서 이 유통업체가 독자적인 상품을 기획하고 생산만 제조업체에 의뢰하는 것을 말한다. PB는 유통업자 주도형 상표라고도 하며 유통업자가 상표 소유권과 판매책임을 모두 가진다.

12 ④

유통업체 상표, 즉 중간상 상표는 보통 제조설비를 갖추지 않은 유통업체가 개발한 상표로서 이 유통업체가 독자적인 상품을 기획하여 생산만 제조업체에 의뢰하는 것을 말한다.

13 ②

유통업체 상표란 제조설비를 갖추지 않은 중간상, 즉 유통업체에서 부착한 브랜드로 특정 유통업체에서만 판매된다.

> **오답분석**

① 제조업자 상표에 해당한다.
③ 공동브랜드 전략에 해당한다.
④ 무상표 전략에 해당한다.

14 ①

개별브랜드 전략은 소비자가 같은 기업의 제품라인을 별도의 브랜드로 인식하게 되므로 신제품 출시 시 후광효과를 기대할 수 없고 브랜드별로 별도의 마케팅 비용을 지불하게 된다.

15 ③

추상적 연상은 독특하고 차별적인 브랜드 이미지를 형성하는 데 도움이 되지 못한다. 바람직한 브랜드의 연상은 호감도가 높은 연상, 독특한 연상, 강력한 연상이라는 특성을 포함한다.

16 ③

브랜드 자산은 브랜드의 가치를 나타내는 개념으로 브랜드의 존재 유무에 따라 소비자들이 인지하는 제품 가치의 차이가 발생하는 것을 의미한다.

17 ④

문제에서 설명하고 있는 것은 브랜드 자산에 대한 설명이다.

> **오답분석**

① 브랜드 연상은 브랜드에 대해 떠오르는 것과 연계되는 모든 이미지이다.
② 브랜드 충성도는 특정 브랜드에 대한 지속적인 선호와 만족도, 반복적인 구매행동이다.
③ 브랜드 인지도는 소비자가 특정 브랜드를 인식하거나 상기할 수 있는 능력이다.

18 ②

재산과 소유권은 서로 다른 개념이다.

> **참고** 재산과 소유권
> 재산은 유·무형의 경제적 가치가 있는 것(예 동산, 부동산 등)을 뜻하며 소유권은 이러한 재산을 보유하여 이득을 얻을 수 있는 권리이다.
> 즉, 재산은 소유권을 포괄하는 개념이며, 소유권은 재산 보유 여부에 따라 구분할 수 있다.

19 ①

브랜드 재인이란 소비자가 특정 브랜드에 대해 사전에 노출되어 보았거나 들어본 적이 있는지의 여부를 확인하는 능력이다.

> **오답분석**
> ② 브랜드 회상에 대한 개념이다.
> ③ 최초 상기 브랜드에 대한 개념이다.
> ④ 브랜드 자산에 대한 개념이다.

20 ②

사용자와 관련된 연상은 브랜드의 이미지를 자사브랜드 모델과 연결시켜 판매를 촉진한다. 나이키는 타이거 우즈를 골프모델로 선정하고, 골프 제품을 타이거 우즈와 연결시켜 고객들에게 나이키 제품을 착용하면 타이거 우즈가 되는듯한 인상을 심어주고자 하였다.

무료 학습자료 제공 · 독학사 단기합격 **해커스독학사**
haksa2080.com

무료 학습자료 제공·독학사 단기합격 **해커스독학사**
haksa2080.com

전문가가 분석한 출제경향 및 학습전략

제7장에서는 제품수명주기 전략 실행별 각 단계와 그 단계별 특징에 대해 집중적으로 학습해야 한다. 또한 신제품 개발과 관련된 소비자의 신제품 수용 과정의 심리적 단계, 기업의 신제품 개발 과정, 각 개발 과정별 특징도 알아두는 것이 좋다. 즉, 특정 개념보다는 단계나 과정의 흐름과 이에 따른 특성을 파악하는 것이 중요하다. 신제품의 분류, 신제품 개발 전략의 유형, 신제품 성공요인 및 실패요인 등도 중요한 내용이라 출제될 가능성이 높으므로 전반적인 내용을 파악하는 것이 필요하다.

제7장 | 핵심 키워드 Top 10
핵심 키워드 Top 10은 본문에도 동일하게 ★로 표시하였습니다.

01	신제품 확산요인 ★★★	p.198
02	제품수명주기 전략 단계 ★★★	p.201
03	제품수명주기 단계별 특징 및 마케팅 전략 ★★★	p.201
04	신제품 개발 과정 ★★	p.193
05	시험마케팅 ★★	p.194
06	신제품 수용 과정 ★★	p.196
07	신제품 확산 과정 ★★	p.197
08	신제품의 분류 ★	p.190
09	신제품 개발 전략의 유형 ★	p.191
10	제품 개념 개발 및 테스트 ★	p.193

제7장

신제품 개발과 제품수명주기 전략

제1절 신제품 개발 전략
제2절 신제품 개발 과정
제3절 신제품 수용과 확산
제4절 제품수명주기 전략

제1절 신제품 개발 전략

01 신제품의 개념 및 분류

1. 신제품의 개념
새로운 형태의 혁신제품, 개선된 제품, 수정제품, 신상표의 부착, 재포지셔닝 등을 통해 기업이 새로운 기술과 디자인을 적용하여 물리적으로 새롭거나 소비자에게 새롭게 인식되는 모든 제품을 신제품이라고 지칭한다.

2. 신제품의 분류 ★

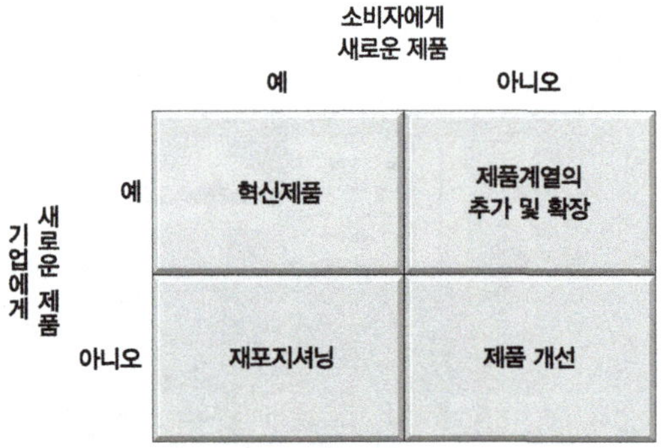

> **핵심 Check**
> **신제품 분류 기준**
> 기업 및 소비자 입장에서 제품의 참신성이 신제품 분류의 기준이 된다.

	소비자에게 새로운 제품 예	아니오
기업에게 새로운 제품 예	혁신제품	제품계열의 추가 및 확장
아니오	재포지셔닝	제품 개선

[그림 7-1] 신제품의 분류

(1) 제품 개선
① 가장 단순한 신제품 유형으로 기업과 소비자가 지각하는 신제품의 참신성 정도가 낮다.
② 기업은 지속적으로 기존제품을 개선하고 있지만 소비자는 이를 느끼지 못하는 경우가 많다.
  예 신라면은 매운맛의 자극성이 강해 위장에 좋지 않다는 여론 때문에 매운맛을 순화한 신제품을 여러 번 출시하였다.

(2) 제품계열의 추가 및 확장
① 소비자들에게는 이미 널리 알려진 상품이지만 기업에서는 신상품으로 분류된다.
② 자사의 입장에서는 신제품으로 취급되나 소비자 입장에서 보면 기존제품을 모방한 모방 신제품에 해당한다.
  예 비달사순은 미용도구사업에 처음으로 참여하여 제품계열을 추가하고 이후 헤어롤, 파마도구 등을 통해 제품계열을 확장하였다.

(3) 재포지셔닝
① 기존제품이 새로운 사용자에게 또는 다른 용도로 이용되도록 재포지셔닝하는 것이다.
② 기업에게는 참신성이 낮지만 소비자에게는 참신성이 높은 신제품의 경우가 해당한다.
> 예 Arm & Hammer의 베이킹소다는 원래 빵 제조에 사용되는 상품이었으나 하수구나 냉장고 악취제거제로 재포지셔닝하였다.

(4) 혁신제품
기업과 소비자 모두에게 참신성이 높은 신제품이다.
> 예 LG전자 롤러블 TV

02 신제품 개발 전략의 유형 ★

1. 반응 전략

(1) 반응 전략의 개념
경쟁사가 새로운 제품을 도입할 때까지 기다렸다가 해당 제품이 시장에서 성공하면 모방하는 전략을 말한다.

(2) 반응 전략의 유형

구분	내용
방어적 전략 (defensive strategy)	경쟁사의 신제품 출시로 인해 매출의 하락가능성이 있는 자사의 기존제품을 보호하기 위한 전략
모방 전략 (imitative strategy)	경쟁사가 신제품을 출시한 후에 시장에서 성공하기 전 해당 신제품을 그대로 복사하는 전략
추격자 전략 (second but better)	• 경쟁제품보다 더 우수한 제품을 개발하는 전략 • 기업이 단순하게 경쟁사의 제품을 그대로 복사하는 것뿐만 아니라 해당 제품의 포지셔닝을 개선하는 방법까지 파악함
대응 전략 (responsive strategy)	• 소비자들의 요구에 의도적으로 반응하는 전략 • 생산자는 제품의 사용고객으로부터 개선사항에 대한 정보를 얻어 신제품을 출시함

2. 선제 전략

(1) 선제 전략의 개념
경쟁사가 대항하기 힘든 제품을 개발하여 경쟁사보다 압도적으로 빠르게 시장에 진입하여 고객의 확실한 지지를 획득하려는 전략을 말한다.

(2) 선제 전략의 유형

구분	내용
연구개발(R&D) 전략	소비자의 잠재적 욕구 또는 미래의 욕구를 예측하여 신제품을 개발하고, 이를 통해 잠재소비자의 욕구를 불러일으키는 것
마케팅 전략	• 소비자의 욕구를 파악하고 이러한 욕구를 만족시키는 편익을 제공하는 제품을 개발함 • 소비자에 대한 정보를 이해하고, 시장조사 및 사용자와의 대화과정, 소비자와 대화가 가능하도록 순환배치하는 것 등이 중요함
창업가적 전략	모든 종업원이 아이디어를 가지고 신제품 개발에 참여하는 것
매수(acquisition)	• 합법적으로 2개의 기업을 결합하는 공식적인 제휴를 의미함 • 성장과 재무적 성공을 위한 효과적인 전략
제휴(alliance)	• 기술, 생산, 마케팅, 재무 또는 사업경험과 같은 노하우를 집약하여 2개 이상의 기업이 협력하는 것 • 시장에 새로 진입하는 기업에 낮은 비용으로 기술을 획득할 기회를 제공하고, 참여자는 시장개발의 위험을 모두 감수해야 하는 위험부담 없이 성장할 수 있는 기회를 가짐

기출개념확인

01 신제품 개념에 따라 유형을 분류하였을 때 신제품이라고 볼 수 <u>없는</u> 것은?

① 제품 개선
② 신규 판매사원을 통한 판매촉진제품
③ 재포지셔닝
④ 혁신제품

정답·해설

01 ② 신제품의 유형을 분류해보면 제품 개선, 제품계열의 추가 및 확장, 재포지셔닝, 혁신제품이 있다. 신규 판매사원을 통한 판매촉진제품은 새로운 마케팅 활동을 하지만 기본적으로 제품의 변화는 없는 경우이다.

제2절 신제품 개발 과정

01 신제품 개발 과정 ★★ 기출개념

1. 신제품 개발 과정(전략)의 개념
전반적인 마케팅 전략의 일부분으로 신제품 아이디어를 수집, 심사·평가하기 위해 지침사항을 명확하게 제공하는 것이다.

2. 신제품 개발 과정

[그림 7-2] 신제품 개발 과정

(1) 아이디어 창출
① 6~10명의 인원이 다양한 토론과정을 통해 아이디어를 제안하고 발전적으로 개발하는 브레인스토밍(brainstorming) 기법을 많이 활용한다.
② 아이디어를 축소시키는 방법으로는 체크리스트를 많이 활용한다.
③ 우연에 의존해서는 안 되며, 조직적이고 체계적이어야 한다.
④ 중요한 원천으로는 기업 내부의 종업원·R&D부서·경영자 등과 기업 외부의 고객, 유통업자, 공급업자, 경쟁업체, 전문 컨설턴트 등이 있다.

(2) 아이디어 선별(평가)
① 심사를 통해서 다수의 아이디어 중에 개발할 수 없는 아이디어는 제외하고 유용한 아이디어를 선별하는 과정이다.
② 아이디어 평가단계에서 범하는 두 가지 오류
　㉠ 실제로 유용한 아이디어임에도 불구하고 가능성이 없는 것으로 잘못 판단하여 평가과정에서 탈락시키는 경우가 있다.
　㉡ 빈약한 아이디어를 계속 개발하여 상용화하는 경우가 있다.

(3) 제품 개념 개발 및 테스트 ★
① 제품 개념의 개발: 아이디어를 소비자들이 이해하기 쉽고 일상적으로 사용하는 의미있는 단어로 구체화시킨 것이다.
② 제품 개념의 테스트: 제품 개념이 적합한지 알고자 표적고객을 대상으로 테스트하는 것이다.

개념 Plus

제품 개념
제품 개념은 실무에서는 제품 컨셉(product concept)이라는 표현을 사용하기도 하고 디자인 및 개발 분야에서는 핵심 아이디어만을 물리적으로 구현한 시제품 혹은 프로토타입(prototype)이라는 표현을 사용하기도 한다.

(4) 마케팅 전략 개발
신제품을 시장에 출시하기 위해 초기 마케팅 전략이 개발되는 단계이다.

(5) 사업성 분석
① 신제품의 매출이나 비용, 이익 등의 예상되는 측정치를 계산하고, 실제 이익이 되는지를 가늠하는 단계이다.
② 신제품의 수요, 매출액, 수익성, 투자비용, 제품매출에 영향을 미치는 요인 등의 측면에서 고려한다.
③ 사업성 분석을 통해 신제품이 자사의 이익 목표를 충족할 것으로 판단되면 다음 단계로 넘어가게 된다.

(6) 제품 개발
① 엔지니어나 연구개발부서에서 제품 개념을 물리적인 형태를 지닌 제품으로 개발하는 과정이다.
② 신제품 아이디어가 실제 작동하는 제품으로 개발될 수 있는지를 보여주는 단계이다.
③ 시간이 오래 걸릴 수 있으며, 막대한 개발비용이 소요될 수도 있다.
④ 제품 개발이 성공적으로 이루어지면 경우에 따라 실험실 테스트를 거치기도 한다.

(7) 시험마케팅 ★★ [기출개념]
① 신제품과 마케팅 프로그램을 실제 시장상황에서 시험하여 잠재고객의 반응과 실제 매출가능성을 조사하는 것이다.
② 시험마케팅의 시행 이유
   ㉠ 실제 매출경험에 근거를 둔 예상 매출액을 산출하여 해당 제품을 본격적으로 도입할 것인가에 대한 판단을 할 수 있게 해준다.
   ㉡ 기업의 마케팅 전략에 대한 반응을 파악하여 더 효과적인 마케팅 전략을 세울 수 있게 해준다.
③ 시험마케팅 기법
   ㉠ 표준시험시장: 기업이 진출하려는 표적시장의 성격과 가장 유사한 특정 시장을 선정하고 조사하는 것이다.
   ㉡ 통제시험시장: 신제품을 유통하는 데 동의한 상점들을 패널로 구성하여 조사하는 단계이다.
   ㉢ 모의시험시장: 모의쇼핑환경을 만들어 놓고 신제품을 조사하는 것이다.

(8) 상업화
① 시험마케팅 결과를 토대로 마케팅관리자가 최종적으로 신제품을 시장에 출시할 것인지의 여부를 결정하는 단계이다.
② 신제품을 출시하는 기업은 신제품 도입시기와 출시지역을 결정한다.

기출개념확인

01 신제품과 마케팅 프로그램을 전체 시장에 출시하기 전, 실제 시장 상황에서 잠재고객의 반응과 실제 매출가능성을 조사하는 것을 무엇이라고 하는가?

① 시험마케팅
② 제품 콘셉트 개발
③ 제품 콘셉트 테스트
④ 아이디어 창출

정답·해설

01 ① 시험마케팅은 시장 성공 가능성을 높이기 위해 규모가 큰 시장을 대상으로 신제품 및 새로운 마케팅 프로그램에 대해 제한된 실제 시장 상황에서 잠재고객의 반응과 실제 매출가능성을 조사하는 것이다.

제3절 신제품 수용과 확산

01 신제품 수용 과정 ★★ 기출개념

[그림 7-3] 소비자의 신제품 수용 과정

1. 인지(awareness)
① 혁신제품이 처음 도입되었기 때문에 거의 대부분의 소비자는 잘 모르고 관련 산업이나 기업의 종사자 중에서도 일부만 알고 있는 상태이다.
② 신제품이 광고, 인적판매, 제품설명회, 구전 등으로 개별소비자에게 노출되는 단계이다.

2. 관심(interest)
① 수용 과정에서 신제품이 존재한다는 것을 알게 된 사람들은 그 제품이 자신의 욕구를 충족시켜 줄 것이라는 사실을 알고 관심을 가지게 되는 단계이다.
② 관심을 가진 대부분의 잠재소비자는 평가 단계로 넘어가지만 또한 많은 사람들이 관심 단계에서 이탈하기도 한다.

3. 평가(evaluation)
① 잠재소비자들은 수용에 따른 손익을 따져보고 혁신제품의 가치에 대해 평가하여 사용 여부를 고려하게 된다.
② 평가 단계에서 긍정적인 결과를 얻은 잠재소비자는 시용 단계로 넘어가지만 상당히 많은 사람이 또 이 단계에서 이탈한다.

4. 시용(trial)
① 잠재소비자들이 신제품을 실제로 경험하는 단계로, 수용 과정 중 매우 중요한 단계이다.
② 기업은 판촉수단으로 시연이나 샘플을 제작하고 배포함으로써 시용구매를 자극하는 경우도 많다.

5. 수용(adoption)

① 잠재소비자들이 혁신제품의 사용 여부를 결정하는 단계로, 결정의 결과는 구매 여부로 나타난다.
② 잠재소비자가 처음 수용했다고 하더라도 확신 단계로 넘어가지 않는 경우도 많기 때문에, 마케팅관리자는 사후 접촉이나 커뮤니케이션 등을 통해 잠재소비자가 수용에 대해 만족하고 충성고객으로 남도록 노력해야 한다.

6. 확신(confirmation)

① 처음 혁신제품을 수용한 이후, 소비자들이 수용제품에 대해 기대가치와 실제가치를 비교해서 호의적인 경험을 했다면, 신규고객에게 구전을 전하고 차후에 충성고객이 될 수 있을 것이다.
② 만약 비호의적인 경험을 했다면, 다른 대안을 추구할 것이며 궁극적으로는 신제품이나 혁신제품을 거절하는 결과를 초래할 것이다.

02 신제품 확산 과정 ★★

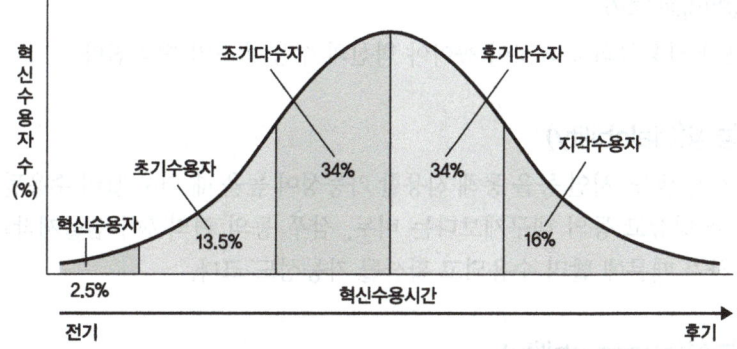

[그림 7-4] 신제품 확산 과정에 따른 소비자 유형 분류

1. 혁신수용자(innovator)
모험심이 강해 혁신에 대한 위험을 감수하면서 누구보다 먼저 받아들이는 사람들이다.

2. 초기수용자(early adopters)
사회나 집단에서 존경받는 의견선도자들이며, 새로운 아이디어를 조기에 선별적으로 수용한다.

3. 조기다수자(early majority)
비록 리더는 아니지만 신중하며 일반소비자보다 앞서 새로운 혁신을 수용한다.

4. 후기다수자(late majority)
대다수 소비자가 제품을 사용하고 나서 혁신을 수용한다.

5. 지각수용자(laggards)
전통지향적이고 유행에 둔감하며, 혁신을 마지막으로 수용한다.

03 신제품 확산요인 ★★★ 기출개념

1. 상대적 우위(relative advantage)
기존제품에 비해 새로운 점이나 우월한 점, 즉 가격, 기능, 디자인 등에서 이점이 클 때 수용 속도가 빨라질 수 있다.

2. 적합성(compatibility)
혁신이 수용자의 문화적인 가치관이나 경험 등과 일치할수록 혁신의 수용 속도가 더 빨라질 수 있다.

3. 단순성(simplicity)
제품의 이해나 사용상의 편의성이 높아야 혁신의 수용 속도가 빨라진다.

4. 시용가능성(trialability)
① 소비자가 샘플, 시연 등을 통해 시용할 가능성이 높을 때 더욱 빨리 수용될 수 있다.
② 가구나 냉장고 등의 내구재보다는 비누, 샴푸 등의 편의품이 샘플제작과 배포에 용이하기 때문에 빨리 수용되고 확산될 가능성도 크다.

5. 관찰가능성(observability)
혁신 내용과 특징의 관찰이 가능하며, 쉽게 전달할 수 있을 때 확산 속도가 빨라질 수 있다.

예 롤러브레이드는 조깅, 산책, 자전거 도로 등에서 흔히 노출되는 데 비해, 가정에 사용하는 전자레인지는 친구나 친척집에 방문했을 경우에만 노출되기 때문에 전자레인지보다 롤러브레이드가 더 빨리 수용된다.

기출개념확인

01 신제품 확산 과정에 따라 소비자 유형을 분류하였을 때 새로운 혁신을 미리 수용은 하지만 신중하고 실용성을 고려하는 소비자 집단을 무엇이라고 하는가?

① 초기수용자
② 조기다수자
③ 후기다수자
④ 지각수용자

정답·해설

01 ② 신제품이 확산되는 과정에서 신제품을 수용하는 시기에 따라 소비자를 혁신수용자, 초기수용자(얼리어답터), 조기다수자, 후가다수자, 지각수용자로 구분할 수 있으며, 이중 조기다수자는 평균적으로 혁신을 일찍 수용하지만 실용적 동기에서 제품을 구매하며 구매에 신중하다는 점에서 앞선 초기수용자의 특성과는 차이가 있다.

제4절 제품수명주기 전략

01 제품수명주기(product life cycle)

1. 제품수명주기 전략

(1) 제품수명주기의 개념

신제품이 시장에 출시된 후에 판매량이 성장하고 성숙과정을 거쳐 결국 쇠퇴하여 시장에서 사라질 때까지의 제품의 판매액과 이익의 변화 상태를 수명주기 단계별로 구분한 과정이다.

(2) 제품수명주기의 형태

① 제품수명주기의 형태는 제품에 따라 매우 다양하게 나타난다.
② 전형적인 제품수명주기는 S자 곡선 형태이다.

2. 제품수명주기 유형

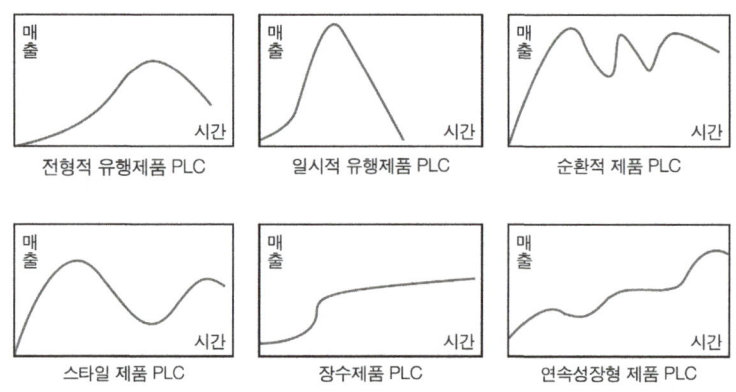

[그림 7-5] 특수한 제품수명주기

(1) 전형적 제품수명주기

일정 기간의 도입기, 성장기, 성숙기, 쇠퇴기가 있는 일반적인 제품수명주기의 형태이다.

(2) 일시적 제품수명주기

도입기가 거의 없이 바로 성장기에 접어들었다가 성숙기가 거의 없이 쇠퇴기로 접어드는 형태이다.

예 포켓몬고

(3) 순환적 제품수명주기
일정주기를 타고 성장과 쇠퇴를 반복하는 제품의 수명주기이다.
예 패션제품, 에어컨

(4) 연속성장형 제품수명주기
새로운 제품 특성, 용도, 사용자를 발견하거나 개발하여 수명주기가 연속적으로 이어지는 경우이다.
예 흑백TV – 컬러TV – 평면TV – LCD TV

3. 제품수명주기 전략 단계 ★★★

(1) 도입기
① 수요도 작고 매출의 증가율도 낮다.
② 제품의 본질적 기능을 소비자에게 인지시키는 것이 전략과제이다.

(2) 성장기
① 수요가 급속도로 커지고 매출도 가속적으로 증가한다.
② 이익도 발생하기 시작한다.
③ 시장 확대가 전략과제인 단계이다.

(3) 성숙기
① 매출증가율이 저하된다.
② 점유율을 유지하기 위해 마케팅 비용은 증가하는 반면 이익은 감소한다.

(4) 쇠퇴기
매출이 저하되고 이익도 발생하지 않는다.

02 제품수명주기 단계별 특징 및 마케팅 전략 ★★★ 기출개념

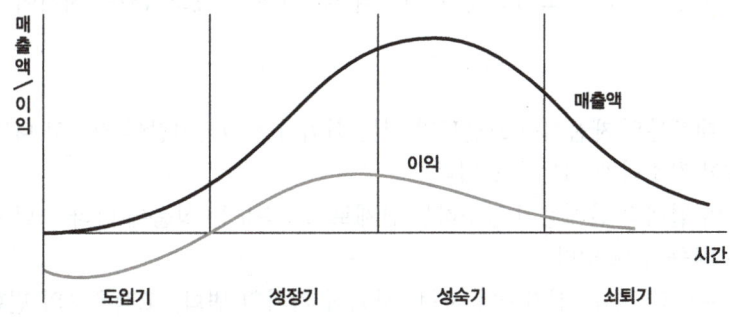

[그림 7-6] 제품수명주기 단계와 매출액 – 이익

1. 도입기
① 제품이 출시되어 표적시장에 판매되기 때문에 소비자가 시장에서 구매할 수 있게 되는 시기이다.
② 표적시장은 혁신수용자를 중심으로 하는, 의견을 선도하는 집단(opinion leader)이다.
③ 신제품에 대한 낮은 인지도, 기존제품의 소비습관 때문에 완만한 매출 증가가 일어나는 시기이다.
④ 높은 유통개척비용과 광고 및 판촉비용의 지출로 인한 손실이 발생하기도 하고 이익이 매우 낮은 편이다.

2. 성장기
① 신제품이 표적시장 내의 소비자들을 만족시키게 되면, 판매량이 급속하게 늘어나고 결과적으로 이익이 급증하는 시기이다.
② 신제품이 목표시장 내의 고객들을 만족시키면서, 판매가 급속하게 증가하는 성장형 단계이다.
③ 혁신수용자층과 얼리어답터(early adopters, 초기수용자) 등의 호의적 구전(word of mouth)이 시장 확대에 매우 중요한 역할을 한다.

3. 성숙기
① 신제품이 대부분의 잠재고객에게 수용됨으로써 매출성장률이 일정 수준에 도달하게 되면 둔화하거나 정체되는 시기이다.
② 해당 단계에서는 경쟁에 대응하기 위해 많은 마케팅 비용을 지출하기 때문에 이익이 감소하는 시기이다.
③ 제품의 매출성장률이 지속적으로 둔화되기 시작하는 단계이다.
　㉠ 판매량의 절대적 크기는 증가하지만 증가율은 감소한다.
　㉡ 가장 높은 매출이 실현되는 시기이다.
④ 취약한 경쟁제품의 도태로 인해 시장의 경쟁구조가 재조정되는 시기이기도 하다.

4. 쇠퇴기
① 거의 대부분의 제품이나 브랜드가 겪는 쇠퇴기는 일정기간이 지나고 나면 결국 판매량이 감소하게 되는 기간이다.
② 제품의 절대적 판매량이 감소하는 단계로, 그 속도는 상품에 따라 느릴 수도 급격하게 빠를 수도 있다.
③ 시장수요의 포화, 신기술의 출현, 사회적 가치의 변화, 고객욕구의 변화 등으로 나타난다.
④ 많은 기업이 시장에서 철수하고 시장에 남아있는 기업은 경쟁력이 취약한 제품을 제거하는 등의 방법을 사용해 제품의 수를 축소한다.

특성		도입기	성장기	성숙기	쇠퇴기
매출액		낮은 매출액	급속한 매출액 증대	매출액 극대	매출액 감소
비용		높음	중간	낮음	낮음
이익		부(−)	이익 증가	높은 이익	이익 감소
고객		혁신수용자	얼리어답터	중간다수자	지각수용자
경쟁자		소수	증가	일부감소	감소
마케팅 목표		제품인지와 사용창출	제품인지와 사용창출	시장점유율 방어, 이윤극대화	비용절감과 제품철수
마케팅 전략	제품	기본제품	확장제품, 서비스, 보증	브랜드와 모델 다양화	취약한 항목 단계적 철수
	가격	원가가산법	시장침투가격	경쟁대응가격	가격할인
	유통	선택적 유통	집중적 유통	광범위한 유통	선택적 유통 (단계적 철수)
	광고	제품인지 증가 (초기수용자)	제품인지 증가 (대중시장)	브랜드 차별화와 효익 강조	핵심고객 유지까지 감소
	판매촉진	사용유도 위해 판촉 증가	다량소비자이용 판촉 감소	브랜드 전환 위해 판촉 증가	최소수준까지 판촉 감소

기출개념확인

01 제품수명주기에 따른 마케팅 반응에 대한 설명으로 **잘못된** 것은?

① 도입기에는 수요가 적어 매출증가율이 낮다.
② 성장기에는 수요는 증가하지만 매출증가율은 낮은 상태이다.
③ 성숙기에는 매출증가율이 저하되고 이익이 감소하기 시작한다.
④ 쇠퇴기에는 매출액이 저하되고 이익이 거의 발생하지 않는다.

정답·해설

01 ② 제품수명주기의 도입기와 쇠퇴기에는 매출과 이익이 낮으며, 제품이 본격적으로 팔리기 시장하는 성장기에는 매출증가율이 높고 이익이 발생한다고 보고 있다. 성숙기에는 성장 속도는 감소하지만 이익은 극대화되었다가 감소하기 시작한다.

제7장 | 실전연습문제

* 기출유형 은 해당 문제가 실제 시험에 출제된 유형임을 나타냅니다.

01 일반적으로 기업의 입장에서 보았을 때 신제품의 참신성이 높은 것은?
① 제품 개선 ② 상표 부착
③ 제품계열의 추가 ④ 재포지셔닝

02 다음 지문이 설명하는 내용으로 옳은 것은?

> 주로 패션과 옷감, 가구 또는 가전제품의 디자인 부문에 사용되며, 제품계열의 확장에 유용하게 쓰이는 전략이다.

① 방어적 전략 ② 모방 전략
③ 추격자 전략 ④ 대응 전략

03 신제품 개발 전략 유형 중 반응 전략에 속하지 않는 것은?
① 추격자 전략 ② 대응 전략
③ 방어적 전략 ④ 마케팅 전략

04 다음 신제품 개발 전략 중 특성이 다른 하나는?
① 대응 전략 ② 마케팅 전략
③ 창업가적 전략 ④ 연구개발 전략

05 다음 괄호 안에 들어가기에 알맞은 과정은?

> 아이디어 창출 - 아이디어 선별(평가) - 제품 개념 개발 및 테스트 - 마케팅 전략 개발 - 사업성 분석 - 제품 개발 - (   ) - 출시

① 브레인스토밍 ② 상업화
③ 시험마케팅 ④ 컨조인트 분석

06 신제품 개발의 시험마케팅 중에서 비용이 가장 저렴한 것은?
① 모의시험시장 ② 통제시험시장
③ 표준시험시장 ④ 확대시험시장

07 신제품 성공요인에 대한 설명으로 옳지 않은 것은?

① 기업의 내외부적 상황요인은 고려할 필요가 없이 성장가능성만 있으면 된다.
② 기업은 자체 분석을 통해 경쟁사에는 없는 요소이며, 자사의 기존제품과는 호환성이 큰 제품을 출시하는 것이 좋다.
③ 고객욕구에 부합하는 아이디어를 개발하여야 한다.
④ 기술 관련 요소들도 고객들이 원하는 욕구를 채워줄 수 있으면 된다.

08 다음 중 신제품의 실패요인에 대한 설명으로 적절하지 않은 것은?

① 해당 제품만이 가지는 차별화된 속성을 소비자에게 전달하지 못하는 경우이다.
② 좋은 제품을 출시했지만 과정상의 오류로 인해 실패하는 경우도 존재한다.
③ 유통경로상의 자원이 불충분한 것도 실패의 원인이 될 수 있다.
④ 리스크를 최소화하기 위해 제품개발을 위한 부서 간의 연계를 지양한다.

09 신제품을 수용하는 과정에서 혁신제품에 대해 긍정적인 평가를 내렸으나 실제 혁신제품을 구매하는 수용 단계로 진입하기 위해서 기업이 판매촉진 수단을 활용하는 중간 단계는?

① 인지 ② 관심
③ 시용 ④ 확신

10 혁신수용자의 다음으로 새로운 아이디어를 선별적으로 수용하여 신제품이 전체 소비자로 확산되게 하는 역할을 하는 소비자 집단은?

① 조기다수자 ② 초기수용자
③ 후기다수자 ④ 지각수용자

11 다음 중 신제품 확산요인에 대한 설명 중 틀린 것은?

① 개인의 가치나 경험이 일치하는 정도가 커야 빠르게 확산된다.
② 기존제품보다 고객에게 주는 혜택이 더 우월해야 빠르게 확산될 수 있다.
③ 신제품이 가지는 혁신의 결과를 확인해볼 수 있거나 쉽게 전달할 수 있을 때 더 빠르게 확산된다.
④ 제품의 이해나 사용이 어려워야 빠르게 확산된다.

12 술을 마시지 않는 국가의 국적을 가진 사람들의 집단에서는 술의 확산 속도가 느리기 마련인데, 확산에 영향을 미치는 요인 중 이 개념을 설명한 것은?

① 상대적 우위 ② 적합성
③ 시용가능성 ④ 관찰가능성

13 다음 설명이 해당하는 제품수명주기 단계는?

> 제품이 시장에 수용되어 정착되는 단계로 기업의 경우 실질적인 이익이 창출되는 단계라 할 수 있다. 이 단계로 들어서면 제품의 판매량은 빠르게 증가한다.

① 도입기 ② 성장기
③ 성숙기 ④ 쇠퇴기

14 제품수명주기 단계 중 다음 마케팅 전략에 적합한 단계는?

> 농심의 '새우깡', 오리온의 '초코파이', 롯데제과의 '목캔디' 등의 브랜드는 이미 소비자에게 매우 뚜렷하게 인식되고 있고 소비자들의 취향에 맞추어 지속적으로 제품을 개선함으로써 시장을 확장하고 제품 수정을 실시하고 있다.

① 도입기 ② 성장기
③ 성숙기 ④ 쇠퇴기

15 제품수명주기에서 도입기에 적합한 판촉 전략은?

① 제품 광고를 실시한다.
② 제품의 차별화를 시도한다.
③ 기존 대비 제품 관련 프로모션을 감소시키고 고객 만족을 위해 노력한다.
④ 마케팅 관련 비용을 최소화하고 제품 철수시기를 결정한다.

제7장 | 정답·해설

01	02	03	04	05
③	②	④	①	③
06	07	08	09	10
①	①	④	③	②
11	12	13	14	15
④	②	②	③	①

01 ③

기업의 입장에서 신제품의 참신성이 높은 유형은 혁신제품 및 제품계열을 추가하거나 확장한 경우에 해당한다. 단순한 제품 개선이나 상표 부착, 재포지셔닝은 기업 측면에서 마케팅 전략을 활용하여 소비자에게 새로운 제품으로 인식시킬 수는 있으나 물리적으로 새로운 제품을 개발한 것은 아니다.

02 ②

모방 전략은 경쟁사가 신제품을 출시한 후에 시장에서 성공하기 전 해당 신제품을 그대로 복사하는 전략을 의미한다. 빠른 시간 안에 제품 제작이 가능하고 차별화가 되지 않은 시장에서 가능한 경우이다.

오답분석
① 방어적 전략은 경쟁사의 신제품 출시로 인해 매출의 하락 가능성이 있는 자사의 기존제품을 보호하려는 전략을 말한다.
③ 추격자 전략은 경쟁제품보다 우수한 제품을 출시하기 위해 제품의 포지셔닝 및 마케팅 전략도 함께 고민하는 방식이다.
④ 대응 전략은 제품 사용고객으로부터 개선사항에 대한 정보를 얻어 신제품을 출시하는 방식이다.

03 ④

반응 전략에는 방어적 전략, 모방 전략, 추격자 전략, 대응 전략이 있다. 마케팅 전략은 선제 전략으로 소비자에 대한 정보를 이해하고 시장조사 및 사용자와의 대화 과정, 소비자와 대화가 가능하도록 순환배치 등을 통해 경쟁사보다 선제적으로 전략을 수립하는 것이다.

04 ①

대응 전략은 반응 전략에 해당하며, 소비자들의 요구에 대해 의도적으로 반응하는 전략이다.
② 마케팅 전략은 선제 전략의 유형으로 소비자의 정보를 파악하고 이러한 소비자의 욕구를 만족시키는 편익을 제공하는 전략이다.
③ 창업가적 전략은 선제 전략의 유형으로 모든 종업원이 신제품 개발에 참여하는 것을 말한다.
④ 연구개발 전략은 선제적으로 소비자의 잠재적인 욕구를 예측하여 신제품을 개발하는 방식이다.

05 ③

시험마케팅은 개발된 제품을 대상으로 시장에서 테스트를 하는 단계이며, 본격적인 출시 전에 신제품에 대한 소비자 반응 등을 확인할 수 있다.

오답분석
① 브레인스토밍은 아이디어 창출 단계에서 활용하는 기법이다.
② 상업화는 출시의 다른 표현이다.
④ 컨조인트 분석은 제품 개념 개발 단계에서 소비자들이 선호하는 제품을 개발하기 위해 활용하는 방법이다.

06 ①

시험마케팅 기법 중 모의시험시장은 모의의 쇼핑환경을 구성하고 신제품을 반응을 테스트하는 것이다. 통제시험시장은 신제품을 유통시키는 데 동의한 점포를 대상으로 패널을 구성하여 시장과 유사한 환경에서 테스트하는 것이다. 표준시험시장은 기업이 진출하고자 하는 표적시장에 해당하는 지역을 선정하여 특정지역에서 제품에 대한 반응을 확인하는 것이다. 지역적 제한을 제외하고는 실제 판매와 동일한 상황이다. 따라서 비용이 적게 드는 순서는 '모의시험시장 → 통제시험시장 → 표준시험시장'이다. 확대시험시장의 개념은 존재하지 않는다.

07 ①

신제품이 성공하는 데 필요한 시장 환경 관련 요인에는 단순히 시장의 잠재적인 성장가능성뿐만 아니라 그에 따른 자사의 내외부적 상황까지 포함된다.

08 ④

신제품 개발을 위해서는 기업의 자원이나 조직이 유기적이고 전사적으로 움직여야 한다.

09 ③

소비자의 신제품 수용 과정은 '인지 → 관심 → 평가 → 시용 → 수용 → 확신'의 단계로 진행된다. 시용은 잠재소비자들이 실제로 신제품을 경험하는 단계로 수용 단계에서 중요한 역할을 한다.

[오답분석]
① 인지 단계는 신제품이 시장에 출시되어 소비자들이 제품을 알아가는 단계이다.
② 관심 단계는 신제품을 인지한 후 자신의 욕구를 충족시켜 줄 제품이라는 것을 알고 관심을 갖게 되는 단계이다.
④ 확신 단계는 혁신제품의 구매 및 사용 경험 이후 만족 수준에 따라 제품에 대한 향후 구매 여부 및 구전 등을 결정하게 된다.

10 ②

초기수용자는 기술제품에 대한 빠른 수용과 트렌트 세터로 전체 시장에 신제품을 확산시키는 오피니언 리더의 역할을 한다.

[오답분석]
① 조기다수자는 일반소비자보다 조금 앞서 혁신제품을 수용하지만 신중하게 결정하는 편이다.
③ 후기다수자는 대다수 소비자들이 제품을 사용하고 나서 혁신을 수용한다.
④ 지각수용자는 전통지향적이고 유행에 둔감하며 혁신을 마지막으로 수용하는 집단이다.

11 ④

신제품이 빠르게 확산되는 요인에는 단순성이 있는데, 이는 제품의 이해나 사용상 편의성이 높아야 한다는 것을 의미한다.
① 적합성에 대한 설명이다.
② 상대적 우위에 대한 설명이다.
③ 관찰가능성에 대한 설명이다.

12 ②

적합성은 출시된 신제품이 잠재소비자들의 기존 신념과 관습에 부합하는 정도를 의미한다.

13 ②

도입기 이후 성장기에서의 전략은 본격적인 시장점유율 극대화를 목표로 마케팅 자원을 투입하는 것이다. 이에 따라 소비자들은 신제품을 본격적으로 수용하기 시작하며 기업은 제품의 손익분기점을 지나게 되는 단계이다.

14 ③

성숙기 단계에는 성숙기 제품을 대체할 신제품의 불확실성이 존재하고 기존제품의 잠재이익이 크므로, 이러한 제품들을 어떤 방식으로 관리해 나가느냐가 중요한 문제가 된다. 따라서 기업은 시장점유율을 방어하기 위해 노력해야 하는 단계이다. 이를 위해 지속적으로 제품 개선과 제품 수정을 실시하게 된다.

15 ①

도입기 단계에서는 제품에 대한 소비자들의 인지도가 낮으므로 인지도를 상승시키기 위해 다양한 매체를 활용한 광고, 인적판매 등을 실시해야 한다.

무료 학습자료 제공 · 독학사 단기합격 **해커스독학사**
haksa2080.com

무료 학습자료 제공 · 독학사 단기합격 **해커스독학사**
haksa2080.com

전문가가 분석한 출제경향 및 학습전략

제8장에서는 신제품 가격 전략에 대해 집중적으로 학습해야 하는데 특히 초기 고가격 전략과 시장 침투 가격 전략의 특성을 구분할 수 있어야 한다. 또한 제품믹스를 관리하는 과정에서 다양한 상품의 차별화된 가격 설정 방법과 심리적 가격 결정의 다양한 방법에 관한 내용을 파악하는 것이 필요하다. 그 외에도 가격 결정 시 고려요인과 가격 변화 시 고려요인에 대해 숙지하는 것이 좋다.

제8장 | 핵심 키워드 Top 10
핵심 키워드 Top 10은 본문에도 동일하게 ★로 표시하였습니다.

01	제품믹스에 대한 가격 결정 ★★★	p.220
02	초기 고가격 전략 ★★★	p.222
03	시장 침투가격 전략 ★★★	p.222
04	가격 결정 시 고려요인(내부요인과 외부요인) ★★	p.214
05	수요의 가격 탄력성 ★★	p.215
06	심리적 가격 전략 ★★	p.218
07	단수가격 ★	p.218
08	명성가격 ★	p.218
09	유인가격 ★	p.219
10	가격 변화 시 고려요인 ★	p.224

제8장

가격 결정

제1절 가격의 의미와 역할
제2절 가격 결정 시 고려요인
제3절 가격의 결정과 조정
제4절 제품믹스 가격 전략
제5절 신제품 가격 전략
제6절 가격 변화의 주도 및 대응

제1절 가격의 의미와 역할

01 가격의 의미

1. 가격의 개념
① 제품 혹은 서비스에 대한 대가로 부과하는 화폐가치이다.
② 제품 혹은 서비스의 소유나 사용으로 얻게 될 혜택을 위하여 소비자가 지불해야 하는 모든 가치의 합을 의미한다.
③ 소비자가 추구하는 만족이나 효용을 얻기 위해 희생한 재무적인 대가이다.
④ 기업의 이익을 결정하는 요소이다.
⑤ 기업은 가격을 기준으로 고객에게 제품이나 서비스를 제공한 대가를 산정한다.
⑥ 제품 가격과 기업 이익의 관계

$$총이익 = 총수익 - 총비용 = (가격 \times 판매량) - 총비용$$

02 가격의 역할

1. 품질 추론의 단서
(1) 소비자의 입장
구매 전 제시된 가격을 통해 해당 제품의 품질을 추측한다.
(2) 기업 입장
시장에서 제품 가격이 상승함에 따라 기업의 생산량이 증가하고 이에 따른 조달 부품에 대한 수요 증가로 부품의 희소성이 높아져 부품 가격이 상승하는 효과가 있다.

2. 경쟁의 도구
회사의 경쟁지위와 시장점유율에 결정적인 영향을 준다.

3. 자사의 이익을 결정하는 변수
회사의 이익수준을 결정짓는 요인으로, 마케팅 믹스 요소 중 매출수입을 가져오는 유일한 요인이다.

03 가격의 중요성

1. 가격의 중요성
가격은 경제시스템, 기업, 소비자 등 다양한 대상에 영향을 미치는 매우 중요한 마케팅 믹스 요소 중의 하나이다.

2. 가격이 영향을 미치는 주체
(1) 경제시스템에 미치는 영향
  가격은 노동, 토지, 자본과 같은 제품생산 요소의 분배에 영향을 미치기 때문에 경제시스템을 규제하는 역할을 수행한다.
(2) 기업에 미치는 영향
  가격은 제품, 촉진, 유통과 같은 다른 마케팅 믹스 요소와는 다르게 변경이 용이하고, 기업의 이익에 직접적인 영향을 미친다.
(3) 소비자에 미치는 영향
  가격은 소비자들이 제품의 품질을 평가하는 중요한 기준으로 작용하며, 특정 제품에 대한 가격이미지 형성에 영향을 준다.

기출개념확인

01 다음 중 가격이 하는 역할이 <u>아닌</u> 것은?
  ① 자사의 이익을 결정하는 변수
  ② 품질 추론의 단서
  ③ 제품 구매 촉진
  ④ 경쟁을 위한 도구

정답·해설
01 ③ 가격은 원가에 적정 이익을 가산하여 결정되므로 자사 이익을 결정하는 변수이다. 또한 소비자 입장에서 가격 정보를 통해 제품의 품질을 추론하기도 한다. 기업은 타사와 시장점유율 등을 경쟁하기 위해 가격을 조정한다. 소비자의 제품 구매를 촉진하는 역할을 하는 것은 판매촉진 믹스이다.

제2절 가격 결정 시 고려요인

01 내부요인 ★★ 기출개념

1. 마케팅 목표
① 마케팅의 목표는 생존, 이익 극대화, 시장점유율 극대화 등으로 다양하며, 마케팅 목표에 따라 그에 맞는 가격목표와 가격결정이 이루어진다.
② 기업의 생존이나 시장점유율 극대화가 목표라면 가격을 낮게 책정하여야 한다.
③ 단기 이익의 극대화나 제품 품질의 우위 확보를 목표로 한다면 가격을 높게 책정해야 한다.

2. 마케팅 믹스
① 가격결정은 제품 특성, 유통경로, 촉진 등의 다른 믹스 요소와 일관성 있게 진행되어야 성과를 높일 수 있다.
② 고가격 전략은 고품질, 선택적 유통경로, 상징적 광고와 함께 집행되어야 효과가 있다.

3. 원가
① 제품의 원가는 가격결정에서 최저 하한선을 형성한다.
② 대량생산과 경험효과에 의한 원가 체감 효과로 가격이 하락할 수 있음을 고려하여야 한다.

02 외부요인 ★★ 기출개념

1. 시장 및 수요요인
(1) **가격의 상한선 형성**
가격은 소비자가 지불하고자 하는 지불용의가격의 범위 내에서 결정되어야 한다.
(2) **수요 법칙**
소비자들은 제품의 가격이 낮을수록 더 많은 양의 제품을 구입한다는 법칙이다.

(3) 수요의 가격탄력성 ★★
제품 가격의 변화에 따라 판매량이 얼마나 달라지는지에 대한 지표이다.

(4) 시장 유형에 따른 가격결정
① 완전경쟁시장
  ㉠ 다수의 소비자와 판매자가 특정 제품을 거래함에 있어서 어느 누구도 현재 시장가격에 영향을 미칠 수 없음을 뜻한다.
  ㉡ 기업이 가격을 마음대로 조절할 수 없고 수급의 일치점에서 가격이 결정된다.

② 독점적 경쟁시장
  ㉠ 완전경쟁시장의 특성과 독점시장의 특성을 동시에 가지는 시장조직이다.
  ㉡ 기업의 자유로운 진출입이 보장되지만 경쟁기업과는 차별화된 상품을 제공함으로써 부분적인 시장지배력을 보유한다.
  ㉢ 독점시장의 성격이 강할수록 가격을 기업 중심적으로 책정할 수 있다.

③ 과점시장
  ㉠ 소수의 대기업에 의해 지배되는 시장으로, 기업 간 상호의존적인 관계로 인한 가격담합이 빈번하게 나타난다.
  ㉡ 가격은 거의 동일한 반면 비가격요소를 통한 경쟁이 일어난다.
  ㉢ 경쟁자의 반응을 고려하여 가격을 책정하는 것이 일반적이다.

④ 독점시장
  ㉠ 제품이나 서비스의 공급이 하나의 기업에 의해 이루어지는 시장이다.
  ㉡ 독점기업이 유일한 공급처이므로 시장지배력을 가지고 대체재가 없어 임의로 가격을 결정할 수 있다.

2. 경쟁사 요인
소비자들은 경쟁사와 자사의 제품 가격을 비교하여 구매하기 때문에 다른 경쟁사의 원가, 제품가격 등 가격정보를 파악해야 한다.

3. 기타 환경요인

(1) 유통경로 요인
유통업자들은 자사의 이익률을 유지하고 제조업자가 공급하는 제품의 가격을 인하해 주기를 원하므로 가격결정 시 유통업자와의 관계를 고려하여 책정해야 한다.

(2) 정부규제 요인
정부는 경제 상황 및 물가안정과 같은 이유로 가격을 규제하기도 한다.

기출개념확인

01 가격 결정 시 고려하는 내부 요인으로 적절하지 <u>않은</u> 것은?
① 마케팅 목표 ② 마케팅 믹스
③ 원가 ④ 경쟁사 가격

02 가격을 결정하는 시장 유형에 대한 설명으로 잘못된 것은?
① 독점시장에서는 정부가 가격을 임의로 결정한다.
② 과점시장에서는 기업 간 가격담합으로 가격이 비교적 동일하거나 경쟁기업의 반응을 고려한다.
③ 독점적 경쟁시장에서는 독점시장의 특성이 강할수록 기업 중심적으로 가격을 책정할 수 있다.
④ 완전경쟁시장에서는 기업이 가격을 결정할 수 없고 수요와 공급이 시장에서 만나는 수준에서 결정된다.

정답 · 해설

01 ④ 가격 결정 시 고려하는 내부 요인에는 기업이 자체적으로 결정할 수 있는 마케팅 목표, 마케팅 믹스, 원가가 해당된다. 경쟁사 가격은 가격 결정 시 고려해야 할 요소이지만 기업이 통제할 수 없는 외부 요인에 해당한다.

02 ① 독점시장에는 하나의 기업이 시장에 존재하고 소비자 입장에서는 선택의 여지가 없으므로 해당 기업이 임의로 가격을 조정할 수 있다. 정부가 가격을 결정하는 방식은 사회주의 등 중앙정부가 직접 경제시스템에 관여하여 가격을 조정하는 경우이다.

제3절 가격의 결정과 조정

01 할인, 공제, 가격차별화

1. 할인의 유형

(1) 거래할인(transactional discount) = 기능적 할인
판매, 보관, 장부정리 등과 같은 제조업자가 해야 할 일을 대신 수행하는 유통업자에 대해 보상의 성격으로 이루어지는 가격할인이다.

(2) 계절할인(seasonal discount)
제품 판매에서 계절성을 타는 경우 비수기에 제품을 구입하는 소비자에게 할인혜택을 주는 것이다.

(3) 현금할인
제품에 대한 대금결제를 신용이나 할부가 아닌 현금으로 할 경우에 일정액을 차감해주는 것이다.

(4) 수량할인
제품을 대량으로 구입할 경우 제품의 가격을 낮추는 것을 말한다.

2. 공제의 유형

(1) 보상판매
기존제품을 신제품과 교환할 때 기존제품의 가격을 적절하게 책정하여 신제품의 가격에서 공제해주는 것이다.

(2) 촉진공제
제조업자의 광고나 판매촉진 프로그램에 참여하는 유통업자들에게 보상책으로써 가격을 할인해 주거나 일정금액을 지급하는 것이다.

3. 가격차별화의 유형

(1) 소비자에 따른 차별화
나이, 소득 수준 또는 라이프스타일 등에 따라 서로 다른 유형에 속하는 소비자에게 가격차별화를 시행하는 것이다.
예 어린이, 군인, 노인 대상 입장료 차별화, 공연좌석 위치에 따른 공연료 차별화 등

개념 Plus

할인과 공제
- 할인: 어떤 일정한 상황 및 조건에 따라 제품의 가격을 낮추는 것이다.
- 공제: 일반적인 가격할인 방식이 아닌 방법으로 가격의 일부를 삭감해주는 것이다.

개념 Plus

가격차별화
- 서로 다른 세분시장에 대해 상이한 가격을 책정하는 것이다.
- 수요의 가격탄력성, 즉 다른 세분시장의 가격 변화에 대해 비탄력적인 세분시장에서는 고가격을, 탄력적인 세분시장에서는 저가격을 제시하는 정책이다.

(2) 구매시점에 따른 차별화
① 제품 및 서비스의 이용시간대가 다른 소비자들은 가격민감도가 다르므로 가격을 차별화함으로써 공급량에 맞춰 수요량을 조절할 수 있다.
② 수요가 많은 시간대에는 높은 가격을 책정하여 수요를 조절하고 수요가 적은 시간대에는 낮은 가격을 책정함으로써 수요를 촉진한다.
예 놀이공원의 주간/야간 입장료 가격차별화

(3) 구매량에 따른 차별화
① 대량구매자들은 소량구매자에 비해 민감한 가격탄력성을 보인다.
② 구매량에 따라 지불할 가격을 사전에 책정하는 방식이다.

02 심리적 가격 전략 ★★

1. 단수가격(odd pricing) ★ 기출개념
① 시장에서 경쟁이 치열할 때 소비자들에게 심리적으로 저렴하다는 느낌을 주기 위한 가격책정이다.
② 단수가격의 설정 목적은 소비자가 제품의 가격을 낮은 것으로 인식하고 정확한 원가 계산에 의해 가격이 책정되었다는 느낌을 주는 것이다.
예 2,990원, 970원

2. 관습가격(customary pricing)
① 일용품의 경우처럼 장기간에 걸친 소비자의 수요로 인해 관습적으로 형성되는 가격이다.
② 소비자들이 자주 구매하는 제품이나 서비스는 제품원가가 상승하였더라도 기존가격을 그대로 유지하기도 한다.

3. 명성가격(prestige pricing) ★ 기출개념
① 베블런 효과: 자신의 명성이나 위신을 나타내는 제품의 경우 일시적으로 가격이 높아짐에 따라 수요가 증가하는 효과가 나타나는 것이다.
② 제품의 가격과 제품의 품질, 혹은 사용자의 명성과 상관관계가 높게 예상되는 경우에는 고가격을 유지하는 경우가 있다.

4. 준거가격(reference pricing)
① 소비자는 특정 제품에 대해 자신만의 기준 가격을 마음에 가지고 있어 제품 구매 시 준거가격과 비교해보고 제품 가격이 비싼지 싼지를 판단한다.
② 소비자의 기준가격 형성에 영향을 미치는 요인에는 시장 가격, 이전 구매 시 가격, 지인 및 전문가의 가격정보, 유사 범주의 제품 가격 등이 있다.

5. 유인가격(loss leader pricing) ★ 기출개념

① 소비자들에게 잘 알려진 특정제품의 가격을 매우 저렴하게 제공함으로써 소비자들에게 해당 점포의 가격수준이 전반적으로 저렴하다는 이미지를 심어주는 방식이다.
② 해당 제품 자체는 기업의 입장에서 손실을 초래할 수 있지만 해당 점포 내의 다른 제품 판매를 유도하는 역할을 한다.

기출개념확인

01 제품의 가격을 설정할 때 제품 사용자의 명성과 관련지어 고가격으로 책정하는 방법은?
① 준거가격　　　　　　　　② 단수가격
③ 명성가격　　　　　　　　④ 관습가격

정답·해설

01　③　명성가격은 제품의 가격 혹은 품질이 사용자의 명성과 상관관계가 높게 예상되는 경우 고가격을 유지하는 방법이다. 자신의 명성이나 위신을 나타내는 제품의 경우 일시적으로 가격이 높아짐에 따라 수요가 증가하는 효과가 나타나기도 한다.

제4절 제품믹스 가격 전략

01 제품믹스에 따른 가격 결정 ★★★

1. 가격계열화
(1) 가격계열화(product line pricing)의 개념
한 제품에 대하여 단일가격을 설정하는 것이 아니라 품질이나 디자인의 차이에 따라 가격대를 설정하고 그 가격대 내에서 개별 상품에 대한 구체적인 가격을 결정하는 전략이다.

(2) 가격계열화의 의의
기업에서는 가격을 이용해서 여러 제품 간의 품질 차이를 납득시킬 수 있다.

2. 2부제 가격(이중요율)
(1) 2부제 가격(captive product pricing)의 개념
① 가격체계를 기본가격과 사용가격으로 구분함으로써 2부제 혹은 서로 다른 요율로 부과하는 가격정책이다.
　예 전기(기본요금+사용요금), 전화(기본요금+사용요금), 놀이공원(입장료+시설 이용료)
② 구매량과는 별개로 기본가격과 사용가격이 적용되는 시스템이다.

3. 보완가격 전략
(1) 보완가격의 개념
① 주 제품과 동시에 사용하는 보완제품이 있는 경우 주 제품의 가격을 저렴하게 책정하고 보완제품의 가격을 상대적으로 높게 책정하여 이윤을 추구하는 전략이다.
　예 프린터와 카트리지, 면도기와 면도날
② 주 제품과 보완제품으로 구성되어 있는 혁신제품의 수용도를 높일 수 있는 전략이다.

(2) 보완가격 전략의 의의
기업은 주 제품의 가격을 낮춤으로써 소비자의 신제품 수용속도를 빠르게 하고 이후 지속적으로 소비되는 보완제품의 가격을 높게 책정함으로써 기업의 안정적인 이윤 추구가 가능하다.

4. 묶음가격 전략

(1) 묶음가격(bundling price)의 개념
기본 제품과 선택사양, 서비스 등을 묶어서 하나의 가격을 제시하는 가격정책이다.
예 라면묶음, 패키지 여행상품, 패스트푸드점의 세트메뉴, 프로야구 시즌티켓

(2) 묶음가격의 의의
가격차별화를 통해 기업 이익을 증대시킨다.

(3) 묶음가격의 유형
① 순수 묶음가격: 오직 패키지로만 구매가 가능하고, 개별제품들은 존재하지 않도록 가격을 정하는 것이다.
② 혼합 묶음가격
  ㉠ 하나 또는 그 이상의 서비스 등을 개별구매 또는 패키지로 구매가 가능하도록 가격을 정하는 것을 말한다.
  ㉡ 일반적으로 개별제품을 구매하는 것보다 다소 저렴한 가격으로 제공한다.
  ㉢ 혼합 묶음가격 전략의 사례

구분	묶음가격	비묶음가격
세부 가격	• 컴퓨터: 250만 원 • 배달 및 조립 • 2년 무상 애프터 서비스	• 컴퓨터: 230만 원 • 배달: 10만 원 • 조립: 10만 원 • 애프터 서비스: 10만 원 / 2년
총 가격	250만 원	260만 원

> **핵심 Check**
> **혼합 묶음가격 전략**
> 묶음가격과 비묶음가격을 동시에 제시함으로써 소비자에게 선택권을 제공하며, 개별 제품이나 서비스들을 각각 판매하는 것보다 저렴한 묶음가격을 제시하여 소비자들의 구매를 유도한다.

기출개념확인

01 묶음가격에 대한 설명으로 잘못된 것은?
① 제품과 선택사양, 서비스를 묶어서 하나의 가격을 제시하는 정책이다.
② 동종이나 이종의 제품을 묶어서 하나의 가격을 제시하는 정책이다.
③ 개별제품의 각 가격과 묶음제품의 가격을 동시에 제시하여 묶음제품의 구매를 유도하는 혼합 묶음가격을 설정할 수 있다.
④ 가격일원화를 통해 기업 이익을 증대시킨다.

정답·해설
01 ④ 묶음가격은 제품과 서비스, 동종의 제품, 이종의 제품에 대한 가격을 모두 제시할 수 있으며, 이는 개별제품 가격과 묶음제품 가격을 동시에 제공하는 가격차별화를 통해 다양한 수요를 만족시킴으로써 이익을 증대시킬 수 있다.

제5절 신제품 가격 전략

01 신제품 가격 책정 전략의 유형

1. 초기 고가격 전략 ★★★ 기출개념

(1) 초기 고가격 전략(skimming pricing)의 개념
① 신제품을 시장에 내놓을 때 혁신수용자층 혹은 고소득층을 상대로 가격을 높게 책정하고 경쟁기업이 시장에 진입함에 따라 천천히 가격을 하락시키는 정책이다.
② 초기에 고가격을 설정함으로써 조기에 자금을 회수할 수 있다.
③ 거액의 투자가 필요한 반도체 제조업 등에서 이용되며 가장 먼저 제품을 개발한 기업 혹은 경쟁기업에 비해 확실한 경쟁우위가 있는 기업이 사용하면 효과적이다.

(2) 초기 고가격 전략의 특징
① 전제 조건: 제품의 차별화가 두드러져 시장에서 경쟁할 가능성이 적어야 한다.
② 수요의 가격탄력성이 작다.
③ 브랜드의 명성을 쌓을 수 있다.
④ 높은 가격으로 인해 경쟁기업이 시장을 매력적으로 인식하고 진입할 수 있다는 위험이 있다.
⑤ 양질의 고객층을 획득할 수 있고, 높은 이윤을 얻을 수 있다.
⑥ 가격탄력성이 낮은 다른 시장을 개척할 수 있다.

2. 시장 침투가격 전략 ★★★ 기출개념

(1) 시장 침투가격 전략(market penetration pricing)의 개념
① 일반대중 및 가격에 민감한 소비자층을 흡수하기 위하여 신제품의 초기 가격을 낮게 설정하고 시장점유율을 확보한 후 서서히 가격을 올리는 전략이다.
② 규모의 경제가 존재하거나 단위당 이익이 낮더라도 대량판매를 통해 높은 총이익을 확보할 목적으로 사용되는 가격정책이다.
③ 판매량이 늘어나면 원가가 크게 떨어진다는 가정에 기초하는 전략이다.
　㉠ 경험효과: 경험이 쌓이면 생산 프로세스가 효율화되고 직원은 숙련되며, 원재료나 부품의 대량 구입으로 변동비가 떨어진다.
　㉡ 규모의 경제: 생산량 증대에 따라 고정비가 분산되므로 단위당 고정비도 떨어지게 된다.

(2) 시장 침투가격 전략의 특징
① 전제 조건: 넓은 잠재시장이 존재한다.
② 가격탄력성이 크고 가격 변동이 수요에 미치는 영향이 크다.
③ 경험 곡선 효과에 따라 투자를 회수할 수 있다.
④ 조기에 높은 시장점유율을 차지할 수 있다.
⑤ 낮은 이윤과 저가격이 경쟁기업의 시장 진출 진입장벽을 낮춘다.
⑥ 제품 브랜드를 다수의 소비자에게 인지시킬 수 있다.
⑦ 막대한 이익을 누릴 가능성이 있다.

3. 신제품 가격 책정 전략의 특징 비교

시장여건	초기 고가격 전략	시장 침투가격 전략
가격탄력성	비탄력적	탄력적
생산 및 마케팅 비용	높음	낮음
규모의 경제	작음	큼
경쟁자의 진입 용이	어려움	쉬움
제품의 혁신성	큼	작음
제품의 확산 속도	느림	빠름
표적시장	작음	큼
기업의 생산 및 마케팅 능력	작음	큼

기출개념확인

01 신제품을 시장에 내놓을 때 혁신 소비자층 혹은 고소득층을 상대로 가격을 높게 책정하고 경쟁기업이 시장에 진입함에 따라 천천히 가격을 하락시키는 정책은?
① 시장 침투가격 전략　　② 초기 고가격 전략
③ 상향확장 전략　　　　④ 묶음가격 전략

정답·해설

01 ② 초기 고가격 전략은 신제품을 시장에 내놓을 때 혁신 소비자층 및 고소득층을 상대로 가격을 높게 책정하고 경쟁기업이 시장에 진입함에 따라 천천히 가격을 하락시키는 정책으로 초기에 고가격을 설정함으로써 조기에 자금을 회수할 수 있다는 특징이 있다.

제6절 가격 변화의 주도 및 대응

01 가격 변화의 주도

1. 가격 인하와 가격 인상
(1) 가격 인하
① 기업의 사업 확장을 위한 과잉 투자 등으로 인해 다른 수단을 통한 이익 확보가 어려울 경우, 매출 증대를 목적으로 실시하는 차선의 방법이다.
② 경쟁기업과의 강력한 가격경쟁에 직면하여 시장점유율이 하락하는 경우에 사용한다.
③ 기업이 낮은 가격을 통해 시장점유율을 극대화함으로써 시장지배력을 확대하는 경우이다.

(2) 가격 인상
① 제품 원가가 상승한 상황에서 기업이 이익 보존을 위해 노력하는 경우에 사용한다.
② 과잉수요 발생으로 기업이 소비자가 원하는 시점에 공급하지 못하는 경우에도 사용한다.

2. 가격 변화 시 고려요인 ★
(1) 경쟁 측면
① 제품의 가격 인하 시 기업 간 불필요한 경쟁이 일어나지 않도록 해야 한다.
② 제품의 가격 인상 시 경쟁사들이 인상가격을 따라오도록 유도해야 한다.

(2) 소비자 측면
① 가격 인상 전에 소비자가 다른 대안을 구매할 가능성을 검토해야 한다.
② 기업이 제품 출고가격을 인하하더라도 소비자가 구매하는 소매가격은 유지될 수 있음을 인지해야 한다. 이때 유통업체에서 마진을 줄인다면 소비자의 만족도를 높일 수 있다.

02 가격 변화에 대한 대응

1. 경쟁기업 가격 인하에 따른 대응 방안
① 가격탄력성이 높은 시장에서는 경쟁기업 가격 인하에 따라 자사제품도 대응 차원에서 인하한다.
② 가격은 그대로 유지하면서 자사제품 및 서비스의 품질 우위를 강조하는 마케팅 커뮤니케이션을 수행한다. 이때 시장선도자는 경쟁기업의 가격 인하에 대해 신중한 반응을 보이며 대처해야 한다.
③ 고품질-고가격의 신제품을 출시함으로써 자사의 주력제품을 타협적인 대안으로 인식시킨다.
④ 경쟁기업의 가격 인하에 대응하기 위한 별도의 저가격 신제품을 '전투상품(fighter brand)'으로 출시한다.

기출개념확인

01 가격 인하와 관련된 설명이 아닌 것은?
① 기업이 이익을 확보하기 어려운 경우 매출 증대를 목적으로 실시하는 차선책이다.
② 시장지배력 및 시장점유율을 확보하기 위한 목적으로 실시한다.
③ 과잉수요가 발생하여 고객이 원하는 시점에 공급하기 어려운 경우 실시한다.
④ 경쟁기업과의 과다 출혈경쟁에 직면하여 시장점유율이 하락하는 경우에 실시한다.

정답·해설
01 ③ 과잉수요 발생으로 고객이 원하는 시점에 공급하기 어려운 경우에는 가격 인상을 실시한다. 수요가 초과하면 기업은 가격을 인상하여 수요의 가격탄력성이 낮은 고객을 대상으로 먼저 판매하고, 이후 수요의 가격탄력성이 높은 고객에게 인하된 가격으로 판매하는 것으로 정책을 수정할 수 있다.

제8장 | 실전연습문제

*기출유형 은 해당 문제가 실제 시험에 출제된 유형임을 나타냅니다.

기출유형

01 다음 중 가격의 역할에 해당되지 않는 것은?
① 자사 이익을 결정하는 변수
② 자사 제품에 대한 홍보
③ 품질에 대한 정보제공 기능
④ 경쟁의 도구

기출유형

02 가격을 결정하는 요인 중 성격이 다른 하나는?
① 경쟁사   ② 원가
③ 마케팅 목표   ④ 마케팅 믹스

03 가격 결정 시 고려요인 중 외부요인에 속하지 않는 것은?
① 마케팅 목표   ② 시장 수요
③ 경쟁자   ④ 정부 규제

기출유형

04 제품 가격의 변화에 따라 판매량이 얼마나 달라지는지에 대한 지표를 무엇이라고 하는가?
① 가격상한선   ② 베블런 효과
③ 수요의 가격탄력성 ④ 관습가격

05 가격할인의 유형 중 기능적인 할인에 해당하는 것은?
① 계절할인   ② 거래할인
③ 현금할인   ④ 수량할인

06 가격차별화에 대한 개념으로 옳지 않은 것은?
① 소비자 유형, 구매시점, 구매량에 따라 가격을 차별화하는 것이다.
② 소비자가 차별된 제품가격에 대해 혼란을 느끼지 않도록 합리적이거나 서로 모르도록 해야 한다.
③ 서로 다른 세분시장의 고객들이 다른 가격에 대해 반응하는 결과가 같아야 한다.
④ 수요의 가격탄력성이 다른 세분시장에 대해 서로 다른 가격을 제시하는 것이다.

07 다음과 같은 사례가 설명하는 가격전략은?

| 2,990원 | 970원 |

① 단수가격 ② 관습가격
③ 명성가격 ④ 준거가격

08 단골식당에서 재료원가가 상승하였다고 하더라도 품질이나 수량을 가감하여 종전가격을 그대로 유지하는 것과 같은 가격전략은?

① 유인가격 ② 단수가격
③ 명성가격 ④ 관습가격

09 다음 사례에 해당하는 심리적 가격결정 방법은?

A는 백화점에서 판매하는 구두의 가격이 대략 15만 원 정도라고 예상했는데 실제 가격이 25만 원인 것을 보고 비싸다고 생각했다.

① 단수가격 ② 준거가격
③ 관습가격 ④ 명성가격

10 다음이 설명하는 것으로 적절한 것은?

대표적인 예로 전기, 수도 등의 공공요금, 택시요금, 놀이공원 등이 있다.

① 가격계열화 ② 보완가격
③ 묶음가격   ④ 2부제 가격

11 다음 사례가 해당하는 가격결정 방법은?

| 프린터: 5만원 | 카트리지: 8만원 |
| 면도기: 1만원 | 면도날: 2만 4천원 |

① 보완가격 ② 묶음가격
③ 관습가격 ④ 명성가격

12 초기 고가격 전략의 특징으로 옳지 <u>않은</u> 것은?

① 수요의 가격탄력성이 작다.
② 브랜드의 명성을 쌓을 수 있다.
③ 높은 가격 때문에 경쟁사들이 잠재적으로 진입할 가능성이 높다.
④ 제품 간 차별화 수준이 낮아 시장 경쟁이 치열하다.

13 다음 초기 고가격 전략에 대한 설명으로 잘못된 것은?

① 스키밍 프라이싱 전략이라고도 한다.
② 자사가 신제품으로 타사에 비해 높은 경쟁우위를 가질 때 효과적으로 적용시킬 수 있는 전략이다.
③ 시장 진입 초기에는 가격을 저렴하게 책정한 후, 실질적인 시장점유율을 확보하면 서서히 가격을 올린다.
④ 스마트폰이나 스타일러와 같은 하이테크 제품에서 고소득층을 표적고객으로 정했을 때 효과적인 전략이다.

14 시장 진입 초기에 비슷한 제품보다 상대적으로 가격을 저렴하게 설정하여 실질적인 시장점유율을 확보한 후에 서서히 가격을 올리는 전략은?

① 가격계열화 ② 이중요율
③ 초기 고가격 전략 ④ 시장 침투가격 전략

15 가격변화의 조정에서 경쟁 측면에서의 고려사항이 아닌 것은?

① 시장선도자는 경쟁사의 가격 인하에 대해서 신중한 반응을 보이며 대체해야 한다.
② 제품의 출고가격을 인하하는 경우라도 소매가격에 반영되지 않을 수도 있다.
③ 가격 인하 시에는 불필요한 가격경쟁이 일어나지 않도록 해야 한다.
④ 가격 인상 시에는 경쟁사들이 같이 인상하도록 유도해야 한다.

제8장 | 정답·해설

01	02	03	04	05
②	①	①	③	②
06	07	08	09	10
③	①	④	②	④
11	12	13	14	15
①	④	③	④	②

01 ②

가격은 마케팅 믹스 중에서 자사의 이익을 결정하는 유일한 변수 역할을 하며, 품질 추론을 위한 정보를 제공하는 기능이 있다. 또한 경쟁기업과 시장 경쟁 시 즉시 실행 가능하다는 측면에서 많이 활용된다. 그러나 가격 자체가 제품에 대한 구체적인 홍보 요소를 제공하는 것은 아니다.

02 ①

가격결정요인은 마케팅 목표, 마케팅 믹스, 원가, 조직 등의 기업 내부요인과 시장 수요, 경쟁자, 기타 환경 등의 기업 외부요인으로 나누어 볼 수 있다.

03 ①

가격 결정 시 외부 고려요인에는 시장 수요, 경쟁자, 정부 규제 및 인플레이션, 이자율 등 기타 환경요인 등이 포함된다. 마케팅 목표는 내부 고려요인이다.

04 ③

수요의 가격탄력성은 제품 가격의 변화에 따라 판매량이 얼마나 달라지는지에 대한 지표이다.

오답분석

① 가격상한선은 소비자가 지불하고자 하는 지불용의가격이다.
② 베블런 효과는 가격이 증가함에 따라 제품의 수요가 증가하는 현상을 말한다.
④ 관습가격은 소비자들이 자주 구매하는 제품이나 서비스는 제품 원가가 상승하더라도 종전가격을 그대로 유지하는 방식이다.

05 ②

거래할인은 판매, 보관, 장부정리 등과 같은 제조업자가 해야 할 일을 대신 수행하는 유통업자에 대해 보상 성격으로 이루어지는 기능적 할인에 해당한다.

오답분석

① 계절할인은 제품 판매에서 계절성을 타는 경우 비수기에 제품을 구입하는 소비자에게 할인혜택을 주는 방식이다.
③ 현금할인은 제품에 대한 대금결제를 신용이나 할부가 아닌 현금으로 할 경우에 일정액을 차감해주는 방식이다.
④ 수량할인은 제품을 대량으로 구입할 경우 제품의 가격을 낮추는 할인이다.

06 ③

기업에서는 가격차별화 전략을 실시함으로써 이익을 증대시킬 수 있지만, 이를 실시하기 위해서는 현실적인 제약 조건을 반드시 고려해야 한다. 특히 서로 다른 세분시장의 고객들이 다른 가격에 대해 반응하는 결과가 서로 달라야 한다.

07 ①

단수가격은 시장에서 경쟁이 치열할 때 소비자들에게 심리적으로 저렴하다는 느낌을 주는 가격책정 형태이다. 단수가격의 설정 목적은 소비자 입장에서 가격이 낮은 것으로 인식하도록 하고 정확한 원가 계산에 의해 가격이 책정되었다는 느낌을 줄 수 있다는 데 있다.

오답분석

② 관습가격은 일용품처럼 장기간에 걸친 소비자의 수요로 인해 관습적으로 형성되는 가격이다.
③ 명성가격은 제품의 가격과 제품의 품질, 혹은 사용자의 명성과 상관관계가 높게 예상되는 경우에 고가격을 유지하는 방법이다.
④ 준거가격은 소비자가 특정 제품에 대해 마음속에 가지고 있는 자신만의 기준 가격이다.

08 ④

소비자들이 자주 구매하는 제품이나 서비스는 제품 원가가 상승하더라도 기존의 가격을 그대로 유지하는 가격정책은 관습가격에 대한 설명이다.

> 오답분석

① 유인가격은 소비자들에게 잘 알려진 특정 제품의 가격을 매우 저렴하게 제공함으로써 소비자들에게 해당 점포의 가격수준이 전반적으로 저렴하다는 인식을 심어주는 방법이다.
② 단수가격은 소비자들에게 심리적으로 저렴하다는 인식을 주기 위해 9와 같은 홀수가격을 활용한다.
③ 명성가격은 자신의 명성이나 위신을 나타내는 제품의 경우 고가격을 유지하는 방법이다.

09 ②

준거가격은 소비자가 특정 제품에 대해 자신만의 기준가격을 마음속에 가지고 있어 제품 구매 시 해당 가격과 비교하여 제품의 가격이 비싼지 싼지를 판단하는 기준가격을 의미한다.

> 오답분석

① 단수가격은 소비자들에게 심리적으로 저렴하다는 인식을 주기 위해 9와 같은 홀수가격을 활용하는 것이다.
③ 관습가격은 소비자들이 자주 구매하는 제품이나 서비스는 제품 원가가 상승하더라도 기존가격을 그대로 유지하기도 하는 것이다.
④ 명성가격은 자신의 명성이나 위신을 나타내는 제품의 경우 고가격을 유지하는 방법이다.

10 ④

문제에서 설명하는 것은 2부제 가격 또는 이중요율 전략으로, 제품의 가격체계를 기본가격과 사용가격으로 구분하여 2부제로 부과하는 가격정책이다.

> 오답분석

① 가격계열화는 제품믹스에 따라 개별상품에 대한 구체적인 가격을 달리 책정하는 것이다.
② 보완가격은 주 제품의 가격을 저렴하게 책정하여 시장점유율을 확대하고 보완 제품의 가격을 높게 책정하여 이윤을 추구하는 전략이다.
③ 묶음가격은 기본제품과 선택사용, 서비스 등을 묶어서 하나의 가격으로 제시하는 전략이다.

11 ①

보완가격은 주 제품과, 주 제품과 동시에 사용하는 보완제품이 있는 경우 주 제품의 가격을 저렴하게 책정하고 보완제품의 가격을 상대적으로 높게 책정하여 이윤을 추구하는 가격정책이다.

> 오답분석

② 묶음가격은 기본적인 제품과 선택사양, 서비스 등을 묶어서 하나의 가격을 제시하는 가격정책이다.
③ 관습가격은 소비자들이 자주 구매하는 제품이나 서비스는 제품 원가가 상승하더라도 종전가격을 그대로 유지하기도 한다.
④ 명성가격은 자신의 명성이나 위신을 나타내는 제품의 경우 고가격을 유지하는 방법이다.

12 ④

초기 고가격 전략은 신제품을 시장에 내놓을 때 혁신수용자층 및 고소득층을 상대로 가격을 높게 책정하고 경쟁기업이 시장에 진입함에 따라 천천히 가격을 하락시키는 정책이다. 따라서 최초 제품이 매력적이므로 가격 변화에 따라 수요가 변하지 않는 수요의 가격탄력성이 작고 브랜드 가치가 시간이 갈수록 커질 수 있다. 기존 제품과는 차별화 수준이 높고 수요의 가격탄력성이 낮아 경쟁기업이 유사제품을 출시할 때까지 시장을 독점할 수 있는 장점이 있다.

13 ③

시장 진입 초기에는 가격을 저렴하게 책정한 후, 실질적인 시장점유율을 확보하면 서서히 가격을 올리는 전략은 시장 침투가격 전략이다.

14 ④

시장 침투가격 전략은 일반대중 및 가격민감도가 높은 소비자층을 흡수하기 위해 낮은 가격을 설정하고 시장점유율을 빨리 확대하는 전략이다.

> 오답분석

① 가격계열화는 제품믹스에 따라 개별상품에 대한 구체적인 가격을 달리 책정하는 것이다.
② 이중요율은 가격체계를 기본가격과 사용가격으로 구분하여 2부제 가격 혹은 이중요율을 부과하는 방식이다.
③ 초기 고가격 전략은 혁신수용자 및 고소득층을 상대로 가격을 높게 책정하고 경쟁기업이 시장에 진입함에 따라 천천히 가격을 하락시키는 전략이다.

15 ②

소매가격은 소비자 측면에서 고려해야 할 사항이다. 또한 가격 인상 전에는 소비자가 선택할 수 있는 다른 대안이 있는지도 확인해야 한다.
①, ③, ④ 가격변화 결정 시 경쟁 측면에서 고려해야 할 사항이다.

무료 학습자료 제공 · 독학사 단기합격 **해커스독학사**
haksa2080.com

전문가가 분석한 출제경향 및 학습전략

제9장에서는 주요 마케팅 커뮤니케이션, 그 중에서도 커뮤니케이션 방법과 관련된 풀 전략과 푸시 전략의 개념과 특징에 대해 학습하여야 한다. PR, 인적판매, 판매촉진 각각의 특성과 마케팅 커뮤니케이션 과정 및 구성요소, 조건에 대해서도 학습해야 한다. 제9장에서는 특정 주제에 대한 깊이 있는 이해보다는 다양한 유형의 촉진 전략의 개념과 특성에 대해 폭넓게 이해하는 것이 필요하다.

제9장 | 핵심 키워드 Top 10
핵심 키워드 Top 10은 본문에도 동일하게 ★로 표시하였습니다.

01	푸시 전략 ★★★	p.242
02	풀 전략 ★★★	p.242
03	PR ★★★	p.247
04	촉진믹스 전략 유형 ★★	p.235
05	판매촉진 ★★	p.246
06	인적판매 ★★	p.247
07	통합적 마케팅 커뮤니케이션의 조건(3C) ★	p.237
08	마케팅 커뮤니케이션 과정 모형 ★	p.239
09	커뮤니케이션 예산책정방법 ★	p.243
10	중간상 공제(할인) ★	p.251

제9장

촉진관리 (1)

제1절 촉진믹스
제2절 통합적 마케팅 커뮤니케이션
제3절 커뮤니케이션 과정
제4절 촉진믹스 구성
제5절 판매촉진
제6절 PR
제7절 인적판매

제1절 촉진믹스

01 촉진믹스의 개념

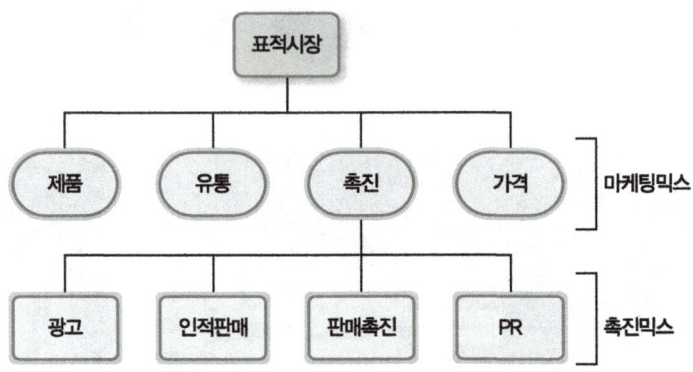

[그림 9-1] 마케팅믹스와 촉진믹스의 관계

1. 촉진의 개념
① 제품이나 서비스, 아이디어, 혹은 사람에 대한 우호적인 성향을 창출하기 위하여 이용되는 마케팅 커뮤니케이션 과정이다.
② 촉진을 통한 마케팅 커뮤니케이션 과정은 인지과정, 태도형성과정, 행동과정으로 구분된다.

2. 촉진믹스의 개념 기출개념
① 표적시장에 직접적으로 의사소통하는 촉진과정을 수행하기 위해서 이용되는 커뮤니케이션 수단들이다.
② 광고, 판매촉진, PR, 인적판매를 비롯해 인터넷 웹사이트, 직접마케팅, POP, 디스플레이, PPL 등이 포함된다.

개념 Plus

PPL(Product Placement)
특정 제품을 의도적으로 영화, 드라마, 쇼 프로그램 등에 자연스럽게 끼워 넣어 광고 효과를 노리는 전략이다.

02 촉진믹스의 역할

1. 촉진의 중요성
① 시장에서의 경쟁이 심화됨에 따라 구매자들의 제품 선택의 폭이 넓어지고 있다.
② 광고의 효율성이 감소하면서 단기간에 효과를 볼 수 있는 판촉의 비중이 높아지고 있다.
③ 실질소득이 감소하고 미래에 대한 불확실성이 높아짐에 따라 가격민감도가 높은 소비자가 증가하고 있는 상황에서 대량 구매 및 비수기 구매에 대한 수요를 자극할 필요가 있다.

2. 촉진의 역할
① 기존 고객을 유지·강화한다.
② 재구매까지 많은 시간이 소요되는 제품들의 경우 지속적인 정보 제공이 필요하다.
③ 기존 제품을 새로운 시장에 포지셔닝한다.
④ 기존 제품에 변화가 있을 때 관련 정보를 제공한다.
⑤ 구매 후 촉진을 통해 계속적인 인지부조화를 감소시킬 수 있는 정보를 제공한다.

03 촉진믹스 전략 유형 ★★

1. 촉진믹스 전략의 개념
예상되는 소비자들의 수요 욕구를 환기하기 위해 기업이 의도적으로 벌이는 모든 활동과 관련된 전략이다.

2. 촉진믹스 전략의 실행도구 [기출개념]

(1) 광고
① 특정 광고주가 대가를 지불하고 기업의 제품 및 서비스 등을 비인적 매체를 통해 홍보·촉진하는 것을 말한다.
② 소비자들에게 제품 인지도를 높이는 효과는 있으나 구매행동으로 연결되는 효과는 약한 편이다.

(2) 판매촉진 활동
주로 구매 시점에서 소비자들을 대상으로 제품의 판매 및 재구매를 촉진시키는 활동이다.

(3) PR 활동
① 좋은 기업이미지를 만들고 부정적인 소문 및 브랜드 위기가 되는 사건을 언론 및 홍보활동을 통해 원만하게 처리함으로써 기업이 소비자와 우호적인 관계를 조성하는 방법이다.
② 많은 비용을 들이지 않고 활용할 수 있는 효율적인 수단이다.

(4) 인적판매 활동
① 판매사원이 개별 혹은 다수의 잠재소비자들을 직접 대면하면서 판매를 실현하는 방법이다.
② 판매사원의 능력에 따라 촉진의 효과 차이가 크기 때문에 비용 대비 효과를 고려해야 한다.

기출개념확인

01 표적시장에 직접적으로 의사소통하는 촉진과정을 수행하기 위해서 이용되는 커뮤니케이션 수단을 무엇이라고 하는가?
① 가격믹스
② 촉진믹스
③ 유통믹스
④ 제품믹스

02 촉진믹스 전략 유형에 해당하지 않는 것은?
① 인적판매
② 판매촉진
③ PR
④ 유통

정답·해설
01 ② 촉진믹스는 표적시장에 직접적으로 의사소통하는 촉진과정을 수행하기 위해서 이용되는 커뮤니케이션 수단들이다.
02 ④ 촉진믹스 전략에는 광고, 판매촉진, PR, 인적판매 등이 있다. 유통은 마케팅믹스 중 하나이다.

제2절 통합적 마케팅 커뮤니케이션

01 통합적 마케팅 커뮤니케이션의 개념과 조건

1. 통합적 마케팅 커뮤니케이션의 개념
① 통합적 마케팅 커뮤니케이션(IMC; Integrated Marketing Communication)은 기업이 소비자들에게 커뮤니케이션할 때 시너지 효과를 창출하기 위해서 마케팅 수단을 통합하는 방법이다.
② 이용 가능한 모든 커뮤니케이션 수단들은 분명하고 일관성 있는 메시지를 의도된 청중들에게 커뮤니케이션하도록 해야 한다.

2. 통합적 마케팅 커뮤니케이션의 조건(3C) ★ 기출개념

(1) 명확성(Clearness)
메시지가 전달되는 모든 커뮤니케이션 요소에서 명확성을 가져야 함을 의미한다.

(2) 일관성(Consistency)
메시지는 전달되는 모든 매체에서 일관성을 가져야 한다는 것을 의미한다.

(3) 이해가능성(Comprehensiveness)
여러 요소로부터 전달되는 모든 메시지는 쉬우면서도 이해할 수 있는 것이어야 함을 의미한다.

02 촉진믹스와 통합적 마케팅 커뮤니케이션

1. 촉진, 촉진믹스와 IMC의 관계

구분	촉진	촉진믹스	IMC
개념	과정	촉진수단	관리
내용	• 인지과정 • 태도형성과정 • 행동과정	• 광고 • 인적판매 • 판매촉진 • PR	명확성과 일관성이 있는 커뮤니케이션 수단의 통합적 관리

기출개념확인

01 통합적 마케팅 커뮤니케이션의 조건에 해당하지 않는 것은?

① 순환성
② 명확성
③ 일관성
④ 이해가능성

정답·해설

01 ① 통합적 마케팅 커뮤니케이션이 유기적으로 작동하기 위해서는 여러 촉진믹스 간 명확성, 일관성, 이해가능성이라는 조건이 만족되어야 한다.

제3절 커뮤니케이션 과정

01 마케팅 커뮤니케이션 과정

1. 마케팅 커뮤니케이션 과정 모형 ★ 기출개념

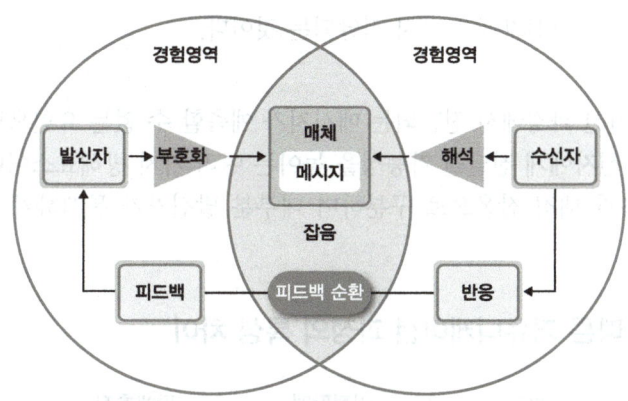

[그림 9-2] 마케팅 커뮤니케이션 과정 모형

(1) 발신자
커뮤니케이션 과정에서 다른 개인이나 집단에게 메시지를 보내는 당사자를 의미하며 '정보원'이라고도 한다.

(2) 부호화
발신자가 전달하려고 하는 메시지를 보다 효과적으로 전달하기 위해 메시지 내용을 문자, 그림, 소리, 상징 등을 이용하여 시각적 혹은 청각적, 언어적 혹은 비언어적 부호화나 상징화시키는 과정이다.

(3) 커뮤니케이션 경로
① 메시지: 발신자가 부호화한 것으로, 전달하고 싶은 내용을 조합한 것이다.
② 매체
  ㉠ 발신자에서 수신자로 메시지를 전달하는 데 사용되는 의사전달경로를 말한다.
  ㉡ 인적 매체와 비인적 매체로 구분한다.

(4) 해석
발신자가 부호화하여 보낸 메시지를 수신자가 해석하는 과정이다.

(5) **수신자**
    ① 메시지를 전달받는 당사자이다.
    ② 자신에게 전달된 메시지를 해석하여 의미를 부여한다.

(6) **반응**
    ① 메시지에 노출된 이후에 일어나는 수신자의 인지적·감정적·행동적 반응을 의미한다.
    ② 인지적 반응: 메시지가 주장하는 내용에 대한 신념을 형성하는 과정이다.
    ③ 감정적 반응: 형성된 신념을 기초로 특정 대상에 대해 가지는 호의적 혹은 비호의적인 감정을 형성하는 과정이다.
    ④ 행동적 반응: 구매의도 혹은 차후에 구매에 영향을 미치는 과정이다.

(7) **피드백**
    수신자의 반응이 발신자에게 다시 전달되는 것이다.

(8) **잡음** `기출개념`
    ① 커뮤니케이션 과정에서 전달되는 메시지가 예측할 수 없는 요인으로 인해 의도와 다르게 수신자에게 전달될 가능성을 높이는 여러 가지 방해요소이다.
    ② 외적 잡음과 내적 잡음으로 구분하며 대부분 발신자가 통제하기 어려운 요소들이다.

2. 촉진믹스에 따른 커뮤니케이션 과정의 특성 차이

구분	광고	인적판매	판매촉진	PR
커뮤니케이션 방법	간접, 비인적	직접 대면, 인적	간접, 비인적	간접, 비인적
의사전달과 정상 통제	낮음	높음	중간 혹은 낮음	중간 혹은 낮음
피드백 양	적음	많음	작음 혹은 중간	적음
피드백 속도	지연	즉시	다양함	지연
메시지 방향	일방향	쌍방향	주로 일방향	일방향
메시지 내용 통제	가능	가능	가능	불가능
광고주 확인	가능	가능	가능	불가능
많은 청중에 도달속도	빠름	느림	빠름	항상 빠름
메시지 유연성	모든 청중에게 동일한 메시지	잠재고객에게 맞추거나 개인화	다양한 표적고객에게 동일한 메시지	메시지 직접통제불가

02 마케팅 커뮤니케이션 전략 수립과정

1. 상황분석

(1) 표적청중 결정
① 표적시장의 청중들로서 현재 혹은 잠재소비자나 중간상들을 의미한다.
② 마케팅 조사나 시장세분화를 통해 파악할 수 있다.

(2) 제품수명주기
① 도입기: 소비자들에게 일차적으로 자사제품에 대한 다양한 정보를 제공해서 시장에 출시되었음을 인지시키는 것이 목적이다.
② 성장기: 소비자들이 제품이나 서비스를 구매하도록 설득시키는 것이 목적이다.
③ 성숙기: 제품이 시장에 아직 존재하고 있다는 사실을 고객들에게 회상시키는 것이 목적이다.
④ 쇠퇴기: 경쟁력이 없는 제품계열이나 품목들을 단계적으로 철수하는 시기이므로 촉진믹스에 대한 자금을 거의 사용하지 않는다.

(3) 구매의사결정 단계
① 구매 전 단계: 자사의 제품 혹은 서비스에 대한 정보 제공을 위하여 인적판매보다 광고가 더 유리하다.
② 구매 단계: 인적판매가 중요하며 판매촉진은 수요를 자극하는 데 매우 유용하다.
③ 구매 후 단계: 광고나 인적판매를 통하여 인지부조화를 감소시키고 구매에 대한 확신을 가지게 한다.

(4) 마케팅 믹스 요소분석
① 제품: 기술적으로 복잡하거나 지각된 위험이 큰 제품은 인적판매가 유리하다.
② 가격: 고가품은 인적판매, 저가품은 판매촉진이 유리하다.
③ 유통: 푸시 전략과 풀 전략 중에서 어떤 전략을 사용할지에 대한 의사결정이 중요하다.

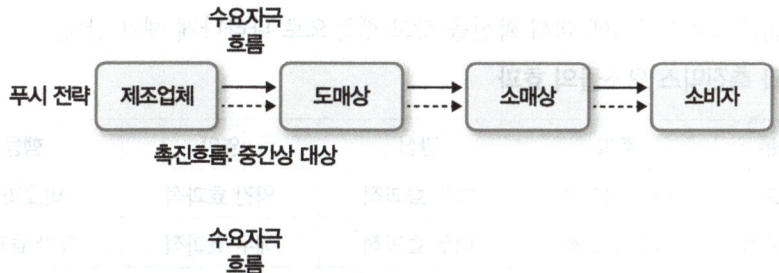

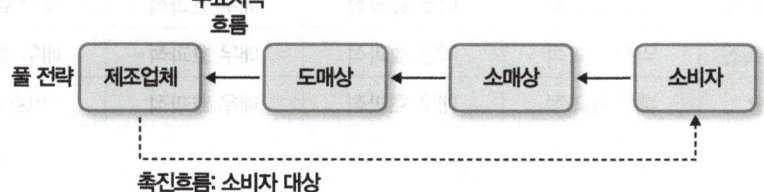

[그림 9-3] 푸시 전략과 풀 전략

㉠ 푸시(push) 전략 ★★★ 기출개념
ⓐ 제조업체가 유통경로를 통해 중간상에게 제품을 밀어내는 것이다.
ⓑ 소비자들의 브랜드 애호도가 낮고 점포 내에서 브랜드를 선택하는 경우에 적합하다.
ⓒ 충동구매가 잦은 제품의 경우에 적합하다.
ⓓ 중간상을 대상으로 인적판매와 판매촉진 수단을 많이 활용한다.
㉡ 풀(pull) 전략 ★★★ 기출개념
ⓐ 제조업체가 최종소비자들을 자극하여 중간상이 소비자에게 자사제품을 유통하도록 유도하는 것이다.
ⓑ 소비자들의 브랜드 애호도가 높고 점포 방문 전에 이미 브랜드 선택이 완료되는 성격을 가진 관여도가 높은 상품에 적합하다.
ⓒ 소비자 대상의 광고와 PR 등을 많이 활용한다.

2. 커뮤니케이션 목표 설정

(1) 커뮤니케이션 목표 유형
① 매출 목표: 매출액을 기준으로 목표를 설정한다.
② 커뮤니케이션 효과 목표
  ㉠ 계층적 효과 모형에 따라 브랜드 인지도, 브랜드 속성 신념의 강도, 브랜드 태도 등으로 효과를 측정한다.
  ㉡ 주의, 관심, 열망, 구매행동 단계로 구분되는 AIDA 계층 효과 모형이 대표적이다.

(2) AIDA 계층 효과 모형
① 주의(Attention): 촉진을 통해 처음 표적시장에 제품이나 서비스에 대해 주의를 끄는 단계이다.
② 관심(Interest): 제품이나 서비스에 대해 관심을 갖는 단계이다.
③ 열망(Desire): 제품이나 서비스가 자신에게 어떤 효용이 있다고 판단되면 구매하고 싶은 열망이 생긴다.
④ 행동(Action): 구매에 대해 확신을 갖고 행동으로 나타나게 해야 한다.

(3) AIDA와 촉진믹스 요소들의 효과

구분	주의	관심	열망	행동
광고	매우 효과적	매우 효과적	약간 효과적	비효과적
인적판매	약간 효과적	매우 효과적	매우 효과적	약간 효과적
판매촉진	약간 효과적	약간 효과적	매우 효과적	매우 효과적
PR	매우 효과적	매우 효과적	매우 효과적	비효과적

3. 커뮤니케이션 예산책정방법 ★

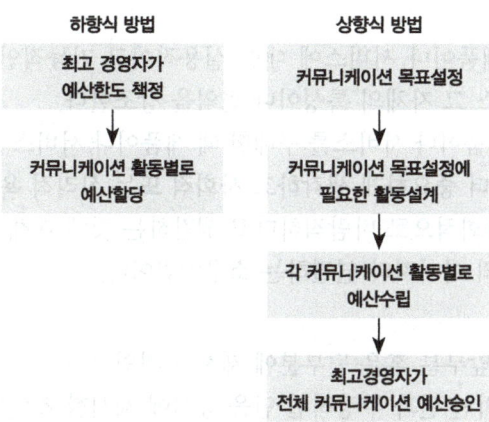

[그림 9-4] 예산 책정을 위한 접근방법

(1) 하향식 예산책정방법
① **매출액 비율법**: 과거의 매출액이나 예상매출액을 기준으로 일정 비율을 정하는 방법이다.
② **가용예산 활용법** 기출개념 : 기업이 다른 주요 경영활동에 필요한 자금을 우선 배분하고 가용자금이 허락하는 범위 내에서 커뮤니케이션 예산을 책정한다.
③ **경쟁사 기준법**: 경쟁사의 커뮤니케이션 예산을 기준으로 자사의 커뮤니케이션 예산을 책정한다.
④ **임의 할당법**: 최고경영자의 경험과 직감으로 커뮤니케이션 예산을 책정한다.

(2) 상향식 예산책정방법
① **목표 과업법**: 커뮤니케이션 목표를 정해 두고 그 목표를 달성하기 위해 수행해야 할 과업에 필요한 커뮤니케이션 비용을 산정해서 예산을 책정한다.
② **목표 과업별 예산수립방법**
  ㉠ 목표 결정: 표적시장 청중으로부터 30%의 브랜드 인지율을 달성한다.
  ㉡ 구체적 과정 결정: 표적시장 내 TV 광고, 라디오 광고, 인적판매, 판매촉진 수준을 결정한다.
  ㉢ 과업별 소요비용 추정

구분	TV 광고	라디오 광고	인적판매	판매촉진
소요비용	3억 8천만 원	1억 5천만 원	7천만 원	5천만 원

4. 커뮤니케이션 메시지 선택

(1) 메시지 내용
① 이성적 소구: 제품이나 서비스에 대한 실용적이고 기능적인 욕구에 초점을 두고 제품이나 서비스 그 자체의 특성이나 편익을 강조한다.
② 감성적 소구: 제품이나 서비스를 구매할 때 제품이나 서비스 그 자체를 강조하기보다는 이미지를 더 중요하게 생각하고 사회적 또는 심리적 욕구에 초점을 맞춘다.
③ 도덕적 소구: 사회적으로 바람직하다고 생각하는 것에 대해 표적청중들의 의식에 호소하여 기업의 이미지와 연결하는 소구방법이다.

(2) 메시지 구조
① 메시지 결론을 앞부분 혹은 뒷부분에 제시할 것인지의 여부이다.
② 메시지의 긍정적인 면과 부정적인 면을 동시에 제시할 것인지의 여부이다.

(3) 메시지 형태
① 메시지를 표현하는 양식을 의미한다.
② 메시지의 구성요소를 결정한다.

5. 커뮤니케이션 믹스 결정

(1) 광고
특정 광고주가 대가를 지불하고 제품, 서비스, 아이디어를 비인적 매체를 통하여 널리 알리고 구매를 설득하고 유인하기 위한 촉진활동의 한 형태이다.

(2) 인적판매
판매사원이 고객과의 직접 접촉을 통해서 정보를 제공하고 구매를 설득한다.

(3) 판매촉진
샘플, 쿠폰, 경품, 점포 내 진열, 세일행사, 전시회 등 비인적 촉진 수단이다.

(4) PR
언론 등의 비인적 매체를 통하여 소비자가 속한 지역사회 혹은 단체 등과 우호적인 관계를 형성하고 유지하는 커뮤니케이션 활동이다.

6. 커뮤니케이션 전략의 평가 및 통제

① 마케팅 관리자는 커뮤니케이션 과정을 실행한 이후 반드시 그 효과를 조사하여 발견되는 문제점은 수정, 보완하고 다음 마케팅 커뮤니케이션 전략에 반영해야 한다.
② 통합적 마케팅 커뮤니케이션 관리
  ㉠ 촉진믹스 수단들이 목표지향적으로 조화롭게 통합되어야 한다.
  ㉡ 통합적 마케팅 커뮤니케이션의 개념을 따르는 마케팅 관리자는 여러 가지 촉진수단들이 마케팅 믹스 안에서 실행되어야 한다는 점에 주의해야 한다.

기출개념확인

01 광고와 홍보를 주로 사용하며, 소비자들의 브랜드 애호도와 관여도가 높은 상품에 적합한 전략은?

① 초기 고가격 전략 ② 푸시 전략
③ 명성가격 전략   ④ 풀 전략

02 커뮤니케이션 예산책정방법 중 하향식 접근방법이 <u>아닌</u> 것은?

① 매출액 비율법   ② 가용예산 활용법
③ 경쟁사 기준법   ④ 목표 과업법

정답·해설

01 ④ 풀 전략은 생산자 방향으로 유도한다는 의미로, 소비자를 상대로 적극적인 프로모션 활동을 하여 소비자들이 스스로 제품을 찾게 만들고 소비자가 원하기 때문에 중간상이 해당 제품을 취급할 수밖에 없도록 만드는 전략이다.

02 ④ 목표 과업법은 상향식 예산책정방법에 해당한다.

제4절 촉진믹스 구성

01 광고

1. 광고의 특징
① 광고되는 제품은 표준적이고 합법적인 제품임을 전달한다.
② 같은 메시지를 반복적으로 사용함으로써 소비자들이 메시지의 내용을 깊이 알 수 있고 경쟁기업들과의 메시지 비교가 가능하다.

2. 광고의 한계점
① 많은 사람들에게 빠르게 전달 가능하지만 비인적 커뮤니케이션이기 때문에 판매사원이 사용하는 방법처럼 설득적이지 못하다.
② 일방적 의사전달이기 때문에 소비자들은 광고에 반응해야 한다는 의무감을 갖지 않으며, 흥미를 끄는 광고가 아니면 주의를 기울이지 않는다.
③ 비용이 많이 소모된다.

02 판매촉진 ★★ 기출개념

1. 판매촉진의 특징
① 쿠폰, 증정품, 가격할인, 콘테스트 등과 같은 다양한 방법을 사용한다.
② 단기적 매출이나 이익을 목표로 하는 경우에 사용한다.

2. 판매촉진의 기능
(1) 정보 제공
① 구매자들에게 자사제품을 알리고 제품과 관련된 정보를 제공한다.
② 자사제품의 유용성을 알리고 제품에 대한 지식이나 인식 개선에 기여한다.

(2) 저비용 지원
비용이 많이 드는 매체를 통한 광고를 비교적 저렴한 비용으로 지원 역할을 한다.

개념 Plus

판매촉진
자사의 제품이나 서비스의 판매를 촉진하기 위해 단기적인 동기부여 수단을 사용하는 방법이다.

(3) 구매유도
인센티브를 활용한 구매 촉발 및 구매 유도를 통해 판매량을 증대시킨다.

(4) 촉진효과 측정
① 투입한 촉진비용 대비 판매실적을 측정할 수 있다.
② 소비자들의 반응을 확인할 수 있고 단기간의 판매 동향을 측정할 수 있다.

03 PR ★★★ 기출개념

1. PR의 특징
소비자들이 PR에 사용되는 메시지가 판매를 유도하기 위한 내용이 아닌 일종의 정보라고 생각하기 때문에 광고보다 더 믿을만하다고 생각한다.

2. PR의 역할

(1) 전문 기획자
문제를 정의하고 프로그램을 수립하며 그에 따른 수행에 책임을 진다.

(2) 문제해결 촉진자
문제를 정의하고 결과평가에 이르는 전 과정을 통해 문제를 해결하는 과정을 주관한다.

(3) 커뮤니케이션 촉진자
쌍방향 커뮤니케이션을 유지하고 관계 구축에 장애가 될만한 요소를 제거한다.

(4) 커뮤니케이션 기술자
PR 프로그램을 수행하고 커뮤니케이션 실행 시 지원하는 역할을 한다.

> **개념 Plus**
> **PR**
> 사람이 아닌 다른 매체를 통해서 제품이나 기업을 뉴스나 논설의 형식으로 널리 알리는 방식이다.

04 인적판매 ★★ 기출개념

1. 인적판매의 특징
① 소비자들의 욕구를 보다 직접적으로 알 수 있고 즉각적 반응이 가능하다.
② 소비자와 판매원 사이의 다양한 관계가 형성된다.
③ 광고보다 메시지에 더 많은 주위를 기울이고 반응하는 경향이 높다.

2. 인적판매의 한계점
판매조직의 크기를 쉽게 변화시키기 어렵기 때문에 상당한 비용이 고정비용으로 묶인다.

기출개념확인

01 촉진믹스 중 비인적 매체로 기업과 관계 있는 집단과 좋은 관계를 구축하고 유지하여 기업의 이미지를 높이고, 궁극적으로 구매의 증대를 가져오기 위한 활동은?

① 광고
② PR
③ 판매촉진
④ 인적판매

02 인적판매의 특징으로 맞지 않는 것은?

① 판매촉진에 따른 비용이 적게 든다.
② 소비자들의 욕구를 보다 직접적으로 알 수 있고 즉각적 반응이 가능하다.
③ 소비자와 판매원 사이의 다양한 관계가 형성된다.
④ 광고보다 메시지에 더 많은 주의를 기울이고 반응하는 경향이 높다.

정답 · 해설

01 ② PR은 공중관계를 통해 기업이미지를 높이는 촉진믹스이다.
02 ① 인적판매는 고객과의 직접 대면으로 소비자의 욕구를 파악하기 쉽고 관계 형성이 가능하다. 또한 판매시점에서 소비자들은 판매원의 메시지에 집중한다는 특징이 있으나 인건비를 지불해야 하므로 비용이 많이 드는 것이 단점이다.

제5절 판매촉진

01 판매촉진 ★★

1. 판매촉진의 개념
① 소비자의 구매동기를 직접 자극하여 제품과 서비스에 대한 즉각적인 구매를 유인하거나 유통경로에 참여하는 중간상을 지원 또는 자극하여 마케팅 활동의 효율성을 높이는 활동이다.
② 대부분 단기적 수단으로 활용된다.

2. 판매촉진의 일반적인 사용 목적
① 신제품의 시험구매를 자극하고 재구매를 유도한다.
② 기존 브랜드에 대한 구매량을 증대한다.
③ 기존 고객을 유지한다.
④ 자사제품의 거래를 활성화한다.

3. 판매촉진의 대상과 유형
(1) 판매촉진 대상 소비자 유형에 따른 목표와 수단

소비자 유형	판매촉진 목표	판매촉진 수단
자사브랜드 충성고객	• 브랜드 이미지와 태도 강화 • 더 많은 수량 구매 촉진 • 구매시기 변경 • 자사의 다른 제품 구매 유도	• 로얄티 프로그램 • 이벤트 및 경품 • 보너스 팩 • 프리미엄 보상판매
경쟁브랜드 소비자	• 경쟁브랜드 충성도 훼손 • 자사제품 사용 • 자사제품으로 전환 설득	• 샘플 제공 • 가격할인 및 할인쿠폰 • 보너스 팩 • POP 디스플레이
브랜드 전환자	자사제품 구매 증가	• 가격할인 및 할인쿠폰 • POP 디스플레이 • 이벤트 및 경품 • 보너스 팩 • 프리미엄(사은품)
가격민감 소비자	• 가격민감도 낮추기 • 가격할인과 부가가치 제공	• 가격할인 및 할인쿠폰 • 리베이트(rebate)

(2) 판매촉진의 유형
① 판매촉진의 주체는 제조업자와 소매상이다.
② 판매촉진의 대상은 소비자, 중간상, 제조업체가 직접 고용한 판매원으로 구분한다.

02 소비자 대상 판매촉진 기출개념

1. 가격할인
① 일정 기간 동안 제품의 가격을 일정 비율로 할인하여 판매하는 것이다.
② 단기적으로 제품의 매출액 증가, 재고 처분으로 재고유지비용을 감소시키는 효과가 있다.

2. 쿠폰
① 구매시점에서 쿠폰을 소지한 소비자에게 쿠폰에 표시한 내용에 따라 가격할인, 현금 적립, 선물제공의 혜택을 주는 판매촉진 수단이다.
② 신제품의 시용과 반복구매를 유발하거나 경쟁사의 소비자를 유인하기 위한 목적으로도 활용한다.

3. 리베이트(현금 환불)
① 일정 기간에 제품을 구매했다는 것을 증명하는 영수증이나 포장지 등의 증거물을 제조업체에 보내면 제품가격의 일부를 환불해 주는 방법이다.
② 소비자들의 반복구매, 다량구매, 조기구매, 브랜드 전환을 목적으로 사용한다.

4. 보너스 팩
① 관련된 제품 여러 개를 하나의 세트로 묶어서 저렴하게 판매하거나, 같은 제품을 커다란 포장에 덤으로 더 많은 수량이나 용량을 담아 같은 가격으로 판매하는 경우이다.
② 소비자로 하여금 다량구매, 조기구매를 유발하는 것이 목적이다.

5. 프리미엄(사은품)
① 일정 기간에 제품이나 서비스를 구매하는 소비자들에게 다른 제품을 무료로 제공하거나 저렴하게 할인가격으로 구입할 수 있는 기회를 제공하는 것이다.
② 기업과 제품의 이미지를 개선하여 호의적 태도를 형성하고 브랜드 충성도를 높이는 긍정적 효과가 있다.
③ 무료 프리미엄, 소비자 부담 프리미엄, 소개식 프리미엄 등이 있다.

📘 **개념 Plus**

가격할인의 장단점
- 장점
  - 매출액이 증가한다.
  - 이월상품을 처분하여 재고유지비용을 절감할 수 있다.
  - 가격차별효과로 인해 자사의 이익이 증가한다.
- 단점
  - 할인판매가 동종업체 전체에 걸쳐 동시에 실시되기 때문에 타사의 고객 흡수효과를 기대하기 어렵다.
  - 시간이 흐를수록 소비자들이 할인기간을 예측하여 가격차별화 효과가 떨어진다.

6. 샘플(견본품)
① 제품을 소량으로 포장하여 무료로 소비자들에게 배포하는 것이다.
② 신제품을 판매촉진하기 위한 수단으로 적합하다.

7. 이벤트 및 경품
① 이벤트: 기업이 주관하는 대회에 소비자가 참여하게 하는 것 또는 개발된 이벤트에 단독 혹은 공동후원자로 참여하는 것이다.
② 경품: 응모자 모두를 대상으로 추첨에 의해 당첨자를 선정하는 것이다.

8. 로열티 프로그램
① 고정 고객을 우대하는 프로그램을 의미한다.
② 자주 구매하는 소비자들을 대상으로 구매금액이나 구매량에 비례하여 마일리지를 적립해주고, 소비자는 누적된 마일리지를 이용해 가격을 할인 받거나 다른 제품을 구매할 수 있게 하는 방법이다.
③ 소비자의 충성도를 높이는 효과가 있다.

9. POP 디스플레이
① 구매시점에서 제품의 구매를 촉진하기 위해서 눈에 잘 보이고, 고르기 좋으며, 만지기 좋게 하는 각종 장치나 진열방식을 의미한다.
② 더 많은 매출과 충동구매를 유발하는 것이 목적이다.

10. 시연회
① 소비자를 초청하여 제품의 사용법과 특이점들을 실제로 보여주고 설명하는 일시적인 방법이다.
② 소비자들의 구매의욕을 자극한다.

03 중간상 대상 판매촉진

1. 중간상 공제(할인) ★
(1) 중간상 공제의 개념
중간상이 제조업체의 제품을 취급하거나 대량구매, 광고, POP 디스플레이 등을 진행해주는 대가로 상품 대금의 일부를 공제해주거나 별도로 현금을 지불하는 것이다.

(2) 중간상 공제의 유형 [기출개념]

구분	내용
구매공제	일정 기간 동안 자사제품을 일정 수량 이상 구매하는 중간상에게 구매금액 일부 공제, 일정비율의 제품을 무료로 제공하는 것
입점공제	중간상이 공급망, 창고공간, 진열공간 등의 확보를 위해 신제품을 취급하는 대가로 대금 일부를 공제해 주는 것
광고공제	제조업체 대신 실시한 광고나 판매촉진 활동에 대해 지불하는 지원금
진열공제	일정 기간 특별코너, 즉 특별히 진열해주는 대가로 대금 일부를 공제해 주는 것

2. 대금 지불 완화와 판매 장려금

① 대금 지불 완화: 제조업체가 중간상에게 외상기간 연장, 기일 내에 대금 지불 시 할인 등 대금 지불 조건을 완화해주는 것이다.
② 판매 장려금: 제조업체가 대리점이나 중간상에게 판매목표를 부여하고 이를 초과 달성할 경우에 제공하는 장려금이다.

3. 판촉물 제공 및 판매원 파견

제조업체 브랜드명이나 로고 등이 부착된 펜, 달력, 시계, 메모지 등의 판촉물을 중간상에게 무료로 배포하거나 판매도우미를 소매상에 파견하는 것이다.

04 판매촉진의 효과

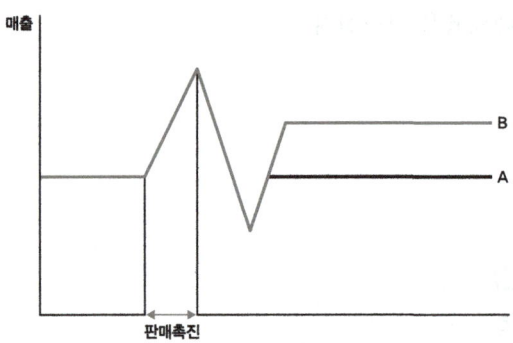

- 판매촉진의 효과는 그림과 같이 판매촉진 활동 중에 매출의 증가로 나타난다.
- 일반적으로 판매촉진이 끝난 직후에는 오히려 판촉 실시 전보다 낮은 매출수준을 보이다가 일정기간이 경과하면서 판촉 실시 전의 매출수준(A)으로 회복하거나 그보다 증대된 수준(B)을 유지한다.

[그림 9-5] 예산 책정을 위한 접근방법

1. 판매촉진의 효과

(1) 판촉기간 동안 판매증대의 유발요인
① 상표전환(brand switching)
  ㉠ 신규고객을 확보하는 것이다.
  ㉡ 판매촉진이 없었다면 다른 상표를 구매하였을 소비자가 판매촉진이 실행 중인 상표를 구매한다.
② 구매 가속화(purchase acceleration)
  ㉠ 저렴할 때 재고를 미리 쌓아놓는다(stockpiling).
  ㉡ 구매시점을 앞당긴다(forward buying).

(2) 판매촉진 후 판매감소의 원인
판매촉진 직후 판매감소의 원인은 구매 가속화 때문이다.

(3) 판매촉진 효과의 지속성
① 소비자 프랜차이즈 지향적 판매촉진(consumer-franchise building sales promotions): 소비자의 반복적인 구매를 유도하기 위한 판매촉진 활동이다.
② 비소비자 프랜차이즈 지향적 판매촉진(nonfranchise-building sales promotions): 즉각적인 판매의 증대를 목적으로 하는 일반적인 판매촉진 활동이다.

2. 판매촉진의 한계
① 상표자산의 구축에 부정적인 영향을 미친다.
② 소비자가격의 민감성이 증대된다.
③ 중간상 판매촉진은 중간상의 수익성 제고에 국한된다.
④ 이러한 한계에도 불구하고 중간상 판매촉진은 지속적으로 증가(죄수의 딜레마 현상)한다.

3. 판매촉진의 한계 극복방안
① 소비자 프랜차이즈 지향적 판매촉진 기법을 활용한다.
② 가격할인의 크기와 빈도를 적절히 조절한다.

4. 판매촉진 프로그램 설계 시 고려사항 [기출개념]
① 인센티브의 크기와 수준을 결정해야 한다.
② 판매촉진 프로그램에 참여할 수 있는 범위와 조건을 결정해야 한다.
③ 판매촉진 수단의 구체적인 활용방법을 결정해야 한다.
④ 판매촉진의 기간을 결정해야 한다.
⑤ 판매촉진 프로그램 시행 후 평가가 가능해야 한다.

기출개념확인

01 소비자 대상 판매촉진 수단이 아닌 것은?
① 구매공제와 진열공제
② 프리미엄과 샘플
③ 쿠폰과 리베이트
④ 가격할인과 보너스 팩

02 판매촉진의 긍정적인 효과가 아닌 것은?
① 자사제품으로 전환하는 고객에게 시험구매를 유발할 수 있다.
② 제품과 브랜드의 이미지를 제고할 수 있다.
③ 재정 부담이 적어 상황에 따라 촉진예산을 신축적으로 활용할 수 있다.
④ 기존고객에게 재고쌓기 목적으로 판촉기간 내 구매 유도를 통해 매출액을 증대시킬 수 있다.

03 자사브랜드 소비자에게 사용하는 판매촉진 수단으로 적합하지 않은 것은?
① 로얄티 프로그램　　② 이벤트 및 경품
③ 보상판매　　　　　④ 샘플 제공

정답·해설

01　①　구매공제와 진열공제는 중간상 대상 판매촉진 수단에 해당한다.
02　②　판매촉진은 소비자에게 해당 제품이나 브랜드가 저렴하다고 느낄 수 있게 함으로써 브랜드의 이미지가 나빠질 수 있다.
03　④　샘플 제공은 경쟁사 소비자가 무료로 제품을 사용해 봄으로써 브랜드를 전환하게끔 유도할 때 적합한 판매촉진 유형이다.

제6절 PR

01 PR ★★★

1. PR(Public Relation)의 의미와 중요성
(1) PR
홍보와 동의어로 사용되지만 홍보는 PR보다 범위가 훨씬 좁은 것이 특징이다.

(2) PR의 중요성
① PR은 홍보뿐만 아니라 제품이나 기업과 직·간접적 이해관계에 있는 대상에게도 영향을 미치며 호의적 관계를 형성하는 커뮤니케이션 도구이다.
② 이해관계 대상자: 소비자, 종업원, 공급업체, 주주, 정부, 정부, 일반공중, 시민단체 등 기업과 이해관계를 갖고 있어서, 기업의 메시지를 수용하는 커뮤니케이션 대상자들이다.

2. PR의 대상

구분	내용
언론매체	여론 형성에 영향을 미치는 매우 중요한 외부 공중이며, 기자회견, 뉴스 보도자료 등을 통해 정보를 제공함
직원관계	조직구성원들의 고객만족을 위한 노력으로, 사내방송, 신문잡지 등 사보발행, 게시판, 인트라넷, 설문조사, 아이디어 제안함 등을 활용함
재계관계	자금조달능력에 영향을 미치는 은행, 투자회사, 증권회사, 주주, 애널리스트 등이 있음
기업관계	기업의 이미지와 평판 관리로 사회적 마케팅과 관련된 캠페인 활동
정부관계	정부정책과 각종 법률 규정의 제정 등은 기업 활동에 영향을 미침
지역사회관계	지역 환경이나 지역사회 활동을 통한 우호적인 관계 형성이 필요함

> **개념 Plus**
> **홍보(publicity)**
> 비용 지불 없이 매체를 통해 기사, 뉴스 등의 형태로 기업이나 제품 정보가 전달되는 것이다.

02 PR의 유형

1. 기업 내부공중 대상
(1) **기업 내부공중**
    종업원, 유통업자, 공급업자 등이 포함된다.
(2) **PR 수단**
    사내방송, 사보발행, 사내게시판, 인트라넷, 설문조사, 아이디어 제안함 등을 활용한다.

2. 기업 외부공중 대상
(1) **기업 외부공중**
    소비자, 언론매체, 행정부서, 소비자단체를 비롯한 각종 규제기관, 금융기관 등이다.
(2) **소비자 대상 PR 수단**
    언론보도, 신제품 설명회, 이벤트 및 커뮤니케이션 활동, 웹 등을 활용한다.
(3) **PR 내 퍼블리시티(publicity)**
    기업이나 제품에 관한 정보를 언론매체(방송, 인쇄물 등)의 기사를 통해 시장에 전달하는 것이다.

03 PR 계획 수립과정

1. 상황분석
① PR 계획 수립의 첫 단계는 여론조사로, 현 상황을 정확히 분석하는 것부터 시작한다.
② 소비자나 이해관계자들의 의식과 태도를 조사하고 분석해야 한다.
③ 수집방법
    ㉠ 매체별 보도기사를 수집하여 분석한다.
    ㉡ 인터뷰나 설문조사를 실시한다.

2. PR 계획 수립
① 목표설정과 기대효과는 분명히 제시되어야 한다.
② 목표는 인지도 제고, 정보제공, 신뢰도 제고, 중간상이나 판매사원의 판매 활동 지원 등이다.
③ 목표는 구체적이며 측정 가능해야 한다.

3. PR 프로그램 개발 및 실행

① 표적청중을 결정하고, 커뮤니케이션 목표를 설정하며, 메시지 작성과 매체선정을 진행해야 한다.
② 실행방법: 언론보도, 기자회견, 특정 매체의 독점보도, 인터뷰 등이다.
③ 언론기사에서는 신제품 개발, CEO 인터뷰 혹은 강연, 사내 임직원 사회봉사 활동, 스포츠 및 문화행사 주최나 후원 등을 통해 우호적 이미지를 형성한다.

4. PR 프로그램 효과 측정

(1) 효과 측정

① 계획된 PR 활동의 실제 실행정도 측정, 표적청중의 메시지에 대한 수용과 이해 정도 측정 등을 측정하는 방법이 있다.
② 청중들의 인식과 태도 및 행동변화를 측정하는 방법이 있다.

(2) 언론매체를 통한 자사의 기사화된 산출물 측정

① 보도자료 및 책자의 질적·양적 측정이 가능하다.
② 언론보도 크기, 시간, 횟수 등을 측정한다.
③ 우호적 혹은 비우호적인 논조를 분석한다.

기출개념확인

01 PR 계획 수립과정이 아닌 것은?

① 상황분석
② PR 계획 수립
③ PR 프로그램 개발과 실행
④ PR 활동 조사

정답·해설

01 ④ PR 계획 수립과정은 '상황분석 → PR 계획 수립 → PR 프로그램 개발 및 실행 → PR 프로그램 효과 측정' 단계로 진행된다. 'PR 활동 조사'라는 단계는 없다.

제7절 인적판매

01 인적판매 ★★

1. 인적판매의 개념
① 판매사원이 잠재고객에게 대면 접촉하여 판매 활동을 하는 마케팅 커뮤니케이션 중 하나의 수단이다.
② 인적판매의 유형
  ㉠ 외부판매: 판매사원이 직접 직장 또는 가정으로 방문하여 판매 활동을 하는 것이다.
  ㉡ 내부판매: 판매사원이 도·소매 점포에서 소비자에게 판매 활동을 하는 것이다.

2. 인적판매의 본질과 역할

(1) 인적판매의 본질
① 판매사원은 고객을 위해 가치를 부가하고 장기적으로 고객관계를 유지하기 위한 노력, 즉 잘 훈련된 전문가로서 고객의 이야기를 경청하고, 고객욕구를 평가하고, 고객문제를 해결하기 위해 노력한다.
② 제품과 서비스를 판매하기 위해 판매사원은 창의적인 영업기술과 관계구축을 위한 노력이 요구된다.

(2) 인적판매의 역할
① 기업과 고객의 연결
  ㉠ 회사의 이익을 위한 활동: 고객을 찾고, 판매기회를 포착하고, 판매로 연결하기 위해 노력한다.
  ㉡ 거래고객의 대변자 역할 수행: 고객의 관심사를 파악하여 이를 내부의 담당 직원에게 전달한다.
② 마케팅과 판매(영업)부서와 협력
  ㉠ 고객과 회사 가치 창출을 위해서는 마케팅부서와 영업부서의 협업이 중요하기 때문에 양부서 간 원활한 의사소통 및 지식과 경험을 공유해야 한다.
  ㉡ 영업부서와 마케팅부서 간의 공동목표를 설정하고 공동보상 시스템의 개발 또는 마케팅-영업관계 관리자(marketing-sales liaisons)를 지명하기도 한다.

3. 인적판매의 장점
① 직접대면에 의한 방법으로 정확한 고객정보 수집이 가능하다.
② 고객의 태도와 행동에 대해 유연하고 즉각적인 대응이 가능하다.
③ 고객특성에 맞는 커뮤니케이션 메시지 조절과 다양한 판촉수단을 적용할 수 있고 설득을 통해 구매가능성을 증가시킬 수 있다.
④ 직접적으로 시연을 통한 구매자의 빠른 평가와 반응을 유도한다.
⑤ 고객과의 신뢰관계를 구축한다.

4. 인적판매의 단점
① 대인적 커뮤니케이션 활동에 많은 비용이 소요된다.
② 판매원들의 메시지 전달에 일관성이 결여되고 불일치성이 증가한다.
③ 대면고객 수가 극히 제한적이다.
④ 판매사원 교육이 지속적으로 이루어지기 어렵다.

02 인적판매의 과정

1. 판매 전 준비
① 판매사원이 제품, 시장, 판매기법 등을 잘 파악하고 있는지를 확인한다.
② 대면 전 표적시장의 욕구나 필요, 동기유발, 구매행동 등을 잘 알고 있어야 한다.
③ 경쟁업체의 특성과 지역의 기업환경 등을 이해하고 있어야 한다.

2. 잠재고객 예측과 파악
① 잠재고객 관련 정보수집과 지식습득을 위해 고객 기록이나 인적사항을 검토한다.
② 잠재고객의 인구통계적 특성, 구매행동적 특성 등을 분석한다.
③ 적당한 고객명단과 회사명 등을 작성해야 한다.

3. 접근
① 첫 대면부터 제품구매를 유도하기보다는 관계형성에 더 집중해야 한다.
② 전화, 편지, 문자정보 등을 통해 사전 경계심을 허물고 관심유발을 위해 제품의 이점을 노출하는 것이 도움이 된다.
③ 호의적인 만남 및 긍정적인 관계 형성을 위한 방법을 숙지한다.
④ 판매의 전 과정에서 고객에 대한 경청이 가장 중요하다.

> **핵심 Check**
>
> **인적판매과정**
> 판매 전 준비 → 잠재고객 예측과 파악 → 접근 → 판매제안과 설득 → 판매종결 → 사후관리

4. 판매제안과 설득
① 판매제안 시 사전에 습득한 고객특성과 대면해서 파악한 고객욕구에 부합하도록 제품의 필요성과 특징, 차별적 속성 등을 설명하고 설득해야 한다.
② 신뢰성 있는 객관적 자료 제시나 시험구매를 권유해 지각된 위험은 줄이고 구매상황에 대한 부담은 최소화하는 것이 필요하다.
③ 자사의 제품 및 서비스가 고객의 문제를 어떻게 해결해주는지 보여주는 것이 가장 이상적이며, 고객 솔루션에 기반한 접근방식이 필요하다.
④ 판매사원은 긍정적인 접근방식으로 고객들의 반대의견을 처리해야 한다.

5. 판매종결
① 인적판매에서 가장 어려운 단계로 적절한 시기에 판매종결을 통해 구매를 유도해야 한다.
② 너무 시간을 끌면 결국 시간 낭비를 초래할 가능성이 높아진다.
③ 구매자가 제품설명이나 실연에 대해 긍정적일 때가 적절한 시기이니 이때 재빨리 구매를 유도해야 한다.
④ 판매종결 기법(주문요청, 합의사항 점검, 주문서 작성 도움 등)을 활용하여 계약을 완료한다.

6. 사후관리
① 판매계약 체결로 거래가 종결되는 것이 아니며 사후관리도 판매사원의 역할에 포함된다.
② 사후 품질보증 등 지속적인 사후관리가 이루어져야 한다.
③ 후속조치는 고객만족을 확실하게 하고 지속적인 거래관계를 위해 필수적인 단계이다.
④ 계약 이후 배달시기, 구매조건 등의 세세한 사항을 완벽히 마무리한다.
⑤ 후속방문을 계획하여 고객에 대한 관심을 인식시키고 추후 발생할 수 있는 문제를 해결한다.

03 인적판매관리

1. 판매관리의 개념
매출을 극대화하기 위해 개별 판매원들로 구성된 판매사원 조직을 효율적으로 관리·통제하는 과정이다.

2. 판매관리의 과정

(1) 판매계획 수립
① 판매계획에는 판매목표 설정, 목표달성 방안, 예산 등이 포함되어야 한다.
② 판매목표는 분명하고 정확해야 하며, 주어진 자원으로 실행이 가능해야 한다.
③ 계량적으로 측정이 가능해야 한다.
④ 목표설정과정에서는 매출잠재력 파악, 예상판매액 예측, 예상판매예산 작성이 포함되어야 한다.
⑤ 판매예산에는 판매사원 보상, 활동비, 판매보조비용, 제반관리비용 등이 포함되어야 한다.
⑥ 판매목표가 수립되면, 개별 판매사원의 판매목표가 설정되어야 한다.

(2) 조직설계
① 판매계획이 수립되면 효율적으로 달성할 판매조직이 설계되어야 한다.
② 조직유형에 따른 분류
　㉠ **지역별 조직**: 지역 내 활동이기 때문에 비용이 적게 들고 고객욕구에 신속하게 반응할 수 있으나, 모든 제품을 취급할 경우에 판매지식이 떨어질 수 있다.
　㉡ **제품별 조직**: 제품에 관한 전문지식 습득이 용이하며, 여러 지역을 담당할 경우 비용이 과다 소요된다. 또한 다양한 제품구매 시 여러 명의 판매사원을 만나야 한다.
　㉢ **고객별 조직**: 고객집단의 구매량이나 유통경로를 근거로 슈퍼마켓, 대형마트, 편의점 등으로 분류해 업태별로 조직하는 경우를 말한다. 고객욕구에 신속히 대응할 수 있으나 넓은 지역인 경우 비용이 많이 소요된다.
　㉣ **복합영업조직**: 광범위한 지역에서 다양한 고객 유형들에게 다양한 제품을 판매하는 기업이 몇 가지 유형의 영업조직구조를 결합하는 것이다.

(3) 판매사원 개발과정
① 판매사원 선발: 방문해야 할 잠재고객 수와 판매사원 1인당 연간 방문횟수 등을 고려해서 판매사원 수를 결정해야 한다.
② 업무량기준법에 의한 판매사원 수 산정

거래처 유형	거래처 수	연평균 방문 횟수	연간 총 방문 횟수
슈퍼마켓	100곳	40회	4,000회
할인점	200곳	25회	5,000회
편의점	300곳	10회	3,000회
총 합계	-	-	12,000회

③ 판매사원 교육훈련
  ㉠ 판매전략, 표적시장 등에 대한 교육훈련을 진행해야 한다.
  ㉡ 신제품, 시장동향, 신기술 등 최신정보와 지식을 습득시켜야 한다.
  ㉢ 선발된 판매사원이 역량을 발휘할 수 있도록 고객, 자사, 경쟁사(시장구조)를 이해할 수 있는 지속적인 교육 및 훈련 프로그램을 제공해야 한다.
  ㉣ 고객에 대한 이해, 고객과 관계를 구축하는 방법에 대한 이해가 필요하다.
  ㉤ 고객에게 효과적으로 판매하는 방법과 판매과정에 대한 이해가 필요하다.
  ㉥ 회사의 목표, 조직구조, 제품, 주요 경쟁사의 전략 등에 대한 교육이 필요하다.
  ㉦ 기존의 교육방식에 더하여 웹 기반의 이러닝(e-learning) 프로그램을 제공한다.

④ 판매사원 감독
  ㉠ 판매관리자가 교육훈련과 회사정책이 잘 수행되는지 판매사원을 적절히 감독해야 한다.
  ㉡ 판매사원들이 판매 활동, 잠재고객 발굴, 정보 확보, 판매방법 개발 등에 시간을 잘 활용하는지 감독한다.
  ㉢ 판매사원을 지원하기 위한 새로운 영업기술 도구로는 인터넷이 있다.
    ⓐ 인터넷은 판매 활동 수행, 고객들과의 상호작용, 서비스 제공에 있어 혁신적인 편의를 제공한다.
    ⓑ 인터넷 기반의 판매관리방식 활용에 따라 판매관리 효과성을 강화시키고 시간, 비용을 절감한다.
    ⓒ 개인적인 상호작용의 제한 등 디지털 기술이 가진 단점을 고려한 활용이 필요하다.
    ⓓ 판매자동화시스템(sales force automation system) 도입: 보다 나은 시간관리, 향상된 고객서비스, 더 낮아진 영업비용 그리고 더 높은 영업성과 등을 실현할 수 있다.

⑤ 판매원 보상과 동기 부여
  ㉠ 금전적 보상: 고정급제로 성과에 관계없는 급여, 성과급제 등이다.
    ⓐ **구성요소**: 고정급, 성과급, 경비, 복리후생 등이 있다.
    ⓑ **보상계획**: 관리자는 각 영업업무에 대해 보상 구성요소들을 아래와 같이 달리 조합한다.
      • 순수한 봉급방식(straight salary)
      • 순수한 수수료방식(straight commission)
      • 봉급과 보너스 결합방식(salary plus bonus)
      • 봉급과 수수료 결합방식(salary plus commission)
    ⓒ 금전적 보상을 통해 영업사원이 전반적인 영업목표와 마케팅목표에 부응하는 활동을 하도록 유도할 수 있다.
  ㉡ 비금전적 보상: 승진, 칭찬, 보상휴가, 표창, 해외여행 등의 심리적 보상이다.

(4) 판매사원 평가
① 평가를 통해 성공요인과 문제요인을 파악해서 시정 조치해야 한다.
② 좋은 피드백을 위해 판매사원에 대한 정보를 정기적으로 수집할 필요가 있다.
③ 평가기준
   ㉠ **정량적 평가**: 제품별, 고객별 판매량, 지역별 또는 할당량 비율로서 판매량, 주문사항, 1인당 방문횟수, 직접판매비 등으로 평가한다.
   ㉡ **정성적 평가**: 제품이나 경쟁사 관련 지식, 판매사원 시간관리와 방문준비, 고객과의 관계, 외모와 건강, 개성과 태도 등으로 평가한다.
④ 판매사원의 정보원천
   ㉠ **판매실적 보고서(sales reports)**: 주간 및 월간 활동계획과 할당지역에 대한 장기적 마케팅 계획이 포함된다.
   ㉡ **방문보고서(call reports)**: 완료한 영업활동에 대한 보고서를 작성한다.
   ㉢ **비용보고서(expense reports)**
      ⓐ 영업활동 중 발생한 비용을 부분 또는 전액 환불 받기 위해 작성한다.
      ⓑ 관리자는 성과보다 넓은 의미에서 총체적인 영업성과를 평가해야 한다.

기출개념확인

01 다음 중에서 인적판매과정을 적절하게 나열한 것은?

> ㄱ. 판매 전 준비
> ㄴ. 접근
> ㄷ. 잠재고객 예측과 파악
> ㄹ. 판매제안과 설득
> ㅁ. 판매종결과 사후관리

① ㄱ-ㄴ-ㄷ-ㄹ-ㅁ
② ㄴ-ㄷ-ㅁ-ㄱ-ㄹ
③ ㄱ-ㄷ-ㄴ-ㄹ-ㅁ
④ ㄷ-ㄴ-ㄱ-ㅁ-ㄹ

정답·해설

01 ③ 인적판매는 '판매 전 준비 – 잠재고객 예측과 파악 – 접근 – 판매제안과 설득 – 판매종결과 사후관리' 단계로 진행된다.

제9장 | 실전연습문제

* 기출유형 은 해당 문제가 실제 시험에 출제된 유형임을 나타냅니다.

01 촉진의 중요성에 대한 이유로 적절하지 <u>않은</u> 것은?
① 실질적인 소득이 떨어져 미래에 대한 불확실성이 높아지면서 구매자들이 가격에 보다 민감해지고 있는 상황이다.
② 시장에서 경쟁이 심화됨에 따라 구매자들의 제품에 대한 선택의 폭이 점차 넓어져 가고 있다.
③ 가격에 민감한 소비자들에게 지속적으로 소량 구매를 유도하고, 시장의 성수기에 적극 활용한다.
④ 광고의 효율성이 점차 줄어들면서 빠른 기간 안에 효과를 볼 수 있는 판촉의 비중이 높아져 가고 있다.

02 통합적 마케팅 커뮤니케이션이 갖추어야 할 3C에 속하는 것으로 가장 적절한 것은?
① 일관성   ② 타협
③ 수용성   ④ 콘텐츠

03 마케팅 커뮤니케이션 과정 모형의 구성요소가 <u>아닌</u> 것은?
① 발신자와 부호화
② 커뮤니케이션 경로와 촉진믹스
③ 반응과 피드백
④ 수신자와 잡음

04 커뮤니케이션 예산책정방법이 <u>아닌</u> 것은?
① 목표 과업법   ② 가용예산 활용법
③ 투자액 비율법 ④ 경쟁자 기준법

05 다음 중 판매촉진에 대한 설명 중 적절하지 <u>않은</u> 것은?
① 할인판매는 시간이 흐를수록 소비자들이 할인기간을 예측하여 가격차별화 효과가 떨어진다는 단점이 있다.
② 우편으로 사은품을 배포하는 경우에는 고객 데이터베이스를 구축할 수 있으며, 사은품 제공이 브랜드 이미지 향상과 더불어 브랜드 자산을 강화하는 데 도움이 된다.
③ 소비자 판매촉진 수단으로는 할인쿠폰, 리베이트, 보너스 팩, 보상판매, 할인행사. 샘플 및 무료 사용권, 사은품, 경품, 게임, 콘테스트 등이 있다.
④ 리베이트는 제품 구매 시 소비자에게 일정 금액을 할인해주는 것을 의미하며, 이는 신제품의 사용 및 반복구매를 촉진시키고, 타사 고객을 자사 고객으로 유인하는 데 효과적이다.

06 인적 매체를 통한 촉진믹스로 기업과 관계 있는 집단과 좋은 관계를 구축·유지하여 기업의 이미지를 높이고 궁극적으로는 구매의 증대를 가져오기 위한 활동은?

① 광고　　　　② PR
③ 판매촉진　　 ④ 인적판매

07 할인판매의 장단점으로 가장 적절한 것은?

① 가격차별화 효과로 인해 자사의 이익이 증가한다.
② 매출액이 감소한다.
③ 할인판매가 동종업체 전반에 걸쳐 동시에 실시되므로 타사 고객에 대한 흡수효과를 기대할 수 있다.
④ 할인기간을 예측할 수 없다는 측면 때문에 가격차별화 효과가 높다.

08 중간상 공제의 유형으로 적절하지 않은 것은?

① 진열공제　　 ② 광고공제
③ 도매공제　　 ④ 입점공제

09 판매관리 과정에 포함되지 않는 것은?

① 계획수립
② 조직설계
③ 판매사원 개발 및 동기부여
④ 판매제안과 설득

10 소비자의 구매의사결정 단계에서 구매 전 주의를 끄는 단계에서 많은 영향을 주게 되는 판매촉진 수단은?

① 광고　　　　② PR
③ 판매촉진　　 ④ 인적판매

11 표적시장에 직접적으로 의사소통하는 촉진과정을 수행하기 위해서 이용되는 커뮤니케이션 수단을 무엇이라고 하는가?

① 제품믹스　　 ② 가격믹스
③ 유통믹스　　 ④ 촉진믹스

12 촉진믹스에 따른 마케팅 커뮤니케이션 과정 시 피드백 속도가 가장 빠른 촉진 유형은?

① 광고 ② 인적판매
③ 판매촉진 ④ PR

13 커뮤니케이션 과정에서 전달되는 메시지가 예측할 수 없는 요인으로 인해 의도와 다르게 수신자에게 전달될 수 있는 여러 가지 방해요소를 무엇이라고 하는가?

① 잡음 ② 반응
③ 피드백 ④ 부호화

14 판매촉진 프로그램 설계에 따른 주의사항으로 잘못 기술된 것은?

① 인센티브의 크기와 수준을 결정해야 한다.
② 판매촉진 프로그램에 참여할 수 있는 범위와 조건을 결정해야 한다.
③ 판매촉진 프로그램 시행 후 평가가 불가능하다.
④ 사전에 판매촉진 기간을 결정해야 한다.

15 인적판매관리 과정에서 잠재고객 수와 판매사원의 방문 횟수를 고려하여 필요한 판매사원의 수치를 산정하는 방식은 어떤 방식인가?

① 영업발생비용 ② 매출액기준법
③ 판매실적보고서 ④ 업무량기준법

제9장 | 정답·해설

01	02	03	04	05
③	①	②	③	④
06	07	08	09	10
②	①	③	④	①
11	12	13	14	15
④	②	①	③	④

01 ③

촉진활동은 주로 가격에 민감한 소비자들의 구매 또는 대량구매를 유도하거나 시장의 비수기에 구매자의 수요를 자극하여 지속적인 판매를 유지하기 위한 목적으로 사용된다.

02 ①

통합적 마케팅 커뮤니케이션이 갖추어야 할 조건(3C)으로는 명확성, 일관성, 이해가능성이 있다.

03 ②

마케팅 커뮤니케이션 과정의 구성요소는 발신자, 부호화, 커뮤니케이션 경로, 해석, 수신자, 반응, 피드백, 잡음이다. 촉진믹스는 마케팅 커뮤니케이션 과정 모형의 구성요소가 아니다.

04 ③

커뮤니케이션 예산책정방법에는 가용예산 활용법, 매출액 비율법, 경쟁자 기준법, 임의 할당법, 목표 과업법 등이 있다.

05 ④

리베이트는 소비자가 해당 제품을 구매했다는 증거를 제조업자에게 보내면 구매가격의 일부분을 소비자에게 돌려주는 것을 말한다. 해당 내용은 쿠폰에 대한 설명이다.

06 ②

PR은 제품 또는 기업과 직·간접적인 이해관계에 있는 대상들에게 영향을 미쳐서 호의적 관계를 형성하는 커뮤니케이션 도구이다.

07 ①

할인판매는 이월상품을 처분하여 재고유지비용을 절감하고 가격차별효과로 인해 자사의 이익이 증대될 수 있다.

오답분석

② 매출액이 증가한다.
③ 할인판매가 동종업체 전체에 걸쳐 동시에 실시되기 때문에 타사의 고객 흡수효과를 기대하기 어렵다.
④ 시간이 흐를수록 소비자들이 할인기간을 예측하여 가격차별화 효과가 떨어진다.

08 ③

중간상 공제에는 구매공제, 입점공제, 광고공제, 진열공제가 있다.

오답분석

① 진열공제는 일정기간에 특별코너로 특별히 진열해주는 대가로 대금 일부를 공제해주는 것이다.
② 광고공제는 생산자 대신 실시한 광고나 판매촉진 활동에 대해 지불하는 지원금이다.
④ 입점공제는 중간상들이 신제품의 공급망, 창고공간, 진열공간 등의 확보를 위해 신제품 취급의 대가로 대금 일부를 공제해주는 것이다.

09 ④

판매관리는 '판매계획 수립 → 조직설계 → 판매사원 개발(동기부여)'의 과정으로 진행된다. 판매제안 및 설득은 개별 판매사원이 소비자와 커뮤니케이션을 진행하는 단계로 기업 입장에서 관리하는 과정은 아니다.

10 ①

주의 단계에서 자사의 제품이나 서비스에 대한 정보를 제공하는 데에는 광고의 영향이 가장 크다.

> 오답분석
② 선호가 형성되는 관심 단계에서 매우 효과적이다.
③ 제품 구매 직전인 열망 및 행동 단계에서 매우 효과적이다.
④ 제품에 대한 구체적인 정보를 획득하고 구매에 대한 확신이 드는 단계에서 매우 효과적이다.

11 ④

촉진믹스는 표적시장에 직접적으로 의사소통하는 촉진과정을 수행하기 위해서 이용되는 커뮤니케이션 수단이다. 광고, 판매촉진, PR, 인적판매를 비롯해 인터넷 직접마케팅, POP, 디스플레이, PPL 등이 포함된다.

12 ②

마케팅 커뮤니케이션 과정 중 인적판매는 소비자와 영업사원이 직접 대면하여 의사소통하기 때문에 피드백의 속도가 가장 빠르다.

13 ①

잡음은 커뮤니케이션 과정에서 전달되는 메시지가 예측할 수 없는 요인으로 인해 의도와 다르게 수신자에게 전달될 수 있는 여러 가지 방해요소이다. 외적 잡음과 내적 잡음으로 구분하며 대부분 발신자가 통제하기 어려운 요소들이다.

> 오답분석
② 메시지에 노출된 이후에 일어나는 수진자의 인지적, 감정적, 행동적 반응을 의미한다.
③ 수신자의 반응이 발신자에게 다시 전달되는 것이다.
④ 발신자가 전달하려고 하는 메시지를 보다 효과적으로 전달하기 위해 메시지 내용을 문자, 그림, 소리, 상징 등을 이용하여 시각적/청각적, 언어적/비언어적 부호화나 상징화시키는 과정이다.

14 ③

판매촉진 프로그램은 매출에 미치는 효과를 확인하기 위해 프로그램 시행 후 평가가 가능한 형태로 설계하여야 한다.

15 ④

업무량기준법은 판매사원 선발 시 방문해야 할 목표 잠재고객 수와 판매사원 1인당 연간 방문횟수 등을 고려해서 판매사원 수를 결정하는 방식이다.

무료 학습자료 제공 · 독학사 단기합격 **해커스독학사**
haksa2080.com

무료 학습자료 제공 · 독학사 단기합격 **해커스독학사**
haksa2080.com

전문가가 분석한 출제경향 및 학습전략

제10장에서는 광고 실행 전략과 관련된 내용, 특히 광고의사결정과 관련된 광고목표·광고예산·메시지·매체의 설정, 광고의 평가 등 각 단계별 핵심 개념과 유형에 대해 집중적으로 학습해야 한다. 매체계획과 관련된 도달률, CPM, 접촉빈도와 매체수단별 장·단점 또한 출제빈도가 높으므로 본 장에서는 특정 주제에 대한 깊이 있는 이해보다는 다양한 유형의 촉진 전략의 개념과 특성을 폭넓게 이해하는 것이 필요하다.

제10장 | 핵심 키워드 Top 10
핵심 키워드 Top 10은 본문에도 동일하게 ★로 표시하였습니다.

01	광고의 유형 ★★★	p.273
02	크리에이티브 콘셉트 ★★★	p.282
03	매체계획의 기본 개념 ★★	p.285
04	매체유형의 선정 ★★	p.286
05	매체 스케줄링 ★★	p.288
06	광고예산 책정 시 고려요인 ★	p.278
07	정보원천으로서의 광고모델 ★	p.283
08	광고 콘셉트 ★	p.280
09	광고 효과 측정 ★	p.290
10	사후테스트 ★	p.290

제10장

촉진관리 (2)

제1절 광고의 전략적 역할
제2절 광고목표와 광고예산
제3절 광고 콘셉트의 개발
제4절 메시지의 결정
제5절 매체의 결정
제6절 광고 효과 측정

제1절 광고의 전략적 역할

01 광고의 개념

1. 광고의 개념
광고주가 표적청중에게 자사의 제품이나 서비스에 대한 정보를 제공하여, 그들을 설득하고 유인하기 위해 일정한 대가를 지불하고 대중매체를 이용하는 비인적 커뮤니케이션 과정이다.

2. 광고의 일반적 특성
① 광고를 하는 광고주는 일정한 광고비를 지불함으로써 광고의 소구방법, 매체결정 등 광고에 대한 통제력을 가질 수 있다.
② 광고는 고객에게 메시지를 전달하기 위해 TV, 라디오, 신문, 잡지 등과 같은 각종 대중매체를 이용하는 매스커뮤니케이션이라는 점에서 직접 고객과 대면하는 인적 판매와도 구분된다.
③ 광고물에 반드시 광고주를 명시함으로써 고객으로 하여금 광고후원자가 누구인지 확인할 수 있도록 한다.

02 광고의 역할

1. 경제적 기능
① 광고된 상품을 사고 싶은 욕망을 자극하고 소비를 촉진하여 생산을 증대시킨다.
② 새로운 상품을 위한 시장을 확대하고 기업 간의 건전한 경쟁을 유도한다.
③ 제조회사 간의 경쟁을 자극하여 더 좋은 품질의 상품을 만들도록 한다.

2. 사회·문화적 기능
① 다양한 정보를 제공하여 상품 선택의 폭을 넓혀준다.
② 상품의 사용방법을 알려주고 소비에 대한 가치관과 건전한 소비습관을 형성한다.
③ 더욱 새로운 생활방식을 알려준다.
④ 어린이에게 좋은 소비자 교육자료가 될 수 있다.
⑤ 다양한 제작기술과 영상예술을 통해 심미안을 길러준다.

3. 대중매체 육성 기능
① 대중매체의 경제적 기반을 제공한다.
② 대중매체의 정보수용 가격을 낮춘다.

4. 정보 제공 기능
① 상품에 대한 정보를 제공한다.
② 상품에 대한 기억을 증진시킨다.
③ 신제품의 출현을 알려준다.
④ 사용법, 가격 등의 비교를 통하여 현명한 상품 선택을 도와준다.

5. 소비문화적 기능
① 소비자는 광고를 보고 상품의 구입 여부를 결정한다.
② 상품 및 서비스를 즐길 수 있도록 도와준다.
③ 즐겁고 재미있었던 지난날을 회상하게 한다.
  예 향수를 불러일으키는 복고풍 광고
④ 광고 자체를 즐기게 한다(즐거움을 제공한다).

6. 마케팅 기능
① 판매를 촉진한다.
② 제품에 대한 이미지를 차별화한다.
③ 효율적인 경쟁을 돕고 마케팅 활동의 시너지를 창출한다.
④ 마케팅믹스의 도구로서 기능하여 다른 마케팅 요소를 돕는다.
⑤ 광고주 기업에 좋은 인상이나 호감을 갖게 한다.
⑥ 상품과 기업에 대한 신뢰도를 향상시켜 상품의 품질을 믿도록 한다.

03 광고의 유형 ★★★

1. 광고 대상에 따른 유형

(1) 제품광고
특정한 제품에 대한 비인적 판매로서 기업의 제품을 소개하여 소비자들의 구매를 유발하고자 만들어지는 광고이다.

(2) 기업광고
제품보다는 기업의 비전, 사회에 대한 기여, 선행 등을 광고를 통해 널리 알림으로써 기업의 이미지를 호의적으로 만드는 데 목적을 두는 광고이다.

(3) 비교광고
기업이 속한 산업에서 경쟁브랜드와 직·간접적으로 비교하여 광고메시지를 강조하고 소비자를 설득하기 위한 광고이다.

2. 광고 실행전략에 따른 유형

(1) 유명인 광고
메시지 전달자를 유명인으로 하는 광고로, 마케팅 관리자들이 광고메시지의 효과를 키우기 위해 이용하는 보편적인 기법이다.

(2) 쌍방향 광고
메시지 수용자가 촉진과정에 능동적으로 참여할 수 있도록 커뮤니케이션 경로를 통해 쌍방향적인 메시지를 전달하는 광고이다.

(3) 소매광고
제품이나 서비스를 소비자에게 판매하는 소매상에 의해 소매점을 방문한 고객들을 대상으로 실행되는 광고이다.

(4) 공동광고
서로 다른 기업의 상품을 전략적 제휴를 통해 하나의 광고에 담는 것으로, 광고비가 절감되고 서로의 브랜드 장점을 공유함으로써 시너지 효과를 창출할 수 있다.

(5) 비교광고
자사 제품의 경쟁우위를 돋보이게 하기 위해 경쟁기업의 제품 또는 해당 범주의 대표적인 특성을 광고 내에서 소비자가 비교하도록 하는 기법이다.

3. 매체에 따른 유형

(1) 전통 매체 광고
① TV·라디오 광고: 방송을 통해 시청자·청취자에게 노출되는 광고로, 중간 광고, 자막 광고 등 다양한 형태가 있다.
② 신문·잡지 광고: 인쇄 매체에 실리는 광고로, 특정 분야의 독자들에게 노출된다.
③ 옥외 광고: 버스, 지하철, 야립광고, 건물 광고판 등 실외에서 볼 수 있는 광고이다.

(2) 디지털 매체 광고
① 검색 광고: 검색 엔진 결과 페이지에 노출되는 광고로, 사용자의 검색어와 연관된다.
② 디스플레이 광고: 웹사이트나 앱에 나타나는 배너, 동영상 형태의 광고이다.
③ 소셜미디어(SNS) 광고: 페이스북, 인스타그램 등 소셜미디어을 통해 노출되는 광고이다.
④ 온라인 비디오 광고: 유튜브 등 온라인 플랫폼에서 재생되는 동영상 광고이다.

기출개념확인

01 광고 대상에 따라 구별되는 광고 유형으로 옳은 것은?

① 소매광고
② 유명인 광고
③ 쌍방향 광고
④ 기업광고

정답·해설

01 ④ 광고 대상에 따라서는 제품광고, 기업광고, 비교광고로 구분할 수 있다.

오답분석

①, ②, ③ 광고 실행전략에 따라서는 유명인 광고, 쌍방향 광고, 소매광고, 공동광고로 구분할 수 있다.

제2절 광고목표와 광고예산

01 광고목표 설정

1. 광고목표의 설정 방법

(1) 시장성과 지표(market performance index)
소비자로 하여금 자사의 제품이나 서비스를 구매하도록 유도하는 것을 광고목표로 본다.

(2) 커뮤니케이션 지표(communication index)
광고라는 것이 구매에 이르기까지의 심리적 과정에 영향을 미치는 것을 광고목표로 본다.

2. 광고목표 설정 방법별 특성

(1) 매출목표(매출목표의 문제점)
① 광고만의 순수한 매출효과를 측정하는 것이 불가능하다.
② 광고가 매출에 미치는 효과가 즉각적으로 나타나지 않는다.
③ 광고는 그 효과가 장기간에 걸쳐서 유지되는 이월효과(carry-over effect)의 특성을 갖고 있다.
④ 광고전략 수립을 위한 유용한 길잡이가 되지 못한다.

(2) 커뮤니케이션 목표
① 브랜드 인지, 브랜드 지식 형성, 호의적인 상표 태도의 형성 및 구매의도 창출이 단계적으로 형성되는 것을 광고의 주된 역할로 본다.
② 커뮤니케이션 목표와 실질적인 시장성과의 관련 정도에 대한 규명이 선행되어야 한다.
③ 구매행동이 반드시 반응계층모형의 단계를 따르지 않을 수 있다.
④ 측정의 어려움과 주관적 판단이 존재할 수 있다.

📝 **개념 Plus**
광고의 이월효과
광고가 방영되고 몇 달이 지난 후에도 광고의 영향으로 구매가 일어나는 것이다.

📝 **개념 Plus**
계층효과모형
광고정보 → 인지반응 → 감성반응 → 행동반응

3. 광고목표 설정에 따른 광고 유형

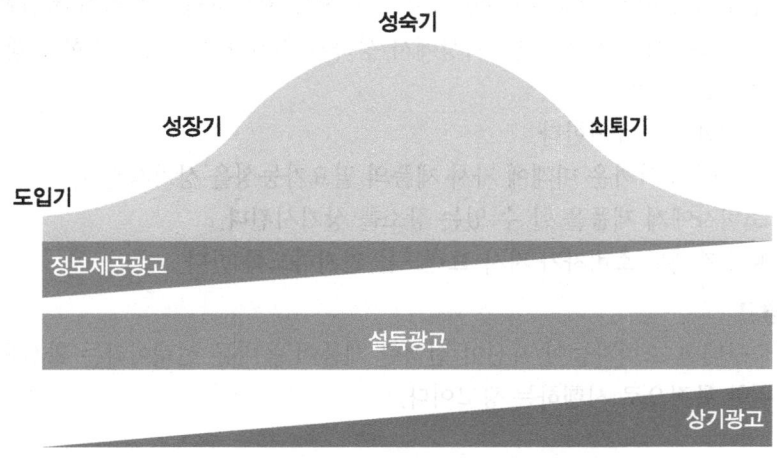

[그림 10-1] 제품수명주기와 광고목표와의 관계

(1) 정보제공광고
① 신제품이나 서비스에 대한 소비자의 구매 욕구를 개발하여 기본적인 수요를 형성하는 목적으로 특징이나 기능을 강조하는 광고이다.
② 정보제공광고의 기능
　㉠ 고객가치를 전달한다.
　㉡ 브랜드 이미지와 기업 이미지를 구축한다.
　㉢ 시장에 신제품을 소개한다.
　㉣ 제품기능에 대한 설명을 제공한다.
　㉤ 제품의 새로운 용도를 제안한다.
　㉥ 가격변동에 관한 정보를 제공한다.
　㉦ 이용 가능한 서비스와 고객지원 정보를 제공한다.
　㉧ 그릇된 인상을 바로잡는다.

(2) 설득광고
① 경쟁관계의 여러 제품이나 서비스 중에서 자사의 제품이나 서비스에 대한 선택적 수요를 증가시키고자 하는 목적으로 주로 비교광고를 통해 우위성을 강조하는 광고이다.
② 설득광고의 기능
　㉠ 브랜드 선호도를 구축한다.
　㉡ 자사 브랜드로의 전환을 유도한다.
　㉢ 제품속성에 대한 소비자의 지각 변화를 유도한다.
　㉣ 소비자가 지금 구매하도록 설득한다.
　㉤ 소비자가 구매 권유 전화를 받도록 유도한다.
　㉥ 소비자가 다른 사람들에게 자사 브랜드에 대해 이야기하도록 설득한다.

(3) 상기광고
① 자사의 제품이나 서비스에 대한 소비자 인식을 지속시키고 이전의 촉진활동을 강화하는 목적으로 제품수명주기상에서 성숙기 후기나 쇠퇴기에 적합한 광고이다.
② 상기광고의 기능
㉠ 고객관계를 유지한다.
㉡ 고객에게 가까운 미래에 자사 제품의 필요가능성을 상기시킨다.
㉢ 소비자에게 제품을 살 수 있는 장소를 상기시킨다.
㉣ 비수기에도 소비자가 자사 브랜드를 인지하도록 한다.

(4) 강화광고
최근에 구매한 소비자들이 자신이 선택한 제품이 올바른 선택이라는 확신을 갖도록 하기 위한 목적으로 시행하는 광고이다.

02 광고예산 설정

1. 광고예산 책정 시 고려요인 ★ 기출개념

(1) 제품수명주기상의 단계
신제품인 경우에 도입기에 많은 예산을 배정한다.

(2) 시장점유율
① 시장점유율이 높은 제품은 시장점유율 유지에 따른 판매액 대비 적은 광고비를 지출한다.
② 시장규모가 커지면 확고한 시장점유율을 구축하기 위해 많은 광고비를 지출한다.

(3) 경쟁의 정도
경쟁이 치열하면 상대보다 우위를 차지하기 위해 많은 비용을 지출한다.

(4) 광고빈도 수준
메시지 전달을 위한 광고의 반복 횟수는 광고비 책정에 중요하게 작용한다.

(5) 제품의 차별화 정도
차별화되지 않을수록 많은 광고비를 지출하게 된다.

2. 광고예산 책정 방법

(1) 가용예산 활용법
기업이 보다 중요하다고 판단되는 경영활동에 우선적으로 예산을 배정하고 여유자금의 범위 내에서 광고예산을 책정하는 방법이다.

(2) 임의할당법
경영자의 느낌이나 판단에 근거하여 광고예산을 책정하는 방법이다.

(3) 매출액 비율법
전년도 매출액이나 내년도 예상매출액에 일정 비율(광고비의 매출액 점유 비율)을 곱하여 광고예산을 책정하는 방법이다.

(4) 경쟁사 기준법
경쟁사의 광고예산에 근거하여 자사의 광고예산을 책정하는 방법이다.

(5) 목표과업법
광고가 달성해야 하는 목표를 먼저 설정하고 이를 성취하기 위한 광고활동을 결정한 다음, 각 활동에 소요되는 비용을 산출하여 이들의 총합으로 광고예산을 책정하는 방법이다.

기출개념확인

01 광고목표에 대한 설명으로 잘못된 것은?
① 광고는 매출에 직접적으로 영향을 미치므로 매출을 목표로 삼아야 한다.
② 광고효과는 장기간에 걸쳐서 유지되는 이월효과의 특성을 갖고 있다.
③ 광고목표는 기준 지표가 있어야 한다.
④ 커뮤니케이션 목표는 측정이 어렵고 주관적 판단이 개입된다는 특징이 있다.

02 광고 예산 책정 시 고려하는 요인으로 잘못된 것은?
① 신제품인 경우 제품수명주기 상 도입기에 많은 광고비를 지출한다.
② 시장점유율이 높은 제품일수록 판매액 대비 적은 광고비를 지출한다.
③ 제품이 경쟁사 제품과 차별화되었을수록 많은 광고비를 지출한다.
④ 경쟁이 치열할수록 상대보다 우위를 차지하기 위해 많은 광고비를 지출한다.

정답·해설
01 ① 광고만의 순수한 매출효과를 측정하는 것이 불가능하고, 매출에 미치는 효과가 즉각적으로 나타나지 않기 때문에 매출목표는 한계점이 존재한다.
02 ③ 경쟁사 대비 자사 제품이 차별화되지 않았을수록 이미지를 통한 차별화를 위해 많은 광고비를 지출하게 된다.

제3절 광고 콘셉트의 개발

01 광고 콘셉트 ★

1. 편익(benefit)
① 광고는 제품의 장점(feature)을 알리는 것이 아니라 제품을 통해 얻는 고객 측면의 편익을 알려야 한다.
② 제품이나 서비스가 고객에게 줄 수 있는 이익이나 문제해결 특성을 전달하는 게 광고 메시지의 핵심이다.
③ 좋은 광고란 제품이 줄 수 있는 고객 이익이나 고객들이 가지고 있는 문제에 대한 해결방안을 끄집어내어 그것을 효과적인 방법으로 보여주는 것이다.

2. USP(Unique Selling Proposition) 전략
① 모든 광고는 고객에게 약속(proposition)을 해야 한다.
② 약속은 경쟁자가 할 수 없거나 하지 않고 있는 것이어야 하며, 독특한(unique) 것이어야 한다.
③ 약속의 속성
  ㉠ 제품 자체에서 금방 알 수 있는 독특성
  ㉡ 숨겨져 있었던 제품의 특장점
  ㉢ 경쟁자가 하지 않았던 광고 소구방식의 독특성
④ 약속은 수백만의 고객들을 움직여서 자사 제품에 그들을 끌어올 수 있는 강력한(selling) 것이어야 한다.

3. SMP(Single Minded Proposition) 전략
(1) 브리프(brief)
① 광고에서 어떤 메시지를 전달할 것인지에 대한 광고 기획을 위해 간단하게(briefly) 한 장으로 쓰는 양식이다.
② 브리프에서는 이 광고를 해야 할 이유, 광고의 소구대상, 광고의 목표, 광고 콘셉트, 광고 콘셉트의 근거, 바람직한 브랜드 이미지를 적는다.
③ 브리프의 핵심 내용은 'SMP(Single Minded Proposition)'라는 단일 집약적 제안이다.

(2) SMP(Single Minded Proposition)
① SMP로서의 광고 콘셉트는 고객에게 제안하는 하나로 집약된 광고의 핵심 메시지이다.
② SMP는 고객이 거부할 수 없을 정도로 생생해야 한다는 것이 브리프의 요점이다.

4. T Plan 전략
① '제품을 사도록 하기 위해서 어떤 무엇을 그 사람 머릿속에 담아야 하는가?'에 관한 목표들을 설정하는 것이다.
② T Plan 구상 요소
  ㉠ 어떤 사람들이(Target group)
  ㉡ 그 상표의 어떤 요소를 오감적으로 즉각 알아채야 하며(Target reaction)
  ㉢ 상표에 대한 어떤 신념(Target belief)과
  ㉣ 어떤 느낌을 갖게 해야 하는가(Target feeling)
③ 상품에 대한 총합적 인상(total impression)은 각각의 반응, 신념, 느낌들이 조화를 이루어 만들어진다고 보는 것이다.
④ 총합적 인상이 클수록 상표 선택 시 구매대상 카테고리(evoked set)로서의 고객의 머릿속에 있는 짧은 목록(short list)에 들어가게 된다.

5. FCB(Foote, Cone & Belding)사의 Grid

(1) 제1영역: 고관여 이성소구제품
① 자동차와 같이 높은 관여와 이성적 판단을 통해 구매가 결정된다.
② '인지(learn)-감성(feel)-구매(do)'의 커뮤니케이션 과정을 거친다.
③ 고객이 정확히 판단할 수 있도록 논리적 근거를 제시하는 정보 제공적 광고가 적합하다.

(2) 제2영역: 고관여 감성소구제품
① 화장품과 같이 관여도는 높지만, 감성적 판단을 통해 구매가 결정된다.
② '감성(feel)-인지(learn)-구매(do)'의 커뮤니케이션 과정을 거친다.
③ 감성적 자극을 주는 광고가 적합하다.

(3) 제3영역: 저관여 이성소구제품
① 라면 등의 일용품과 같이 관여도는 낮으나 이성적 판단을 통해 구매가 결정된다.
② '구매(do)-인지(learn)-감성(feel)'의 커뮤니케이션 과정을 거친다.
③ 고객의 구매습관을 유도하기 위하여 한 가지 소구점을 단순하게 반복적으로 제공하는 광고가 적합하다.

(4) 제4영역: 저관여 감성소구제품
① 청량음료 등의 기호식품과 같이 관여도는 낮으나 감성적인 판단을 통해 구매가 결정된다.
② '구매(do)-감성(feel)-인지(learn)'의 커뮤니케이션 과정을 거친다.
③ 고객에게 감성적 메시지를 강력히 전달하는 광고가 적합하다.

> **개념 Plus**
> **FCB사의 Grid**
> 네 가지 영역별로 그 위치에 적합한 광고 콘셉트를 구현하기 위한 것이다.

02 크리에이티브 콘셉트 ★★★ 기출개념

1. 일반적 편익(generic) 소구 전략
① 특별한 제품의 우수한 특성을 강조하지 않고 자사 제품의 일반적인 특징이나 편익을 전달한다.
② 새로운 범주의 신제품을 소개하는 출시광고에 적합하다.
  예 숙취해소엔 '컨디션'

2. 선제공격적(pre-emptive) 전략
① 자사 제품이나 서비스의 우수성을 포괄적으로 주장한다.
② 자사에게 기술적 우위가 있으며 경쟁사가 쉽게 모방할 수 없을 때 적합하다.
  예 발효과학 '딤채'

3. 제품의 특장점(USP) 소구 전략
① 제품의 단 하나의 특장점을 집중적으로 소구하는 방식이다.
② 제품수명주기상 도입기나 성장기에 많이 사용된다.
③ 기술적 모방이 쉽게 나타나고 해당 특장점이 제품 범주의 일반적인 특성이 되는 상황에서는 한계가 있다.
  예 m&m: 손에서 녹지 않고 입에서 녹습니다.

4. 정서(affective) 소구 전략
① 자사 제품의 특징을 설명하지 않고 추상적이고 호의적인 정서들을 브랜드와 연결시키는 방법이다.
② 소비자가 브랜드를 회상할 때 광고에 노출된 관련 정서를 같이 환기하는 효과가 있다.
  예 초코파이 '정', 고향의 맛 '다시다'

기출개념확인

01 자사 제품의 특징을 설명하지 않고 추상적이고 호의적인 정서들을 브랜드와 연결시키는 방법의 광고는?
① 일반적 편익 소구 전략　② 선제공격적 전략
③ 제품의 특장점 소구 전략　④ 정서 소구 전략

정답·해설
01 ④ 정서 소구 전략은 자사 제품의 특징을 설명하지 않고 추상적이고 호의적인 정서들을 브랜드와 연결시키는 방법으로 소비자가 브랜드를 회상할 때 광고에 노출된 관련 정서를 같이 환기하는 효과가 있다.

제4절 메시지의 결정

01 정보원천으로서의 광고모델 ★

1. 정보원천의 신뢰성(source credibility)

(1) 전문성(expertise)
메시지 전달자가 광고되는 제품이나 서비스와 관련하여 갖고 있는 지식이나 경험의 정도이다.

(2) 진실성(trustworthiness)
메시지 전달자가 광고되는 제품과 관련하여 객관적이고 정직한 의견을 전달한다고 지각되는 정도이다.

2. 정보원천의 매력도(source attractiveness)

(1) 유사성(similarity)
소비자가 정보원천으로서의 광고모델을 자신과 비슷하다고 생각하는 정도이다.

(2) 친숙성(familiarity)
정보원천으로서의 광고모델에 낯이 익은 정도이다.

(3) 호감성(likeability)
정보원천으로서의 광고모델에게서 느끼는 신체적 매력도의 정도이다.

02 메시지 구조

1. 핵심내용의 제시순서
① 메시지는 핵심내용을 광고물의 어디에서 제시하는가에 따라 그 효과가 상이하다.
② 순서효과
　㉠ 초기효과(primary effect): 핵심내용을 초기에 제시하는 것이 효과적이다.
　㉡ 최근효과(recently effect): 핵심내용을 마지막에 제시하는 것이 효과적이다.

2. 결론 도출 여부(conclusion drawing)
① 표적청중에게 명확한 결론을 제시하는 단언형 문장 형태로 메시지를 제공한다.
② 표적청중에게 스스로 결론을 내리도록 개방형 질문 형식으로 메시지를 제공한다.

3. 메시지의 주장 측면(message sideness)
① 일면적 메시지(one-sided message): 자사 제품의 긍정적 측면만을 전달한다.
② 양면적 메시지(two-sided message): 자사 제품의 장점과 단점 모두를 제시하며, 메시지에 대한 신뢰도를 높일 수 있다.

4. 비언어적 메시지(non-verbal message)
언어적 메시지의 효과를 강화하기 위해 또는 그 자체로서 특정의 제품정보를 전달하는 도구이다.

03 메시지 소구

1. 메시지 소구(message appeal) 유형
① 이성적 소구(rational appeal): 소비자의 인지적 반응을 유발한다.
② 감성적 소구(emotional appeal): 소비자의 정서적 반응을 유발한다.

2. 메시지 소구에 따른 광고 종류
(1) 비교광고(comparative advertising)
  ① 직접 비교광고: 경쟁상표를 직접적으로 언급하며 특정 제품속성을 자사 상표와 비교하는 광고이다.
  ② 간접 비교광고: 비교되는 상표의 이름이 구체적으로 제시되지 않는 방식이다.
(2) 유머소구(humor appeal)
  유머를 접한 소비자의 긍정적 무드가 광고 자체에 대한 태도, 나아가 광고된 제품에 대한 태도에 긍정적인 영향을 미치는 것이다.
(3) 공포소구(fear appeal)
  소비자가 어떤 행동을 취하지 않음으로써 발생할 수 있는 위험을 알려 광고된 제품의 구매를 설득하는 방법이다.

기출개념확인

01 광고에서 정보원천의 매력도를 결정하는 특성이 아닌 것은?
① 유사성   ② 친숙성   ③ 전문성   ④ 호감성

정답·해설
01 ③ 전문성과 진실성은 정보원천의 신뢰성을 결정하는 특성이다. 정보원천의 매력도를 결정하는 특성에는 유사성, 친숙성, 호감성이 있다.

제5절 매체의 결정

01 매체계획의 기본 개념 ★★ 기출개념

1. 도달률
① 일정 기간 동안 표적고객들 중 어느 정도 비율의 고객들에게 광고가 도달되도록 할 것인가를 결정하는 것이다.
② 광고 집행 후에는 실제로 기업의 광고나 마케팅 활동이 고객에게 얼마나 노출되었는가를 측정한다.
③ 특정 개인이 복수 횟수에 노출된 것을 측정하는 개념은 아니다.
> 예 10명 중 총 7명이 신제품 광고를 본 경우, 한 사람이 2~3번 이상 광고를 보았더라도 도달률은 70%이다.

2. CPM(Cost Per Mille)
① 표적고객 1,000명에게 광고를 도달시키는 데 드는 비용이다.
② 광고 메시지가 아닌 특정 비히클(TV, 라디오, 신문 등 매체 유형)을 통해 1,000명에게 노출시키기 위해 필요한 비용으로도 해석할 수 있다.
③ 비용효율성을 고려하는 매체와 비히클을 선택할 때 중요한 척도가 된다.

3. 총도달률(GRPs; Gross Rating Points)
① 일정 기간 동안 광고 메시지가 표적고객에게 도달된 총횟수로 '도달범위 × 도달빈도'로 계산된다.
② 매체 간 중복이나 반복노출에 상관없이 전체 표적고객에게 전달된 총량이며, 도달률과는 달리 노출에 중복 부분을 포함한다.
③ 일정 기간 동안 노출시킨 매체의 시청률, 청취율, 구독률 등의 총계이다.

4. 접촉빈도(frequency)
① 일정 기간 동안 표적고객들에게 평균 몇 회 정도 광고메시지를 노출시킬 것인가를 결정하는 것으로 보통 노출 횟수로 나타낸다.
② 일정 기간 동안 특정 사람에게 몇 번이나 접촉되는가를 나타낸다.
③ 도달률이 광고 메시지의 확산 정도를 알려주는 요인이라면 접촉빈도는 광고 메시지의 반복 노출에 대한 정보를 제공한다.

개념 Plus

코스트 퍼 밀(Cost Per Mille)
- 광고 분야의 측정 단위 중 하나이다.
- 1천 뷰당 비용, 1천 뷰당 지불, 노출당 지불, cost ‰, CPT(Cost Per Thousand)라고도 한다.
- 라틴어 'mille'는 1천을 뜻한다.

5. CPC(Cost Per Click)

① 클릭당 비용(Cost Per Click)의 약자로, 사용자가 디지털, 온라인 광고를 클릭할 때마다 광고주가 지불하는 금액을 의미한다.
② 광고가 노출되는 것만으로는 비용이 발생하지 않고, 광고를 클릭하여 웹사이트나 페이지로 유입된 경우에만 비용을 지불하는 과금 방식이다.
③ 비슷한 개념이자 고도화된 개념으로 애플리케이션 혹은 프로그램 설치당 비용을 의미하는 CPI(Cost Per Install), 이벤트 프로그램 참여당 비용을 의미하는 CPE(Cost Per Engagement), 제품 구매당 비용 CPP(Cost Per Purchase) 등이 있다.

02 매체유형 선정

1. 매체유형의 선정 ★★

① 광고주가 광고를 어디에 하는가를 결정하는 것을 말한다.
② 매체선택 시 매체담당자는 표적고객들의 매체습관, 제품의 특성, 메시지의 유형, 매체별 비용 등을 고려한다.
③ 미디어 믹스: 여러 매체의 효율적인 조합으로 소비자에게 광고 메시지를 전달하기 위해 여러 매체의 특성을 고려하여 가장 효율성이 좋은 매체를 조합하는 방식이다.
④ 매체 비히클(vehicle)과 유닛
  ㉠ 미디어 믹스에서 확정된 매체의 예산 범위 안에서 표적고객의 구체적인 선호 매체를 선택하는 것이다.
  ㉡ 비히클 유닛은 선택한 프로그램에 몇 초 간 광고를 내보낼 것인가를 결정하는 내용이다.

2. 매체유형별 특성 비교

매체	장점	단점
신문	• 독자층이 광범위하고 독자 파악이 쉬움 • 신속한 광고, 많은 양의 정보 제공 • 신뢰성이 높음	• 짧은 수명과 낮은 회독률 • 다른 광고물과 혼합되어 접근이 곤란 • 재현 능력이 낮음
잡지	• 특정 고객층에게 소구 가능 • 긴 광고수명, 반복광고 가능 • 전문잡지의 신뢰성과 높은 회독률	• 광고게재 대기시간이 김 • 높은 광고비용
TV	• 빠른 전달력과 강한 주의력 • 광범위한 고객층 확보가 용이하고 낮은 비용 • 시각적·청각적 메시지 전달 가능	• 높은 광고비용, 과다경쟁, 광고변경 곤란 • 표적고객층의 선별적 수용이 불가능 • 노출시간이 짧아 복잡한 메시지 불가능
라디오	• 낮은 광고비용, 광고변경 용이 • 빠른 전달력, 지역적 선별성 용이	• 청각적 메시지의 한계 • 낮은 집중도, 짧은 메시지 수명
옥외	• 반복노출 가능, 낮은 광고비용 • 지역적 선택성, 높은 가시성, 낮은 경쟁	• 청중선별 불가능 • 창의적 메시지 개발의 한계
우편	• 표적고객 선별 가능 • 광고비용의 개인화, 낭비가 없음 • 발행 통제·광고효과 측정 가능	• 개인당 높은 광고비용 • 광고의 폐해(쓰레기 생산) 조장
케이블 TV	• 표적고객에 대한 정확한 메시지 전달 • 메시지 중심의 광고 제작 가능 • 값이 싸고 상세한 정보 제공	• 낮은 시청률 • 채널변경으로 광고기피
인터넷 ★	• 쌍방향 가능, 분량이나 시간제한이 없음 • 값싸고 빠르게 다양한 정보 전달 • 지구촌 소비자에게 노출, 효과 측정 용이	• 관심없는 분야의 광고물에 대해 부정적 • 다양한 부가적 재미를 제공해야 재이용

> **핵심 Check**
>
> **인터넷 광고의 장단점**
> • 장점
> - 시·공간의 한계를 극복한다.
> - 고객데이터 분석을 통해 세분시장별 차별화된 광고(선별적 배너 노출)를 집행할 수 있다.
> - 고객과의 일대일 상호작용이 가능하다.
> - 멀티미디어를 활용하여 사전에 제품에 대한 간접 경험이 가능하다.
> - 광고효과의 즉각적인 모니터링이 가능하다.
> • 단점
> - 광고효과 측정을 위한 통일된 표준이 없다.
> - 광고효과 측정과 관련된 경쟁 기업과의 비교가 어렵다.
> - 사용자 계층이 사이트 및 채널별로 세분화된 작은 시장 규모로 이루어져 있다.
> - 정보관리에 대한 높은 부하를 가진다.

03 매체 스케줄링 ★★ 기출개념

1. 매체 스케줄링의 개념
① 광고기간 동안 소비자에게 전달하는 매체의 일정계획을 수립하는 것이다.
② 시기에 따라 적절하게 광고예산을 배분하는 것이다.
③ 소비자의 라이프스타일, 속성, 월별 판매현황 등을 분석해서 수립해야 한다.
④ 경쟁사의 매체 노출 패턴을 조사하여 이를 계획적으로 활용해야 한다.

2. 매체 스케줄링의 유형

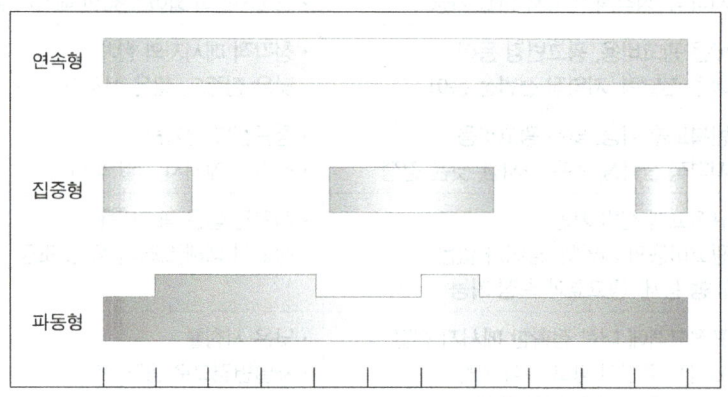

[그림 10-2] 매체 스케줄링의 유형

구분	내용
연속형	특정 기간 전체에 걸쳐 일정한 수준으로 노출시키는 것
집중형	일정 기간에 광고비를 전부 지출하는 것으로 계절적인 제품에 해당됨
파동형	일정한 주기나 간격이 없이 불규칙하게 광고를 하는 불규칙형과 일정한 주기나 간격이 있는 규칙형이 있음

기출개념확인

01 특정 광고 캠페인의 메시지에 최소 1회 이상 노출된 목표 수용자를 비율로 표시한 것을 가리키는 것은?

① GRPs ② 도달범위(도달률) ③ 접촉빈도 ④ CPM

02 인터넷 광고의 특징으로 잘못 설명한 것은?

① 시공간의 한계를 극복할 수 있다.
② 광고효과의 즉각적인 모니터링이 가능하다.
③ 상대적으로 저렴한 비용으로 다양한 정보를 전달할 수 있다.
④ 사용자 계층이 규모가 큰 시장규모로 이루어져 있다.

정답·해설

01 ② 도달범위 혹은 도달률은 일정 기간 동안 표적고객 중 어느 정도의 비율로 광고가 도달되는지를 측정하는 개념이다.

> **오답분석**
> ① GRPs는 총도달률로 특정 기간에 노출시킨 매체의 시청률, 청취율, 구독률 등의 총계이다.
> ③ 접촉빈도는 특정 기간에 광고 캠페인에 노출된 소비자의 노출 횟수이다.
> ④ CPM은 표적청중 1,000명에게 광고 메시지를 노출하기 위해 필요한 광고비이다.

02 ④ 인터넷 광고 시장은 사용자 계층이 사이트 및 채널별로 세분화된 작은 시장규모로 이루어져 있다는 특징이 있다.

> **참고** 인터넷 광고의 장단점
> • 장점
>   - 시·공간의 한계를 극복한다.
>   - 고객데이터 분석을 통해 세분시장별 차별화된 광고(선별적 배너 노출)를 집행할 수 있다.
>   - 고객과의 일대일 상호작용이 가능하다.
>   - 멀티미디어를 활용하여 사전에 제품에 대한 간접 경험이 가능하다.
>   - 광고효과의 즉각적인 모니터링이 가능하다.
> • 단점
>   - 광고효과 측정을 위한 통일된 표준이 없다.
>   - 광고효과 측정과 관련된 경쟁 기업과의 비교가 어렵다.
>   - 사용자 계층이 사이트 및 채널별로 세분화된 작은 시장규모로 이루어져 있다.
>   - 정보관리에 대한 높은 부하를 가진다.

제6절 광고 효과 측정

01 광고 효과 측정 ★

1. 광고 효과 측정방법
광고 효과를 측정하는 방법으로는 측정 시기와 측정 대상에 따라 구분할 수 있다.

측정 시기 측정 대상	사전테스트	사후테스트
커뮤니케이션 효과	• 직접 평가 • 포트폴리오 테스트 • 실험실 테스트	• 회상 테스트 • 재인 테스트 • 의견조사법
매출효과	시장실험법	통계기법

02 커뮤니케이션 효과 측정

1. 사전테스트

(1) 사전조사의 개념
광고가 시행되기 이전에 광고주가 소비자들에게 광고를 보여주고 노출된 광고에 대한 질문을 하여 측정하는 것이다.

(2) 사전조사의 방법
① **직접 평가**: 소비자 패널 또는 광고전문가들에게 평가할 광고물을 제시한 다음 질문을 하여 대답하는 피드백 방식이다.
② **포트폴리오 테스트**: 여러 가지 광고물을 나누어 주고 필요한 시간만큼 보고 듣게 한 후 기억테스트를 하는 방식이다.
③ **실험실 테스트**: 과학적인 장비를 사용하는 방법이다.

2. 사후테스트 ★

(1) 사후조사의 개념
해당 광고가 실제 매체를 통해 인쇄되거나 방송이 된 후에 해당 광고가 소비자의 기억, 제품의 인식, 제품에 대한 지식 및 선호도에 주는 영향의 정도를 측정한다.

(2) 사후조사의 방법 [기출개념]

① 회상 테스트(recall test)
  ㉠ 광고물에 대하여 가능한 한 많은 것을 기억해 내도록 한 후, 이를 점수화하여 기억능력을 측정한다.
  ㉡ 광고 및 제품 자극물에 대한 보조적인 도움 없이 해당 제품범주에 대하여 특정 제품을 떠올릴 수 있는 능력이다.
② 재인 테스트(recognition test)
  ㉠ 기억능력보다는 인지를 바탕으로 한 구별능력을 측정하는 방법이다.
  ㉡ 광고 및 제품 자극물을 보조적으로 제시하였을 때 소비자가 해당 제품을 떠올릴 수 있는 능력이다.
③ 의견조사법: 광고물의 순위를 매기게 하는 방법이다.

03 매출효과 측정

1. 매출효과 측정 방법
① 광고가 해당제품의 매출 증대에 기여한 정도를 통계학적 모형을 통해 확인한다.
② 지역별 광고예산을 다르게 책정하고 광고 집행 후 지역별 매출 변화를 측정하는 광고실험을 활용한다.

2. 매출효과 측정의 한계점
광고 집행 시 여러 외생변수들이 개입하기 때문에 광고로 인한 순수한 매출 증대를 측정하기 어렵다.

기출개념확인

01 광고를 접촉한 소비자에게 접촉한 광고를 보여 주고 해당 제품을 얼마나 정확하게 기억하는지에 대한 정도를 가리키는 용어는?

① 재인 테스트 ② 회상 테스트
③ 의견조사법 ④ 선호도

정답·해설
01 ① 광고 메시지에 대한 인지도로서 광고 캠페인의 평가 도구로 사용되고 있다.
  [오답분석]
  ③ 의견조사법은 광고물의 순위를 매기게 하는 방법이다.

제10장 | 실전연습문제

* 기출유형 은 해당 문제가 실제 시험에 출제된 유형임을 나타냅니다.

01 광고의 일반적인 특성을 설명한 것으로 적절하지 <u>않은</u> 것은?

① 광고주는 일정한 광고비를 지불함으로써 광고의 소구방법, 매체결정 등 광고에 대한 통제력을 가질 수 있다.
② 광고는 고객들에게 메시지를 전달하기 위해 각종 대중매체를 이용하는 커뮤니케이션이다.
③ 광고물에 반드시 광고주를 명시함으로써 고객들에게 광고후원자가 누구인지를 확인할 수 있도록 한다.
④ 직접 고객과 대면하는 인적 커뮤니케이션 수단이다.

[기출유형]

02 많은 광고예산을 필요로 하는 경우가 <u>아닌</u> 것은?

① 신제품의 경우
② 상표 간 제품 차이가 크게 지각되는 경우
③ 경쟁이 치열한 시장에 속해 있을 경우
④ 광고의 빈번한 반복이 필요한 경우

[기출유형]

03 다음 설명을 토대로 기업이 광고예산을 결정하는 데 고려해야 할 요소들이 <u>아닌</u> 것은?

> 광고의 목표가 설정되고 나면, 기업은 제품 광고예산에 대한 의사결정을 해야 한다. 이때 광고의 역할은 제품에 대한 전반적인 수요를 일으키는 데 있으므로 기업은 판매 목표를 달성하는 데 필요한 만큼의 비용을 지출하는 것에 의미를 두게 된다.

① 사용자 이미지
② 제품수명주기상 단계
③ 제품의 차별성
④ 광고 빈도

04 광고와 관련한 매체타입 결정에 대한 설명으로 옳은 것은?

① 광고를 하는 시기와 하지 않는 시기가 구별이 되는 방법을 말한다.
② 기업의 광고나 마케팅 활동에 고객이 얼마나 노출되었는가를 측정하는 것이다.
③ 광고주가 하고자 하는 광고를 어느 곳에 하는가를 결정하는 것을 말한다.
④ 매체가 결정되면 일정 기간 동안 어떻게 광고를 배분하여 시행할 것인가를 결정하는 것이다.

05 광고 메시지를 전달하는 방식에 대한 설명으로 옳은 것은?

① 최근효과는 메시지의 핵심내용을 전달하는 매체의 마지막에 위치시키는 것이 효과적이라는 내용이다.
② 표적청중에게 명확한 결론을 제시하는 개방형 문장 형태로 메시지를 제공한다.
③ 표적청중에게 스스로 결론을 내리도록 단언형 질문 형식으로 메시지를 제공한다.
④ 양면적 메시지는 자사 제품의 장점과 단점 모두를 제시하는 형태로 메시지에 대한 신뢰도는 하락할 수 있다.

06 TV 매체수단에 대한 설명으로 옳지 않은 것은?

① 높은 비용이 소요된다.
② 주목률이 낮다.
③ 간단한 메시지 전달에 적합하다.
④ 청중을 선별하기가 어렵다.

[기출유형]
07 다음 중 인터넷 광고의 장점이 아닌 것은?

① 인터넷은 광고효과 측정에 따른 어려움이 있다.
② 인터넷은 고객과의 일대일 상호작용이 가능하다.
③ 인터넷은 잠재고객에 대한 세분화가 가능하다.
④ 인터넷은 시·공간의 한계를 극복한다.

[기출유형]
08 다음의 경우 접촉빈도는 얼마인가?

> 총 1,000,000명 중 600,000명에게는 한 번씩 접촉되고 200,000명에게는 두 번씩, 나머지 200,000명에게는 세 번씩 접촉되었다.(이때 모두 동일한 광고가 접촉되었다.)

① 1   ② 1.2
③ 1.6   ④ 2

[기출유형]
09 매체 스케줄링에 해당되지 않는 것은?

① 집중형 스케줄링   ② 연속형 스케줄링
③ 소비형 스케줄링   ④ 파동형 스케줄링

[기출유형]
10 다음 중 광고 사전조사 방법으로 옳지 않은 것은?

① 직접평가   ② 포트폴리오 테스트
③ 실험실 테스트   ④ 재인 테스트

11 광고목표 설정 시 매출목표가 가지는 문제점에 해당하지 <u>않는</u> 것은?

① 광고로 인한 순수한 매출효과를 측정하는 것이 불가능하다.
② 측정의 어려움과 주관적 판단이 존재할 수 있다.
③ 광고는 장기간에 걸쳐 그 효과가 유지되는 이월효과의 특성을 갖고 있다.
④ 광고전략 수립을 위한 유용한 정보를 제공하지 못한다.

12 모든 광고는 고객에서 경쟁사들이 하지 못하고 있는 독특하고 강력한 약속을 담아야 한다는 광고 콘셉트를 설명하는 개념에 해당하는 것은?

① T Plan
② SMP(Single Minded Proposition)
③ FCB(Foote, Cone & Belding)
④ USP(Unique Selling Proposition)

13 FCB사의 척도에 따르면 다음 사례에 해당하는 영역은 어떤 것인가?

> 자동차, 주택 구매 사례와 같이 고객이 정확히 판단할 수 있도록 논리적 근거를 제시하는 정보제공적 광고가 적합하다.

① 고관여 – 이성적 소구
② 고관여 – 감성적 소구
③ 저관여 – 이성적 소구
④ 저관여 – 감성적 소구

기출유형

14 일정 기간동안 광고 메시지가 표적고객에 도달된 회수를 무엇이라고 하는가?

① 도달률
② CPM(Cost Per Mille)
③ 총도달률
④ 접촉빈도

기출유형

15 광고 커뮤니케이션 효과를 측정하는 방법 중 사후조사 방식이 <u>아닌</u> 것은?

① 회상 테스트
② 재인 테스트
③ 의견 조사법
④ 포트폴리오 테스트

제10장 | 정답·해설

01	02	03	04	05
④	②	①	③	①
06	07	08	09	10
②	①	③	③	④
11	12	13	14	15
②	④	①	③	④

01 ④

광고는 고객과 직접 대면하지 않는 비인적 커뮤니케이션 수단이다.

02 ②

상표 간 제품 차이가 크게 지각되지 않는 경우 많은 광고예산이 필요하다.

03 ①

기업이 광고예산을 결정하는 데 고려해야 할 요소에는 제품수명주기상 단계, 경쟁, 시장점유율, 광고 빈도, 제품의 차별화 등이 있다.

04 ③

일반적으로 매체타입 결정은 여러 요인과 광고 심층조사에서 조사된 광고 표적소비자의 매체 접촉도, 즉 매체 선호도가 가장 중요한 요소로 작용한다.

오답분석
① 파동형 스케줄링에 대한 개념이다.
② 도달 범위(도달률)에 대한 개념이다.
④ 매체 스케줄링에 대한 개념이다.

05 ①

최근효과는 핵심내용을 마지막에 위치시키는 게 효과적이라는 것이다.

참고 초기효과와 최근효과
광고가 제시되는 순서가 메시지를 기억하거나 이해하는 데 영향을 미친다는 것이다.

오답분석
② 표적청중에게 명확한 결론을 제시하기 위해서는 단언형 문장 형태로 메시지를 제공해야 한다.
③ 표적청중에게 스스로 결론을 내리도록 하기 위해서는 개방형 질문 형식으로 메시지를 제공해야 한다.
④ 양면적 메시지는 자사 제품의 장점과 단점 모두를 제시하는 형태로 메시지에 대한 신뢰도가 상승하는 효과가 있다.

06 ②

TV 매체는 시각과 청각이 동시에 사용되므로 주목률이 높다.

07 ①

인터넷 매체는 소비자의 구매행동에 대한 기록뿐만 아니라 특정 제품에 노출되는 시간 및 재방문 등의 다양한 척도를 측정하기 용이한 특성이 있다.

08 ③

접촉빈도는 이용자 한 사람이 동일한 광고에 노출되는 평균 횟수, 즉 일정기간 동안 한 사람에게 몇 번이나 접촉되는가를 나타낸다. 계산식은 다음과 같다.

$$\frac{(600{,}000 \times 1) + (200{,}000 \times 2) + (200{,}000 \times 3)}{1{,}000{,}000} = 1.6$$

09 ③

매체 스케줄링은 '집중형 스케줄링, 연속형 스케줄링, 파동형 스케줄링'으로 구분된다.

10 ④

재인 테스트는 사후 테스트에 속하는 조사방법이다.

> 참고 **재인 테스트**
> 재인 테스트는 기업의 광고가 실린 TV 프로그램, 신문, 잡지 등을 보여준 후에 이전에 보았던 내용이 어떤 것들인지를 물어보는 형식을 취한다. 재인 테스트 결과 측정된 점수는 다른 세분시장에서 광고효과의 비교와 타사와 자사의 광고효과 비교에 효과적으로 사용될 수 있다.

11 ②

광고목표 설정 시 커뮤니케이션 목표는 무엇으로 측정할 것인지에 대한 측정 대상의 어려움과 측정과 관련된 주관적 판단이 존재할 수 있는 문제점이 있다. 이에 비해 매출목표는 측정 대상이 매출액으로 명확한 반면 광고만 순수하게 매출에 기여하는 효과를 측정하기 어려운 측면이 있다.

12 ④

USP(Unique Selling Proposition)은 모든 광고는 고객에게 경쟁사들이 하지 못하고 있는 독특하고 강력한 약속을 담아야 한다는 광고 콘셉트를 설명한다.

> 오답분석
> ① 제품을 사도록 하기 위해서 무엇을 소비자의 머릿속에 담아야 하는가에 대한 목표를 설정하는 것이다.
> ② 광고에서 어떤 메시지를 전달할 것인지에 대한 광고 기획을 간단하게 한 장으로 쓰는 양식이다.
> ③ 제품 관여도 및 광고 소구방식에 따라 네가지 영역별로 적합한 광고 콘셉트를 구현하기 위한 것이다.

13 ①

고관여-이성적 소구 제품은 인지-감성-구매의 커뮤니케이션 과정을 거친다. 따라서 소비자가 정확히 판단할 수 있도록 논리적 근거를 제시하는 정보제공적 광고가 적합하다.

14 ③

총도달률은 일정 기간동안 광고 메시지가 표적고객에게 도달된 총횟수로 도달범위×도달빈도로 계산된다.

> 오답분석
> ① 일정 기간동안 표적고객들 중 어느 정도 비율의 고객들에게 광고가 도달되도록 할 것인가를 결정하는 것이다.
> ② 표적고객 1,000명에게 광고를 도달시키는 데 드는 비용이다.
> ④ 일정 기간동안 표적고객들에게 평균 몇 회 정도 광고메시지를 노출시킬 것인가를 결정하는 것으로 보통 노출 횟수로 나타낸다.

15 ④

포트폴리오 테스트는 여러 가지 광고물을 나누어 주고 필요한 시간만큼 보고 듣게 한 후 기억테스트를 하는 방식으로 광고가 시행되기 이전에 광고 효과에 대해 측정하는 방식이다.
① 광고 시행 후 광고물에 대해 가능한 한 많은 것을 기억해 내도록 한 후 기억능력을 측정한다.
② 광고 시행 후 광고 및 제품 관련 자극물을 보조적으로 제시하여 소비자가 인지하는지를 측정한다.
③ 광고 시행 후 선호하는 광고물의 순위를 매기게 하는 방법이다.

무료 학습자료 제공 · 독학사 단기합격 **해커스독학사**
haksa2080.com

무료 학습자료 제공 · 독학사 단기합격 **해커스독학사**
haksa2080.com

전문가가 분석한 출제경향 및 학습전략

제11장에서는 제품과 서비스 이동경로 상의 구성원 특성과 전략 대안 선택 및 관리 과정을 학습한다. 경로구성원이 힘을 행사하는 방식과 갈등 유형은 중요하며, 경로 커버리지도 자주 출제된다. 유통관리 개념과 산업재 및 소비재 유통경로의 특성, 물적 유통 개념도 학습해야 한다. 도매상과 소매상의 특정적인 개념 이해가 필요하며, 최근 소매유통은 고객 경험이나 디지털 기술을 활용한 새로운 유형이 출현하고 있다.

제11장 | 핵심 키워드 Top 10
핵심 키워드 Top 10은 본문에도 동일하게 ★로 표시하였습니다.

번호	키워드	페이지
01	경로 커버리지 ★★★	p.318
02	유통경로 구성원에게 미치는 파워 ★★★	p.321
03	도매상의 기능 ★★	p.307
04	경로갈등의 유형 ★★	p.321
05	물류서비스 수준의 결정 ★★	p.326
06	주문 처리 ★★	p.326
07	유통경로의 개념 ★	p.300
08	산업재 유통경로의 특성 ★	p.305
09	프랜차이즈 시스템 ★	p.320
10	물적 유통(마케팅 로지스틱스)의 개념 ★	p.323

제11장

유통관리

제1절 유통경로의 개념과 의의
제2절 유통경로의 유형
제3절 도매상
제4절 소매상
제5절 유통경로의 설계 및 경로 갈등 관리
제6절 물적 유통

제1절 유통경로의 개념과 의의

01 유통경로의 개념과 중요성

1. 유통경로(distribution channel)의 개념 ★ 기출개념
① 제품이나 서비스가 생산자로부터 최종소비자에게 이르기까지 거치게 되는 통로 또는 단계를 말한다.
② 최종소비자가 제품을 쉽게 구입할 수 있도록 해주는 과정으로 마케팅 믹스 중 하나이다.
③ 유통경로를 통해 상품이 이동하는 과정에 제조업자, 중간상, 구매자 등의 구성원이 참여하게 된다.
④ 중간상은 도매상, 소매상 등 생산자와 소비자 사이에서 매개 역할을 하는 조직 또는 개인을 말한다.

2. 유통경로의 중요성
① 유통경로는 제품, 가격, 촉진 등 다른 마케팅 활동에 직접적인 영향을 미친다.
② 기업이 선택한 유통경로는 즉시 기업의 모든 마케팅 의사결정에 영향을 주며 유통경로의 선택에 따라 가격이 결정되기도 한다.
③ 유통경로의 구성원인 중간상은 제조업자가 어떤 전략을 취하는가에 따라 다른 효과를 기대할 수 있다.
  ㉠ 푸시 전략
    ⓐ 제조업자가 중간상들로 하여금 제품을 최종 소비자에게 전달, 촉진 및 판매하도록 권유하기 위해 자사의 판매사원과 거래촉진을 이용하는 것이다.
    ⓑ 소비자의 상표충성도가 낮은 경우 상표의 선택이 점포 안에서 이루어지며 충동적으로 구매할 확률이 높을 때 적합하다.
  ㉡ 풀 전략
    ⓐ 제조업자가 소비자들로 하여금 중간상에게 그 제품을 요구하도록 하고, 그에 따라 중간상이 그 제품을 주문하도록 하기 위해 광고와 촉진을 사용하는 것이다.
    ⓑ 전략의 결과로 소비자의 상표충성도가 높아질 수 있거나 사람들이 매장에 가기 전 이미 그 상품에 대한 구매의사를 품고 있는 경우에 적합하다.

02 중간상의 필요성 및 효용

1. 중간상의 필요성

(1) 경제적 기능
① 광고된 상품을 사고 싶은 욕망을 자극하고 소비를 촉진하여 생산을 증대시킨다.
② 새로운 상품을 위한 시장을 확대하고 기업 간 건전한 경쟁을 유도한다.
③ 제조회사 간의 경쟁을 자극하여 더 좋은 품질의 상품을 만들도록 한다.

(2) 사회 문화적 기능
① 다양한 정보를 제공하여 상품 선택의 폭을 넓혀준다.
② 상품의 사용방법을 알려주고 소비에 대한 가치관과 건전한 소비습관을 형성한다.
③ 더욱 새로운 생활방식을 알려준다.
④ 어린이에게 소비자 교육을 시켜준다.

(3) 대중매체 육성 기능
① 대중매체의 경제적 기반을 제공한다.
② 대중매체의 정보수용 가격을 낮춘다.

(4) 정보제공 기능
① 상품에 대한 정보를 제공한다.
② 상품에 대한 기억을 증진시킨다.
③ 신제품의 출현을 알려준다.
④ 비교와 사용법, 가격 등을 통하여 현명한 상품 선택을 도와준다.

2. 중간상의 효용

(1) 시간 효용(time utility)
① 재화나 서비스의 생산과 소비 간의 시차를 극복하여 소비자가 재화나 서비스를 필요로 할 때 이용 가능하도록 해주는 효용이다.
② 소비자가 원하는 시기에 언제든지 제품을 구입할 수 있는 편의를 제공해 주는 것이다.

(2) 장소 효용(place utility)
지역적으로 분산되어 생산되는 재화나 서비스가 소비자가 구매하기 용이한 장소로 전달될 때 창출되는 효용이다.

(3) 소유 효용(possession utility)
생산자로부터 소비자에게 재화나 서비스가 거래되어 그 소유권이 이전되는 과정에서 발생되는 효용이다.

(4) 형태 효용(form utility)
① 대량으로 생산되는 상품의 수량을 소비지에서 요구되는 적절한 수량으로 분할, 분배함으로써 창출되는 효용이다.
② 제품과 서비스가 고객에게 보다 매력적으로 보이게 하기 위해 그 형태나 모양을 변형시키는 모든 활동을 말한다.

03 유통경로의 마케팅 기능

1. 소유권 이전 기능
① 유통경로가 수행하는 마케팅 기능 중 가장 본질적인 기능으로 생산자와 소비자 간의 소유적 격리를 조절하여 거래가 성립되도록 하는 기능이다.
② 상품의 소유권을 '생산자 → 유통경로 → 소비자'로 이전한다.
③ 중간상이 재판매를 목적으로 제품을 구매하고, 구매한 제품을 고객에게 판매하는 기능을 말한다.

2. 물적 유통 기능
① 생산과 소비 사이의 장소적·시간적 격리를 조절하는 기능으로 운송과 보관이라는 두 기능을 수행한다.
 ㉠ 운송: 장소적 격리를 극복함으로써 장소효용을 창출한다.
 ㉡ 보관: 운송과 시간적 격리를 극복하여 시간효용을 창출한다.
② 제품을 이동시켜서 구매자가 구매하기 좋은 양으로 결합하는 기능을 말한다.

3. 조성 기능
① 소유권 이전 기능과 물적 유통 기능이 원활하게 수행되도록 지원하는 기능이다.
② 조성 기능의 구분
 ㉠ 표준화 기능: 거래단위, 가격, 지불조건 등을 표준화시킨다.
 ㉡ 시장금융 기능: 외상거래, 어음발행 등 시장금융 활동이다.
 ㉢ 위험부담 기능: 물리적·경제적 위험을 부담한다.
 ㉣ 시장정보 기능: 소비자정보와 상품정보를 수집 및 제공한다.

기출개념확인

01 유통경로의 개념에 대한 설명으로 옳지 않은 것은?
① 제품이나 서비스가 생산자로부터 최종소비자에게 이르기까지 거치게 되는 통로 또는 단계를 말한다.
② 최종소비자가 제품을 쉽게 구입할 수 있도록 해주는 과정으로 마케팅 믹스 중 하나이다.
③ 유통경로를 통해 상품이 이동하는 과정에는 제조업자, 중간상, 구매자 등의 구성원이 참여하게 된다.
④ 중간상은 생산자의 자재 및 부품을 전달하는 역할을 하는 조직 또는 개인을 말한다.

02 유통경로가 제공하는 효용가치가 아닌 것은?
① 시간효용 ② 구매효용
③ 형태효용 ④ 소유효용

정답·해설
01 ④ 중간상은 도매상, 소매상 등 생산자와 소비자 사이에서 매개 역할을 하는 조직 또는 개인을 말한다.
02 ② 구매효용이 아니라 시간효용, 소유효용, 형태효용, 장소효용 등이 포함된다.

제2절 유통경로의 유형

01 소비재

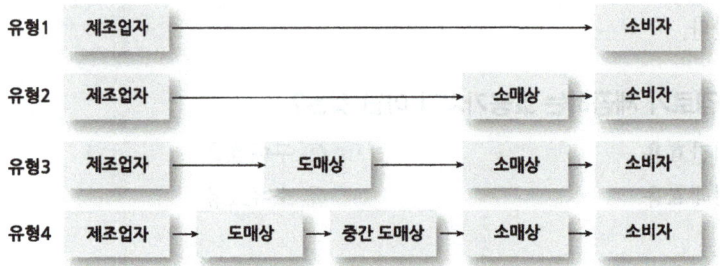

[그림 11-1] 소비재 유통경로의 유형

1. 소비재의 유통경로

(1) 제조업자 → 소비자: 직접 마케팅 경로
① 생산자가 직접 소비자에게 제품을 판매하는 방법이다.
② 야쿠르트, 화장품, 정수기, 학습교재 등을 판매하는 방문 판매, 통신 판매가 있다.

(2) 제조업자 → 소매상 → 소비자: 대규모 소매상 판매
① 생산자와 소비자 사이에 소매상이 존재하는 형태이다.
② 백화점, 할인점 등이 있다.

(3) 제조업자 → 도매상 → 소매상 → 소비자: 전형적인 유통 경로
① 생산자와 소비자 사이에 도매상과 소매상이 존재하는 형태이다.
② 식품이나 약품 등의 소비품 분야에서 중소규모의 생산자에 의해 자주 활용되고 있다.

(4) 제조업자 → 도매상 → 중간 도매상 → 소매상 → 소비자
① 생산자와 소비자 사이에 3단계 이상의 중간상이 존재하는 형태이다.
② 생산자가 영세하거나 지리적으로 흩어져 있는 경우에 많이 활용되는 방식이다.
③ 곡물, 야채, 과일 등의 농산품 분야에서 많이 활용되고 있다.

02 산업재

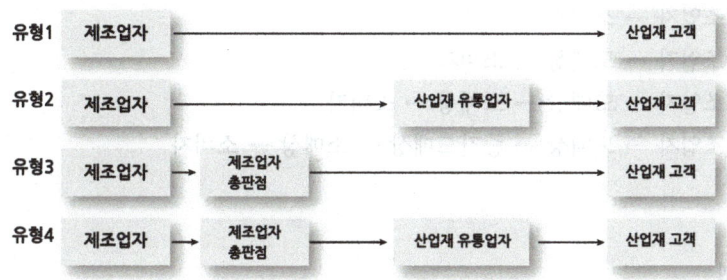

[그림 11-2] 산업재 유통경로의 유형

1. 산업재의 유통경로

(1) 제조업자 → 산업재 고객: 직접 판매
산업재 시장에서 일반적으로 많이 활용되는 경로이다.

(2) 제조업자 → 산업재 유통업자 → 산업재 고객
산업재 고객이 영세한 경우 이들의 욕구를 반영하기 위한 소매상이 존재한다.

(3) 제조업자 → 제조업자 총판점 → 산업재 고객
생산자가 영세한 경우 고객과의 거래가 용이하도록 제품을 한곳에서 취급하는 제조업자 총판을 통해 산업재 고객에게 판매한다.

(4) 제조업자 → 제조업자 총판점 → 산업재 유통업자 → 산업재 고객
생산자가 판매하는 제품의 규모가 작고 소비자의 욕구가 이질적인 경우 이를 연결해 주는 일부 다양한 제조업자 총판과 산업재 유통업자가 존재할 수 있다.

2. 산업재 유통경로의 특성 ★ 기출개념

① 경로의 선택이 제한적이다.
② 최종 소비재 생산을 위한 중간재가 다수이기 때문에 재고관리나 재고의 통제가 중시된다.
③ 유통경로가 비교적 단순한 구조이므로 생산자와 소비자 사이에 직거래가 많이 일어난다.
④ 중간상인들은 기술적으로 탁월하며 생산자들과 유대관계를 가진다.

기출개념확인

01 농산물을 생산하는 사람이 주로 사용하는 유통경로는 어디에 해당하는가?

① 제조업자 → 소비자
② 제조업자 → 도매상 → 소비자
③ 제조업자 → 도매상 → 소매상 → 소비자
④ 제조업자 → 도매상 → 중간도매상 → 소매상 → 소비자

정답 · 해설

01 ④ 농산물의 경우 생산자가 영세하거나 지리적으로 흩어져 있어 집적, 배분, 구색 등 유통의 기능을 수행하기 위해 복잡한 경로가 많이 활용되고 있다.

제3절 도매상

01 도매상의 개념과 기능

1. 도매상의 개념
① 제품을 구입하여 소매상, 다른 도매상, 산업재 생산자에게 재판매하는 개인이나 조직체이다.
② 재판매 혹은 영리적 목적으로 구매하고자 하는 최종 구매자에게 제품이나 서비스를 판매하여 가치를 제고하는 활동을 수행하는 조직체이다.

2. 도매상의 기능 ★★
(1) 제조업자를 위해 도매상이 수행하는 기능
① 시장확대 기능
  ㉠ 생산자는 소비자가 쉽게 구매할 수 있도록 필요한 시장 커버리지를 합리적인 비용으로 유지하기 위해 도매상에게 의존한다.
  ㉡ 도매상을 활용하여 많은 수의 소매상 고객들을 접촉함으로써 상당한 비용절감 효과를 얻을 수 있다.
② 재고유지 기능: 도매상들은 생산자의 재무 분담 및 많은 재고보유에 따른 생산자의 위험을 감소시켜 준다.
③ 주문처리 기능: 생산자의 제품을 구비하고 있는 도매상들은 소비자의 소량 주문에 효율적으로 대처할 수 있다.
④ 시장정보 기능: 도매상은 생산자에 비해 소비자들의 제품이나 서비스 요구에 대해 파악하기 쉽다.
⑤ 서비스 대행 기능: 생산자 입장에서는 도매상이 소매상에게 각종 서비스 제공을 대행 또는 보조하도록 하면 생산성을 향상시킬 수 있다.

(2) 소매상을 위해 도매상이 수행하는 기능 [기출개념]
① 구색 갖춤 기능: 도매상은 생산자로부터 제품을 받아 다양한 제품 구색을 갖춤으로써 소매상의 주문업무를 단순화한다.
② 소규모판매 기능: 도매상은 생산자로부터 대량주문을 통해 받은 제품을 소량으로 나누어 소매상들의 소량주문에 응할 수 있다.
③ 신용 및 금융 기능: 외상판매를 통해 소매상이 구매대금을 지불하기 전에 제품을 구매할 수 있는 기회를 제공한다.

④ 소매상 서비스 기능: 소매상은 제품 생산자로부터 배달, 수리 등의 다양한 서비스를 요구하는데 도매상은 이와 같은 서비스를 제공함으로써 소매상들의 노력 및 비용을 절감시켜 준다.
⑤ 기술지원 기능: 도매상은 숙련된 판매사원을 통해 소매상에게 기술적·사업적 지원을 제공한다.

02 도매상의 유형

1. 상인도매상(merchant wholesaler)

(1) 완전기능 도매상(full-function or service wholesaler)
① 재고유지, 신용제공, 배달, 촉진 등 다양한 마케팅 기능을 제공한다.
② 취급되는 상품계열의 폭과 길이에 따라 일반도매상(general merchandise wholesalers), 단일계열취급 도매상(single-line wholesalers), 전문도매상(specialty wholesaler)으로 구분한다.

(2) 한정기능 도매상(limited-function or service wholesaler)
① 일부 마케팅 기능만을 수행하는 도매상이다.
② 현금판매도매상, 직송도매상, 트럭도매상, 선반도매상 등이 있다.

2. 대리도매상(agent wholesaler)

① 제품의 소유권을 가지지 않고 마케팅 기능만을 수행하여 제조업자와 고객 간의 거래를 용이하게 한다.
② 대리도매상의 유형
  ㉠ 브로커(broker): 구매자와 판매자 간의 상품매매가 원활히 이루어지도록 중개기능을 수행한다.
  ㉡ 대리인(agent): 구매자와 판매자 중 한쪽을 대표하며, 이들과 지속적인 관계를 유지한다.
  ㉢ 제조업자 대리인(manufacturer's agent, manufacturer's representatives): 제조업자와의 계약에 의해 특정지역 내에서 제조업자 생산제품을 판매한다.
  ㉣ 구매 대리인(purchasing agent): 구매자와 장기적인 관계를 유지하면서 구매자를 대신하여 제품구매, 검사, 창고보관 등의 기능을 수행하고, 구매자에게 제품을 운송한다.
  ㉤ 수수료 상인(commission merchant): 생산자가 위탁한 제품을 보관 및 운송하며, 구매자에게 판매한 대가로 생산자로부터 수수료를 받는다.

3. 제조업자 직영영업점(manufacturer's sales branches and sales offices)

① 제조업자가 소유 및 운영하는 도매상이다.
② 직접 재고를 보유하여 소매점과 기타 도매상에게 판매하는 방식이다.

기출개념확인

01 다음의 도매상 유형을 무엇이라고 하는가?

> 유통경로에서 물적 소유, 촉진, 협상, 위험부담, 주문, 지급 등 거의 모든 유통기능을 수행하며 소매상 고객을 위해 재고유지, 판매원 지원, 신용제공, 배달, 경영지도 같은 종합적인 서비스를 제공하기도 한다.

① 중개상 ② 완전 서비스 도매상
③ 위탁상 ④ 구매 대리인

정답·해설

01 ② 완전 서비스 도매상은 상인 도매상 중 한 유형으로 다방면에 걸쳐 각종 서비스 기능을 수행하며 다른 형태의 도매상에 비해 더 높은 마진을 취한다.

제4절 소매상

01 소매상의 개념과 기능

1. 소매상의 개념
① 제품이나 서비스를 최종소비자에게 직접 판매하는 데 관련된 활동을 수행하는 상인이다.
② 개인적 혹은 비영리적 목적으로 구매하고자 하는 최종소비자에게 제품이나 서비스를 판매하여 가치를 제고하는 활동을 수행하는 조직체이다.

2. 소매상의 기능

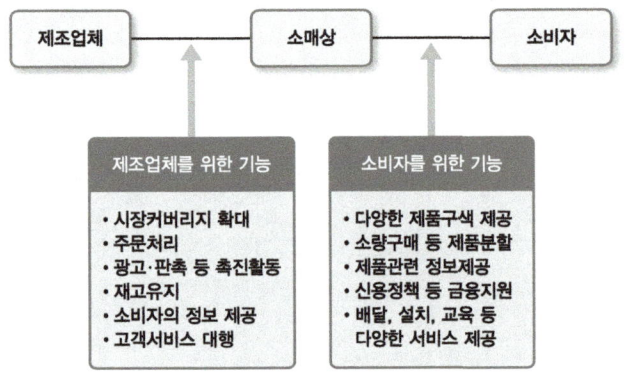

[그림 11-3] 소매상의 기능

① 제품을 소비자에게 판매하는 과정에서 제품의 보관 및 운송 등을 담당하여 제조업자와 도매상의 마케팅 활동을 지원한다.
② 다양한 상품구색을 통해 소비자에게 선택의 폭을 넓혀주고 그들이 원하는 상표를 소량으로 구매할 수 있게 한다.
③ 제조업자와 소비자에게 필요한 정보를 제공한다.

02 소매상의 유형

1. 점포형 소매업

(1) 서비스 수준에 따른 분류

① 셀프서비스 소매상(self-service retailer): 판매사원의 도움 없이 소비자들이 직접 매장에 가서 상품을 비교해보고 선택하는 매장이다.

② 한정서비스 소매상(limited-service retailer): 고객들의 구매과정에 상당한 판매 지원 서비스를 제공하는 소매상이다.

③ 완전서비스 소매상(full-service retailer): 고객의 전체 구매과정을 판매사원이 돕는 형태이며, 고객들이 구매과정에 많은 쇼핑노력을 기울이는 전문품이나 고가의 제품을 주로 취급한다.

(2) 상품구색의 폭과 깊이에 따른 분류

① 전문점(specialty store): 취급되는 상품계열의 수(폭)는 한정되어 있으나 각 계열 내에서 매우 다양한 상품구색(deep assortment)을 갖추고 있다.
  예 나이키, LG전자 베스트샵, 삼성스토어

② 백화점(department store): 주로 의류, 가정용품, 잡화를 중심으로 다양한(broad product line) 제품계열을 취급하며 각 제품계열은 전문구매자(specialist buyer)나 머천다이저에 의해 관리된다.
  예 신세계 백화점, 현대백화점, 롯데백화점, 갤러리아 백화점

③ 슈퍼마켓(supermarket): 저원가-저가격의 다양한 제품들을 낮은 마진으로 대량 판매하는 점포이며, 셀프서비스를 활용한 쇼핑이 특징이다.
  예 나들가게(동네 슈퍼마켓), GS supermarket, 이마트 에브리데이, 롯데슈퍼

④ 편의점(convenience store): 식료품 위주의 상품 회전율이 높은 편의품을 주로 취급하는 셀프 서비스 방식의 소규모 점포이다.
  예 GS25, CU, 7-Eleven, ministop, 이마트24

⑤ 드럭스토어(drug store): 약품, 식품, 생활용품 등을 취급하는 일종의 잡화점이다.
  예 • 미국: CVS Pharmacy, Walgreens, Rite Aid, Sephora
     • 국내: 올리브영, CHICOR, W스토어

⑥ 수퍼스토어(superstore; 슈퍼센터, 하이퍼마켓, 대형할인전문점) [기출개념]: 슈퍼마켓에서 판매되는 식료품뿐 아니라 일상적으로 빈번히 구매되는 비식료제품도 취급함으로써 소비자의 모든 쇼핑욕구를 충족시키는 대형점포이다.
  예 • 미국: Wal-mart, K-mart
     • 국내: 이마트, 홈플러스, 롯데마트

⑦ 대형 전문할인점(category killer; 카테고리 킬러): 전문점과 할인점을 결합한 형태로서 특정 제품계열 내에서 매우 다양한 상품구색을 갖추고 저렴한 가격으로 판매하는 소매점 형태이다.
  예 • 미국: Toys R US(장난감), Staples(사무용품), Circuit City(전자제품)
     • 국내: 토이저러스(장난감)와 오피스디포(사무용품), 하이마트(전자제품), 이케아(가구)

(3) 상대적 가격에 따른 분류

① **할인점(discount store)**: 지가 및 임대료가 싼 지역에서 유명제조업체 상표를 일상적으로 낮은 가격으로 대량 판매하는 점포이다.

예 • 미국: Wal-mart, K-mart
  • 국내: 이마트, 홈플러스, 롯데마트

② **양판점(GMS; General Merchandising Store)**: 식료품, 의류, 잡화 등의 다양한 상품계열을 중저가로 판매하는 실용품 중심의 종합점이다.

예 • 미국: Sears, J. C. Penney, Montgomery Ward
  • 국내: NC 백화점, 세이브존

③ **제조업체 상설할인 매장(factory outlet)**: 다양한 재고품목들을 정상소매가격보다 30% 이상으로 저렴하게 판매하는 제조업체 직영점이다.

예 제일모직 아울렛, LF 아울렛, 롯데 프리미엄 아울렛, 신세계(첼시) 프리미엄 아울렛

④ **회원제 도매클럽(members wholesale club)** 기출개념 : 연회비를 내는 회원들에게만 정상적인 (유명)제조업체 상표들을 매우 저렴하게 판매하는 소매점 형태이다.

예 • 미국: Costco, Sam's Club
  • 국내: 코스트코, 이마트 트레이더스

⑤ **카탈로그점(catalog showroom)**: 우편으로 보낸 취급품목 카탈로그를 보고 해당 카탈로그점에 우편주문이나 전화주문을 하거나 점포 쇼룸을 직접 방문하여 전시된 품목을 주문하는 방식의 소매점이다.

예 미국: Best Products, Service Merchandise

2. 무점포형 소매업

(1) 직접 마케팅(direct marketing)

① **우편판매**: 예상 잠재고객에게 우편으로 보내진 카탈로그를 통해 상품을 판매하는 방식이다.

예 아시아나 항공과 대한항공 등은 스카이(항공)통신판매 서비스사업

② **텔레마케팅**: 전화로 소비자에게 제품정보를 제공한 후 제품판매를 유도하거나, 고객이 TV광고, 라디오 광고, 우편광고를 보고 수신자부담 전화번호를 이용하여 주문하는 소매유형이다.

예 미국: J. C. Penny

③ **텔레비전 마케팅**: TV 광고를 통해 제품구매를 유도하는 소매방식이며, 직접반응 텔레비전 광고와 홈쇼핑 채널 등이 있다.

예 홈쇼핑, 인포머셜(케이블 채널 중심의 20~30분 정도의 긴 광고프로그램)

④ **온라인마케팅**: 컴퓨터를 통해 기업과 소비자들이 상거래를 하거나 정보를 교환하는 것으로 B2C(Business to Consumer), B2B(Business to Business), C2C(-Consumer to Consumer), C2B(Consumer to Business)의 4가지 형태가 있다.

예 • 미국: Amazon, e-Bay, Shopify
  • 국내: 쿠팡, 마켓컬리 옴니채널(온·오프라인 및 모바일 유통망의 통합), SSG.com

📋 **개념 Plus**

직접 마케팅
매체를 이용하여 예상고객들에게 제품정보를 제공함으로써 소비자의 즉각적인 구매를 유도하는 소매행태이다.

(2) 자동판매기(automatic vending machine)
① 점포를 통해 판매하기 어려운 장소와 시간대에서도 제품을 24시간 구매할 수 있게 하여 소비자에게 편리함을 제공한다.
② 한국에서 1980년대 이후 급증한 이유: 편의성을 추구하는 소비자 욕구의 증대, 점포 임대료의 상승, 치열한 시장경쟁에서 자체판매망을 구축하려는 기업의 요구에 의한 것이다.

(3) 방문 판매(direct selling)
① 판매사원을 활용한 직접판매방식은 가장 역사가 긴 무점포형 소매업이다.
② 화장품회사, 가정용 학습교재회사, 다단계 판매회사 등이 대표적이다.

03 소매상의 마케팅 전략

1. 소매상의 마케팅 전략의 개념
① 점포 전략으로, 표적시장을 정의하고 그 시장에서 경쟁적 포지션을 구축하는 방법을 탐색하는 것이다.
② 소매점포믹스에 대한 결정이 이루어진다.

2. 소매점포믹스 설계 과정

(1) 입지
① **입지의 중요성**: 소매업은 입지산업이라 할 정도로 입지는 소매업 성공의 가장 중요한 요소 중 하나이다.
② **상권(trade area)**: 한 점포가 고객을 유인(흡인)할 수 있는 지역범위이다.
  ㉠ **1차상권**: 전체 점포 이용고객의 50~70%를 흡인(포함)하는 지역범위이다.
  ㉡ **2차상권**: 1차상권 외곽에 위치하며, 전체 점포 이용고객의 20~25%를 흡인하는 지역범위이다.
  ㉢ **한계상권**: 2차상권 외곽을 둘러싼 지역범위를 말하며, 1차상권과 2차상권에 포함되지 않는 나머지 고객들을 흡인한다.

(2) 상품구색(머천다이징)과 서비스에 대한 결정
① **상품차별화 전략**
  ㉠ 다른 경쟁업체들이 취급하지 않는 상품을 제공한다.
  ㉡ 화제성의 머천다이징(merchandising) 이벤트를 기획한다.
  ㉢ 매우 세분화된 특정 고객집단을 표적으로 한 상품구색을 제공하여 차별화를 추구한다.
② **점포분위기**: 긍정적인 정서적 반응이 유발될 수 있는 점포구매환경을 설계하려는 노력이 필요하다.

(3) 가격결정

① 상품가격: 마진과 회전율에 의해 결정된다.
  ㉠ 마진: 소매점이 상품을 판매함으로써 얻을 수 있는 이익의 크기이다.
  ㉡ 회전율: 일정기간 동안 평균재고가 판매되는 횟수이다.

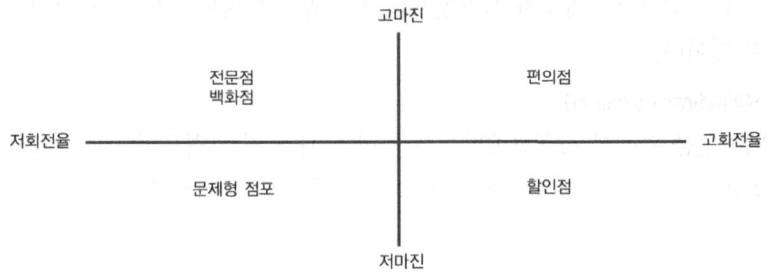

[그림 11-4] 마진과 회전율에 따른 소매상 유형

② 전통적 소매업태: 고마진, 저회전율, 다양한 고객서비스 등이 특징이다.
③ 근대적 소매업태: 저마진, 고회전율, 최소한의 고객서비스 등이 특징이다.

(4) 촉진

① 표적고객의 구매 유발을 위해 소매상 또한 제조업체와 마찬가지로 광고, 인적판매, 판매촉진, PR 등의 촉진믹스를 이용한다.
② 소매상 촉진목적에 따라 각각의 촉진수단의 상대적 중요성이 달라진다.

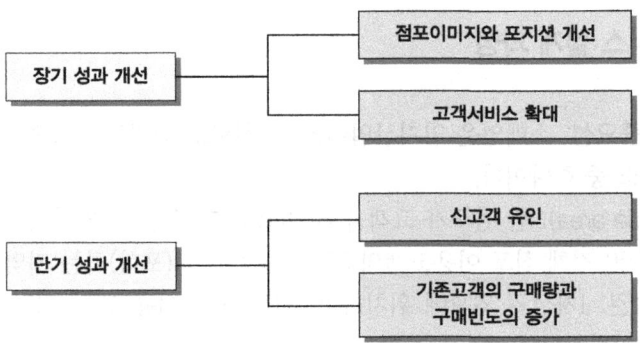

[그림 11-5] 소매상의 촉진 목적

기출개념확인

01 국내의 롯데하이마트와 같이 취급하는 상품계열이 하나로서 매우 다양한 품목을 갖추고 있으며, 전문점과 달리 서비스 수준이 낮고 할인점에 가까우며 가격이 저렴한 형태의 소매상 유형은?

① 전문점
② 대형마트
③ 전문 할인점
④ 편의점

정답·해설

01 ③ 전문점과 할인점을 결합한 형태로서 특정 제품계열 내에서 매우 다양한 상품구색을 갖추고 저렴한 가격으로 판매하는 소매점 형태로 카테고리 킬러라고도 한다.

제5절 유통경로의 설계 및 경로 갈등 관리

01 유통경로 서비스에 대한 고객욕구의 분석

1. 고객이 원하는 경로 서비스 분석
① 유통경로를 설계하기 위해서는 먼저 고객이 어떤 서비스를 받고자 하는지 분석해야 한다.
② 일반적으로 고객이 원하는 서비스가 많을수록 유통비용이 증가하기 때문에 고객이 원하는 바와 유통비용을 감안하여 적정한 수준으로 설계해야 한다.

2. 유통경로 고객의 욕구

(1) 대기시간
① 대기시간은 고객이 제품이나 서비스를 주문하고 제공받는 데 걸리는 시간이다.
② 대기시간이 짧을수록 고객의 만족도는 커진다.

(2) 제품의 다양성
① 고객은 가능하면 한 점포에서 원하는 제품을 모두 구매하려는 경향이 있으므로 점포에서 다양하게 제품구색을 갖추어야 한다.
② 다양한 제품을 구비할수록 소비자의 만족도는 커진다.
③ 제품이 많아질수록 유통비용은 증가하므로 구색은 적정수준을 유지해야 한다.

(3) 구매가능한 제품의 최소단위
① 제품의 단위가 커지면 고객은 부담을 느낀다.
② 제품의 단위가 작을수록 고객의 만족도는 커진다.
③ 단위가 큰 제품은 장기간 사용해야 하고 보관 및 관리가 어렵기 때문에 수량할인을 제공하여 판매를 촉진하는 경우가 많다.

(4) 입지의 편의성
도·소매업체들이 시장 내에 분산되어 있는 정도이다.

02 유통경로의 목표 설정 및 영향요인 파악

1. 유통경로의 목표 설정 시 고려요인

(1) 제품의 특성
① 제품의 부피, 표준화 여부, 부패 및 변형 가능성 등을 말한다.
② 부피가 크거나 부패 및 변형 가능성이 큰 제품은 유통경로를 짧게 설계하고 부피가 작거나 표준화된 제품은 중간상을 이용하는 것이 효과적인 유통경로가 된다.

(2) 중간상의 특성
중간상의 유형별 장단점을 분석 및 평가하여 가장 적합한 마케팅 경로를 설계해야 한다.

(3) 경쟁기업의 특성
① 의류, 보석 등과 같은 제품의 경우 경쟁사가 밀집되어 있는 곳에서 같은 유통 구조를 설계하는 것이 유리하다.
② 직접 판매, 할인점 판매 등과 같이 경로를 차별화할 수도 있다.

(4) 자사의 특성
① 자사의 자본, 조직 등과 같은 경영자원의 특성을 파악해야 한다.
② 자사의 경영자원에 가장 적합한 유통경로를 설계해야 한다.

(5) 환경의 특성
① 경제적·기술적·법률적 환경 등에 따라 유통경로를 설계해야 한다.
② 경기가 활황이면 유통경로를 확대하고 경기가 불황이면 유통경로를 축소한다.

03 주요 유통경로 대안의 파악

1. 경로길이 결정
① 직접 유통경로를 활용할지, 간접 유통경로를 활용할지를 결정한다.
② 경로길이 결정에서의 고려요인

구분	내용
기업 특성	기업규모와 자금력
제품 특성	제품유형, 부패가능성, 복잡성, 대체율
시장 특성	시장규모, 고객 분산 정도
경로구성원 특성	중간상 특성

2. 경로 커버리지 ★★★ 기출개념

(1) 경로 커버리지의 개념
① 유통집중도이다.
② 특정지역에서 자사제품을 취급하는 점포의 수를 의미한다.

(2) 경로 커버리지의 유형

구분	집약적 유통	전속적 유통	선택적 유통
전략	가능한 한 많은 점포에서 자사제품을 취급하도록 함	각 지역별로 하나의 점포에 판매권을 부여함	한 지역에 제한된 수의 점포에 판매권을 줌
점포 수	가능한 한 많은 점포	하나	소수
통제	제조업자의 통제력이 낮음	제조업자의 통제력이 매우 높음	제한된 범위에서 제조업자의 통제가 가능함
제품 유형 (소비재)	편의품	전문품	선매품
소비재의 예	페리오 치약, 비트 세제	크리스천디올 향수, 조르지오 아르마니 패션 의류	삼성 가전제품

① 집약적 유통(intensive distribution)
  ㉠ 가능한 한 많은 소매상들이 자사제품을 취급하도록 하는 전략이다.
  ㉡ 시장의 범위를 확대시킬 때 활용하는 전략이다.
  ㉢ 편의품에 적합한 전략이다.
  ㉣ 충동구매가 증가하고 소비자 인지도 확대, 편의성 증대 등의 장점이 있다.
  ㉤ 낮은 순이익, 소량주문, 재고 및 주문관리의 어려움, 중간상 통제의 어려움 등의 단점이 있다.

② 전속적 유통(exclusive distribution)
  ㉠ 각 판매 지역별로 하나 혹은 극소수의 중간상에게 자사제품의 유통에 대한 독점권을 부여하는 전략이다.
  ㉡ 소비자가 적극적으로 정보를 탐색하고 쇼핑노력을 보이는 전문품에 적합한 전략이다.
  ㉢ 중간상에게 독점판매권이라는 높은 이익을 제공함으로써 중간상의 판매노력을 기대할 수 있다.
  ㉣ 중간상의 판매가격 및 신용정책 등에 강한 통제를 할 수 있다.
  ㉤ 자사제품 이미지에 적합한 중간상을 선택함으로써 브랜드 이미지 강화를 꾀할 수 있다.
  ㉥ 제한된 유통으로 인해 판매기회가 상실될 수 있다.

③ 선택적 유통(selective distribution)
  ㉠ 집약적 유통과 전속적 유통의 중간에 해당되는 전략이다.
  ㉡ 판매 지역별로 자사제품을 취급하고자 하는 중간상들 중에서 자격을 갖춘 소수의 중간상에게 판매를 허용하는 전략이다.

ⓒ 소비자가 구매 전 상표 대안을 비교 평가하는 특성을 지닌 선매품에 적절한 전략이다.
ⓓ 판매력이 있는 중간상으로 제한되므로 만족스러운 매출과 이익을 기대할 수 있다.
ⓔ 생산자는 선택된 중간상과 친밀한 거래관계를 구축하여 통해 적극적인 판매노력을 기대할 수 있다.

04 유통경로 대안에 대한 평가

1. 경제성
경로 대안의 경제성에 대한 평가에서는 각 경로 대안으로부터 기대되는 판매수준과 판매에 드는 비용을 추정한다.

2. 통제력
경로 대안의 통제력에 대한 평가에서는 각 경로 대안으로부터 기대되는 자사 목표 및 마케팅 전략에의 협력 수준을 평가한다.

3. 환경적응성
경로구성원들이 유통환경 변화에 공동으로 대처하려는 적극적 노력 수준을 평가한다.

05 유통경로 구성원 선택과 관리

1. 수직적 마케팅시스템(유통경로 조직의 계열화)

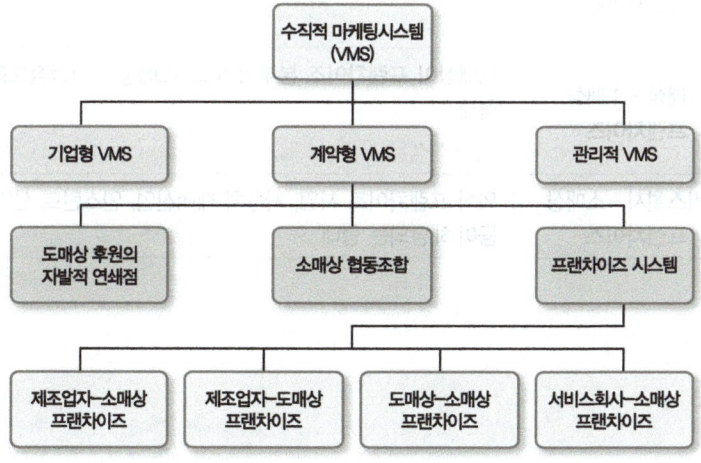

[그림 11-6] 수직적 마케팅시스템의 주요 유형

(1) **수직적 마케팅시스템(VMS; Vertical Marketing System)의 개념**
운영상의 경제성과 시장에 대한 최대한의 영향력을 획득하기 위해 전문적으로 관리되고 본부에 의해 설계된 네트워크 형태의 경로조직이다.

(2) **전통적 유통경로**
① 전통적 유통경로의 개념: 독립적인 경로기관들로 구성된 경로조직으로 마케팅 기능에 거의 관심을 가지지 않고 자기들에게 주어진 마케팅 기능들만 수행한다.
② 전통적 유통경로의 단점
  ㉠ 경로구성원 간의 결속력(commitment)이 매우 약하다.
  ㉡ 경로구성원은 공통의 목표를 거의 가지고 있지 않거나 미약하다.
  ㉢ 경로구성원 간의 연결이 느슨하기 때문에 구성원들의 유통경로 진입과 철수가 용이하다.

(3) **프랜차이즈 시스템** ★ 기출개념
① 프랜차이즈 시스템의 개념
  ㉠ 프랜차이즈 본부(프랜차이저)가 프랜차이즈 가맹점주(프랜차이지)에게 프랜차이즈 회사의 이름, 상호, 영업방법 등을 제공하여 제품과 서비스를 시장에 파는 시스템이다.
  ㉡ 프랜차이즈 본부의 경영지도와 지원으로 양자 간의 계속적인 관계가 유지된다.
  ㉢ 프랜차이즈 본부는 계약의 주체로서 프랜차이즈 가맹점주를 모집하여 사업을 수행하는 역할을 하고 가맹점을 선정하여 특정 지역마다 사업의 동반자 및 대리인으로 영업할 권한을 허용한다.
② 프랜차이즈 시스템의 유형

유형	내용
제조업자 – 소매상 프랜차이즈	제조업체가 프랜차이즈 본부가 되어 소매상을 가맹점으로 참여시킨 형태
제조업자 – 도매상 프랜차이즈	제조업체가 프랜차이즈 본부가 되어 도매상을 가맹점으로 참여시킨 형태 예 정유회사 – 석유대리점
도매상 – 소매상 프랜차이즈	도매상이 프랜차이즈 본부가 되고 소매상을 가맹점으로 참여시킨 형태 예 대성석유
서비스회사 – 소매상 프랜차이즈	외식 프랜차이즈 사업, 자동차 대여산업, 인스턴트 산업, 숙박산업 등이 해당되는 형태

2. 수평적 마케팅시스템과 복수 유통경로의 도입

① 수평적 마케팅시스템의 성장
  ㉠ 같은 경로 단계에 있는 둘 이상의 기업들이 새로운 마케팅 기회를 이용하기 위해 함께 협력하는 것이다.
  ㉡ 네슬레 – 코카콜라: 세계시장에서 캔 커피와 캔 홍차음료의 판매를 위해 제휴함으로써 각 회사의 장점을 결합한 상승효과를 거두고 있다.
② 복수유통경로 활용이 증가되었다.

3. 경로갈등의 유형 ★★

(1) 수평적 갈등
유통경로상의 동일한 단계, 즉 소매상 간 또는 도매상 간 발생하는 갈등이다.
예 A 점포가 다른 B 점포 영역을 침범하여 생기는 갈등

(2) 수직적 갈등
유통경로상의 서로 다른 단계의 경로 구성원 사이에서 발생하는 갈등이다.
예 생산자와 중간상, 또는 본부와 가맹점 사이의 갈등

(3) 복수경로 갈등
서로 다른 유통경로상에 속해있는 주체들 사이에서 발생하는 갈등이다.
예 의류브랜드가 직영할인점 상품을 공급하면서 기존 대리점이 반발하여 생기는 갈등

06 유통경로 구성원의 성과 평가

1. 동기부여수단의 유형

긍정적 동기부여수단	부정적 동기부여수단
• 높은 이익률 보장 • 특별 가격할인 • 진열지원금	• 마진 삭감 • 제품인도 지체 • 거래관계 종식

2. 유통경로 구성원에게 미치는 파워 ★★★ 기출개념

(1) 보상적 파워
어느 한 경로구성원이 타 경로구성원에게 갖가지 심리적 혹은 물질적인 도움을 줄 수 있을 때 형성되는 영향력을 의미한다.

(2) 합법적 파워
경로구성원 A가 B에게 영향력을 행사할 법적 권리를 지니고 있고 B가 이를 받아들일 의무가 있다고 믿기 때문에 발생하는 영향력을 의미한다.

(3) 전문적 파워
많은 전문적인 지식 및 기술을 지니고 있을 때 상대방보다 더욱 구속력을 지니게 되는 것을 의미한다.

(4) 준거적 파워
경로구성원 B가 A와 조직적 일체감을 가지기를 원하기 때문에 A가 B에 대해 지니는 영향력을 의미한다.

> **기출개념확인**
>
> **01** 유통경로 단계별 자사제품을 취급하는 중간상의 수를 무엇이라고 하는가?
> ① 유통경로 길이 ② 유통경로 넓이
> ③ 유통경로 커버리지 ④ 유통경로 깊이
>
> **02** 유통경로상의 여러 가지 파워에 해당되지 않는 것은?
> ① 전문적 파워와 강압적 파워 ② 준거적 파워와 보상적 파워
> ③ 합법적 파워와 전문적 파워 ④ 수직적 파워와 준거적 파워
>
> **03** 유통경로 조직을 계열화하는 수직적 마케팅시스템의 일종으로 기업이 회사의 이름, 상호, 영업방법 등을 가맹점에 제공하여 제품과 서비스를 시장에 파는 시스템을 무엇이라고 하는가?
> ① 프랜차이즈 시스템 ② 도매상
> ③ 기업형 마케팅시스템 ④ 소매상
>
> **정답·해설**
> 01 ③ 유통경로상에 포함될 중간상의 수를 커버리지라고 한다. 상대적인 수준에 따라 집약적 유통, 선택적 유통, 전속적 유통으로 구분한다.
> 02 ④ 유통경로상 경로구성원이 다른 구성원에게 미칠 수 있는 영향력에는 보상적 파워, 강압적 파워, 전문적 파워, 준거적 파워가 있다. 수직적 파워는 유통경로상의 파워에 포함되지 않는다.
> 03 ① 프랜차이즈 본부(프랜차이저)가 프랜차이즈 가맹점주(프랜차이지)에게 프랜차이즈 회사의 이름, 상호, 영업방법 등을 제공하여 제품과 서비스를 시장에 판매하는 시스템이다. 프랜차이즈 본부는 계약의 주체로서 프랜차이즈 가맹점주를 모집하여 사업을 수행하는 역할을 하고 가맹점을 선정하여 특정 지역마다 사업의 동반자 및 대리인으로 영업할 권한을 허용한다.

제6절 물적 유통

01 물적 유통의 개념

1. 물적 유통(마케팅 로지스틱스)의 개념 ★ 기출개념

① 물적 유통은 마케팅 로지스틱스(marketing logistics)라고도 하며, 원재료나 부품의 공급자 단계에서부터 생산 단계를 거쳐 최종소비자까지 물리적 재화가 전달되는 과정의 관리를 의미한다.
② 기업의 적절한 이윤을 보장하면서 고객의 욕구를 충족시키기 위해 원산지에서 소비자에게 도달하기까지 제품 및 서비스, 관련 정보의 물적 흐름을 계획하고 집행·통제하는 것을 말한다.
③ 기업은 소비자에게 더 나은 서비스와 저렴한 가격을 제공할 수 있다.
④ 소비자와 기업 모두에게 커다란 비용절감 효과를 가져다준다.
⑤ 제품의 다양화가 진전됨에 따라 더 발전된 로지스틱스 관리의 필요성이 대두되고 있다.

2. 물적 유통의 영역과 기능

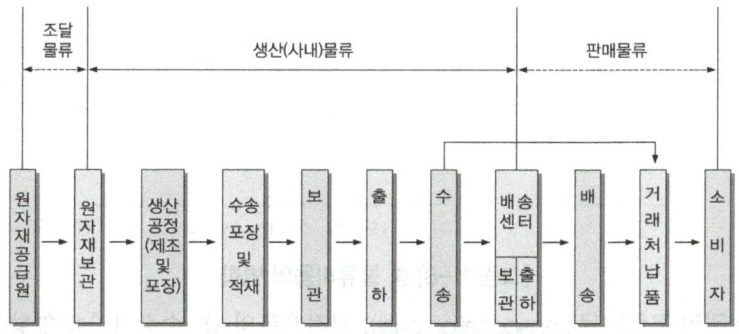

[그림 11-7] 물적 유통의 영역

(1) 조달물류
공급처가 원자재를 포장하여 제조업체의 자재창고까지 수송 및 배송을 하고, 입고된 원자재를 자재창고에서 보관 및 재고 관리하는 단계까지의 과정을 의미한다.

(2) 생산(사내)물류
자재창고에서의 출고, 생산 공정으로의 운반, 생산 공정에서의 하역, 그리고 창고에의 입점까지의 과정이다.

(3) 판매물류
제품이 소비자에게 전달되기까지의 수송 및 배송활동, 제품창고로부터의 제품의 출고, 배송센터까지의 수송, 배송센터로부터 각 대리점이나 고객에게 배송되는 작업 등이 포함된다.

02 물적 유통관리

1. 물적 유통관리의 목표

(1) 고객서비스 목표
① 재고 이용가능성(inventory availability): 적정재고를 통해 고객의 적시 구매에 대한 기대를 충족시켜야 한다.
② 서비스 제공능력(service capability): 고객을 대상으로 한 서비스의 속도, 주문 주기 일관성 유지, 서비스의 유연성 등을 확보하여야 한다.
③ 서비스 품질(service quality): 주문 관련 작업들을 오류 없이 수행할 수 있도록 우수한 품질의 자재와 부품이 원활히 조달되어야 한다.

(2) 비용최소화 목표

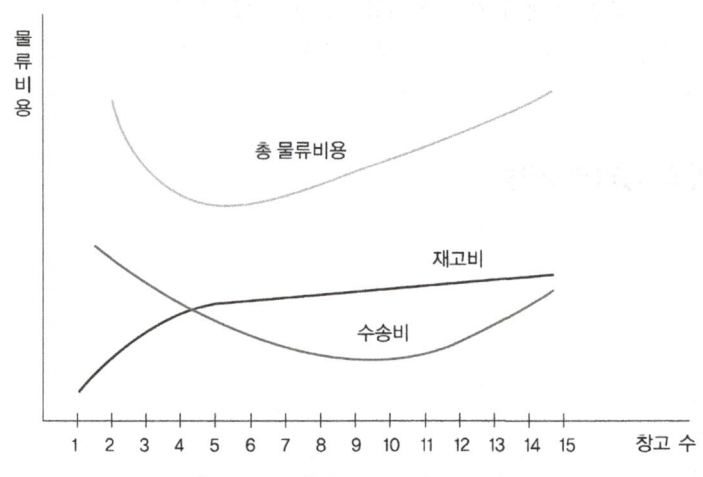

[그림 11-8] 총 물류비용의 변화

① 수송 관련 물류비용(transportation cost): 선적제품의 양, 수송거리에 영향을 받는다.
② 재고 관련 비용(inventory cost): 고객서비스를 저해하지 않는 한도 내에서 최소재고량을 유지할 필요가 있다.
③ 총비용 최소화(total cost minimization): 수송비와 재고비는 상충(trade-off) 관계에 있으므로 기업은 고객서비스를 달성하면서 동시에 총 물류비용을 최소화하는 물류시스템을 구축하여야 한다.

2. 개별 물류 활동의 관리

(1) 창고관리(warehousing)
① 생산주기와 소비주기는 서로 일치하지 않는 경우가 많으므로 판매가 이루어질 때까지 제품을 보관해야 한다.
② 생산된 제품의 보관에 필요한 창고의 수와 유형, 창고의 입지를 결정해야 한다.
③ 급격한 기술변화로 인해 컴퓨터로 통제되는 자재처리 시스템을 갖춘 자동화 창고로 대체되고 있다.

(2) 재고관리(inventory management)
① 재고관리 또한 고객만족에 영향을 주는 요인이다.
② 적정수준에서 재고를 유지해야 한다.
③ 적시(just-in-time) 로지스틱스 시스템 도입을 통해 재고량과 비용을 대폭 줄일 수 있다.

(3) 수송관리
① 기업이 제품을 운반할 수 있는 중요한 수송수단을 결정하는 것이다.
② 철도, 트럭, 해상운송, 파이프라인, 항공 등이 있다.
③ 수송수단의 상대적 특성

특성 \ 수송수단	철도	트럭	해상수송	파이프라인	항공
속도	3	2	4	5	1
이용의 용이도	2	1	4	5	3
신뢰도	3	2	4	1	5
수용능력	2	3	1	5	4
이용빈도	2	5	1	3	4
단위당 비용	3	4	2	1	5

*숫자는 각 특성별 순위를 나타냄

(4) 로지스틱스 정보관리(logistics information management)
① 정보를 기반으로 공급체인을 관리한다.
② 정보의 공유와 관리: 우편, 전화, 영업사원, EDI 등을 활용한다.

03 물류서비스 수준의 결정 ★★ 기출개념

1. 예비적 거래
① 물류와 직접적인 관련은 없으나 소비자들에게 높은 수준의 서비스를 제공한다는 측면에서 의미가 있다.
② 거래정책, 소비자 관리에 대한 문서, 조직구조 및 시스템의 유연성, 여러 기술서비스를 포함하고 있다.

2. 실제 거래
① 예비적 거래와 사후적 거래의 중간에 위치하는 거래이다.
② 제품의 배달처럼 직접적으로 관련있는 행위를 말한다.
③ 제품에 대한 반송 처리, 재고수준, 서비스 제공시기, 주문기간, 시스템의 정확성, 주문의 편리성 및 제품 대체성 등을 포함한다.

3. 사후적 거래
① 판매된 제품에 대한 사후 지원행위와 관련이 있다.
② 불량품 또는 제품의 결함에 대한 회수 및 결함 제거 활동, 자사제품에 대한 고객들의 불만사항 접수·조정을 포함한다.
③ 이후 발생 가능한 소비자들의 재구매 행위에 영향을 끼칠 수 있다.

04 주문 처리 ★★ 기출개념

1. 주문 차원의 재고수준
① 제품에 대한 재주문 후 창고에 적정 재고를 보충하기 전까지 기대수요를 만족시킬 수 있는 재고의 수준을 의미한다.
② 경제적 주문량(EOQ; Economic Order Quantity) 산출을 통해 결정된다.
③ 재주문 시 주문수준 및 주문량을 어느 수준까지 정할 것인가에 대한 결정이다.

2. 리드타임 차원의 재고수준
예상되는 재공급에 대한 리드타임 사이에 발생하는 수요에 대처하기 위해 필요한 재고수준이다.

3. 안전 차원의 재고수준
소비자의 수요와 재주문 사이를 동안 재공급 리드타임에 있어 예상하지 못했던 수요 변동에 대처하기 위해 보관하고 있는 재고수준이다.

기출개념확인

01 기존 유통경로를 확대하여 원재료나 부품의 공급자 단계에서부터 제품 생산단계를 거쳐 최종소비자까지 물리적 재화가 전달되는 과정의 관리를 의미하는 개념은?

① 운영관리
② 물적유통
③ 자재유통
④ 재고관리

02 다음 중 기업이 소비자에 대해 행하는 물류서비스의 거래 유형이 아닌 것은?

① 실제 거래
② 예비적 거래
③ 예약 거래
④ 사후적 거래

정답·해설

01 ② 물적유통은 기업의 적절한 이윤을 보장하면서 고객의 욕구를 충족시키기 위해 원산지에서 소비자까지 제품 및 서비스, 관련 정보의 물적 흐름을 계획하고 집행·통제하는 것을 말한다.

02 ③ 물류서비스 수준의 결정은 기업 조직의 소비자에 대한 물류서비스는 거래를 통해 이루어지는데, 이는 고객서비스와 관련하여 예비적 거래, 실제 거래, 사후적 거래로 구분된다.

제11장 | 실전연습문제

*기출유형 은 해당 문제가 실제 시험에 출제된 유형임을 나타냅니다.

01 다음 설명에 해당하는 유통경로의 마케팅 기능은?

- 거래단위, 가격, 지불조건 등을 표준화시킨다.
- 소비자정보와 상품정보를 수집 및 제공한다.
- 물리적, 경제적 위험을 부담한다.
- 소비자정보와 상품정보를 수집 및 제공한다.

① 물적 유통 기능 ② 조성 기능
③ 소유권 이전 기능 ④ 사회문화적 기능

기출유형
02 산업재 유통경로에서 일반적으로 가장 많이 활용되는 경로는?

① 제조업자 → 제조업자 총판점 → 산업재 고객
② 제조업자 → 제조업자 총판점 → 산업재 유통업자 → 산업재 고객
③ 제조업자 → 산업재 고객
④ 제조업자 → 산업재 유통업자 → 산업재 고객

기출유형
03 산업재 유통경로의 특성으로 적절하지 않은 것은?

① 경로의 선택이 제한적이다.
② 생산자와 소비자 사이의 직거래는 거의 일어나지 않는다.
③ 중간상은 기술적으로 탁월하며 생산자와 유대관계를 가진다.
④ 산업재의 경우 최종 소비재 생산을 위한 중간재가 다수이기 때문에 재고관리나 재고의 통계가 중시된다.

기출유형
04 소매상을 위해 도매상이 수행하는 기능에 해당하는 것은?

① 서비스 대행 기능 ② 시장확대 기능
③ 신용 및 금융 기능 ④ 재고유지 기능

기출유형
05 다음 중 회원제 도매상의 특징에 해당하지 않는 것은?

① 철저한 셀프서비스에 의한 대량 판매방식을 활용하여 시중가격보다 저렴하게 판매한다.
② 일정 회비를 정기적으로 내는 회원들에게만 물건을 구매할 수 있는 자격을 제공한다.
③ 거대한 창고형의 점포에서 30~50% 할인된 가격으로 정상적인 상품을 판매한다.
④ 구매빈도·보존성 그리고 소모 빈도가 높은 품목을 다량으로 구입하여 총 이익률을 높인다.

06 하이퍼마켓에 대한 설명으로 옳지 <u>않은</u> 것은?
① 저마진, 저가격에 판매한다.
② 넓은 주차장 및 도시근교에 입지한다.
③ 유럽 등에서 발달한 대형 슈퍼마켓과 할인점으로 절충한 업태이다.
④ 임대료가 저렴한 곳에 위치하면서 셀프서비스 등의 저원가 경영을 통해 저가격 대량판매가 가능하다.

07 소매점포 믹스를 설계하는 과정에서 고려하는 상권의 개념이 <u>아닌</u> 것은?
① 1차상권
② 2차상권
③ 임시상권
④ 한계상권

08 다음 설명에 해당하는 수직적 유통경로 시스템(VMS) 방식은?

> 규모나 힘에 있어 우월한 위치에 있는 기업의 조정을 위해 생산 및 유통이 통합되는 형태를 의미한다. 즉, 소유권·계약 관계에 의해서가 아니라 어느 한쪽의 규모와 힘에 의해 생산과 유통이 조정되는 것이 특징이다.

① 관리형 마케팅 시스템
② 계약형 마케팅 시스템
③ 기업형 마케팅 시스템
④ 프랜차이즈 시스템

09 프랜차이즈 시스템에 대한 설명으로 옳지 <u>않은</u> 것은?
① 프랜차이저는 본사 혹은 본부로 불리고 프랜차이지는 지점 또는 가맹점이라고 불린다.
② 프랜차이즈 회사가 프랜차이즈를 사는 사람에게 프랜차이즈 회사의 이름, 상호, 영업방법 등을 제공하여 제품과 서비스를 판매하는 시스템이다.
③ 프랜차이저의 경영지도와 지원으로 양자 간의 계속적인 관계가 유지된다.
④ 관리형 마케팅 시스템에 해당한다.

10 경로갈등의 유형 중 서로 다른 유통경로상에 속해있는 업체들 사이에 발생하는 갈등에 해당하는 것은?
① 역할 갈등
② 수평적 갈등
③ 수직적 갈등
④ 복수경로 갈등

11 유통경로 구성원들에게 미치는 파워가 <u>아닌</u> 것은?
① 문화적 파워
② 보상적 파워
③ 합법적 파워
④ 준거적 파워

12 물적 유통에 관한 설명으로 적절하지 않은 것은?

① 주요 기능으로는 재고관리, 수송, 창고관리, 로지스틱스 정보관리 등이 있다.
② 기업의 적절한 이윤을 보장하면서 고객의 욕구를 충족시키기 위해 원산지에서 소비지점까지 제품 및 서비스, 관련 정보의 물적 흐름을 계획하고 집행·통제하는 것을 말한다.
③ 소비자와 기업 모두 동등한 경제적 이득을 취할 수 있다.
④ 기업은 소비자에게 더 나은 서비스와 저렴한 가격의 제공이 가능하다.

14 다음 중 재고수준의 개념에 해당하지 않는 것은?

① 안전 차원의 재고수준
② 수송 차원의 재고수준
③ 주문 차원의 재고수준
④ 리드타임 차원의 재고수준

13 다음 설명에 해당하는 물류서비스 수준을 결정하는 거래로 알맞은 것은?

> 물류와 직접적인 관련은 없으나 소비자들에게 높은 수준의 서비스를 제공한다는 측면에서 그 의미가 있는 것으로 거래정책 및 소비자 관리에 대한 문서, 조직구조 및 시스템의 유연성, 여러 기술적 서비스를 포함한다.

① 실제 거래   ② 보상 거래
③ 사후적 거래   ④ 예비적 거래

15 다음 중 경제적 주문량의 산출을 통해 결정되는 재고수준을 무엇이라고 하는가?

① 주문 차원의 재고수준
② 리드타임 차원의 재고수준
③ 안전 차원의 재고수준
④ 수송 차원의 재고수준

제11장 | 정답·해설

01	02	03	04	05
②	③	②	③	①
06	07	08	09	10
④	③	①	④	④
11	12	13	14	15
①	③	④	②	①

01 ②

주어진 사례는 소유권 이전 기능과 물적 유통 기능이 원활하게 수행될 수 있도록 지원해주는 조성기능의 표준화, 시장금융, 위험부담, 시장정보 기능을 설명하고 있다.

오답분석

① 생산과 소비 사이의 장소적, 시간적 차이를 조절하는 기능이다.
③ 가장 본질적인 기능으로 생산자와 소비자 간 소유적 차이를 조절하여 거래가 성립되도록 하는 기능이다.
④ 중간상이 사회적으로 필요한 기능을 설명한다.

02 ③

산업재 유통경로는 업체 수가 많지 않아 경로의 선택이 제한적이고 비교적 단순한 구조이므로 생산자와 소비자 사이에 직거래가 많이 일어난다.

03 ②

산업재 유통경로는 생산자와 소비자의 수가 소비재 유통경로에 비해 상대적으로 적어 비교적 단순한 구조인 경우가 많으며, 경우에 따라서는 생산자와 소비자 간 직거래가 많이 일어나고 있다.

04 ③

소매상을 위해 도매상이 수행하는 기능에는 구색 갖춤 기능, 소규모 판매 기능, 신용 및 금융 기능, 소매상 서비스 기능, 기술지원 기능이 있다.

참고 제조업자를 위해 도매상이 수행하는 기능

제조업자를 위해 도매상이 수행하는 기능에는 시장확대 기능, 재고유지 기능, 주문처리 기능, 시장정보 기능, 서비스 대행 기능이 있다.

05 ①

셀프서비스에 의한 대량 판매방식을 활용하여 시중 가격보다 20~30% 낮은 가격으로 판매하는 업태는 할인점이다.

06 ④

임대료가 저렴한 곳에 위치하며, 셀프서비스 등의 저원가로 저가격, 대량판매를 하는 것은 할인점의 특성에 해당한다. 하이퍼마켓은 식품 및 비식품을 취급하며 창고형태로 운영하면서 비회원의 점포 출입도 허용하는 업태이다.

07 ③

상권은 한 점포가 고객을 유인할 수 있는 지역 범위로 전체 점포 이용고객의 50~70%를 포함하는 1차상권, 1차상권 외곽에 위치하여 전체 점포 이용고객의 20~25%를 포함하는 2차상권, 2차상원 외곽을 둘러싼 나머지 고객들을 유인하는 한계상권이 있다.

08 ①

수직적 유통경로 시스템은 경로 가구의 수직통합을 어떤 주체가 어떠한 방식으로 하는지에 따라 기업형 통합, 관리형 통합, 계약형 통합으로 구분된다.

오답분석
② 생산이나 유통 활동에서 상이한 수준에 있는 독립기관들이 상호 경제적인 이익을 취득하기 위해서 계약을 체결하고 해당 계약에 따라 수직적 통합을 하는 형태를 말한다.
③ 기업이 생산 및 유통을 모두 소유함으로써 결합되는 형태를 의미한다.
④ 프랜차이즈 본부와 가맹점포를 소유하는 프랜차이지 간 회사 이름, 상호, 영업방법 등에 대해 계약을 맺고 제공하는 방식이며, 계약형 마케팅 시스템의 일종이다.

09 ④

프랜차이즈 본부가 가맹점포를 소유하는 프랜차이지에게 특정 지역에서 일정기간 영업을 할 수 있는 권리나 특권을 부여하고 그 대가로 로열티를 받는 방식이다. 회사 이름, 상호, 영업방법 등에 대해 계약을 맺고 제공하는 방식이며, 계약형 마케팅 시스템의 일종이다.

10 ④

복수경로 갈등은 서로 다른 유통경로상에 속해있는 주체들 사이에서 발생하는 갈등이다. 예를 들어 의류브랜드가 직영할인점에 제품을 공급하게 되면서 기존 대리점들이 반발하여 생기는 갈등이다.

11 ①

유통경로 구성원들이 경로 구조상 다른 구성원에게 미치는 영향력에는 보상적 파워, 합법적 파워, 준거적 파워, 전문적 파워가 있다.

오답분석
② 보상적 파워는 어느 한 경로구성원이 타 경로구성원에게 갖가지 심리적 혹은 물질적인 도움을 줄 수 있을 때 형성되는 영향력을 의미한다.
③ 합법적 파워는 경로구성원 A가 B에게 영향력을 행사할 법적 권리를 지니고 있고 B가 이를 받아들일 의무가 있다고 믿기 때문에 발생하게 되는 영향력을 의미한다.
④ 준거적 파워는 경로구성원 B가 A와 조직적 일체감을 가지기를 원하기 때문에 A가 B에 대해 지니는 영향력을 의미한다.

12 ③

물적 유통(마케팅 로지스틱스)은 원재료나 부품의 공급자 단계에서부터 생산 단계를 거쳐 최종소비자까지 물리적 재화가 전달되는 과정의 관리를 의미한다. 이는 기업의 적절한 이윤을 보장하면서 고객의 욕구를 충족시키기 위해 원산지에서 소비자까지 제품 및 서비스, 관련 정보의 물적 흐름을 계획하고 집행·통제하는 것을 말한다. 기업은 이를 통해 소비자에게 더 나은 서비스와 저렴한 가격의 제공이 가능하며, 소비자와 기업 모두에게 커다란 비용절감의 효과를 가져다주며, 이러한 효과는 기업에서 더 크게 나타난다. 최근 제품의 다양화가 진전됨에 따라 더 발전된 로지스틱스 관리의 중요성이 대두되고 있다.

13 ④

예비적 거래는 물류와 직접적인 관련은 없으나 소비자들에게 높은 수준의 서비스를 제공한다는 측면에서 의미가 있다. 거래정책, 소비자 관리에 대한 문서, 조직구조 및 시스템의 유연성, 여러 기술 서비스를 포함하고 있다.

오답분석
① 제품의 배달처럼 직접적으로 관련 있는 행위이며, 제품에 대한 반송 처리, 재고수준, 서비스 제공시기, 주문기간, 시스템의 정확성, 주문의 편리성 및 제품 대체성 등을 포함한다.
② 존재하지 않는 개념이다.
③ 불량품 또는 제품의 결함에 대한 회수 및 결함 제거활동, 자사제품에 대한 고객들의 불만사항 접수·조정을 포함하며 판매된 제품에 대한 사후의 지원행위와 관련이 있다.

14 ②

재고수준의 개념에는 안전 차원의 재고수준, 주문 차원의 재고수준, 리드타임 차원의 재고수준이 있다.

오답분석
① 소비자의 수요와 재주문 사이클 동안 재공급 리드타임에 있어 예상하지 못했던 수요 변동에 대처하기 위해 보관하고 있는 재고수준이다.
③ 제품에 대한 재주문 후 창고에 적정 재고를 보충하기 전까지 기대수요를 만족시킬 수 있는 재고의 수준을 의미한다.
④ 예상되는 재공급에 대한 리드타임 사이 발생하는 수요에 대처하기 위해 필요한 재고수준이다.

15 ①

주문 차원의 재고수준은 제품에 대한 재주문 후 창고에 적정 재고를 보충하기 전까지 기대수요를 만족시킬 수 있는 재고의 수준을 의미한다. 이는 재주문 시 주문수준 및 주문량을 어느 수준까지 정할 것인가에 대해 경제적 주문량(EOQ; Economic Order Quantity)의 산출을 통해 결정한다.

무료 학습자료 제공·독학사 단기합격 **해커스독학사**
haksa2080.com

독학학위제 전공기초과정 경영학과

기출동형모의고사

기출동형모의고사 **1회**
기출동형모의고사 **2회**
기출동형모의고사 **3회**

잠깐!

기출동형모의고사는 독학사 시험의 기출문제를 철저히 분석하여 구성한 실전 대비 모의고사입니다.
본 교재의 맨 뒤에 제공되는 총 3장의 OMR 카드를 활용하여 문제를 풀이해 주세요.

기출동형모의고사 풀이 전 아래 사항을 확인하세요.

- ☐ 휴대전화의 전원을 꺼주세요.
- ☐ 컴퓨터용 사인펜을 준비하세요.
- ☐ OMR 카드에 과목명과 성명을 기재한 후, 문제풀이를 시작하세요.
- ☐ 시험시간 50분 내에 문제풀이와 OMR 카드 마킹까지 완료하세요.

기출동형모의고사 1회

응시과목	시험시간	점수
마케팅원론	50분	

01 마케팅관리에 대한 설명 중 적절하지 <u>않은</u> 것은?

① 마케팅관리의 목적은 관련 당사자들을 만족시키기 위함이다.
② 개인과 조직의 목적을 성취하게 하는 교환을 조장하기 위해서 아이디어, 재화 및 용역들의 개념, 가격결정, 촉진, 유통경로를 계획하고 실행하는 과정이다.
③ 교환의 개념에 근거를 두고 있다.
④ 잠재적 교환을 행하는 일방이 상대방으로부터 바람직한 반응을 일으키게 하려고 수단과 목적을 생각할 때 발생한다.

02 마케팅 개념의 변천을 순서대로 배열한 것은?

① 생산 개념 → 제품 개념 → 판매 개념 → 마케팅 개념 → 사회지향적 마케팅 개념
② 제품 개념 → 판매 개념 → 생산 개념 → 마케팅 개념 → 사회지향적 마케팅 개념
③ 판매 개념 → 생산 개념 → 제품 개념 → 마케팅 개념 → 사회지향적 마케팅 개념
④ 판매 개념 → 제품 개념 → 생산 개념 → 마케팅 개념 → 사회지향적 마케팅 개념

03 마케팅 개념을 구성하는 핵심요소에 대한 설명으로 적절하지 <u>않은</u> 것은?

① 핵심요소에는 시장중심, 고객지향성 등이 있다.
② 시장중심은 시장범위를 한정하여 표적시장에 최선을 다하는 것이다.
③ 고객지향성은 고객의 관점에서 욕구를 정의하는 것이다.
④ 통합적 마케팅에서는 내적 마케팅만 수행한다.

04 사회지향적 마케팅의 등장 배경으로 보기 <u>어려운</u> 것은?

① 이익극대화에 대한 사회적 비판
② 잠재수요의 개발
③ 기업의 사회적 책임
④ 소비자 주권주의

05 다음 중 BCG 매트릭스를 구성하는 두 가지 축의 변수를 바르게 나타낸 것은?

① 시장성장률과 시장점유율
② 노동장비율과 자본이익률
③ 자본이익률과 경상이익률
④ 투자이익률과 이익배당률

06 환경에 대해 기회와 위협을 파악하고 기업의 강점과 약점을 분석하여 여러 전략적 반응을 유도하는 환경분석 기법은?

① 이해관계자 분석 ② 환경분석
③ SWOT 분석 ④ 비용-편익분석

07 BCG 매트릭스에서 고성장과 고점유의 영역은?

① 별 ② 현금젖소
③ 물음표 ④ 개

08 앤소프(Ansoff)의 경영전략에 대한 설명 중 틀린 것은?

① 사업전략 간 시너지 효과를 통해 시장에서 경쟁우위를 확보하는 방법이다.
② 기업의 목표 설정을 통해 활동범위와 성장방향을 명백히 한다.
③ 기업의 목표 설정만으로도 경영전략의 필요성은 충분히 충족된다.
④ 기업의 순조로운 성장을 위해서 결정규칙이 필요하다.

09 신제품을 기존의 시장에 판매하여 매출액의 증대를 실현하기 위한 전략은?

① 제품다양화 전략 ② 시장개척 전략
③ 제품개발 전략 ④ 시장침투 전략

10 다음 중 마케팅 관리자의 통제가 어려운 요인은?

① 제품 ② 입지
③ 광고 ④ 경쟁

11 기업환경에서 내부 환경요인으로만 구성된 것은?

① 정치요인 - 경제요인
② 정치요인 - 인적요인
③ 재무요인 - 문화요인
④ 재무요인 - 인적요인

12 소비자가 어떤 제품에 대해 관심을 가지는 정도를 뜻하는 것은?

① 기여도 ② 관여도
③ 충성도 ④ 민감도

13 소비자가 자기에게 좋은 방향의 생각과 유리한 쪽의 정보만을 채택하고 기억하는 경향은?

① 선택적 주의 ② 선택적 지각
③ 선택적 노출 ④ 선택적 왜곡

14 다음 중 마케팅 조사 절차의 순서가 바른 것은?
① 문제의 정의 → 마케팅 조사 설계 → 자료수집과 분석 → 조사목적 설정 → 보고서 작성
② 문제의 정의 → 조사목적 설정 → 마케팅 조사 설계 → 자료수집과 분석 → 보고서 작성
③ 문제의 정의 → 조사목적 설정 → 자료수집과 분석 → 마케팅 조사 설계 → 보고서 작성
④ 문제의 정의 → 마케팅 조사 설계 → 조사목적 설정 → 자료수집과 분석 → 보고서 작성

15 다음 중 1차 자료가 아닌 것은?
① 조사자가 직접 수집한 자료
② 문헌이나 선행연구자료처럼 다른 조사를 목적으로 이미 수집해놓은 기존 자료
③ 현재 문제를 해결하기 위한 조사를 목적으로 수집한 자료
④ 직접 실시한 설문조사, 실험, 연구결과

16 다음 용어에 대한 설명이나 예로 옳지 않은 것은?
① 질적자료 또는 범주형자료 - 조사대상을 범주로 구분한 자료로 사칙연산의 의미가 없다.
② 양적자료 - 길이, 무게 등과 같은 수치로 측정되는 자료로 사칙연산의 의미가 있다.
③ 명목척도 - 성별
④ 순서척도 - 우편번호

17 시장세분화의 장점이 아닌 것은?
① 규모의 경제 및 범위가 발생한다.
② 마케팅 기회를 파악할 수 있다.
③ 제품과 마케팅 활동을 목표시장의 요구에 맞게끔 조정할 수 있다.
④ 마케팅 자원을 보다 효율적으로 배분할 수 있다.

18 시장세분화의 전제조건이 모두 충족되었다고 가정할 때, 1대1 대응형 세분화 전략이 가장 적합한 경우는?
① 경쟁이 치열하고 선호가 동질적인 시장
② 경쟁이 치열하고 선호가 분산된 시장
③ 경쟁이 없고 선호가 동질적인 시장
④ 경쟁이 없고 선호가 분산된 시장

19 다음 중 제품의 구매나 사용이 사회적 관계 속에서 갖는 상징적 의미를 강조하려는 경우에 가장 적합한 포지셔닝 유형은?
① 제품속성에 의한 포지셔닝
② 제품가격에 의한 포지셔닝
③ 제품사용자에 의한 포지셔닝
④ 경쟁에 의한 포지셔닝

20 시장에서의 포지셔닝에 대한 다음의 설명 중 옳지 않은 것은?
① 일반적으로 시장에서의 포지셔닝을 먼저 결정한 후 어떤 세분시장에 진출할 것인가를 결정하는 것이 바람직하다.
② 소비자들의 마음속에서 어떻게 우리 제품을 경쟁사 제품보다 우위로 인식시킬 것인가에 대한 전략이다.
③ 포지셔닝 전략이 정해지면 전략에 적합한 마케팅 믹스가 개발되어야 한다.
④ 경영자는 포지셔닝 전략을 세울 때 경쟁사들의 강약점을 검토하여 경쟁사를 이길 수 있는 위치를 선택하여야 한다.

21 결합브랜드(co-brand)의 단점이 아닌 것은?
① 개별브랜드 개성이 결합브랜드에서 동화되지 않을 수 있다는 점이다. 이러한 문제는 브랜드 확장이 적합하지 않은 경우와 비슷한 맥락이다.
② 브랜드의 결합 순서에 따라서 소비자의 이해가 달라질 수 있다.
③ 소비자는 결합브랜드를 두 개의 브랜드로 인식하지 않고 하나의 브랜드로 인식할 수 있다.
④ 한 브랜드의 포지셔닝이 시간에 따라 달라질 수 있는데, 결합브랜드는 이러한 변화에 따라 긍정적인 영향을 받을 수 있다.

22 다음 용어에 대한 설명으로 옳지 않은 것은?
① 미탐색품(unsought goods) - 소비자들이 평소 제품탐색 의도를 보였던 제품으로서 신규 미탐색품과 정규 미탐색품으로 구분된다.
② 무상표(no brand) - 상표촉진과 품질유지의 비용을 감당할 수 없거나 절감하기 위해서 상표설정을 하지 않고 단순히 제품계층 명칭을 사용할 수 있다.
③ 문화적 가치(cultural values) - 공동체 집단의 정체성 또는 복지에 중요하다고 인정되는 활동, 관계, 느낌 또는 목표에 관한 보편적인 신념이다.
④ 미끼가격정책(bait pricing policy) - 일단 허위나 오도하는 광고를 통하여 고객을 점포 내로 유인한 후 보다 비싼 다른 제품을 구매하도록 고압적으로 강요하는 가격정책이다.

23 상표 전략에 대한 다음의 서술 중 가장 옳은 것은?
① 일반적으로 무상표 전략보다 유상표 전략을 사용하는 경우에 원가부담이 더 낮다.
② 소형 유통기관일수록 제조업자상표보다 유통업자 상표를 사용하는 것이 유리하다.
③ 개별브랜드 전략은 각 제품에 대한 시장의 규모가 작을수록 더 적합하다.
④ 복수브랜드 전략은 경쟁자의 시장진입을 방해하는 한 방법이다.

24 어떤 브랜드에 대한 지속적인 선호와 만족, 반복적인 사용을 뜻하는 것은?
① 브랜드 자산
② 브랜드 충성도
③ 브랜드 연상
④ 브랜드 인지도

25 신제품 개발과정에 관한 다음의 내용 중에서 올바른 것으로 묶인 것은?

> (가) 아이디어 창출 단계에서는 많은 수의 아이디어 창출에 중점을 둔다.
> (나) 사업성 분석은 제품 개념 테스트 다음에 이루어진다.
> (다) 제품 개념 개발 단계에서 시제품(prototype)을 만든다.
> (라) 시험마케팅은 제품 출시 후 소규모로 실시된다.

① (가), (나)
② (가), (라)
③ (나), (다)
④ (나), (라)

26 다음 중 신제품의 범주에 속하지 않는 것은?
① 제품 개선
② 신규 제품
③ 새로운 광고 활동을 하는 제품
④ 신상품

27 다음 중 제품수명주기의 단계로 옳은 것은?
① 도입기 → 성숙기 → 성장기 → 쇠퇴기
② 도입기 → 성장기 → 쇠퇴기 → 성숙기
③ 도입기 → 쇠퇴기 → 성숙기 → 성장기
④ 도입기 → 성장기 → 성숙기 → 쇠퇴기

28 다음은 초기고가격 전략에 대한 내용으로 옳지 <u>않은</u> 것은?

① 스키밍 가격 전략이라고도 한다.
② 자사가 신제품으로 타사에 비해 높은 우위를 가질 때 효과적으로 적용시킬 수 있는 전략이다.
③ 시장 진입 초기에 비슷한 제품보다는 상대적으로 가격을 높게 정한 후 점차적으로 하락시키는 전략을 활용한다.
④ 저소득층을 목표고객으로 정했을 때 효과적이다.

29 가격결정에 영향을 미치는 내적 요인에 해당하지 <u>않는</u> 것은?

① 마케팅 목표
② 마케팅 믹스 전략
③ 원가 및 시장과 수요
④ 가격결정을 하는 조직부서

30 지불대금이나 이자의 일부 상당액을 지불인에게 되돌려 주는 일 또는 그 돈을 뜻하는 것은?

① 견본(sample)   ② 거래 스탬프
③ 리베이트(rebate)   ④ 단골사은품

31 마케팅에서의 PPL에 대한 설명은?

① PPL은 실제광고가 아닌 유사광고로서 영화나 TV 프로그램에 브랜드를 삽입하는 형태를 말한다.
② 사업단위의 마케팅, 재무, 제조, 조직능력 등을 검토하는 것이다.
③ 모든 환경요인을 분석대상으로 하는 것이다.
④ 외적환경은 시장의 크기/경쟁사의 정책 등을 분석하는 것이다.

32 마케팅에서 촉진(promotion)의 정의를 고려할 때 다음 중에서 촉진믹스(promotion mix)에 해당되지 <u>않는</u> 것을 모두 고른 것은?

| ㄱ. 제품 | ㄴ. 가격 | ㄷ. 광고 |
| ㄹ. 인적판매 | ㅁ. 유통 | ㅂ. 홍보·PR |

① ㄱ, ㄴ, ㄹ   ② ㄱ, ㄴ, ㅁ
③ ㄴ, ㄷ, ㅁ   ④ ㄹ, ㅁ

33 풀 전략과 가장 관련이 있는 것은?

① 소비자 광고   ② 인적판매 활동 강화
③ 유통계열화   ④ 거래점의 권장판매

34 카메라 또는 녹음기 등을 사용하여 자료를 수집하는 방법은?

① 표적집단 면접법   ② 관찰조사법
③ 설문조사법   ④ 대인면접법

35 다음 중 인적판매에 대한 내용으로 옳지 않은 것은?

① 낮은 비용을 발생시킨다.
② 타 촉진수단에 비해서 개인적이다.
③ 판매능력은 판매원에 따라 천차만별이다.
④ 직접적인 접촉을 통한 많은 양의 정보 제공이 가능하다.

36 기업의 중요한 마케팅 수단인 광고에 관한 설명 중 가장 적절하지 않은 것은?

① 소비자의 관여도가 낮을수록 해당 광고에 대한 인지적 반응의 양이 많아진다.
② 광고는 인터넷이나 사람들을 통한 다른 마케팅 방법과는 다르게 일방적으로 의사가 전달되지만 그 내용이나 시간 등을 광고주가 가장 컨트롤하기 쉬운 방법이라는 장점이 있다.
③ 광고의 판매효과를 측정하기 힘든 이유로 광고의 이월효과(carry-over effects)를 들 수 있다.
④ 광고목표 설정 시 표적시장 및 비교기준을 명확하게 규정해야 한다.

37 마케팅의 기능 중 물적 유통기능과 가장 관련이 깊은 것을 바르게 고른 것은?

> ㄱ. 시간효용 창조 기능
> ㄴ. 금융 기능
> ㄷ. 소유(권)효용 창조 기능
> ㄹ. 위험부담 기능
> ㅁ. 장소효용 창조 기능

① ㄱ, ㄷ   ② ㄴ, ㄷ
③ ㄱ, ㅁ   ④ ㄴ, ㄹ

38 다음 용어에 대한 설명으로 옳지 않은 것은?

① 풀 전략(pull strategy): 촉진 전략의 한 형태로서 최종고객에 대한 집중적인 설득(광고)을 통하여 그들로 하여금 마케팅 경로를 통하여 제품을 끌어당기도록 하는 전략대안이다.
② 경로갈등(channel conflict): 경로구성원 사이에서 나타나는 갈등으로 마케팅 경로의 동일한 단계에서 활동하는 경로구성원 사이의 수평적 갈등과 수직적 갈등 등의 형태가 있다.
③ 유인가격(leader pricing policy): 일부 품목의 가격을 한시적으로 인하하는 정책으로, 이때 가격이 인하되는 제품을 전략제품 또는 고객유인용 손실품이라고 한다.
④ 전문점(specialty store): 연중무휴로 식료품과 일용잡화를 파는 점포를 말하며, 주민들에게 큰 편의를 제공하기 때문에 인기를 끌 수 있다.

39 상품의 포장단위가 크며 기본 시설과 서비스로 회원에 가입한 소비자에게만 저렴한 가격으로 상품을 공급하는 형태는?

① 미니마트   ② 편의점(CVS)
③ 회원제 창고점   ④ 할인점

40 경제적 주문량을 결정하는 데 고려해야 할 요소가 아닌 것은?

① 재고유지비용   ② 생산비
③ 재고부족비용   ④ 주문비용

기출동형모의고사 2회

응시과목	시험시간	점수
마케팅원론	50분	

01 마케팅 개념을 구성하는 기본적인 구성요소가 <u>아닌</u> 것은?
① 고객중심　　② 제품중심
③ 시장중심　　④ 통합적 마케팅

02 마케팅 관리 이념의 변천과정을 옳게 나열한 것은?
① 제품 개념 → 판매 개념 → 마케팅 개념 → 생산 개념 → 사회적 마케팅 개념
② 제품 개념 → 생산 개념 → 판매 개념 → 마케팅 개념 → 사회적 마케팅 개념
③ 생산 개념 → 제품 개념 → 판매 개념 → 마케팅 개념 → 사회적 마케팅 개념
④ 생산 개념 → 판매 개념 → 제품 개념 → 사회적 마케팅 개념 → 마케팅 개념

03 아래 내용과 관련 있는 개념은?

> 레비트 교수는 스스로의 산업범위를 너무 좁게 규정했기 때문에 기술이 진보함에 따라 기업이 필연적으로 쇠퇴할 수밖에 없었던 상황을 미국 철도회사들의 예를 들어 보여주면서 회사의 지속적인 성장을 위해서는 자사 산업을 폭넓게 규정할 것을 촉구하는 혁신적인 방법을 제시하였다.

① 목표 고객의 축소　　② 마케팅 근시안
③ 일반화의 오류　　　④ 기술우월주의

04 다음 중 마케팅 개념에 대한 설명과 거리가 <u>먼</u> 것은?
① 시장지향적　　② 소비자 욕구의 강조
③ 통합적 마케팅　④ 판매를 통한 이익

05 마케팅과 판매의 차이를 설명한 내용 중 가장 거리가 <u>먼</u> 것은?
① 마케팅은 시장지향적이며, 판매는 기업지향적이다.
② 판매는 판매 및 촉진을 그 수단으로 하나, 마케팅은 통합적 마케팅을 그 수단으로 한다.
③ 판매는 제조 이전의 모든 단계에서 서비스 방침을 강조하나, 마케팅은 애프터 서비스만을 강조한다.
④ 마케팅은 소비자의 욕구를, 판매는 기업의 욕구를 강조한다.

06 다음 중 제품 개념에 관한 설명 중 <u>틀린</u> 것은?
① 소비자는 가격에 대응하는 최고의 품질을 선호하고 있다고 가정한다.
② 제품의 품질향상이 가장 중요하다.
③ 소비자의 욕구를 경시하기 쉽다.
④ 대외적이며 사회지향적인 개념이다.

07 '한 고객이 특정 기업과 거래하는 동안 그 기업에게 얼마나 수익을 가져다 주는가'와 관련된 용어는?
① 고객 이익 가치 ② 고객 생애 가치
③ 고객 충성 가치 ④ 고객 매출 가치

08 제품포트폴리오 모형(BCG 매트릭스)에서 저성장과 고점유의 영역은?
① 별 ② 물음표
③ 현금젖소 ④ 개

09 BCG 매트릭스에서 대규모의 현금투자를 요구하지만, 가까운 장래에 잠재적으로 강력한 현금흐름이 가능할 것으로 기대되는 '별' 제품이 의미하는 것은?
① 저성장 – 저점유의 제품
② 고성장 – 저점유의 제품
③ 고성장 – 고점유의 제품
④ 저성장 – 고점유의 제품

10 마케팅 전략에 대한 설명 중 옳지 않은 것은?
① 마케팅 전략을 수립하는 도구로 4P가 대표적이다.
② 마케팅 계획은 마케팅 전략의 하위시스템이다.
③ 마케팅 전술은 마케팅 전략의 하위시스템이다.
④ 마케팅 계획의 기초가 되는 것이다.

11 다음 중 마케팅 4P에 속하지 않는 것은?
① 제품 ② 촉진
③ 가격 ④ 파워

12 기업이 현재의 업종과 전혀 다른 분야로 확장하여 운영하는 것을 의미하는 개념은?
① 집중적 다각화 ② 수평적 다각화
③ 복합적 다각화 ④ 수직적 다각화

13 조사연구의 과정 중 조사되는 추상적인 개념의 변수들을 실제로 어떻게 측정할지를 보다 구체적인 용어로 바꾸는 것은?
① 개념화 ② 조작화
③ 구체화 ④ 명료화

14 기업이 어떤 종류의 사업에 참여할 것인가에 대한 의사결정을 내리는 전략 수준은?
① 사업단위수준 전략 ② 기업수준 전략
③ 기능수준 전략 ④ 마케팅수준 전략

15 포터의 경쟁전략이론에 의하면, 산업의 수익률은 5가지 동인(forces)에 의해 영향을 받는다고 한다. 다음 중 가장 옳지 <u>않은</u> 것은?

① 보완재가 적을 때 산업의 수익률은 높아진다.
② 기업 간의 경쟁이 치열할수록 산업의 수익률은 낮아질 것이다.
③ 잠재적 진입자의 시장진출 위협정도가 낮다면, 즉 진입장벽이 높다면 산업의 수익률은 높아질 것이다.
④ 구매자의 교섭력이 강할수록 산업의 수익률은 높아질 것이다.

16 기업의 내적 환경분석을 통하여 얻을 수 있는 사항은?

① 강점　　② 기회
③ 위협　　④ 손익분기점

17 아래의 설명과 관련 있는 조직(단위)은?

> 종래의 사업부제 조직의 한계를 극복하기 위해서 1970년대 초반에 미국의 GE사에 의해 최초로 채용된 조직 체제이다. 고객 욕구의 다양화에 따라 시장 환경이 변화하면 시장이나 기술 등의 면에서 각 사업부 간에 자원의 중복이 생겨나는 등 불편한 점이 드러나게 된다. 그래서 각 사업부 간에 부각된 요구나 사업부 차원을 넘어선 곳에서 생겨난 요구에 대응하는 전략을 책정하고 실시한다.

① 전략적 사업 단위(SBU; Strategic Business Unit)
② 수평적 조직
③ 복합적 조직
④ 수직적 조직

18 관여도에 관한 설명으로 적절하지 <u>않은</u> 것은?

① 일반적으로 저관여 상품은 개별 소비자가 해당 상품에 대한 경험이나 지식이 있거나 구매와 사용에 따른 위험이 많은 경우에 해당한다.
② 관여도에 영향을 미치는 요소는 개인의 가치관 등이다.
③ 소비자들의 라이프스타일도 직접적인 관여도를 결정짓는 요소가 된다.
④ 관여도는 개인이 어떤 제품군에 대해 지속적으로 관심을 가지거나 중요하다고 생각하는 경우도 있지만 개인이 특정 상황에서 일시적으로 관심을 가지거나 중요하다고 생각하는 경우도 있다.

19 소비자가 구매결정과정에서 '소비자의 현재 상태와 바람직한 상태 간의 차이를 깨닫는 단계'를 무엇이라고 하는가?

① 문제인식 단계　　② 기억의 인출 단계
③ 정보탐색 단계　　④ 대안평가 단계

20 관여도에 관한 설명으로 적절하지 <u>않은</u> 것은?

① 소비자의 구매 제품의 관여도의 높고 낮음은 절대적인 것이다.
② 관여도란 특정 상황에서 자극에 의하여 유발되어 인지되고 지각된 개인적인 중요성 혹은 관심도의 수준으로, 마케팅에서는 상품에 대한 소비자의 태도의 수준을 의미한다.
③ 관여도의 주체는 개개인의 개별 소비자이다.
④ 저관여 상품에 대한 구매의사결정은 단순한 편의성이나 가격 등에 따라 짧은 시간 안에 이루어지게 된다.

21 다음 설명과 가장 관련 깊은 모형은?

> 소비자가 문제를 인식한 후 정보탐색의 단계에서 수집한 정보들을 근거로 하여 속성별로 갖게 된 신념들을 종합하여 태도로 통합되는 과정을 묘사하는데, 소비자 판단규칙(consumer judgment rules)이라고도 하며 크게 보상적모델과 비보상적모델로 구분할 수 있다.

① 다속성 태도 모형
② 연속제거 평가 모형
③ 사전편집식 평가 모형
④ 비보상적 평가 모형

22 '외부의 제3자에 의하여 객관적으로 판별되는 각인의 직업·직업상 지위·수입·재산·소비수준·생활양식 등의 차이에 따라 인위적으로 설치된 단계적 구분'이라는 정의에 가장 알맞은 것은?

① 준거집단
② 사회계층
③ 열망집단
④ 공식집단

23 다음 용어에 대한 설명으로 옳지 않은 것은?

① 기술통계 – 자료가 수집된 후, 자료를 요약하고 정리하여 자료의 특징을 파악하고 설명하는 통계분야
② 추측통계 – 관심의 대상 전체로부터 그 일부인 표본자료를 분석함으로써 관심의 대상 전체에 관해 추측하고 일반화시키는 통계분야
③ 모집단(population) – 관심 있는 대상들의 일부 집단
④ 표본(sample) – 실제 조사되거나 측정되는 모집단의 일부

24 다음 용어에 대한 설명으로 옳지 않은 것은?

① 구간척도 – '화씨 또는 섭씨 온도'가 대표적이다.
② 비율척도 – 키, 몸무게, 나이, 월수입, 한달 용돈 등의 자료들이 대표적이다.
③ 대부분의 연속형 자료들은 '구간척도', '비율척도'의 자료들이다.
④ 순서척도의 예로는 성별 등이 있다.

25 마케팅 조사 중 탐색적 조사의 설명으로 옳은 것은?

① 조사문제가 명확하지 않을 때 아이디어나 가설 도출을 위해 사용된다.
② 마케팅 현상의 특징이나 변수들 간의 관련성 여부를 파악하는 것이다.
③ 일정한 시간 간격을 두고 반복적으로 정보를 수집하는 방법이다.
④ 마케팅 변수들 간의 인과관계에 대한 가설을 조사하는 것이다.

26 A시에 거주하고 있는 소비자를 대상으로 B제품에 대한 고객만족도를 조사하려 할 때, 대표성은 높으나 시간과 비용이 가장 많이 드는 표본추출방법은?

① 판단표본추출(judgement sampling)
② 편의표본추출(convenience sampling)
③ 할당표본추출(quota sampling)
④ 전수조사(total survey)

27 표본 프레임이 없을 때 사용하는 표본추출방법은?

① 편의표본추출
② 단순 무작위 표본추출
③ 층화표본추출
④ 군집표본추출

28 다음 상관분석에 대한 설명으로 옳지 <u>않은</u> 것은?
① 쌍으로 관찰된 두 변수 X, Y 간의 관련성을 분석하는 것에는 적절하지 않다.
② 하나의 수치로 변수 간의 직선관계를 나타내는 회귀계수를 구한다.
③ 회귀식의 접합을 통하여 두 변수 간의 관계를 함수로 찾는 것이다.
④ 상관분석의 예로 시험의 중간고사와 기말고사 점수, 야구선수의 홈런 수에 따른 연봉액수 등이 있다.

29 가방제조회사가 전자제품 제조업계에 진출하는 경우와 같이 기존시장이나 기존제품과 관계없는 분야에 진출하는 경우를 뜻하는 말은?
① 제품개발　　② 다각화
③ 시장개발　　④ 시장침투

30 일명 '분류화'라고 불리는 것으로 구분되는 속성들은 포괄적이고 상호배타적이어야 하는데, 이 설명에서 나타나는 개념은?
① 서열등급　　② 등간등급
③ 비율등급　　④ 명목등급

31 다양한 욕구를 가진 소비자들을 특정 제품 및 믹스를 필요로 하는 유사한 집단으로 묶는 과정은?
① 시장세분화(market segmentation)
② 마케팅 근시안
③ 포지셔닝
④ 표적시장 선정

32 상이한 두 개 이상의 유통 경로를 채택하는 것으로, 단일 시장이라도 각기 다른 유통 경로를 사용하여 세분화된 개별시장에 접근하는 유통 경로는?
① 소비재 유통 경로　　② 산업재 유통 경로
③ 복수 유통 경로　　　④ 물적 유통 경로

33 다음 중 시장세분화에 대한 설명으로 <u>틀린</u> 것은?
① 시장 간의 이질성이 높아야 한다.
② 일정기간 동안 일관성 있는 특징이 유지될 필요가 없다.
③ 세분화된 그 시장은 시장 안에서 동질성이 높아야 한다.
④ 독자적인 마케팅 프로그램을 실행할 만큼의 규모가 되어야 한다.

34 다음 중 일반적인 시장 선도(market leader) 기업이 활용하기에 가장 적합하지 <u>않은</u> 전략은?
① 전체시장 도달 전략
② 시장총수요 증대 전략
③ 시장점유율 확대 전략
④ 틈새시장 집중화 전략

35 결합브랜드의 장점이 <u>아닌</u> 것은?
① 기존 브랜드에 비해 결합브랜드는 추가되는 브랜드의 인지도가 더해지기 때문에 시장의 확대가 용이해진다.
② 결합브랜드는 일반적으로 대체적인 업종들 사이에서 활용이 되고 있다.
③ 소비자에게는 품질이나 기술에 대해 신뢰를 줄 수 있다.
④ 기존 브랜드에서 찾을 수 없는 연상을 다른 브랜드와 결합시킬 수 있다.

36 다음 용어에 대한 설명으로 옳지 않은 것은?

① 거시적 환경요인 – 기업의 마케팅 활동에 대하여 외부적 제약으로서 작용하는 시장의 인구통계적 특성, 경제적 특성, 자연적 특성, 기술적 특성, 정치적/법적 특성, 사회적/문화적 특성, 경쟁적 특성을 말한다.
② 마일리지 – 중간상인에게 자신의 제품을 특별히 진열해주거나 촉진해줄 것을 요구하면서 대금의 일부를 감면해주는 공제로서 촉진공제와 유사하다.
③ 물적유통시스템 설계 – 첫 단계는 고객들이 무엇을 원하며, 경쟁자들은 무엇을 제공하고 있는가를 연구하는 것이다.
④ 경로의 길이 – 경로구조에서 생산자와 최종고객 사이에 개재하는 유통단계의 수를 의미한다.

37 수직적 마케팅 시스템의 장단점의 설명 중 옳지 않은 것은?

① 생산 – 유통 – 소비에 이르는 전체 과정에서 독립적인 경로구성원들이 수행하는 마케팅 활동의 중복을 제거하여 일관성을 도모하고, 유통질서를 확립한다.
② 운영상 규모의 경제를 실현하기가 어렵다.
③ 마케팅 경로 전체로서 시장에 대한 영향력을 극대화시켜 경쟁력을 강화한다.
④ 마케팅 경로상에서 지도자격인 구성원이 전문적으로 관리되고 집중적으로 계획된 유통망을 주도적으로 형성하고 상이한 단계에서 활동하는 경로구성원들의 수직적 결합을 수직적 마케팅 시스템이라고 한다.

38 시장세분화에 관한 다음의 서술 중 가장 적절하지 않은 것은?

① 시장세분화는 지역별, 인구통계상 분화, 생활양식에 의한 분화 등이 있다.
② 제품세분화의 예로 기초화장, 색조화장, 화장소품 등이 있다.
③ 시장세분화에서는 동일한 세분시장 내에 있는 소비자들의 이질성이 최대화되도록 해야 한다.
④ 특정한 시장세분화 기준변수가 모든 상황에서 가장 효과적인 것은 아니다.

39 다음 중 일반적으로 유통 경로의 단계 수가 증가하는 경우는?

① 고객의 최소판매단위(lot size)에 대한 유통서비스 요구가 높을수록
② 고객의 상품정보제공(product information)에 대한 유통서비스 요구가 높을수록
③ 고객의 짧은 배달기간(delivery time)에 대한 유통서비스 요구가 낮을수록
④ 고객의 공간적 편의성(spatial convenience)에 대한 유통서비스 요구가 낮을수록

40 철저한 셀프서비스에 의한 대량판매방식을 활용하여 시중가격보다 20~30% 저렴하게 판매하는 가장 일반적인 유통업체는?

① 편의점　　② 할인점
③ 양판점　　④ 하이퍼마켓

기출동형모의고사 3회

응시과목	시험시간	점수
마케팅원론	50분	

01 마케팅에 있어 소비자와 사회복지의 향상을 위해 기업이 노력해야 한다고 본 입장에서 형성된 관리이념은?

① 제품 개념
② 마케팅 개념
③ 생산 개념
④ 사회지향적 마케팅 개념

02 마케팅 개념을 실현하기 위한 마케팅 문화에 대한 설명 중에서 적절하지 <u>않은</u> 것은?

① 마케팅 부서를 가지고 있음
② 소규모 기업에는 적용되지 못함
③ 고객의 욕구에 대응할 수 있도록 조직화함
④ 고객의 집중화

03 마케팅 비용 등 마케팅 활동의 변화 대비 마케팅 활동에 의해 증가된 재무적 가치를 표현하는 마케팅 성과지표 값의 변화를 무엇이라고 하는가?

① 시가총액(Market Capitalization)
② 매출수익률(Return on Sales)
③ 가격민감도
④ MROI(Marketing Return on Investment) 혹은 ROMI(Return on Marketing Investment)

04 다음의 설명과 관련된 개념은?

> 이 개념은 수요와 공급의 관계에서 초과 수요 시대의 기업의 마케팅 철학이다. 기업이 대중의 욕구를 충족시키고 이를 통해 후생 수준을 향상시키기 위해 부족한 물품을 공급하는 것이 기업과 마케팅이 봉사하는 역할이라고 생각하던 개념이다.

① 마케팅 개념
② 판매 개념
③ 생산 개념
④ 제품 개념

05 마케팅의 4C에 해당되지 <u>않는</u> 것은?

① Customer Value
② Company
③ Convenience
④ Communication

06 마케팅의 관리 철학 중 기업중심의 관리 철학이 <u>아닌</u> 것은?

① 생산 개념
② 사회적 마케팅 개념
③ 판매 개념
④ 제품 개념

07 최소의 비용으로 최대의 생산을 하여 대량판매를 실현시키기 위한 마케팅 관리 철학은?
① 생산 개념 ② 제품 개념
③ 판매 개념 ④ 마케팅 개념

08 다음 중 마케팅의 핵심개념에 포함되지 않은 것은?
① 소비자의 필요와 욕구 ② 교환
③ 강점 ④ 시장

09 다음은 무엇을 설명하는 것인가?

- 전화나 팩스, 우편물 등을 마케팅 도구로 사용한다.
- 콜 센터(call center)를 갖춰 놓고 고객에게 제품구입을 권유하거나 각종 불만처리를 하는 텔레마케팅이 대표적이다.

① 데이터베이스(database) 마케팅
② 관계(relationship) 마케팅
③ 맞춤형(on demand) 마케팅
④ 다이렉트(direct) 마케팅

10 다음의 설명과 관련된 개념은?

소비자들은 최고의 품질, 성능과 혁신적인 특성을 제공하는 제품을 선호할 것이라고 주장한다. 이 개념은 마케팅 근시안(marketing myopia)을 초래할 수도 있다.

① 생산 위주 경영(production concept)
② 마케팅 위주 경영(marketing concept)
③ 판매 위주 경영(selling concept)
④ 제품 위주 경영(product concept)

11 정부 또는 사회기관들이 공중의 태도를 변화시키기 위해 도입한 마케팅 개념은?
① 생산 개념
② 사회적 마케팅 개념
③ 비영리 기업의 사회마케팅
④ 소비자 마케팅

12 성장-점유 매트릭스에서 물음표(문제아)의 특징은?
① 저성장과 저점유의 영역이다.
② 고성장과 저점유의 영역이다.
③ 남은 자산 비율을 무조건 낮추어야 한다.
④ 거액의 자금이 투자되고 거액의 현금이 창출된다.

13 포트폴리오 전략에 대한 기술 중에서 옳지 않은 것은?
① 기업 잠재능력의 개발을 위해 고안된 것이다.
② 투자나 환수를 결정하는 전략이다.
③ BCG에 의해서 창안되었다.
④ 조직-구조-목표에 의한 행위를 결정한다.

14 마케팅 믹스에 대한 설명으로 옳은 것은?
① 마케팅 믹스는 4P Mix라고도 하는데 마케팅 활동을 할 때 컨트롤할 수 있는 4가지 분야(Product, Price, Place, Promotion)를 어떻게 효율적으로 운영하여 최고의 수익을 내는가와 관련된 전략적 관점이다.
② 시장조사, 시장계획, 광고활동 등의 혼합체를 말한다.
③ 마케팅 관련 법규, 마케팅비용, 경쟁, 수요, 유통구조 등 마케팅환경을 하나로 통합하여 분석하는 것을 의미한다.
④ 전사적 마케팅으로 생산, 인사, 조직, 판매, 재무 등 활동의 혼합이다.

15 사업포트폴리오 분석방법 BCG 매트릭스와 GE-맥킨지 매트릭스에 관한 설명 중 가장 적절한 것은?

① BCG 매트릭스는 시장성장률과 절대적 시장점유율이라는 두 변수를 양축으로 사업의 매력도를 평가한다.
② BCG 매트릭스는 X축에 상대적 시장점유율, Y축에 시장성장률을 놓고 각각 높다와 낮다의 두 가지 기준을 정하여 크게 4가지로 나눈 것이다.
③ BCG 매트릭스상에서 수익성이 낮고 시장전망이 어두워 철수가 요망되는 영역은 별 사업부이다.
④ 개 사업부는 낮은 시장점유율과 높은 시장성장률을 의미한다.

16 신규사업 진입 및 철수, 사업부 간 시너지 창출 등에 관한 최고의 의사결정을 주로 다루는 전략은?

① 전사적 전략 ② 사업부 전략
③ 기능 전략 ④ 부문 전략

17 환경의 위협과 기회요인 및 기업내부 능력의 약점과 강점을 결합하여 분석하는 도구는?

① STP 분석 ② BCG 매트릭스
③ SWOT 분석 ④ GE 매트릭스

18 BCG 모델별 처방에 대해 적절하지 <u>않은</u> 것은?

① question mark - 투자/수확/철수
② star - 구축
③ cash cow - 철수
④ dog - 수확/철수

19 전략적 계획에 대한 설명 중 적절하지 <u>않은</u> 것은?

① 전략적 계획은 사람들이 음주를 하는 원인과 주류 선택의 기준이 무엇인가를 파악하는 것이다. 소주 선택의 기준이 나왔다면 SWOT 분석을 통해 안동소주의 전체적인 장점과 단점을 파악한다.
② 전략적 계획에서 마케팅에 가장 큰 영향을 미치는 것이 인구통계적 변수라는 말은 주류판매의 경우 지역적인 영향이 매우 크기 때문이다.
③ 사업에 관련된 모든 경쟁자에게 최적인 전략안이 존재한다.
④ 각 기업은 업계에서의 위치, 기업목표, 기회의 관점에서 가장 의미 있는 것을 결정해야 한다.

20 마케팅 믹스의 구성 요소 중 가장 먼저 의사결정이 이루어져야 하는 것은?

① 제품 ② 가격
③ 유통 ④ 촉진

21 전략적 사업단위를 확인할 수 있는 방법이 아닌 것은?
① 사업부마다 각각의 사업단위를 정한다.
② 생산하는 제품에 따라 사업단위를 정한다.
③ 시장기준으로 사업단위를 정의한다.
④ 고객집단, 고객욕구의 관점 모두를 고려하여 사업단위를 정한다.

22 사업단위수준 전략의 범주에 속하지 않는 것은?
① 경쟁사와의 경쟁방법
② 시장에 제공할 제품이나 서비스 종류
③ 목표고객
④ 사업부문 사이의 자원 할당

23 특정 산업의 수익성을 결정짓는 요인이 아닌 것은?
① 원가우위 전략 ② 신규기업의 참여 위협
③ 대체품의 위협 ④ 공급자의 교섭력

24 기업의 사명문 작성 시 유의사항이 아닌 것은?
① 사업영역의 명확한 표시
② 종업원의 사기를 높일 수 있는 내용 포함
③ 사명에 대한 구체적인 표현
④ 대표이사 및 임원의 인적사항

25 제품개발 전략이 아닌 것은?
① 기존제품의 품질 향상
② 기존제품으로 시장점유율을 증대
③ 새로운 기능이나 디자인을 적용
④ 새로운 기술로 신제품 개발

26 포트폴리오 모델 중 GE 모델을 구성하는 두 개의 차원은 무엇인가?
① 시장매력도와 경쟁적 위치
② 경쟁적 위치와 시장점유율
③ 시장점유율과 시장성장률
④ 시장성장률과 상대적 시장점유율

27 관여도에 관한 설명으로 적당하지 않은 것은?
① 마케팅 측면에서의 저관여는 브랜드 충성도의 중요한 요소가 될 수 있다.
② 과거의 4P 기반 마케팅 시절에는 더 싸고 더 좋은 상품이면 되었지만 지금은 소비자들이 인지할 수 있는 차별화된 가치의 교환이 요구된다.
③ 문제는 상품의 가격이나 품질로는 경쟁과 차별화에 한계가 있다는 것이다.
④ 과거의 단순했던 의사결정이 보다 복합적이고 다양한 가치에 의해 진행되는 것을 볼 수 있다.

28 마케팅의 거시적 환경에 해당되지 않는 것은?
① 경제적 환경 ② 중간상 환경
③ 문화적 환경 ④ 기술적 환경

29 사업단위의 내적·외적 환경분석에 대한 설명 중 적절하지 않은 것은?
① 내적 환경은 당사 기업의 기술 및 역량 등을 분석하는 것이다.
② 사업단위의 마케팅, 재무, 제조, 조직능력 등을 검토하는 것이다.
③ 모든 환경요인의 모두를 분석대상으로 해야 한다.
④ 외적환경은 시장의 크기와 경쟁사의 정책 등을 분석하는 것이다.

30 저관여 제품의 특징에 대한 설명으로 적절하지 않은 것은?
① 외적 정보 탐색에 의존한다.
② 과거의 경험이나 기억에 의존한 구매를 한다.
③ 충동 구매가 일어나기 쉽다.
④ 소비자의 의사결정 단계가 축소된다.

31 구매 후 부조화에 대한 설명으로 적절하지 않은 것은?
① 구매를 하기 전 자신의 기대보다 동등하거나 높지 못할 때 일어나는 현상이다.
② 사전의 기대와 구매 후 제품의 인식된 품질 간의 차이이다.
③ 판매원과 소비자 간의 마찰이다.
④ 불만족의 다른 표현이다.

32 소비자가 자신에게 유리한 정보만 채택하여 기억하는 경향을 뜻하는 것은?
① 선택적 왜곡 ② 선택적 주의
③ 선택적 노출 ④ 선택적 지각

33 설명을 통하여 양질의 정보를 얻을 수 있는 조사법은?
① 우편조사 ② 전화면접
③ 대인면접 ④ 실험법

34 기업의 중요한 마케팅 수단인 광고에 관한 서술 중 가장 적절하지 않은 것은?
① 소비자의 광고제품에 대한 관여도가 낮을수록 해당 광고에 대한 인지적 반응의 양이 많아진다.
② 광고모델이 매우 매력적인 경우 모델 자체는 주의를 끌 수 있으나 메시지에 대한 주의가 흐트러질 가능성이 있다.
③ 광고의 판매효과를 측정하기 힘든 이유로 광고의 이월효과(carryover effect)를 들 수 있다.
④ 광고의 목표설정 시 표적시장 및 비교기준(benchmark)을 명확하게 규정해야 한다.

35 조사연구과정에서 가장 먼저 생각해야 하는 것은?
① 문제제기
② 자료수집
③ 조사방법 선택
④ 자료분석

36 자사의 경쟁우위가 어느 세분시장에서 확보될 수 있는가를 평가하여, 상대적으로 경쟁우위가 있는 세분시장을 선정하는 것은?
① 시장세분화(market segmentation)
② 제품 포지셔닝
③ 마케팅 근시안
④ 표적시장 선정

37 차별화 수단에 해당되는 것은?
① 상표이미지
② 대량생산
③ 종업원 교육
④ 생산원료의 확보

38 시장세분화 과정에 해당되지 <u>않는</u> 것은?
① 시장세분화를 위한 기준을 확인한다.
② 각 세분시장의 매력도를 측정할 수 있는 수단을 개발한다.
③ 각 세분시장의 크기 및 특성을 확인한다.
④ 각 세분시장의 마케팅 결정 변수의 조작에 대한 반응을 확인한다.

39 자동차 등과 같이 여러 가지 모형으로 변화 가능한 제품들에 대한 시장세분화 전략으로 타당한 것은?
① 집중적 마케팅 전략
② 비차별적 마케팅 전략
③ 차별적 마케팅 전략
④ 시장침투 전략

40 AIO 분석에 대한 설명으로 옳은 것은?
① 고객들의 주요 관심사를 조사하여 라이프스타일을 분석하는 것이다.
② 사업단위의 마케팅, 재무, 제조, 조직능력 등을 검토하는 것이다.
③ 모든 환경요인을 분석대상으로 하는 것이다.
④ 외적환경은 시장의 크기와 경쟁사의 정책 등을 분석하는 것이다.

기출동형모의고사 정답·해설

독학학위제
전공기초과정 **경영학과**

1회

p.336

01	02	03	04	05	06	07	08	09	10
③	①	④	②	①	③	①	③	③	④
11	12	13	14	15	16	17	18	19	20
④	②	②	②	②	④	①	②	③	①
21	22	23	24	25	26	27	28	29	30
④	①	③	②	③	③	④	④	④	③
31	32	33	34	35	36	37	38	39	40
①	②	①	②	①	①	③	④	③	②

01 ③

마케팅관리 중 교환은 여러 개념 중 하나에 불과하다.

02 ①

마케팅 개념은 1910년대는 생산·제품 개념, 1930년대는 판매 개념, 1950년대는 마케팅 개념, 1970년대는 사회지향적(사회 환경 생태학적) 마케팅 개념으로 변천되어 왔다.

03 ④

내적 마케팅이란 고객에게 보다 잘 봉사할 수 있도록 유능한 구성원을 성공적으로 훈련하는 것으로서 외적 마케팅보다 먼저 시행되어야 한다.

04 ②

사회지향적 마케팅은 단기적인 소비자의 욕구 충족이 장기적으로 소비자는 물론 사회의 복지와 상충됨에 따라 기업은 마케팅 활동의 결과를 소비자는 물론 사회 전체에 어떤 영향을 미치게 될 것인가에 대한 관심을 가져야 하여 가급적 부정적인 영향을 미치는 활동은 자제해야 한다는 사고에서 등장한 개념이다. 즉, 사회지향적 마케팅은 고객만족, 이윤창출 및 사회 전체의 복지를 동시에 충족하는 개념으로, 잠재수요의 개발은 사회지향적 마케팅의 등장배경으로 보기 어렵다.

05 ①

BCG 매트릭스는 현금흐름에 따른 사업부 전략 분석 모델로, 가로축을 상대적 시장점유율, 세로축을 상대적 시장성장률로 설정하여 사업부를 평가한다.

참고 BCG 매트릭스

- **별(star): 고성장률, 고시장점유율**
  높은 성장률은 대규모의 현금투자를 요구하지만, 가까운 장래에 잠재적으로 강력한 현금흐름이 가능할 것으로 기대되는 상태이다.
- **물음표 / 문제아(question mark / problem child): 고성장률, 저점유율**
  시장점유율이 낮아 경험 곡선에 따른 열등한 위치로 비경쟁적 비용구조를 갖고 있는 상당한 현금투자를 필요로 한다. 시장 성장 단계와 자사 점유율(상대적 포지션)에 따라 그 위치가 바뀔 수 있는 상태를 말한다. 미래 상태가 불명확한 가운데서 시장점유율을 높이기 위해서는 현금을 잡아먹기 때문에 '문제아' 또는 '물음표'라고 표현한다.
- **현금젖소(cash cow): 저성장률, 고점유율**
  낮은 성장률은 낮은 현금투자를 요구하면서, 높은 시장점유율은 높은 현금흐름을 창출하여, 기업에게 보다 유망한 사업을 뒷받침해 줄 수 있는 현금흐름의 원천이 된다. 젖소가 우유를 짜주듯이 기업에게 다른 사업을 먹여 살릴 수 있는 '현금회수(Milking)'를 해준다는 의미로 '현금젖소'라고 표현한 것이다.
- **개(dog): 저성장, 저시장점유율**
  낮은 성장률로 인해 시장점유율 증가를 위한 계획이 비싼 대가를 치러야 하는 경우로, 낮은 시장점유율은 수익성이 없으며 시장점유율을 유지하는 데에만 상당한 현금투자가 요구되는 상태라고 할 수 있다. 투자할 가치도 없으며 커다란 수익도 가져오지 못하는 상태로, '싸움에 진 개(under dog)'를 표현하는 것과 같다.

06 ③

SWOT 분석은 내부 환경(SW)과 외부 환경(OT)을 분석하여 전략을 수립하는 것이다.

07 ①

고성장, 고점유 영역은 별(star) 사업부 또는 성장 사업부를 가리킨다. 높은 성장률은 대규모의 현금투자를 요구하지만, 가까운 장래에 잠재적으로 강력한 현금흐름이 가능할 것으로 기대되는 상태이다.

08 ③

기업의 목표 설정만으로는 경영전략의 필요성이 충분히 충족되기 어렵다.

09 ③

제품개발 전략이란 신제품을 개발하거나 기존제품을 수정하고 기존시장에서 성장기회를 모색하는 일이다.

10 ④

경영자의 통제 불가능 요인으로는 외적 환경, 즉 경쟁, 수요, 마케팅 관련 법규 등이 있고 통제 가능 요인으로는 인적판매 제품, 판매경로, 가격, 광고, 입지 등이 있다. 즉 통제 불가능 요인은 외적 환경이고, 통제 가능 요인은 4P이다.

11 ④

기업 마케팅 전략을 수행하기 위한 외부 환경요인에는 사회적, 문화적, 정치적, 경제적, 법적, 기술적 환경 등이 있으며, 내부 환경요인은 기업의 경영 활동과 관련된 것이다. 따라서 기업의 내부 환경요인은 재무요인 및 인적요인 등이 그 대상이 된다.

12 ②

관여도란 특정 상황에서 자극에 의하여 유발되어 인지되고 지각된 개인적인 중요성이나 혹은 관심도의 수준으로 마케팅에서는 상품에 대한 소비자의 태도의 수준을 의미한다.

13 ②

소비자가 자기에게 좋은 방향의 생각과 유리한 쪽의 정보만을 채택하고 기억하는 경향은 선택적 지각이다.

14 ②

일반적으로 마케팅 조사의 절차는 '조사문제의 정의-조사목적의 설정-마케팅 조사 설계-자료수집과 분석-보고서 작성'의 순서로 이루어진다.

15 ②

문헌, 선행연구자료 등과 같은 이미 수집되어 있는 기존 자료는 2차 자료이다. 1차 자료는 조사자가 직접 수집한 자료로, 자료 수집목적에 맞게 통제가 가능하여 목적을 성취하는 데 용의하나 객관성이 떨어질 수 있다.

16 ④

순서척도는 자료범주 간에 순서 혹은 순위가 존재하는 경우로 학년 등이 포함된다. 우편번호는 임의로 부여된 번호일 뿐 번호 간에 순서가 존재하지 않는다.

17 ①

시장세분화는 전체 시장을 여러 개의 세분시장으로 나누어 각 세분시장에 해당하는 소비자 욕구를 좀 더 만족시킴으로써 추가적인 수익을 발생시킬 수 있는 전략이다. 즉, 무차별 마케팅 전략에 비해 시장의 규모가 작기 때문에 규모의 경제 등을 기대하기는 어려운 대신 이익률은 높다고 볼 수 있다.

18 ②

1대1 대응형 세분화 전략이 가장 적합한 경우는 경쟁이 치열하고 선호가 분산되는 시장이다.

19 ③

상징적 의미를 강조하기 위해 사용하는 표지셔닝 유형은 제품사용자에 의한 표지셔닝이다.

20 ①

시장에서의 포지셔닝은 '시장세분화 - 목표시장 선정 - 포지셔닝'의 단계로 이루어진다.

21 ④

결합브랜드(co-brand)는 한 브랜드의 포지셔닝이 시간에 따라 달라질 수 있는데, 이러한 변화에 따라 부정적인 영향을 받을 수 있다.

22 ①

미탐색품(unsought goods)은 소비자들이 제품에 관하여 알고 있는지의 여부에 관계없이 평소 제품탐색 의도를 전혀 보이지 않는 제품으로서, 신규 미탐색품과 정규 미탐색품으로 구분된다.

23 ③

개별브랜드 전략은 각 제품에 대한 시장의 규모가 작을수록 더 적합하다. 브랜드 확장 전략은 기술상의 관련성이 높을수록 소비자들이 품질에 대한 리스크를 낮게 인식한다. 예를 들어 과거 항공기를 생산하던 기업이 자동차를 생산한다면 기술에 대한 불안감이 높지 않을 것이다. 그러나 식료품을 생산하던 기업이 동일한 브랜드를 사용하면서 자사의 사업영역을 확장하는 경우, 해당 기업에서 생산된 자동차에 대한 품질 불안감은 매우 높을 수 있다. 특히 상향 확장의 경우에 핵심기술의 관련성은 매우 중요하다.

24 ②

브랜드 충성도란 특정 브랜드에 대해 지속적인 형성된 선호도 및 만족도, 반복적인 제품구매행동을 말한다.

25 ③

사업성 분석은 제품 콘셉트 테스트 다음에 이루어지고 제품 개념 개발 단계에서 시제품(prototype)을 만든다.

[오답분석]

(가) 아이디어 창출 단계에서는 많은 수의 아이디어보다는 아이디어를 제안하고 그것을 발전시키는 것에 중점을 둔다.
(라) 시험마케팅은 제품 출시 전 시장가능성을 확인하는 단계이다.

26 ③

새로운 광고는 동일 제품에 대한 소구점만 다르게 한 것이다.

27 ④

제품수명주기의 단계는 제품의 출시부터 시장에서 퇴출될 때까지 '도입기 → 성장기 → 성숙기 → 쇠퇴기'로 진행된다.

28 ④

초기고가격 전략은 개발원가가 높은 혁신제품 등에 대해 초기에 손익분기점을 달성하기 위해 높은 가격을 설정하고 고소득층을 표적고객으로 하여 마케팅 전략을 수행하는 것이다.

29 ④

가격결정에 영향을 미치는 내적요인에 해당하지 않는 것은 조직부서이다.

30 ③

리베이트는 '지불대금이나 이자의 일부 상당액을 지불인에게 되돌려주는 일 또는 그 돈'을 의미한다.

31 ①

PPL은 최근 세계적으로 IMC의 일환으로 많이 사용되고 있는 광고의 형태이다. 실제광고가 아닌 유사광고로서 영화나 TV프로그램에 브랜드를 삽입하는 형태를 말한다.

32 ②

촉진믹스(promotion mix)에 해당되는 것은 광고, 인적판매, 홍보 등이다.

33 ①

풀(pull) 전략은 기업이 소비자에 대해 직접 광고나 홍보를 통해 구매를 환기, 즉 소비자를 끌어당겨서 제품이 도달되도록 하는 전략으로 미디어를 통한 광고 등이 중심이 된다.

> 참고 **푸시(push) 전략**
> 인적 판매를 중심으로 '기업 → 도매업자', '도매업자 → 소매업자', '소매업자 → 소비자'에게 권유하거나 지원함으로써 제품을 판매하는 것이다.

34 ②

카메라 또는 녹음기 등을 사용하여 자료를 수집하는 방법은 관찰조사법이다.

35 ①

인적판매는 양질의 정보를 표적고객에게 개별적으로 전달할 수 있다는 장점이 있지만 전문적인 기술과 지식을 가진 판매원을 고용하여 인건비를 지급하므로 높은 비용을 발생시킨다는 단점이 있다.

36 ①

소비자의 관여도가 낮을수록 정서적 반응의 양은 많아진다.

> 참고 **광고 전략의 고려요인**
> - 브랜드 전략과 마케팅 전략 안에서 설정된 브랜드 정체성을 통해 브랜드 가치 창출
> - 시기적으로 혹은 세분화된 특정 시장에서 마케팅 목표달성을 위한 내용으로 의사전달
> - 구체적인 타겟시장에 적합한 매체 선정 전략
> - 시간과 목표 등이 정확한 세부목표 설정
> - 각 매체별로 광고의 전체 횟수 및 기간 설정
> - 광고는 대표적인 풀 전략에 의한 매체이므로 이후 실제 판매나 관계형성을 위한 다른 의사소통 통로들과의 통합 전략

37 ③

물적 유통기능과 가장 관련이 깊은 것은 시간효용, 장소효용 등이다.

38 ④

전문점은 선택적 유통 등을 통하여 취급제품의 범위를 한정하고 전문지식과 기술을 갖춘 판매원을 배치하여 높은 수준의 서비스를 제공하는 형태이다.

39 ③

상품의 포장단위가 크며 기본 시설과 서비스로 회원에 가입한 소비자들에게만 저렴한 가격으로 상품을 공급하는 형태는 회원제 창고점이다.

40 ②

경제적 주문량(EOQ; Economic Order Quantity)은 최적주문량으로, 주문비용과 재고유지비용을 합한 연간 총비용이 최소가 되도록 하는 주문량이다. 따라서 생산비는 고려하지 않아도 된다.

2회

01	02	03	04	05	06	07	08	09	10
②	③	②	④	③	④	②	③	③	②
11	12	13	14	15	16	17	18	19	20
④	③	②	②	④	④	①	①	①	①
21	22	23	24	25	26	27	28	29	30
①	②	③	④	①	④	①	①	②	④
31	32	33	34	35	36	37	38	39	40
①	③	②	④	②	②	②	③	①	②

01 ②

마케팅 개념을 구성하는 기본적인 요소로는 시장중심, 고객중심, 통합적 마케팅 등이 있다.

02 ③

마케팅 관리 이념은 '생산 개념(production concept) → 제품 개념(product concept) → 판매 개념(selling concept) → 마케팅 개념(marketing concept) → 사회적 마케팅 개념' 순으로 변화되었다.

03 ②

레비트 교수는 '성장산업이란 없다. 단지 소비자의 욕구만 있을 뿐이고 그것만이 변한다고 하였다.'라고 주장했다. 이는 마케팅 근시안에 대한 것으로, 제품 자체에만 집중하여 소비자의 욕구는 고려하지 않는 것을 뜻한다.

04 ④

마케팅 이념 또는 철학은 기업이 마케팅 활동을 하기 위한 기본자세이다. 일반적인 마케팅 개념은 조직의 목표를 위하여 통합적인 마케팅을 바탕으로 하는 소비자 지향적인 것이며, 소비자의 욕구를 충족시킴으로써 기업목적을 달성하는 데 있다.

05 ③

마케팅에서는 제품 제조 이전을 포함한 모든 단계에서 고객 욕구 반영 등 서비스 방침을 강조하나 판매는 소비자의 제품 구매 및 사후관리 단계에서만 고객 서비스를 강조한다.

06 ④

제품 개념이란 소비자는 최고의 품질을 가진 제품을 선호한다고 보고 제품품질의 개선에 주력해야 한다고 보는 개념이다.

07 ②

최근 마케팅의 패러다임이 단기적인 이윤 극대화에서 고객과의 지속적인 관계 유지로 변화되면서 시장점유율보다는 고객 생애 가치가 중요시되고 있다. 고객 생애 가치란 특정 고객이 특정 기업의 고객으로 있는 전체 기간에 해당 기업에 제공하는 수익의 합계이다.

08 ③

낮은 성장률이 낮은 현금 투자를 요구하고, 높은 시장점유율이 높은 현금흐름을 창출하여, 기업에게 보다 유망한 사업을 뒷받침해 줄 수 있는 현금흐름의 원천이 된다. 젖소가 우유를 짜주듯이 기업에게 다른 사업을 먹여살릴 수 있는 '현금회수(milking)'를 해준다는 의미로 '현금젖소'라고 표현한다.

09 ③

BCG 매트릭스에서 별 제품은 높은 성장률은 대규모의 현금 투자를 요구하지만, 가까운 장래에 잠재적으로 강력한 현금 흐름이 가능할 것으로 기대되는 상태이다.

10 ②

마케팅 계획은 마케팅 전략의 하위시스템이 아닌 마케팅 전략을 수립하기 위한 사전단계이다.

11 ④

마케팅 믹스 4P에 해당하는 것은 제품, 가격, 촉진, 유통이며, 파워는 유통믹스를 설계하는 과정에서 고려해야 하는 하위요인이다.

12 ③

복합적 다각화는 기업이 현재의 기술, 제품 및 시장과 관련이 없는 신사업을 추구하는 것으로, 카세트테이프 제조기업이 개인용 컴퓨터, 부동산업 같은 새로운 사업을 하는 것 등을 말한다.

13 ②

조작화(조작주의)는 개념과 용어의 의미를 명확히 하려는 의도에서 출발한 개념이다. 다만, 조작화는 모든 개념이나 용어가 조작적으로 정의될 수 없을 뿐더러, 조작적으로 정의되지 않았다고 해서 용어들이 무의미한 것만은 아니라는 단점이 있다.

14 ②

기업의 사업 참여 여부에 대한 의사결정을 내리는 전략 수준은 기업수준 전략이다.

15 ④

구매자의 교섭력, 즉 소비자의 힘이 강할수록 공급자는 경쟁사 대비 판매량을 증대(시장점유율 확대 목표)시키기 위해 가격 인하에 대한 압력을 받아 기업의 수익률이 저하될 것이고, 이는 산업 전체의 수익률 악화로 연결된다.

16 ④

손익분기점이란 이익과 손실이 같아지는 지점을 의미한다. 이는 기업의 내부 경영활동 분석을 통해 확인이 가능하다. 기업의 기회와 위협요인은 외부 환경분석을 통해 얻을 수 있는 사항이고, 강점과 약점은 기업의 내부 환경분석 및 경쟁자 분석에 해당하는 외부 환경분석을 비교함으로써 도출 가능하다.

17 ①

전략적 사업 단위란 전략적 마케팅 계획의 수립을 위해 관련 사업들이나 제품들을 묶어 별도의 사업단위로 분류한 것으로, 기존 사업에 대한 매력도를 평가하기 전에 기업을 구성하는 사업이나 제품을 전략 사업 단위로 나누는 작업이 요구된다. 일반적으로 제품 범주 수준에서 전략적 사업 단위가 결정된다.

> **참고** 전략적 사업 단위 수준
> - 단위제품(상표): 한스푼, 우유비누 등
> - 제품범주: 세탁용품, 화장품
> - 제품범주군: 생활용품

18 ①

일반적으로 저관여 상품은 개별 소비자가 해당 상품에 대한 경험이나 지식이 있거나 구매와 사용에 따른 위험이 적은 경우에 해당한다.

19 ①

소비자의 현재 상태와 바람직한 상태 간의 차이를 깨닫는 단계는 문제인식 단계이다.

20 ①

소비자의 구매 제품에 대한 관여도의 높고 낮음은 절대적인 것이 아니라 상대적인 개념이다. 상황적 관여도는 특정 제품에 대해 상황에 따라 관여도가 달라질 수 있음을 설명하는 개념이다.

21 ①

다속성 태도 모형에서 소비자는 고관여 제품에 대해 제품속성에 대한 광고 등으로 습득한 정보에 대해 신념을 형성하고 긍정적이거나 부정적인 태도를 갖게 되어 구매행동을 한다.

22 ②

사회계층은 한 사회 내의 사회적 척도상에서 유사한 지위의 구성원으로 이루어진 집단의 계층을 말한다.

23 ③

모집단(population)은 관심 있는 대상의 전체집단이다.

24 ④

순서척도의 예로 학교, 학년에 관한 값을 들 수 있다. 성별은 우편번호 등과 함께 명목척도에 포함된다.

25 ①

탐색적 조사란 조사문제가 명확하지 않을 때 아이디어나 가설 도출을 위해 사용하는 조사이다.

[오답분석]
② 기술적 조사에 대한 설명이다.
③ 종단조사에 대한 설명이다.
④ 인과관계 조사와 관련된 개념이다.

26 ④

시간과 비용이 가장 많이 드는 표본추출방법은 전수조사이다.

27 ①

표본 프레임이 없을 경우에는 편의표본추출 방식을 사용한다.

[참고] **층화표집과 군집표집**

- **층화표본추출(stratified sampling)**
  층화표본추출은 추정값의 표본오차를 감소시켜 표본의 대표성을 높이는 방법으로 모집단이 동질적이면 이질적일 때보다 표집오차가 작다는 논리에서 시작하는 것으로 모집단을 동질적인 소그룹으로 유층화하고 그 집단의 크기에 따라 단순 무선표집을 하는 방법이다.
  [예] OO대학교 철학과 발전방향에 대한 설문조사를 한다고 했을 때 철학과를 구성하는 성원은 교수, 대학원생, 학부생으로 소그룹화할 수 있다.

- **군집표본추출(cluster sampling)**
  군집표본추출은 모집단의 구성요소들이 자연적으로 또는 행정적으로 군집화되어 있는 경우 군집을 표본 단위로 하여 무작위 추출을 하고 추출된 군집 내에 있는 대상을 표본으로 추출하는 방법이다.
  [예] OO시 가구를 대상으로 하는 연구에서는 몇 개의 동을 추출하고 각 동안의 모든 가구를 표본으로 추출하면 된다.

28 ①

상관분석(correlation analysis)은 쌍으로 관찰된 두 변수 X, Y 간의 관련성을 분석하는 것으로 상관관계는 원인과 결과의 관계(인과관계)가 아니다.

29 ②

기업이 기존시장 혹은 기존제품과 관계없는 분야에 진출하는 경우를 다각화라 한다.

30 ④

명목등급은 '분류화'라고 불리는 것으로 상호배타적이어야 한다.

[오답분석]
② 등간등급은 등급 사이에 가격이 균등하다.

31 ①

시장세분화(market segmentation)는 전체시장에서 소비자의 욕구나 기호 및 제품 취향이 유사한 집단을 기준으로 한다. 즉, 나이, 직업, 지역, 기호 따위에 따라 시장을 자세하게 나누고 소비자에게 알맞게 판매계획을 세우는 일이다.

[참고] **시장세분화의 기본전제**
세분시장 간에는 소비자들의 이질성이 존재하여야 하고, 세분시장 내에서는 소비자의 동질성이 존재하여야 한다.

32 ③

상이한 두 개 이상의 유통 경로를 채택하는 것은 복수 유통 경로이다.

33 ②

세분화된 시장은 그 시장 안에서 동질성이 높아야 하고, 시장 간의 이질성 역시 높아야 한다.

34 ④

틈새시장 집중화 전략은 중소기업이 활용하기에 적합하다.

35 ②

결합브랜드는 일반적으로 보완적인 업종들 사이에서 활용되고 있는데, 이러한 결합은 회사나 소비자에게 다양한 서비스를 제공하고 있다. 은행과 신용카드의 결합이 좋은 예이다.

참고 인수합병과 전략적 제휴

결합브랜드(co-brand)는 최근 세계적으로 많은 업종에서 인수합병(Mergers & Acquisitions)이 활발해지면서 회사명의 결합이 중요한 이슈가 되고 있다. 그 결과 Ford-Volvo, Chrysler-Daimler Benz, AOL-Time-Warner 등으로 회사명이 길어지고 있다. 또한 회사 상호 간의 부족한 역량을 보완하기 위한 장기 혹은 단기 결합이라 할 수 있는 전략적 제휴(strategic alliance)를 하는 경우, 브랜드도 결합이 되는데, 국내에서는 LG-IBM의 Think Pad, 국민-Visa와 같은 각종 신용카드, 롯데-캐논 복사기 등이 좋은 예이다.

36 ②

중간상인에게 자신의 제품을 특별히 진열해 주거나 촉진해줄 것을 요구하면서 대금의 일부를 감면해 주는 공제는 경로조성금(push money)으로 촉진공제와 유사하다.

37 ②

수직적 마케팅 시스템은 운영상 규모의 경제를 실현하고 판매망을 확보한다.

38 ③

시장세분화는 하나의 세분시장에 있는 소비자 간에는 동질성이 극대화되고 서로 다른 세분시장 간에는 이질성이 극대화되는 것이 바람직하다.

39 ①

고객의 최소판매단위(lot size)에 대한 유통서비스 요구가 높을수록 일반적으로 유통경로의 단계 수가 증가한다.

40 ②

할인점은 방문고객의 셀프서비스를 활용하고 점포 내 최소한의 운영인력을 배치함으로써 대량판매가 가능하고 비용우위가 있어 시중가격보다 저렴하게 판매하는 유통업체이다. 규모가 커서 경우에 따라 도·소매상 기능을 동시에 수행하기도 한다.

3회

p.348

01	02	03	04	05	06	07	08	09	10
④	②	④	③	②	②	①	③	④	④
11	12	13	14	15	16	17	18	19	20
③	②	④	①	②	①	③	③	③	①
21	22	23	24	25	26	27	28	29	30
①	④	④	④	②	①	①	②	③	①
31	32	33	34	35	36	37	38	39	40
③	④	③	①	①	④	①	④	③	①

01 ④

사회지향적(societal) 마케팅 개념은 소비자의 욕구, 기업의 이익, 장기적인 사회 복지에 관심을 기울이는 것이다.

02 ②

문화는 거시적 요인으로, 문화보다 범위가 좁은 기업 조직문화의 형성에 영향을 미침에 따라 규모가 작은 기업일수록 내부적으로는 마케팅 문화가 용이하게 적용될 수 있다. 다만 소규모 기업의 경우 외부요인에 의해 기업의 마케팅 문화가 성공적으로 정착하는 데 어려움이 있을 수는 있다.

03 ④

마케팅투자수익률(MROI / Marketing Return on Investment)는 마케팅의 효율성을 나타나는 지표로 재무적 ROI를 산정하는 것과 동일한 원리로 마케팅 활동으로 벌어들인 순수 이익을 마케팅 활동에 들어간 비용으로 나눈 것이다. 투입 대비 성과에 대한 분석을 가능하게 해주기 때문에 수익성이 좋은 활동에 자원을 집중할 수 있어, 결국 낭비적인 활동이 감시하게 해주는 지표이다.

04 ③

생산 개념이 지배하던 시기에는 기술과 생산설비의 수준이 열악하여 소비자의 수요를 충족시키지 못하였으며, 품질이나 고객만족이 목표가 아닌 생산성을 향상시키고 제품원가를 낮추는 것을 기업의 주요 목표로 잡았다.

05 ②

회사(Company)는 마케팅의 4C에 해당하지 않는다.

> **참고** 마케팅의 4C
> 마케팅의 4C는 차별화된 고객 가치(Customer Value)가 있는 상품을 개발하고, 소비자가 편리하도록(Convenience) 적절한 비용(Cost to Customers)으로 제공하고, 이러한 혜택을 제대로 알리는(Communication) 것이다.

06 ②

사회적 마케팅 개념은 사회중심의 마케팅 관리 철학이다.

07 ①

최소의 비용으로 최대의 생산을 하여 대량판매를 실현시키기 위한 마케팅 관리 철학은 생산 개념 중심 마케팅 관리이다.

08 ③

마케팅의 핵심개념에는 소비자의 필요와 욕구, 시장의 존재, 교환과정 등이 있다. 자사의 강점은 마케팅 전략을 수립하기 위해 필수적으로 검토해야 하는 요인이기는 하지만 마케팅 영역을 규정짓는 핵심개념에 포함되지는 않는다.

09 ④

전화나 팩스, 우편물 등을 마케팅 도구로 사용하는 마케팅은 다이렉트(direct) 마케팅이다.

오답분석

① 데이터베이스(database) 마케팅은 고객에 관한 데이터베이스를 구축·활용하여 필요한 고객에게 필요한 제품을 판매하는 전략이다.

10 ④

소비자가 최고의 품질, 성능 또는 혁신적인 특성을 제공하는 제품을 선호할 것이라고 주장하는 것은 제품 위주 경영이다. 이 개념은 마케팅 근시안(marketing myopia)을 초래할 수도 있다.

11 ③

정부 또는 사회기관들이 공중의 태도를 변화시키기 위하여 도입한 마케팅 개념은 비영리 기업의 사회마케팅이다.

12 ②

물음표(문제아) 사업부는 시장점유율이 낮아 경험 곡선에 따른 열등한 위치로 비경쟁적 비용구조를 갖고 있는 상당한 현금 투자를 필요로 한다. 시장 성장 단계와 자사 점유율(상대적 포지션)에 따라 그 위치가 바뀔 수 있는 상태를 말한다. 미래 상태가 불투명한 가운데 시장점유율을 높이기 위해서는 현금을 잡아 먹기 때문에 '문제아' 또는 '물음표'라고 표현한다.

오답분석

① 저성장·저점유의 영역은 개(Dog) 사업부이다.
③ 고성장이라는 발전 가능성이 있으므로 무조건적으로 남은 자산 비율을 낮추는 것은 옳지 않다.

13 ④

포트폴리오전략은 조직-행위-성과 패러다임에 있어 행위를 결정하는 전략으로서 마이클 포터의 경쟁 전략적 툴과 일맥상통한다.

14 ①

마케팅 믹스의 구성요소는 제품(Product), 가격(Price), 유통(Place), 촉진(Promotion)이다.

15 ②

BCG 매트릭스는 보스톤컨설팅그룹에서 고안한 것으로 X축에 상대적 시장점유율, Y축에 시장성장률을 놓고 각각 높다와 낮다의 두 가지 기준을 정하여 크게 4가지로 나누어 매트릭스로 구성한 것이다.

오답분석

① 절대적 시장 점유율이 아닌, 상대적 시장점유율이다.
③ BCG 매트릭스상에서 수익성이 낮고 시장전망이 좋지 않은 영역은 개 사업부이다.
④ 고성장의 낮은 시장점유율의 영역은 물음표이다.

16 ①

전사적 전략은 기업의 생존과 성장, 기업의 전체적인 이익에 영향을 주는 가장 상위의 경영 전략이다.

17 ③

SWOT 분석은 Strength(강점), Weakness(약점), Opportunity(기회), Threat(위협)을 뜻한다.

18 ③

cash cow 단위에서는 유지 또는 수확의 전략이 적절하다.

참고 BCG 모델별 처방

사업단위	특징	SBU 유형별 전략
물음표 (question mark)	고성장 시장에서 낮은 시장점유율을 얻고 있는 사업단위: 현금소비	투자/수확/철수
별 (star)	고성장 시장에서 높은 시장점유율을 얻고 있는 사업단위: 현금소비	구축
현금젖소 (cash cow)	저성장 시장에서 높은 시장점유율을 얻고 있는 사업단위: 현금창출	유지/수확
개 (dog)	저성장 시장에서 낮은 시장점유율을 얻고 있는 사업단위: 현금을 거의 창출하지 못함	수확/철수

19 ③

사업에 관련된 모든 경쟁자에게 최적인 전략안이 존재하는 것은 아니다.

참고 경영 전략의 분류

전략 유형	목표
방어형(defender)	안전성과 능률 추구
진취형(prospecter)	유연성 추구
분석형(analyzer)	안전성과 유연성의 동시 추구
낙오형(reactor)	적응/대응 실패

20 ①

당연히 고객의 욕구 파악이 전제가 되어야겠지만 그러한 고객의 욕구는 다른 마케팅 믹스 요소보다는 제품에 직접적으로 반영되기 때문에 가장 먼저 제품에 대한 의사결정을 진행해야 한다.

21 ①

전략적 사업단위는 독자적인 전략 수립의 필요성이 있는 사업부끼리 사업단위를 정하는 것이다. 따라서 사업부마다 각각의 사업단위를 정하는 것은 아니다.

22 ④

사업부문 사이의 자원 할당은 전사적 전략 범주에서 다루어진다.

23 ④

산업 매력도에 영향을 미치는 변수를 밝힌 마이클 포터의 5요인 분석에 따르면 기존 시장의 경쟁강도, 신규진입자의 위협, 대체재의 위협, 구매자의 교섭력, 공급자의 교섭력이 있다. 원가우위 전략은 기존 시장의 경쟁강도를 높이는 원인이 된다. 이중 구매자 및 공급자의 교섭력은 기존 산업의 수익성을 결정짓는 것이 아니라 외부에서 영향을 미칠 수 있는 요인에 해당한다.

24 ④

기업의 사명문 작성 시 대표이사 및 임원의 인적사항은 거의 필요 없다.

25 ②

신제품이 개발되는 것이 아니라 기존 제품에 대한 판매촉진 전략의 새로운 적용을 통해 가능한 내용이다.

26 ①

GE 매트릭스는 시장매력도와 시장경쟁력을 축으로 설정하였다.

참고 시장매력도와 경쟁적 위치
- **시장매력도(market attractiveness)**
  시장성장률, 시장의 규모, 시장의 수익률, 경쟁의 강도, 수요의 변동성, 자본집약도, 기술의 안정성 등을 변수로 본다.
- **경쟁적 위치(competitive position)**
  상대적 시장점유율, 연구개발의 성과, 가격 경쟁력, 제품의 품질 수준, 시장에 대한 지식, 애프터 서비스, 생산효율성 등을 변수로 본다.

27 ①

마케팅 측면에서의 고관여는 브랜드 충성도의 중요한 요소가 될 수 있다.

28 ②

마케팅의 거시적 환경에는 경제적, 사회적, 기술적, 정치적, 법적 환경 등이 존재한다.

29 ③

내적·외적 환경분석에서 모든 환경요인의 모두를 분석대상으로 할 필요는 없다.

30 ①

저관여 제품은 외적 정보 탐색 없이 내적 정보, 즉 본인의 유사제품이나 동일 제품의 과거의 사용 경험과 기억 등만으로도 충분히 의사결정이 가능하기 때문에 외적 정보 탐색에 의존하지 않는다.

31 ③

구매 후 부조화는 '나의 기대 > 불만족'일 때 일어난다.

32 ④

소비자가 자기에게 좋은 방향의 생각과 유리한 쪽의 정보만을 채택하고 기억하는 경향을 뜻하는 것은 선택적 지각이다.

33 ③

설명을 통하여 양질의 정보를 얻을 수 있는 조사법은 대인면접법이다.

34 ①

소비자가 제품에 대한 관여도가 낮을 경우에는 제품의 특성과 장단점 중심의 인지적 반응보다는 유머, 공포, 감성 등 제품광고의 실행 방식에 따라 정서적 반응을 보이는 경우가 많다.

35 ①

조사연구과정에서 가장 먼저 생각해야 하는 것은 문제제기이다.

36 ④

일반 마케팅 전략은 전체시장에서 시장세분화(market segmentation) 전략을 수립한 후에는 표적시장 선정 단계를 거쳐 포지셔닝 전략을 진행한다. 이를 STP 전략이라고 한다.

37 ①

상표 이미지는 차별화 수단에 해당된다.

38 ④

각 세분시장의 마케팅 변수 조작에 대한 반응을 확인하는 일은 마케팅 전략 실행 후 성과를 평가하는 과정에서 수행될 수 있다.

39 ③

여러 가지 모형으로 변화 가능한 제품들에 대한 시장세분화 전략으로 타당한 것은 차별적 마케팅 전략이다.

오답분석

④ 시장침투 전략은 기존고객에게 기존상품을 더 많이 판매함으로써 시장점유율을 늘려 기업성장을 도모하려는 전략이다.

40 ①

AIO 분석은 고객들의 주요 활동(Activities), 관심사(Interests), 의견(Opinion)을 조사하여 라이프스타일을 분석하는 것이다.

참고문헌

- 김진구(2018), 위더스 독학사 경영학과 2단계 마케팅원론, 위더스교육
- 안광호, 하영원, 유시진(2018), 마케팅원론: 제7판, 학현사

____년도 전공기초과정 인정시험 답안지(객관식)

무료 학습자료 제공 · 독학사 단기합격 **해커스독학사**
haksa2080.com

년도 전공기초과정 인정시험 답안지(객관식)

무료 학습자료 제공 · 독학사 단기합격 해커스독학사
haksa2080.com

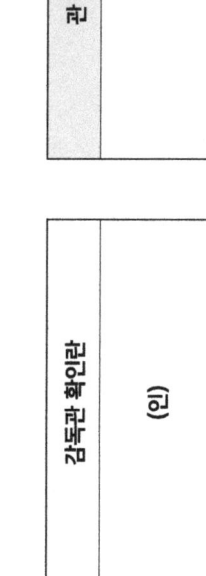

MEMO

2026 대비 최신개정판

한 달 합격
해커스독학사
경영학과
최신기출 이론+문제

2단계 | 마케팅원론

개정 3판 1쇄 발행 2025년 10월 10일

지은이	허정
펴낸곳	(주)위더스교육
펴낸이	해커스독학사 출판팀
주소	서울특별시 서초구 서초대로73길 12 세계빌딩 7층 위더스교육
고객센터	1599-3081
교재 관련 문의	15993081@haksa2080.com
	해커스독학사 사이트(haksa2080.com) 교재 Q&A 게시판
	카카오톡 채널 [해커스독학사]
동영상강의	haksa2080.com
ISBN	979-11-6540-131-3 (13320)
Serial Number	03-01-01

저작권자 © 2025, 위더스교육
이 책의 모든 내용, 이미지, 디자인, 편집 형태는 저작권법에 의해 보호받고 있습니다. 서면에 의한 저자와 출판사의 허락 없이
내용의 일부 혹은 전부를 인용, 발췌하거나 복제, 배포할 수 없습니다.

독학사 교육 1위,
해커스독학사 haksa2080.com

해커스독학사

- 독학사 전문 교수님의 **본 교재 인강**(교재 내 할인쿠폰 수록)
- 2단계 단기 합격을 위한 **기출문제 무료 특강**
- **독학학위제 합격비법서, 독학사 기출·필수 영단어장** 등 다양한 무료 학습 콘텐츠

한경비즈니스 선정 2020 한국품질만족도 교육(온·오프라인 독학사) 부문 1위

기출문제 해설특강 무료 제공

독학사 시험에 출제되었던 **기출문제 해설특강**을
해커스독학사 모든 수강생분들에게 무료로 제공합니다.

**독학사 과목별
기출문제 해설특강!**

무료 특강 바로가기 ▶

" 기출문제풀이가 중요한 이유 "

1. 다음 시험 출제경향과 문제 유형 파악
2. 과목별 평가영역과 시험 성격, 난이도 확인
3. 구체적인 학습 목표와 효율적인 학습 방향 설정

독학사(독학학위제) 시험은 평가영역 안에서 출제됩니다.
한 번에 합격하기 위해서는 기출문제와 해설강의로
다음 시험의 출제경향을 예측해야 합니다.

상담 및 문의전화 1599-3081　　　　해커스독학사 **haksa2080.com**